KB026416

독선과
아집의 역사

독선과 아집의 역사

바바라 터크먼 지음
조민·조석현 옮김

다른 모든 과학은 진보하는데 왜? 정치만은 옛날 그대로일까?

The March of Folly
: from Troy to Vietnam

자작나무

미래에도 이미 내가 들은 것과 똑같은 주제가
다시 울려 퍼지리라.
이성적인 사람이 이성적인 목적을 위해서,
또는 미치광이가 어이없는 일과 대참사를 위해서
똑같은 짓을 저지르지 말란 법은 없다.

- 조지프캠벨 『신의 가면-원시신화학』 서문에서

3천 년을 꿰뚫어
오늘을 보게 하는 책

역사는 미래를 비추는 거울이다. 정치란 무엇인가? 정치는 지배와 피지배를 둘러싼 인간관계의 총화라고 할 수 있다. 모든 사물은 변화한다. 그러나 정치의 본질은 전혀 변하지 않았다. 공자는 정치를 '바르게 하는 일'(政者正也)로 규정했다. 아리스토텔레스는 정치(Politics)를 '폴리스(Polis)에 관한 일' 즉, 공동체의 일로 여겼다. 플라톤은 철인군주론(Philosopher-King)을 제창했다. 그는 통치자 스스로 철학자이든지, 그렇잖으면 철학자가 통치자가 되어야만 국가가 올바르게 운영되고 정의가 구현될 수 있다고 설파했다.

3천 여 년 동안 정치의 본령은 조금도 변함이 없다. 인간이 인공지능(AI)을 창조한 엄청난 과학·기술혁명의 시대에도 불구하고 정치 영역에서만큼은 동서양 고전의 메시지에서 한 걸음도 나아가지 않았다. 정치에서 끊임없이 '역사의 반추'가 요청되는 까닭이다.

지혜로운 자는 역사에서 배운다! 통치자 또는 통치 그룹의 판단과 선택은 국가와 국민의 삶과 운명을 좌우한다. 정치 지도자의 역할이 중요할수록 정치 리더의 생각과 역량 여부가 더욱 중요한 문제가 된다. 그러나 역사 현실에서 지혜로운 통치자를 만나기는 쉽지 않다. 우리는 지금도 여전히 통치자의 실패가 국가의 실패가 될 수밖에 없는 시대에 살고 있다. 그런 점에서 역사적 교훈이야말로 국가 운영의 방향과 정치적 성공을 이끄는 지침이 될 수 있다고 여긴다.

그렇다면 국가와 국민의 미래를 결정하는 가장 중요한 정치 행위인 통치는 왜 종종 실패하고 마는가? 국정 실패는 통치자의 어리석음과 오만함의 소산이다. 저자 바바라 터크먼은 이 책을 통해 3천 년 동안 이어진 우매한 정치 권력자들 즉, '바보들의 행진'(The March of Folly)을 다룬다. 저자는 역사적으로 국가의 미래와 국민의 여망에 반하여 스스로 자멸을 초래한 어리석은 통치자들을 크게 네 부류로 밝히고 있다.

첫째 사례, 트로이 목마는 아둔함의 원형이자 무지와 어리석음의 상징이다. 신과 인간 간의 갈등에서 비롯된 트로이전쟁은 그야말로 어리석음의 극치로 목마를 성안으로 끌어들임으로써 파멸을 자초하고 말았다. 둘째 사례, 르네상스시대의 교황들은 역사의 수레바퀴를 거꾸로 돌리려했다. 황혼이 깃든 중세, 밝아오는 근대의 여명 앞에서 개혁을 거부하고 쾌락과 타락의 권력을 휘둘렀고 스스로 자멸의 길을 재촉했다. 셋째 사례, 해가 지지 않는 대영제국은 18세기에 광대한 신대륙 식민지 미국을 잃었다. 대영제국에 충성을 맹세한 식민지 신민들이 일으킨 미국독립전쟁은 영국 의회의 어리석은 독선의 산물이었다(원서 제3장 '미국을 잃어버린 대영제국의 독선' 부분은 초판 번역본에는 실렸지만, 이번 개정판 번역본에는 빠졌다). 넷째 사례, 베트남전쟁은 불필요한 전쟁이었다. 미국 역사상 가장 길었고 시작부터 잘못된 전쟁이었다. 베트남전쟁의 처절한 패배는 세 대통령 케네디, 존슨, 그리고 닉슨의 책임이 아닐 수 없다. 전쟁은 케네디의 판단 착오에서 싹텄고, 전쟁의 광기에 휩싸인 존슨, 여기에다 닉슨과 그의 참모들은 아집과 독선의 수렁에서 헤어나지 못했다. 베트남전쟁이야말로 미국 대통령과 정책 결정자들 그룹의 독선과 아집의 결정판인 셈이다. 터크먼은 베트남전쟁을 '바보들의 행진'의 집단 모델로 부각시켰다.

17세기의 스웨덴 정치가 옥센셰르나 백작은 죽으면서 이렇게 유언을 남겼다. "아들아. 이 세상을 얼마나 하찮은 자들이 다스리는지 똑똑히 알아두거라." 정권의 핵심에서 평생을 보낸 노정치가의 뼈아픈 정치비평이다. 민주주의 시대에는 다를까? 어쩌면 지금 민주주의 시대에 세계 도처에서 얼마나 많은 하찮은 인간들이 국정을 좌우하고 권력을 휘두르고 있는지 모른다.

현대의 문명사회에서 1인 군주정 또는 독재체제는 통치의 정당성을 획득할 수 없다. 지난 20세기 후반 제3세계가 민주화 물결에 휩싸이면서, 민주주의는 인류 사회에서 더 이상 거역할 수 없는 명제로 이해되었다. 그러나 보라! 21세기 초반 민주주의는 글로벌 차원에서 급격히 무너지고 있다. 민주주의는 군부의 총구 앞에서 무너지는 것이 아니라, 바로 투표함 앞에서 무너진다. 민주주의의 본산인 미국을 비롯한 유럽국가에서 민주주의가 위기에 처했다. 선거민주주의는 포퓰리즘(대중영합주의) 앞에 맥없이 쓰러지고 있다. 이념적 좌파와 우파 할 것 없이 포퓰리즘이 정치를 혼돈상태에 빠뜨리고 국가와 국민의 미래를 한층 위태롭게 만든다.

터크먼은 통치자 레벨 즉, 정치 엘리트층의 독선과 아집의 역사를

독선과 아집의 역사 ───

밝히려고 했다. 그러나 우리 시대의 정치적 위기는 통치자 수준에서만 그치지 않는다. 정치 리더에 대한 대중의 영합과 공모도 무시할 수 없다. 이 현상을 직시해야 한다. 말하자면 대중적 차원의 집단적 어리석음과 상호 증오감 등이 정치 엘리트층의 독선과 아집을 부추기기도 한다. 시대착오적인 이념 편향성, 선악의 이분법적 가치 판단, 그릇된 신념과 편집성, 탐욕 등의 도착(倒錯)된 행위는 정치 엘리트층에서나 대중적 차원에서나 모두 독선과 아집의 소산이 아닐 수 없다. 이런 점에서 정치 영역과 국정 운영에서 공화주의의 규범과 실천의 문제가 새롭게 모색되어야 한다. 그와 더불어 '시민적 덕성'(civil virtue)이 매우 중요한 가치로 강조될 필요가 있다.

다시 한 번 역사에서 배울 때이다. 역사에서 지혜를 얻고자 하는 겸허한 자세만 갖춘다면 파국을 피하고 충분히 '기회의 창'을 열어갈 수 있다. 터크먼의 이 책이 실정(失政)의 분석과 해명을 통해 '독선과 아집'의 정치를 바로잡는 성찰의 계기가 되기를 바란다.

2019년 9월 옮긴이

목차

Part 1

국익을 무시한
오만한 통치자들

The March of Folly : from Troy to Vietnam

3천 년 동안 이어진
바보들의 행진

독선은 시대를 초월한 현상

인류역사를 살펴보면 시간과 장소를 뛰어넘어 우리의 눈길을 분명하게 잡아끄는 현상이 있다. 각국 정부가 국익에 반하는 정책을 추구하는 모습이다. 인류는 모든 영역에서 눈부신 발전을 이루었지만, 통치술만은 다른 영역에 비해 별다른 발전 없이 정체된 느낌을 준다. 지혜란 경험을 토대로 판단하는 능력이라고 정의할 수 있지만, 통치의 영역에서는 그러한 지혜와 상식과 유용한 정보 따위가 정당한 힘을 발휘하지 못하고 꺾여 버리곤 한다. 고위관리들이 종종 이성이 지시하고 분별 있는 이기심이 시사하는 것과는 정반대로 행동하는 까닭은 무엇인가. 냉철하게 사고하고 명민하게 행동하지 못하는 까닭은 무엇인가.

왜 트로이의 지배자들은 저 수상쩍은 트로이의 목마를 성내로 끌어들였을까. 그리스측의 간계를 의심해야 할 이유는 산더미처럼 많았는데 말이다. 조지 3세 치하의 영국 내각이 식민지 아메리카와 평화롭게 지내기보다 오히려 일관되게 억압하는 쪽을 택한 까닭은 무엇인가. 많은 고문관이 예상되는 이익보다 손해가 크다는 것을 되풀이해서 충고했음에도 불구하고 왜 그 길을 택했을까. 카를 12세, 나폴레옹, 이어서 히틀러는 역사에서 되풀이된 비극적인 결과를 알면서도 왜 러시아를 침공했을까. 인구 30만의 도시와 혈기 넘치는 용맹스런 군대를 지배했던 목테수마(아스텍 왕국의 황제)가 불과 몇백 명밖에 안 되는 외국인 침략자에게 얌전하게 굴복한 까닭은 무엇인가. 그 침략자들이 신이 아니라 단지 인간일 뿐이라는 사실이 명명백백하게 드러난 뒤에 말이다.

왜 장개석은 숱한 경고와 개혁의 목소리에 귀를 기울이려 하지 않았는가. 그 결과, 어느 날 아침 눈을 떴더니 중국은 이미 그의 지배가 미치지 않는 곳으로 넘어가고 말았다. 석유수입국이 한데 뭉쳐서 수출국에 대항하면 석유문제를 적절하게 통제할 수 있는데, 가능한 한 많은 양을 확보하려고 서로 다툼을 벌이는 까닭은 무엇인가? 영국의 노동조합이 '우리는 영국이라는 국가와는 상관없는 존재'라고 외치면서 미친 듯이 파업을 전개해서 국가를 마비상태로 끌고 가는 까닭은 무엇인가? 미국 기업들이 생명의 원천이고, 지구를 구성하는 3요소인 토지, 물, 오염되지 않은 공기를 보란 듯이 고갈시키면서 '발전'에 매달리는 까닭은 무엇인가(엄밀한 정치적 의미에서는 노동조합과 기업은 정부가 아니지만 지배하는 측의 입장에 서 있다)?

인류는 통치 이외의 영역에서 눈부신 업적을 쌓았으며, 지구의 대기권을 벗어나 달까지 날아가기에 이르렀다. 과거에는 바람과 전기를 활용하고, 땅속의 돌을 쌓아올려 우뚝 솟은 대사원을 만들고, 누에가

독선과 아집의 역사 ────

친 실에서 찬란한 비단을 짜내고, 악기를 만들고, 증기에서 동력을 끌어내고, 질병을 억제하거나 없애고, 북해를 간척해서 육지를 만들고, 자연현상을 분류하고, 우주의 신비를 밝혀냈다. 하지만 "다른 모든 과학은 진보하고 있는데도 정치만은 옛날 그대로이다. 지금도 3, 4천 년 전과 거의 차이가 없다"라고 미국의 제2대 대통령 존 애덤스는 탄식했다.

악정에는 네 종류가 있지만, 몇 가지가 결합되어 있는 경우가 많다. 첫 번째는 폭정, 또는 압정이다. 이것은 역사상 유명한 예가 워낙 많기 때문에 예를 들 것까지도 없다. 두 번째는 지나친 야심이다. 예를 들어 펠로폰네소스전쟁 중에 시칠리아를 정복하려 했던 아테네의 야망이 그렇다. 무적함대를 이끌고 영국침략을 기도했던 펠리페 2세의 야심도 좋은 예이다. 독일이 두 차례나 시도했던 자칭 우수민족에 의한 유럽지배의 꿈도 그렇다. 일본의 대동아공영권 구상도 빼놓을 수 없다. 세 번째는 무능, 또는 타락이다. 로마제국 말기나 로마노프 왕조의 말기, 중국의 마지막 왕조가 좋은 예이다. 마지막인 네 번째가 독선, 또는 아집이다. 이 책은 독선이 악정을 낳았던 사례를 다룬다. 다시 말해서 자국, 또는 유권자의 이익에 반하는 정책을 추구한 예를 다룬다. 이익이란 국민의 복지와 편의에 도움이 되는 모든 것을, 독선이란 이런 관점과 어긋나거나 오히려 역행하는 정책을 가리킨다.

이렇게 정의내릴 때, 어떤 정책을 독선이라고 규정하기 위해서 다음 세 가지 기준을 만족시킬 필요가 있다.

우선 단순히 후세의 눈으로 보아 이익이 되지 않을 뿐 아니라 당시의 관점에서 보아도 이익이 되지 않는다고 인정할 수 있어야 한다. 이 점은 중요하다. 모든 정책은 당시의 사회적 관습에 따라 결정되기 때문이다. "과거의 인간을 현재의 개념으로 재단하는 것만큼 불공평한 것은 없다. 윤리관에 대해서는 모르겠지만 정치적 지혜는 분명히 변하기 때문이다"라고 어떤 영국의 역사가가 적절하게 말했다. 현재의 가치에 입각한 판단을 피하기 위해서 우리는 당시의 의견을 받아들이고, 그 시대 사람들이 국익을 손상한다고 인정했던 일화만을 조사해야 한다. 두 번째로 실행 가능한 선택의 길이 남아 있었던 경우에만 한정한다. 세 번째로 문제를 통치자와 분리시키기 위해서, 그 정책이 통치자 개인의 정책이 아니라 통치집단의 정책이고 한 개인의 정치적 생애를 넘어 계속되는 것이어야 한다는 점이다.

한 군주, 또는 폭군의 악정은 너무나 예가 많으면서도 제각각이기 때문에 특별히 조사해서 일반화할 가치도 없다. 집단정치라든가 르네상스시대의 교황들처럼 동일한 지위를 누린 통치자들을 다루어야 훨씬 큰 의의가 있다(트로이의 목마에 대해서는 앞으로 자세하게 고찰하겠지만 이것은 시간조건의 예외이고, 유대 왕국의 마지막 왕 레호보암은 집단조건의 예외이다. 그러나 둘 다 아주 전형적인 예이고, 우리가 알고 있는 한 정치사의 아주 초기에 일어났기 때문에 독선의 현상이 얼마나 뿌리 깊은가를 구체적으로 보여준다).

독선은 시간과 장소를 불문하고 등장한다. 독선의 형태를 결정하는 것은 특정한 시대와 장소에서 형성된 사고방식과 습관이지만, 독선 자체는 시대를 초월한 보편적인 현상이다. 독선은 정치구조와도 관계가 없다. 군주정치와 과두정치뿐 아니라 민주정치도 독선을 낳는다. 독선은 민족과 계급에 고유한 것도 아니다. 최근의 역사에서 보았듯이 공산주의 정부로 대표되는 노동자계급이 합리적, 또는 효율적으로 기능하지 않는 것은 중산층의 경우와 다를 바가 없다. 모택동은 많은 업적을 남긴 정치가일지 모르지만 전국 방방곡곡에 제철소를 만든다는 '대약진'운동과 문화대혁명은, 모택동의 평판은 말할 나위도 없고 중국의 진보와 안정을 심각하게 해친 무분별한 시도였다.

정권을 쥔 러시아 프롤레타리아의 정치는 아무리 좋게 말해도 사려 깊은 것이라고는 할 수 없다. 물론 수십 년 동안 정권을 쥔 덕택에 일종의 야만스러운 성공을 거두었다고는 할 수 있다. 그 결과 대다수의 러시아인이 예전보다 물질적으로 나은 생활을 누리고 있다 하더라도 압정과 학대로 치른 대가는 차르시대와 같거나 어쩌면 그 이상일지도 모른다.

인민정부의 위대한 원형이었던 프랑스혁명은 유능한 행정관을 얻자마자 순식간에 독재군주정치로 역행하고 말았다. 자코뱅당과 집정정부 등의 혁명정체(革命政體)는 내적을 소탕하고 외적을 굴복시킬 정도로 강력했지만, 국내의 질서를 유지하고 유능한 정부를 수립하거나 세금을 징수할 수 있을 만큼 하부를 충분히 장악하지는 못했다. 신체제를 구한 것은 오로지 보나파르트가 일으킨 전쟁과 행정관으로서 보인 유능한 자질이었다.

그는 외국과 벌인 전쟁에서 얻은 전리품으로 국고를 가득 채웠다. 또한 '재능 있는 자가 출세한다'는 원칙(바람직한 재능이란 지능, 정력, 근면, 복종이었다)에 기초해서 관리를 뽑았다. 이 원칙은 한동안 효과적으로 기능했지만, 그 또한 자만으로 일신을 망친 전형적인 인간이었다. 오래지 않아 지나친 야망을 불태우다가 자신의 무덤을 팠기 때문이다.

아집과 독선은 개인의 타고난 성격이기 때문에 통치에 대해서도 그 이상 기대하는 것은 무리라는 반론을 제기하는 사람이 있을지도 모른다. 그러나 통치상의 독선은 개인의 독선보다 많은 사람에게 커다란 영향을 미치므로 정부는 이성에 따라서 행동해야 할 분명한 의무가 있다. 이 점에 대해서는 옛날부터 알고 있었는데도 주의를 기울여 방어수단을 강구하지 않은 까닭은 무엇인가. 분명히 몇 가지 시도는 있었다.

첫 번째 시도는 어떤 계급을 선별하여 통치전문가로 훈련하자는 플라톤의 제안이었다. 그의 계획에 따르면 올바른 사회의 지배계급은 이성적이고 현명한 사람들 중에서 선발되어 치세술훈련을 받은 남자들이어야 한다. 이러한 사람들은 일반인 중에서 손을 꼽을 만큼 적기 때문에, 플라톤은 우생학적으로 이런 인종을 만들어 내고 길러야 한다고 생각했다. 통치란 특수한 기술이고, 다른 직업과 똑같이 충분한 수련을 쌓은 후에야 비로소 유능해질 수 있기 때문에 그 이외의 방법은 없다고 그는 말했다. 그의 해결책은 철인왕(哲人王)이라는 개념이며, 이것은 아름답지만 실행 불가능한 제안이었다. "우리 도시에서는 철학자가 왕이 되어야 한다. 현재 왕과 주권자의 자리에 있는 사람들은 진정한 철학자처럼 지혜를 구하려고 해야 한다. 이렇게 할 때 정치권력과 지혜가 하나를 이룬다. 그날이 올 때까지 도시 간의 항쟁은 그칠 날이 없고, 전 인류의 평화도 있을 수 없다"라고 그는 말했다. 실제로 그가 말한 대로였다.

자기기만의 원천을 이루는 우둔함은 통치에서 대단히 큰 역할을 하는 요소이다. 이것은 편견이 가득 찬 고정관념을 품은 채 상황을 판단하고, 다른 한편으로는 그러한 개념에 반하는 징후는 무조건 무시하거나 거부하는 태도를 일컫는다. 다시 말해서 욕망에 따라서만 행동하고, 사실에 근거해서 진로를 바꾸려고 하지 않는다. 이 태도는 국가원수 중에서도 우둔한 인물의 전형적인 예인 스페인의 펠리페 2세에 대해서 어떤 역사가가 잘 요약했다. "자신의 정책이 실패로 끝나는 것을 직접 경험했으면서도 그 정책이 본질적으로 탁월하다는 그의 신념은 흔들리지 않았다."

전투에서 전형적인 예를 찾는다면 제17계획, 즉 1914년에 수립된 프랑스의 전쟁계획이 있다. 이것은 전면전의 정신에 입각해서 수립

독선과 아집의 역사 ———

된 공격계획이며, 전력을 다해 프랑스군을 라인강까지 진격시키려고 한 결과 프랑스군의 왼쪽 진영을 사실상 무방비상태에 빠뜨렸다. 이 전략을 정당화할 수 있는 것은 단 한 가지, 독일군에는 벨기에 서부와 프랑스의 해안지역까지 침공군을 전개할 병력이 없다는 고정관념이 있다. 이것은 또한, 독일군은 결코 예비군을 제일선으로 투입하는 짓을 하지 않으리라는 한심한 고정관념에 기초해 있었다. 1913년, 이 전략에 대한 반증이 서서히 프랑스군 참모본부에 들어오기 시작했지만, 모두 단호하게 무시되었다. 독일군이 서부전선으로 침공할 가능성을 우려하여 프랑스의 공격군을 곧바로 라인강까지 동진시킨다는 계획에서 병력을 빼내기는 곤란했기 때문이다.

그러나 전쟁이 일어나자 독일군은 예비군을 제일선에 투입해서 서부국경을 겹겹이 포위했다. 그 결과 장기전이 될 수밖에 없었고, 20세기의 유례없는 비극적인 사태를 부른 것이다.

우둔함은 또한 경험에서 배우기를 거부한다. 이것은 14세기의 중세 지배자들이 장기 중의 장기로 삼은 특징이었다. 통화의 가치가 떨어지면 반드시 경제를 붕괴시키고 국민을 분노하게 한다. 이것은 이미 수도 없이 경험한 사실임에도 불구하고 프랑스 발루아 왕조의 군주들은 현금이 필요할 때마다 항상 이 수단에 호소하여 마침내 시민계급의 봉기를 불렀다. 전쟁이 일어나면 지배계급의 장기인 우둔함이 고개를 바짝 쳐든다. 원래 전쟁은 적국을 삼키는 것이 목적이다. 예를 들어 백년전쟁 때 프랑스에 침입한 영국군처럼 사람들을 자꾸만 극심한 궁핍과 기아상태에 몰아넣으면 정기적으로 전쟁이 벌어지고, 반드시 이 운명은 되풀이된다.

17세기 초, 또 한 사람의 스페인 왕 펠리페 3세가 있었다. 그는 뜨거운 화로 곁에 너무 오랫동안 있다가 고열로 죽었다고 한다. 부르면 달려와서 화로를 치우는 몸종이 자리를 비우는 바람에 열을 지나치게 많이 받았기 때문이라고 한다. 20세기 중반에 접어들면, 인류는 이것과 비슷한 자살적 우둔함의 단계에 접근하고 있지 않나 하는 생각이 든다. 이러한 사례는 너무나 많고 뿌리도 깊기 때문에 대표적인 것만을 골라도 충분하다. 왜 초강대국은 전 인류의 자살로 연결되는 수단을 포기하지 않는가. 왜 우리는 적국과 공존하는 방법, 다시 말해서 죽는 방법이 아니라 사는 방법을 찾으려고 노력하지 않고, 모든 기술과 자원을 군사적 우위경쟁에 투자하는가. 군사적 우위란 설사 달성한다고 해도 고생한 보람을 느낄 만큼 오랫동안 유지하는 것이 불가능한데도 말이다.

2천5백 년 동안, 플라톤과 아리스토텔레스에서 시작해서 토마스 아퀴나스, 마키아벨리, 홉스, 로크, 루소, 제퍼슨, 해밀턴을 거쳐 니체와 마르크스에 이르는 정치철학자들이 도덕과 주권, 사회계약, 인권, 권력의 부패, 자유와 질서의 균형과 같은 주요한 문제에 대해서 논의를 계속해왔다. 그러나 이상적 통치가 아니라 현실적 통치에 관심을 가졌던 마키아벨리를 제외하면 단순한 우둔함에 대해서 생각한 사람은 거의 없다. 우둔함이야말로 세상에 만연한 만성질환이었는데도 말이다. 30년전쟁의 혼란기에 대단히 활동적인 스웨덴국왕 구스타프 아돌프 아래서 재상을 지냈고, 구스타프의 딸 크리스티나가 여왕에 즉위한 뒤에는 섭정으로써 국정의 실권을 쥐었던 악셀 옥센셰르나 백작은 일생동안의 경험을 토대로 이렇게 유언했다. "내 아들아, 이 세상을 얼마나 하찮은 자들이 다스리는지 똑똑히 알아 두어라."

독선과 아집의 역사 ────

이스라엘 민족을 갈가리 찢은 레호보암

아주 오랫동안 군주가 마음 내키는 대로 하는 행동이 그대로 통치의 기본구조를 형성해왔고, 그것을 보면 예로부터 통치의 독선이 어디에서 비롯되었는가를 알 수 있다. 솔로몬 왕의 아들인 이스라엘 왕 레호보암은 기원전 930년 무렵에 마흔한 살의 나이로 아버지의 왕위를 계승했다. 호메로스가 그리스 민족에 대해서 민족적 서사시를 쓰기 거의 1세기 전의 일이다. 레호보암은 왕위에 오르자마자 나라를 양분하여, 한데 묶여 이스라엘이라 불리던 10개의 북방민족을 영구히 잃는 어리석은 짓을 저질렀다.

북방민족 중에는 솔로몬 왕 시대부터 무거운 강제노동에 불만을 품고 그의 치세에서 벗어나려는 움직임을 보이던 집단이 있었다. 그들은 솔로몬 왕 휘하의 장군인 여로보암의 주위에 모여들었다. 여로보암은 '호탕하고 늠름한 사나이'로서, 예언자가 10개 민족의 왕이 될 것이라고 예언하자 그들을 이끌고 봉기를 일으켰다. 신이 실로라는 도읍에서 온 예언자 아히야의 목소리를 빌어 독립하라고 전했다는 것이 사건의 발단이지만, 당시나 지금이나 그 역할은 애매하기만 하다. 신의 손이 움직여야 한다고 느낀 화자가 신의 이야기를 삽입한 것이 아닌가 여겨진다. 반란이 실패로 끝나자 여로보암은 이집트로 도망쳐 이집트 왕 시삭의 비호를 받았다.

남방부족인 유대와 베냐는 레호보암을 군소리 없이 왕으로 인정했다. 레호보암은 이스라엘이 반란을 일으키려 한다는 것을 깨닫고 곧바로 북쪽의 중심인 세켐으로 갔다. 북방민족에게 충성을 맹세하도록 하기 위해서였다. 그러나 기다리던 이스라엘의 대표단은 레호보암을 향해 부왕이 부과했던 무거운 사역의 멍에를 가볍게 해달라고 집요하게 요구했다. 또한 이 요구를 들어주면 충실한 신하로서 충성을 다하겠다고 말했다. 대표단 중에는 여로보암이 있었다. 솔로몬 왕이 죽자마자 서둘러 이집트에서 돌아왔던 것이다. 그가 거기에 있는 것을 보고 레호보암은 상황이 심각하게 돌아간다는 것을 깨달았어야 했다.

그러나 그는 일단 상황을 모면하려고 사흘 후에 답을 줄 테니 돌아갔다가 다시 오라고 대표단에게 말했다. 그동안 부왕을 도왔던 평의회의 원로들과 의논했다. 원로들은 대표단의 요구를 들어주는 쪽이 좋겠다고 충고했다. 그들은 레호보암을 위로하면서 "그들을 따뜻하게 대하면 영원한 충복이 될 것입니다"라고 말했다. 레호보암은 이제 막 왕이 되어 혈기에 넘쳤기 때문에 원로들의 조언이 너무 유약하다고 생각하고 '함께 자란 젊은이들'에게 의견을 물었다. 그들은 레호보암의 기질을 잘 알았기 때문에 '통치자의 집무실'에서 자신의 지위를 굳히고 싶어 하는 동서고금의 보좌관과 똑같이 상대가 기뻐할 만한 충고를 했다. 다시 말해서 절대로 양보해서는 안 되고, 부왕 때보다 더 힘들게 살 것을 각오하라고 백성들에게 선포해야 한다고 충고했다. 그들은 왕에게 유명한 글을 지어주었는데, 이것은 모든 전제군주가 애지중지하는 표어이다.

"너희는 부왕께서 메어 주신 멍에가 무겁다고 한다마는, 나는 그보다 더 무거운 멍에를 너희에게 지우리라. 부왕께서는 너희를 가죽채찍으로 치셨으나 나는 쇠채찍으로 다스리리라(「열왕기상」 12장 11절)"

레호보암은 이 잔인한 공식이 아주 마음에 들어 대표단이 사흘 후에 다시 왔을 때 거만한 태도로 젊은이들이 제안한 답변을 한 글자 한 구절까지 그대로 되풀이했다.

레호보암은 백성들이 이 답변을 받아들이지 않을지도 모른다고는 전혀 생각하지 못했다. 그러니 헤브라이사에서 '가장 아둔한 왕'이라

독선과 아집의 역사 ——

는 수식어가 붙어도 억울할 것이 없다. 이스라엘 백성들은 곧바로 다윗 왕조에서 분리하겠다고 선언했다. 이렇게 전광석화 같은 조치를 취한 것을 보면 그들은 부정적인 답변을 들었을 때 취해야 할 수단을 미리 결정해두었음에 틀림없다. 그들은 "이스라엘아, 모두 자기 집으로 돌아가자. 다윗이여, 이제 네 집안이나 돌보아라(『열왕기상』 12장 16절)"라고 소리 높여 외쳤다.

레호보암은 옥센셰르나 백작조차 놀랄 정도로 아둔하게 이 상황에서 생각할 수 있는 가장 도발적인 행위에 호소했다. 다름 아닌 아도람에게 의존했다. 그는 강제노동과 징용의 감독관으로 백성들의 불타는 증오를 한몸에 받는 멍에의 상징과도 같은 인물이었다. 추측컨대 레호보암은 지원군도 주지 않고 아도람에게 권위를 확립하라고 명령한 듯하다. 백성들은 아도람을 돌로 쳐서 죽였다. 그 소식을 듣고, 어리석고 성미 급한 왕은 헐레벌떡 전차를 불러 타고 예루살렘으로 도망쳤다. 왕은 예루살렘에서 유대와 베냐의 병사를 모두 불러 모아 국가를 통합하기 위한 전쟁을 선포했다. 때를 같이하여 이스라엘 백성들은 여로보암을 왕의 자리에 앉혔다. 여로보암은 22년 동안, 레호보암은 17년 동안 각각 왕으로 군림했고, '그동안 양국 사이에는 전쟁이 그칠 날이 없었다.'

장기전으로 두 국가가 피폐해지자 다윗이 정복했던 요르단강 동부의 속국들인 모아브, 에돔, 암몬 등에 재독립하려는 기운이 퍼져 갔고, 이집트의 침략까지 불렀다. '대군'을 앞세운 시삭 왕은 국경의 요새를 차례로 공략하면서 예루살렘으로 진격했다. 레호보암은 에호바의 신전과 왕궁에서 빼낸 재물과 보화를 공물로 바치고서야 간신히 예루살렘이 정복당하는 것을 면했다. 시삭 왕은 예전의 동맹자였던 여로보암의 영지도 침략해서 메기도까지 군대를 진격시켰지만, 지배권을 확

기원전 7세기에 도자기에 새긴 테라코타. 바퀴 달린 목마에서 그리스 전사들이 몰려나오고 있다.

독선과 아집의 역사 ───

립할 만한 지략이 부족한 탓에 슬그머니 이집트로 철수했다.

그 후 12개의 부족은 두 번 다시 통합되지 못했다. 두 국가는 전쟁으로 갈가리 찢겨 다윗과 솔로몬이 수립했던 긍지 높은 왕국을 유지할 수 없었다. 예전의 이스라엘 왕국은 북시리아에서 이집트의 국경에까지 세력을 떨치며 국제대상 루트를 지배하고 홍해를 경유하는 외국무역에도 손을 뻗칠 정도의 기세였는데, 이제는 분열하고 쇠퇴해서 이웃국가의 공격을 막아내는 것조차 힘겨운 상황이 되었다.

이러한 분열상태를 2백 년 동안 지속한 뒤, 이스라엘의 10개 부족은 기원전 722년에 아시리아에게 정복당했다. 그리고 피정복민족에 대한 아시리아의 정책에 따라 국토에서 쫓겨나 강제적으로 뿔뿔이 흩어져 소멸되었다. 그들은 위대한 유랑민족의 하나가 되었고, 그 후의 행적은 역사상 영원히 계속될 추론거리로 남았다.

한편 예루살렘을 포함한 유대 왕국은 유대민족의 국가로서 살아남았다. 몇 차례인가 이스라엘 북부의 많은 영토를 탈환하기도 했지만 결국 유대 왕국도 정복당해 바빌론의 바다 근처를 유랑해야 했다. 그들은 다시 일어나 내전을 치르고 외국인 왕을 불러들여 반란을 일으켰다. 그러나 다시 정복당해 이번에는 더욱 먼 땅으로 흘러들어가 차별과 억압을 받았고 격리와 대학살까지 경험했지만 소멸되지는 않았다. 레호보암이 남아 있던 또 하나의 길, 즉 원로들이 진언했지만 너무나 간단하게 물리쳐 버린 정책을 택했더라면 2천8백 년 동안이나 계속된 복수의 전쟁을 피할 수 있었을 것이다.

얌전하게 아스텍 왕국을 내준 목테수마

멕시코의 정복을 야기한 이둔함은 파멸을 불렀다는 점에서는 같지만 원인은 반대였다. 레호보암의 경우에는 이해가 쉽지만 목테수마의 경우에는 둔함을 설명하기가 항상 쉽지만은 않다는 점을 일깨워준다. 1502년부터 1520년까지 그가 황제로 군림했던 아스텍 왕국은 부유하고 문화가 발달한 약탈 국가였다. 내륙의 고원에 자리 잡아 산으로 둘러싸였던 수도(현재의 멕시코시티가 있는 곳)는 말뚝 위와 제방과 호수의 작은 섬 위에 건설된 6만 호를 거느린 대도시로, 색색가지 가옥과 거리의 사원은 화려한 장식으로 번쩍번쩍 빛났다. 무력이라면 누구 못지않은 자신감도 있었다.

이 왕국의 인구는 대략 5백만 명이었고, 식민지는 동쪽으로는 멕시코만, 서쪽으로는 태평양까지 뻗쳐 있었다. 산 사람을 제물로 바치는 의식을 거행하는 종교는 유례가 없을 만큼 처절하고 잔혹했지만, 이 소름끼치는 종교와는 대조적으로 지배자들은 미술, 과학, 농업에 깊은 조예를 자랑했다. 아스텍의 군대는 해마다 전쟁을 치렀는데, 그 목적은 이웃부족에게서 노동력으로 쓸 노예와 산 채로 바칠 제물을 잡아오고, 언제나 부족한 식량을 빼앗고, 새로운 지역을 정복하고, 반란을 응징하기 위해서였다. 목테수마는 왕 위에 오른 초기에는 직접 전쟁을 지휘해서 영토를 크게 늘렸다.

아스텍문명은 신들, 즉 새의 신, 뱀신, 재규어신, 비의 신 트랄록, 태양신 테스카틀리포카에 사로잡혀 있었다. 태양신은 땅의 주인이자 '유혹자'이고 속삭이는 목소리로 '인간의 마음에 야만스러운 생각을 불어넣는' 존재였다. 이 나라를 세운 신 케찰코아틀로 말할 것 같으면, 영광의 자리에서 굴러떨어져 동쪽 바다로 모습을 감추었다고 믿어졌다. 그러나 언젠가는 케찰코아틀이 지구로 돌아온다는 믿음이 있었고, 그때는 여러 가지 징조와 환영이 나타나며 아스텍 왕국의 멸망을 예언하리라는 두려움도 있었다.

1519년 에르난 코르테스가 지휘하는 스페인 정복자들이 쿠바에서 몰려와 멕시코만의 베라크루스에 상륙했다. 스페인 침략자들이 지배 체제를 확립하여 원주민을 순식간에 피폐시키기 시작한 것은 콜럼버스가 카리브제도를 발견한 지 25년 후의 일이다. 원주민들은 스페인 침략자들이 강요하는 노동을 견디지 못하고 쓰러져 갔다. 원주민들이 하나둘씩 쓰러져도 침략자들은 하나님이 그들의 영혼을 구원했다고 떠벌렸다. 투구와 갑옷으로 무장한 침략자들은 삼림을 채벌하고 작물을 심는 인내심 강한 식민자가 아니라 탐욕스럽게 노예와 황금을 탐내는 무자비하고 분별없는 모험가들이었고, 코르테스는 그 상징적인 인물이었다.

그는 쿠바 총독과 사이가 나빠지자, 6백 명의 병사와 17마리의 말, 대포 10문을 이끌고 원정길에 나섰다. 겉으로는 탐험과 통상을 위해서 떠난다고 말했지만, 사실은 그의 행위가 분명하게 보여주듯이 독립왕국의 영토와 영광을 손에 넣기 위해서였다. 코르테스는 육지에 상륙하자마자 배를 불태워 퇴로를 차단했다.

아스텍 왕국의 대군주들을 증오하던 지방민들에게서 실력자와 보물이 수도의 어디에 있는가를 알아낸 코르테스는 주력군을 이끌고 대담하게도 내륙에 있는 대도시를 정복하려고 출발했다. 담이 크고 공격적이기는 했지만 무모한 인간은 아니었던 코르테스는 도중에 아스텍족에 적대적인 부족, 특히 아스텍족의 주요한 대항세력인 틀락스칼라족과 동맹을 맺었다. 그는 가는 곳마다 자신은 외국 왕의 사자라고 떠벌려 이 말이 퍼지게는 했지만, 자신이 부활한 케찰코아틀이라고 자처한 적은 없었다. 침략자들이 그런 것에 신경 쓸 리는 만무했다. 그들은 사람들의 영혼을 예수의 품에 안기게 하는 것이 목적이라고 선언하고, 성모 마리아가 새겨진 깃발을 앞세운 성직자들이 눈길을 끌도록 대오를 갖춰 행진했다.

스페인군이 몰려온다는 소식을 들은 목테수마는 즉시 평의회를 소집했다. 평의회의 일부 의원들은 무력이나 책략을 써서 이방인에게 저항해야 한다고 강력하게 주장했다. 그러나 다른 사람들은 그들이 진짜 외국 왕의 사자라면 우호적으로 맞이하는 것이 좋겠다는 의견을 내놓았고, 또한 그 신비로운 깃발이 보여주는 것과 같이 초자연적인 존재라면 반항해도 소용이 없을 것이라고 반박했다. 그들의 '잿빛' 얼굴, '돌'옷, 해안에 도착할 때 사용한 하얀 날개가 달린 물에 뜨는 집, 철통에서 뿜어져 나와 멀리 떨어진 사람들을 죽이는 마법의 불, 지휘관을 등에 싣고 달리는 낯선 짐승 등 만물에 신이 깃들어 있다고 믿는 사람들은 그들이 초자연적인 존재일지도 모른다고 생각했다. 그러나 그들의 지휘관이 부활한 케찰코아틀일지도 모른다고 생각한 사람은 묘한 두려움에 떨던 목테수마 한 사람이었던 듯하다.

불안과 근심에 휩싸인 목테수마는 이 상황에서 택할 수 있는 최악의 타개책을 내놓았다. 입이 떡 벌어질 만큼 호화로운 선물과 방문자들에게 그만 돌아가라고 촉구하는 편지를 보냈던 것이지만, 선물은 그의 왕국이 얼마나 부유한가를 드러냈고, 편지는 그가 얼마나 심약한가를 그대로 보여주었다. 백 명의 노예가 날라 온 보석, 직물, 호화로운 깃털세공, 크기가 '수레바퀴만 한' 거대한 금접시와 은접시 등의 선물은 스페인 침략자들의 탐욕을 자극했고, 그들이 신이든 사자든 분노하게 하지 않으려고 풀죽은 말투로 더 이상 수도에 접근하지 말고 자기나라로 돌아가라고 애원하는 듯한 편지는 공포에 떨고 있다는 인상을 주었다. 침략자들은 행진을 계속했다.

그들이 수도에 도착했을 때 목테수마는 행진을 막거나 앞길을 차단하는 조치를 취하지 않았다. 오히려 종교의식을 치르듯이 성대하게

독선과 아집의 역사 ───

환영하고 궁전과 숙소까지 호위병을 붙여 안내했다. 언덕 위에서 공격신호를 기다리던 아스텍 군대는 제방길의 퇴로를 막아 침략자를 섬멸하거나 고립시킨 다음 식량을 떨어뜨려 항복을 받아낼 수 있었는데, 명령이 없어 발만 동동 굴렀다. 사실 그러한 계획이 준비되어 있었는데, 통역이 그것을 코르테스에게 발설했다. 의심을 품은 코르테스는 공격당했을 때 방패로 삼을 인질로서 목테수마를 궁전에 연금했다. 이렇게 해서 용맹무쌍한 민족의 왕이 숫자상으로 천 대 일의 비율로 유리한데도 스스로 무릎을 꿇었다.

그는 지나친 신비주의와 미신에 사로잡혀 코르테스가 부활한 케찰코아틀이고 아스텍 왕국의 붕괴를 알리러 왔다고 생각한 듯하다. 그는 숙명론에 빠져 운명을 개척할 노력을 하지 않았다.

그러나 끊임없이 황금과 식량을 요구하는 것에서 그들이 단지 인간이라는 것, 십자모양의 나무조각에 못 박힌 벌거벗은 남자와 아이를 안은 여자를 숭배하는 모습에서 케찰코아틀과 관계가 없다는 것이 분명해졌다. 더구나 그들은 케찰코아틀을 숭배하는 제사의식에 대해서 적의를 보였다. 이윽고 목테수마가 뒤늦게 깨달았기 때문인지 아니면 누군가가 설득했기 때문인지, 목테수마가 베라크루스에 남은 스페인 수비대를 공격해서 항복시키라고 명령했을 때, 아스텍 병사들은 스페인 병사 둘을 살해하고 증거로서 한 사람의 목을 수도로 보냈다. 코르테스는 한마디의 설명도 요구하지 않고, 즉각 황제를 쇠사슬에 묶어 가해자를 압송하라고 윽박질렀다. 그리고 궁전 앞에서 그들을 불태워 죽였다. 또한 벌로써 거액의 황금과 보석을 공물로 바치라는 요구를 잊지 않았다. 신들과 어떤 관련이 있지 않을까 하는 환상의 찌꺼기는 스페인 병사의 잘린 목과 함께 사라졌다.

목테수마의 조카 카카마는 코르테스가 대도적에 살인마라고 비난하면서 대항하려 했지만 황제는 비겁하게 침묵을 지켰다. 코르테스는 워낙 자신에 차 있었기 때문에, 그를 체포하려고 쿠바에서 파견된 군대가 해안에 도착했다는 소식을 듣고는 그것에 대처하기 위해서 몇 안 되는 주둔군만을 남겨놓고는 물러갔다. 주둔군은 제단을 부수고 식량을 약탈하는 만행으로 수도의 주민들을 더욱 분노하게 했다. 반란의 기운은 높아갔다. 목테수마는 권위를 잃었기 때문에 반란을 지휘하는 것도, 국민의 분노를 가라앉히는 것도 불가능했다.

코르테스가 돌아오자 아스텍족은 황제의 동생을 앞세워 반란을 일으켰다. 스페인 침략자들은 고작 열세 자루의 머스킷총밖에 없었기 때문에 횃불로 집에 불을 지르고 칼과 창과 석궁으로 반격했다. 총이라는 근대식 무기의 이점은 있었지만, 침략자들은 궁지에 몰려 휴전을 얻어 내려고 목테수마를 끌어냈다. 그러나 목테수마가 모습을 나타내자마자 사람들은 그를 겁쟁이, 배신자라고 욕하면서 돌을 던졌다. 침략자들이 목테수마를 궁전으로 데리고 들어갔지만 사흘 후에 죽었다. 신하들은 장례식을 치르는 것마저 거부했다. 그날 밤 침략자들은 군대와 약탈품의 3분의 1을 잃고 수도에서 철수했다.

코르테스는 멕시코의 동맹자를 다시 모아 수도 근교의 전투에서 병력이 오히려 우세하던 아스텍군을 격파했다. 틀락스칼라족을 자기편으로 만든 코르테스는 수도를 포위, 물과 식량의 공급을 차단했다. 그들은 파괴된 건물의 기와를 삽으로 퍼서 호수 속으로 던져 넣으면서 전진하여 천천히 수도 안으로 파고들었다. 1521년 8월 13일, 지도자를 잃은 주민들은 굶주림을 참지 못하고 투항했다. 정복자들은 호수를 메우고 폐허 위에 도시를 건설하며 3백 년 동안 멕시코를 지배했다. 그들은 아스텍족과 동맹자를 똑같이 노예처럼 취급했다.

종교상의 신념, 특히 신비로운 이문화의 종교적 신념에 넋을 빼앗겨, 그것을 받아들이는 일은 얼마든지 많다. 그러나 그 신념이 눈에 뻔히 보이는 증거를 인정하지 않고 한 민족을 파멸로 이끄는 망상으로 발전하는 경우, 그것을 우둔함이라고 불러도 문제가 없다. 종교에 대한 광신이 이 이상 큰 손해를 끼친 예는 달리 없다.

무어인의 침략을 야기한 스페인의 분열

우둔함이 그것에 관여하는 모든 사람들에게 나쁜 결말을 가져다준다고는 단정할 수 없다. 종교개혁은 르네상스시대 교황들의 우둔함이 부른 사건이지만, 신교도들은 무조건 이것을 불운한 사건이라고 말할 수 없을 것이다. 일반적으로 미국인들은 영국인들의 우둔함이 불러일으킨 미국의 독립을 유감스럽다고는 생각하지 않는다. 무어인의 스페인정복은 스페인의 대부분 지역에서는 3백 년, 다른 지역에서는 8백 년이나 계속되었지만 결과가 좋았는가 나빴는가는 보는 사람의 입장에 따라 다르게 보일지도 모른다. 그러나 그것이 당시 스페인 지도자들의 우둔함이 부른 결과인 것만은 분명하다.

스페인의 지배자는 서고트족이었다. 그들은 4세기에 로마제국에 침입했고, 5세기가 끝날 때는 이베리아반도의 대부분을 수중에 넣어 수적으로는 우세한 스페인계 로마인을 지배했다. 2백 년이란 오랜 기간 동안 그들은 피지배자와 제대로 융합하지 못하고 자주 무기를 들고 싸웠다. 당시의 군주들이 대개 그랬듯이 끝없는 사리사욕을 추구했기 때문에 그들이 낳은 것은 적의뿐이었고, 결국 적의의 희생자가 되었다. 원주민들은 로마풍의 의식을 지키는 가톨릭교도였던 데 반해 서고트족은 아리우스파(예수의 인간성을 강조하는 아리우스가 설파한 교의를 신봉하는 일파)에 속했기 때문에 종교적 반목이 적의를 더욱 날카롭게 만들었다.

　수장의 선출방법을 둘러싸고 불화는 더욱 격화되었다. 원주민들은 전통적인 선출방법을 유지하려고 한 데 반해서 왕조의 확립을 갈망한 서고트족의 왕들은 세습으로 바꾸려는 결의를 다졌다. 그래서 경쟁자를 몰아내고 원주민의 반항을 약화시키기 위해 유배와 처형, 재산몰수, 불평등한 과세와 불평등한 토지의 분배 등 모든 수단을 동원했다. 당연히 귀족들은 증오심을 불태우며 반란의 기운을 높여갔다.

　그 사이, 스페인의 가톨릭교회와 사제들이 조직을 강화하고 강력한 종교적 비타협책을 내세운 데 힘입어 가톨릭교가 세력을 뻗치기 시작했다. 6세기 말에 이르러서는 왕위계승자 둘을 개종시키는 데까지 성공했다. 한 사람은 부왕에게 살해되었지만, 레카레도라는 두 번째 왕위계승자는 왕위에 올랐다. 마침내 통일의 필요성을 깨달은 지배자가 출현한 것이다. 그는 서로 반목하는 두 민족을 다스리는 통치자로서 양쪽을 동시에 적으로 돌리는 것은 어리석은 짓임을 깨달은 최초의 서고트 왕이었다. 레카레도는 아리우스파의 교의를 앞세워서는 도저히 통일이 불가능하다고 확신하고, 예전의 동맹자에게 등을 돌리는 정책을 펼치면서 가톨릭교를 공식적인 종교로 인정한다고 선언했다. 몇 대에 걸친 후계자들도 유배자들을 돌아오게 하거나 몰수재산을 반환하면서 예전의 적대자들을 회유하는 노력을 거듭했다. 그러나 반목의 골이 깊고 역류가 너무 강해 그들의 힘으로는 어쩔 수 없었다. 게다가 가톨릭교회에 대한 영향력도 잃어 교회 안에 자신들을 멸망시킬 '트로이의 목마'를 만들어내는 신세가 되었다.

　가톨릭교회의 성직자들은 권력을 확립하자 세속적인 통치의 길로 치달렸다. 교회법을 포고하고, 권력을 가로채고, 결정기관으로서의 교회회의를 열고, 마음에 드는 찬탈자를 옹호하고, '기독교도가 아닌' 모든 사람들(결국 유대인들)을 가차 없이 차별하고 처벌하는 운동을 전개했다.

음지에서는 아리우스파에 대한 충성심이 오랫동안 숨을 쉬었고, 퇴폐와 방탕이 궁정을 좀먹었다. 흉계와 음모, 왕위찬탈과 암살과 반란이 꼬리를 물어 7세기의 국왕은 정신없이 바뀌었다. 10년 이상 왕위를 유지한 사람은 하나도 없었다.

그동안 회교도들은 새로운 종교에 고무되어 페르시아에서 이집트에 이르는 대대적인 정복사업을 시작했다. 서기 700년에는 스페인과 좁은 해협을 사이에 두고 있는 모로코에까지 발을 뻗쳤다. 그들의 배가 스페인의 해안을 습격했다. 이 공격은 좌절되었지만, 바다 건너의 신세력은 서고트족 치하의 모든 불만세력에게 외국의 원조를 받아 내적을 쓰러뜨린다는, 어떤 시대에나 매력적인 기대감을 갖게 했다.

역사가 아무리 자주 되풀이된다 해도 이 마지막 줄타기가 가져다주는 결과는 단 하나밖에 없다. 다시 말해서 비잔틴제국의 황제들이 내적을 쓰러뜨리려고 투르크인들을 불러들인 뒤에 깨달았듯이 외부세력은 그 자리에 눌러앉아 지배권을 빼앗는다는 것이다.

스페인의 유대인들이 행동에 나설 때가 다가왔다. 예전에는 로마인과 함께 이 땅에 사는 것이 허락되어 소수민족으로는 드물게 상업적으로 번성했지만, 이제는 손가락질받고 박해받고 개종을 강요당하고 권리와 재산과 직업을 빼앗기는 신세가 되었다. 기독교도들은 아이들까지 강제로 빼앗아 노예소유자의 손에 넘겼다. 민족이 소멸될 위기를 맞은 유대인들은 북아프리카에 자리 잡은 회교도들의 중개로 무어인과 연락을 취하고 정보를 제공했다. 그들에게는 그 어떤 것이든 기독교도의 지배보다는 나았기 때문이다.

그러나 스페인 사회의 분열이라는 치명적인 약점 탓에 사태가 급

전환되었다. 710년, 귀족들이 음모를 꾸며 선왕의 아들을 왕으로 인정하기를 거부하고 퇴위시켰다. 그리고 동료인 로드리고 공작을 왕으로 옹립하여 스페인을 분쟁과 혼란에 빠뜨렸다. 추방당한 왕과 지지자들은 해협을 건넜다. 그들은 무어인이 왕위를 되찾아줄 것으로 생각하고 원조를 요청했다.

무어인은 711년에 침입하여 분열된 나라를 단숨에 휩쓸었다. 로드리고의 군대는 저항했지만 역부족이었고, 무어인들은 1만2천 명의 대군을 투입해서 지배권을 빼앗았다. 그들은 차례로 도시를 공략하고 수도를 점령하였다. 무어인들은 대리통치자를 앉히면서(어떤 때는 도시를 유대인의 손에 맡겼다) 계속 진격했다. 7년도 되지 않아 그들은 반도를 완전히 장악했다. 서고트족의 군주정치는 통치원칙을 효과적으로 발전시키지도 못하고 신하와의 융합에도 실패했기 때문에 적의 습격으로 단숨에 무너졌다. 그들은 전혀 뿌리를 내리지 못했던 것이다.

역사상 가장 현명한 통치자, 솔론

로마의 몰락과 중세의 종교부흥 사이에 낀 암흑시대에는 통치라고 해 봐야 전제권력 이상의 분명한 이론과 구조와 수단이 있을 리 없었다. 복잡다단한 사회상황 속에서 무질서는 가장 위험했기 때문에 중세에 접어든 뒤부터는 서서히 정부라는 형태가 등장했다. 정부가 분명한 원칙, 방법, 기관, 의회, 관료제를 갖추고 제대로 기능하기 시작한 것은 그 뒤의 일이다. 정부는 권위와 권능과 개선된 수단과 능력을 얻었지만, 지혜의 발전과 어리석음의 방지라는 면에서는 조금도 진보하지 못했다. 그러나 이것은 국왕과 관료들이 적절하고 현명하게 통치할 능력이 없었다는 의미는 아니다. 때로는 예외적으로 강력하고 유능한 통치자가 등장했다. 또한 인정 많은 통치자도 있었고, 드물기는 하지만 현명한 통치자가 등장하는 일조차 있었다. 어리석음과 마찬가지로 이러한 현상은 시간이나 장소와 관계가 없다. 가장 초기의 예로는 아테네의 솔론이 있다. 솔론은 아마 가장 현명한 통치자일 것이다. 그는 잠깐 언급하고 넘어갈 가치가 있는 인물이다.

기원전 6세기, 경제적 어려움과 사회적 불안에 허덕이던 시대에 아르콘(archon)이라 불리는 집정관에 뽑힌 솔론은 나라를 구하고 갈등을 막으라는 임무를 부여받았다. 가혹한 착취가 서민을 굶주리게 하고 분노케 하여 폭동의 기운이 높아지고 있었는데, 이것은 채권자가 담보로 잡은 토지를 빼앗거나 채무자를 노예로 삼아 혹사시키는 것을 법이 허락했기 때문이었다. 솔론은 부자들의 압제에도 가담하지 않고 빈자들의 입장을 지지하지도 않았기 때문에 드물게도 양쪽 모두의 신뢰를 받았다.

플루타크에 따르면 부자들은 솔론이 부유한 명문출신이었기 때문에 신뢰했고, 빈자들은 정직했기 때문에 신뢰했다고 한다. 그가 공포한 법률의 본문을 보면 솔론이 관심을 가진 것은 당파의 이익이 아니라 정의이고, 강자와 약자 간의 공정한 거래와 안정된 통치였음을 알 수 있다. 그는 빚을 갚지 못하는 자에게 부과하는 노예노동을 폐지하고, 노예를 해방하고, 선거권을 평민에게까지 확대하고, 무역을 촉진하기 위해서 통화를 개혁하고, 도량형을 통일하고, 세습재산과 시민들의 공민권과 형벌을 규정한 법전을 확립하고, 마지막으로 어떤 일이 있어도 앞으로 10년 동안 그가 결정한 개혁을 밀고 나가겠다고 아테네의 평의회에 맹세했다.

이어서 솔론은 상상을 초월한 행동에 나섰다. 아마 이런 행동을 한 국가원수는 전에도 없었고 앞으로도 없을 것이다. 그는 세계를 둘러

본다는 구실로 배를 사서, 10년 동안의 유랑에 나섰다. 솔론은 정치가로서 공정하고 공평했지만, 인간으로서도 현명했다. 그는 자기의 권한을 전제군주의 권한으로까지 확대해서 절대적인 지배권을 확립할 수도 있었다. 사실 그렇게 하지 않는다고 비난을 받는 실정이었다. 그러나 이런저런 법률을 개정해 달라는 탄원과 청탁이 물밀 듯이 밀려들어 왔고, 그것을 들어주지 않으면 원한을 살 것이 너무나도 자명했다. 그는 이것을 알았기 때문에 법률을 순수하게 놔두기 위해서라도 여행에 나서기로 결심했던 것이다. 아테네인은 그의 재가가 없으면 법률을 폐지할 수 없었기 때문이다. 지혜의 본질적인 구성요소에는 현명한 상식이 포함되어 있다. 또한 강렬한 개인적 야심이 들어설 자리가 없다. 그의 결심은 지혜의 본질적인 구성요소가 어떠한가를 잘 보여준다. 솔론은 3인칭 시점으로 자신의 생활기록을 남겼는데, 이런 구절이 있다. "그는 하루하루 늙어갔지만, 나날이 새로운 것을 배웠다."

솔론처럼 완벽한 성격의 소유자가 아니더라도 때때로 강력하고 능력 있는 지배자가 다른 지배자를 누르고 우뚝 서는 일이 있다. 시공을 초월해서 우리의 눈길을 사로잡는 찬란한 탑이다. 페리클레스는 건전한 판단과 중용과 명성을 앞세워 전성기의 아테네를 다스렸다. 로마에는 놀라운 통치능력을 자랑하는 율리우스 카이사르가 있었다(물론 반대자들을 궁지에 몰아 암살을 자초하는 통치자는 겉보기만큼 현명하지 않을지도 모르지만). 그 뒤에는 안토니누스 왕조 때의 '사현제(四賢帝)', 즉 조직가이자 건축가로 이름을 날린 트라야누스와 하드리아누스, 인정이 깊었던 안토니누스 피우스, 존경을 한몸에 받았던 철학자 마르쿠스 아우렐리우스 치하에서 로마시민들은 거의 한 세기 동안 선정과 번영과 개인의 존엄을 향수했다.

영국에서는 알프레드 대왕이 침입군을 격퇴하고 국가의 통일에 착수했다. 카를 대제는 서로 반목하는 대중을 적절하게 통합했다. 그는 전쟁의 기술뿐 아니라 예술을 육성했다. 4세기 뒤에 세계의 경이라 일 컬어지는 프리드리히 2세가 출현할 때까지 누구도 넘볼 수 없는 중세 최고의 명성을 누렸다. 프리드리히 2세는 세상 모든 일에 손을 댔다. 예술, 과학, 법률, 시, 대학, 십자군, 의회, 전쟁, 정치, 교황과의 항쟁 등 빼어난 재능을 자랑했지만, 교황과 대립하는 바람에 결국 좌절하고 말았다.

'대로렌초'라 불리는 로렌초 데 메디치는 피렌체공화국에 빛나는 영광을 안겼지만 지배권을 세습하고자 하는 야심 때문에 공화국의 근본을 흔들었다. 두 여왕, 즉 영국의 엘리자베스 1세와 오스트리아의 마리아 테레지아는 모두 유능하고 총명한 지배자로서 국위를 최고로 선양했다.

고결한 미국 건국의 아버지들

새 국가가 나은 조지 워싱턴은 최고의 지도자 중에서도 빛나는 존재였다. 워싱턴에 비하면 제퍼슨쪽이 학식과 세련미와 비범한 두뇌와 최고의 지성을 지닌 진실로 박식한 인물이었다고 할 수 있지만, 워싱턴은 자신을 자연스럽게 따르도록 하는 고귀하고 탄탄한 성격과 홍수처럼 밀려오는 난관을 뚫고 나가는 내적인 힘과 불굴의 의지의 소유자였다. 그는 미국의 독립전쟁에서 이겼을 뿐 아니라 갓 태어나 걸음마도 제대로 하지 못하던 어린 공화국을 훌륭하게 성장시켰다.

마치 열대의 태양 아래 꽃이 피듯이 그의 주변에서는 정치적 재능이 활짝 꽃을 피웠다. 결점도 있고 서로 싸우기도 했지만 건국의 아버지들은 아더 M. 슐레진저 1세(미국의 역사학자 1888~1965)가 묘사한 대로

'미국 역사상, 어쩌면 세계역사상 가장 뛰어난 정치가의 시대'라 부르기에 적절한 인물들이었다. 슐레진저 1세가 건국 아버지들의 특질로서 든 것은 여기에서 다룰 만한 가치가 있다. 그들은 두려움을 모르고 고결한 신념을 지녔으며, 실제적이고 실험을 두려워하지 않았다. 그리고 무엇보다 중요한 것으로, 인간에게는 지성으로 상황을 개선해 나갈 힘이 있다고 확신했다. 이런 것들이 그들을 기른 '이성의 시대'의 특징이었다. 18세기에는 인간을 실제보다 훨씬 이성적으로 생각하는 경향이 있었지만, 이 이성의 시대가 이들에게서 최고의 통치능력을 끌어냈던 것이다.

도대체 무엇이 인구가 고작 250만인 땅에서 이만큼 폭발적인 재능을 꽃피웠을까. 슐레진저는 그 원인으로 몇 가지 요소를 들었다. 교육의 보급, 의욕을 북돋는 경제적 기회, 사회계층의 유동성, 극기심 훈련 등, 이러한 모든 요소가 시민의 정치적 재능을 최고조로 향상시켰다. 교회가 위신을 잃었는데도 기업이나 과학, 예술이 아직 개인의 실력을 겨룰 수 있는 무대를 제공하지 못했기 때문에 정력과 사명감에 넘치는 사람에게 열린 유일한 출구는 국가의 통치였다. 아마도 새로운 정치제도를 만들 호기라는 분위기를 조성한 것은 무엇보다 당시의 필요성 때문이었을 것이다. 정열과 사명감에 넘치는 사람들을 휘몰아 행동에 나서게 하기에 이보다 더 어울리고 피 끓게 하는 것이 있을까.

이렇게 사려 깊고 이성적인 사고를 정치제도의 형성에 제대로 기울인 적은 그 전에도 그 후에도 없었다. 프랑스혁명, 러시아혁명, 중국혁명은 너무나 극심한 계급적 증오와 피를 불렀기 때문에 공정한 성과와 지속성 있는 제도의 확립은 처음부터 기대하기 어려웠다. 반면에 미국은 최근 2세기 동안 이탈리아, 독일, 프랑스, 스페인이 그랬듯이 위기가 닥칠 때마다 기존의 제도를 포기하고 다른 제도를 시험하는 것이 아니라, 곤경 속에서도 항상 어떻게든 자신의 모습을 바로잡아 나가는 방식으로 대처했다. 그러나 미국이 지금처럼 계속 무능하게 나가다가는 이러한 대처방식이 변질될 지도 모른다. 여러 상황이 역사적으로 보아 순리대로 흐를 때, 또는 멍청한 짓을 하더라도 자원이 워낙 풍부해서 충격을 흡수하거나, 확장시대의 미국처럼 국가의 살림이 워낙 커서 멍청한 짓이 가려질 때는 사회제도가 많은 독선을 견뎌낸다. 그러나 오늘날에는 충격을 흡수할 여유가 없어서 독선을 허용할 여지가 적다. 그러나 건국의 아버지들은 인간의 가능성이 어디까지 구현될 수 있는지 똑똑히 보여주었다.

바람직한 통치가 순간적으로 반짝이며 지나가는 사이사이에 우둔함은 전성기를 맞는다. 프랑스 부르봉왕조 시대의 우둔함은 '화려하게' 만개했다.

위그노교도를 박해한 루이 14세

루이 14세는 일반적으로 군주 중의 군주라는 평가를 받는다. 이것은 주로 우리가 너무나도 당당하고 자신있게 행동하는 사람을 보면 항상 액면 그대로 받아들이기 때문이다. 그러나 실제로는 루이 14세는 끊임없는 전쟁과 국채로 전비, 사상자, 기근과 질병 등으로 프랑스의 경제적, 인적 자원을 고갈시킨 왕이었다. 그는 프랑스를 파멸의 길로 내몰았던 것이다. 그 결과, 2대 뒤에 분명하게 드러났듯이 부르봉왕조가 통치의 근본원칙으로 삼았던 절대군주제가 무너졌다. 이러한 관점에서 보면 루이 14세는 궁극적으로 자국의 이익에 반하는 정책을 추구한 군주였다. 이 결과를 미리 예견한 사람은 그가 아니라 그의 후계자의 애인이었던 드 퐁파두르 부인이었다. 그녀는 말했다. "우리 뒤에는 홍수가 온다."

역사가의 일치된 견해에 따르면 루이 14세가 치세 중에 저지른 최악의 실정은, 1685년에 낭트칙령을 폐지하고 조부인 앙리 4세가 정한 관용책을 파기하여 위그노교도에 대한 박해를 재개한 것이었다. 당시 사람들은 그것을 비난하거나 경고하기는커녕 열광적으로 환영했다. 30년 뒤에 국왕이 죽었을 때조차 국왕이 시행한 가장 찬양해야 할 시책의 하나로서 기렸을 정도이다. 그러나 바로 이 사실은 또 하나의 기준, 즉 어떤 정책도 개인이 아니라 집단이 결정해야 한다는 것을 강조하고 있다. 낭트칙령의 폐지가 어리석었다고 평가되기까지는 그리 긴 시간이 필요하지 않았다. 수십 년도 되지 않아 볼테르는 이 정책을, '추구하는 목적과 완전히 상반된' 결과를 초래한 '프랑스 최대의 참화의 하나'라고 불렀다.

모든 아둔한 정책이 그렇듯이 이 정책은 당시의 사회상황이나 사람들의 자세나 신념 등에 의해서 영향을 받았다. 또한 모두라고 말할 수는 없어도 몇 가지 어리석은 행동과 마찬가지로 불필요한 정책이었다. 아무것도 하지 않으면서 적극적인 행동주의정책을 제창했기 때문이다. 낡은 종교적 분파와 교의를 방패로 든 난폭한 칼뱅파의 힘은 쇠퇴하고 있었다. 위그너교도는 인구의 약 10분의 1인 2백만을 밑돌았지만, 국왕에게 충실하고 근면한 시민이었다. 너무나 근면해서 가톨릭교도를 불안하게 만들 정도였다. 그것이 마찰의 원인이었다. 가톨릭교도는 백 일이 넘는 성일(聖日)과 성인축제일을 지켰는데 반해 위그노교도는 안식일에만 쉬었기 때문에 생산량도 많고 상업적으로도 성공을 거두었다. 그들의 점포와 작업장은 뛰어난 실적을 올렸다. 위그노교도를 억압하라고 가톨릭교도가 요구한 이면에는 이런 배경이 있었다. 그러나 가톨릭교도의 요구를 정당화한 것은 종교상의 의견 차이

독선과 아집의 역사 ————

는 국왕에 대한 모반이고, 양심의 자유의 폐지야말로 신과 국가에 대한 봉사라는 고상한 논거였다.

루이 14세는 젊었을 때의 후견인인 마자랭 추기경의 손을 떠난 뒤부터 차차 독재적으로 변했기 때문에 가톨릭교도의 충고에 귀를 많이 기울였다. 그의 독재가 도를 더하면 더할수록 국왕의 의지에 복종해야 하는 신하가 분파행위를 한다는 것을 도저히 용납할 수 없었기 때문이다. '하나의 법, 하나의 왕, 유일한 신'이 국가에 대한 그의 개념이었고, 왕위에 25년 동안이나 머물렀기 때문에 정치적 동맥경화를 불러 다양성을 허용하는 능력이 위축된 것이다. 그는 종종 지배자를 파멸로 이끄는 '신의 명령을 받았다는 병'에 걸려, '내가 신의 도구가 되어, 나를 따르는 모든 사람을 신의 길로 이끄는 것'이 신의 의지라고 확신했다. 게다가 정치적인 동기도 있었다. 영국에서는 제임스 2세가 가톨릭화정책을 취했기 때문에 루이 14세는 유럽의 추세는 가톨릭주권의 확립이라고 생각하고 프로테스탄트에 반대하는 극적인 몸짓으로 이 추세를 조장했던 것이다. 나아가 다른 문제로 교황과 다투었기 때문에 이 기회에 자신이야말로 정통신앙의 신봉자임을 세상에 드러내어 '가장 기독교도다운 군주'라는 옛 프랑스 왕의 칭호를 재확인하고 싶다는 욕구도 있었다.

박해는 1681년 낭트칙령이 실제로 폐지되기 전부터 시작되었다. 프로테스탄트의 예배는 금지되고 교회와 학교는 폐지되었으며, 가톨릭식의 세례가 강요되었다. 어린이들은 가톨릭교도로서 육성되기 위해서 일곱 살이 되면 가족을 떠나야 했다. 여러 가지 직업이 서서히 제한되다가 이윽고 금지되었다. 위그노교도인 관리는 퇴직을 강요받았다. 성직자로 구성된 개종촉진대가 조직되고 개종자 개개인에게는 상금을 지급했다. 위그노교도를 그들의 공동체와 국민생활에서 분리시켜 근절하고자 하는 법령이 잇달아 공포되었다.

박해는 잔인하게 발전해서 마침내 폭력을 부르기에 이르렀다. 그 가운데 가장 잔혹하고 효과적이었던 것은 용기병(dragonnade)을 활용한 박해였다. 이것은 위그노도의 가정에 용기병을 숙박시키는 제도로, 그들은 마음껏 악덕무도한 짓을 하라는 지시를 받았다. 천박하고 거칠기로 악명 높았던 용기병들은 집주인을 구타하고, 물건을 강탈하고, 여자들을 겁탈하고, 닥치는 대로 부수고, 오물을 뿌리는 등 대학살을 전개했다. 당국은 개종하면 용기병의 공포를 면하게 해주겠다고 얼렀다. 이러한 상황에서 이루어지는 개종은 도저히 진심이라고 말할 수 없었고, 이것은 가톨릭교도들을 격분시켰다. 왜냐하면 위그노교도들은 교회를 거짓맹세와 모독의 장으로 바꾸었기 때문이다. 내키지 않는 걸음으로 성찬을 받으러 미사에 이끌려왔지만 간간이 저항하는 자도 있어, 성찬용 빵과 포도주에 침을 뱉거나 발로 뭉개서 신성을 모독했다는 이유로 화형에 처해졌다.

붙잡히면 갤리선(galley : 노예나 죄수에게 노를 젓게 한 돛배)의 노역에 처한다고 위협하여 출국을 금지한 칙령에도 불구하고 위그노교도의 해외이주가 시작되었다. 한편 위그노교도의 목사들은 배교를 거부하는 경우에 강제추방을 당했다. 비밀리에 설교를 해서 개종자를 위그노교도로 되돌리는 것이 두려웠기 때문이다. 고집스럽게 예배를 보는 목사들은 마차로 찢어 죽이는 형에 처해졌다. 순교자가 꼬리를 물었고 사람들은 더한층 격렬하게 저항했다.

어떤 지역에서 사흘 동안 6만 명이 집단개종을 했다는 보고가 들어왔을 때, 왕은 낭트칙령을 폐지하기로 결정했다. 이미 위그노교도는 존재하지 않기 때문에 낭트칙령은 필요 없다는 논거였다. 이 무렵에는 이러한 정책이 효과적인가에 대해 의문이 제기되기 시작했었다.

독선과 아집의 역사 ──────

폐지하기 전날 밤에 열린 평의회에서는 왕태자가 칙령을 폐지하면 반란과 집단이주가 일어나 프랑스 상업에 심각한 영향을 미칠지도 모른다고 경고했다. 아마도 위그노교가 몰래 전파될지도 모른다는 우려를 대변했을 것이다. 그러나 반대의견을 밝힌 사람은 왕태자 한 사람뿐이었던 듯하다. 국가의 보복을 걱정할 필요가 없는 사람은 그 하나였기 때문이다. 그로부터 1주일 후인 1685년 10월 18일, 낭트칙령의 폐지가 공식적으로 포고되었고, 이것은 '우리 시대의 기적'으로 찬양되었다. "이렇듯 기쁨에 찬 노래가 울려 퍼진 적은 일찍이 한 번도 없었다"라고 생시몽은 신랄하게 꼬집었다. "이렇듯 엄청난 찬사가 바쳐진 적도 일찍이 없었고…… 국왕의 귀에 들리는 소리는 찬양뿐이었다." 그러나 그는 국왕이 죽을 때까지 불같은 독설을 가슴에 담고 있어야 했다.

머지않아 악영향이 현실로 드러나기 시작했다. 위그노교도인 직물업자, 제지업자와 그 밖의 장인들은 그때까지 프랑스가 독점했던 기술의 소유자였는데, 영국과 독일로 숙련된 기술을 갖고 건너가 버렸다. 은행가와 상인은 자본을 갖고 빠져 나갔다. 인쇄업자와 제본업자와 조선업자, 법률가, 의사, 많은 목사들이 달아났다. 채 4년도 지나지 않아 8천에서 9천 명의 해군, 1만에서 1만2천 명의 육군, 게다가 5백에서 6백 명의 장교가 네덜란드로 달아나 루이 14세의 적 윌리엄 3세의 병력을 증강시켰다. 마침내 3년 후에 추방된 제임스 2세의 뒤를 이어 윌리엄 3세가 영국 국왕이 되자 적의 전력은 배가 되었다. 리용의 면공업은 파괴되고, 랭스와 루앙과 같은 중요한 도시는 노동자가 반으로 줄어들었다.

국내 인구가 4분의 1이나 줄어들었다고 주장하는 생시몽의 험악한 비난을 비롯해서, 어떤 사건이 악영향을 초래하면 항상 그렇듯이 사태가 과장된 것도 사실이다. 현재는 총 이주자 수가 약간의 편차는 있다고 해도 10만에서 25만 명 사이라고 추정된다. 그러나 이주자 수가 얼마인가는 별도로 치고, 프랑스의 적국인 프로테스탄트 국가들은 위그노교도가 얼마나 가치가 큰지를 즉시 깨달았다. 네덜란드는 즉각 그들에게 시민권을 부여하고 3년 동안 세금을 면제했다. 브란덴부르크(훗날의 프로이센)의 제후 프리드리히 빌헬름은 낭트칙령이 폐지된 지 일주일도 지나지 않아 위그노교도를 자국으로 불러들이는 법령을 공포했다. 그 결과 그들의 산업이 베를린의 번영에 크게 기여했다.

최근의 연구는 위그노교도의 이주로 프랑스가 입은 경제적 손실은 지금까지 과대평가되었고, 사실은 전쟁이 초래한 더욱 큰 피해의 한 요소에 불과하다는 결론을 내리고 있다. 그러나 정치적인 피해에 대해서는 의문의 여지가 없다. 위그노교도가 이주한 모든 도시에서는 위그노교도 인쇄업자와 그 동료들이 반프랑스 팸플릿과 풍자문을 홍수처럼 만들어 프랑스에 대한 적의를 노골적으로 불태웠다. 브란덴부르크가 네덜란드와 맹약을 맺고 군소 제후국들이 여기에 가담하자 프랑스에 대한 프로테스탄트파의 제휴는 한층 강화되었다. 프랑스 국내에서도 프로테스탄트의 신앙은 다시 살아났고 가톨릭교도와의 반목도 고개를 들었다. 남쪽의 산악지대인 세벤지방에서 카미자르파 위그노교도가 장기에 걸쳐 일으킨 반란은 잔혹한 전쟁을 불러 프랑스를 피폐시켰다. 이 지역과 프랑스에 남아 있던 다른 위그노교도의 집단촌에서는 이윽고 다가올 혁명의 불씨가 지펴졌다.

더욱더 심각한 영향을 미친 것은 절대군주 개념에 대한 불신이었다. 위그노교도들이 종교적 통일을 강요하는 국왕의 권리를 거부했기 때문에 곳곳에서 왕권은 신이 부여한 권리라는 사고에 의문을 제기했다. 이것은 다음 세기에 일어날 개헌 움직임으로 연결되었다. 루이 14

독선과 아집의 역사 ────

세가 아들이나 손자보다도 오래 살면서 72년간이나 통치하고 1715년에 죽었을 때 후손에게 남긴 것은 그가 꿈꿨던 국가의 통일이 아니라 증오로 가득 찬 반목이었고, 국부와 국력의 증진이 아니라 허약하고 가난한 데다 질서까지 잃은 국가였다. 이다지도 자기중심적인 지배자가 이렇게까지 철저하게 국익을 파괴한 사례는 달리 없다.

실행 가능한 대안으로는 위그노교도를 방치하거나, 힘과 잔학행위에 호소하는 대신에 민사법으로 반대 목소리를 억누르는 방법이 있었을 것이다. 대신과 사제들을 포함한 모든 사람들이 박해에 전면적으로 동의하기는 했지만, 박해해야 할 긴급한 이유는 하나도 없었다. 이 사건은 그 전체가 불필요했는데도 강행되었기 때문에 더욱 기묘하다. 이것이 독선의 두 가지 특징을 강조한다. 즉 일반적으로 독선은 대계획에서 비롯되지 않는다는 것과 종종 엄청난 결과를 빚어 사람들을 놀라게 한다는 것이다. 독선은 역사 속에서 똑같이 되풀이된다.

한 프랑스 역사가는 의도적이지는 않았을지도 모르지만 날카로운 의도를 담아 칙령의 폐지에 대해서 이렇게 썼다. "정계에서는 대계획을 찾아보기 힘들었다. 루이 14세는 경험에 의존해서 충동적으로 일을 처리했다." 랄프 월드 에머슨(미국의 시인이자 사상가 1803~1882)은 뜻밖의 논거에 입각해서 이 의견을 날카롭게 보충했다. 그는 "역사를 분석할 때는 너무 깊게 파고들어서는 안 된다. 때때로 사건의 원인이 지나치게 단순하기 때문이다"라고 경고했다. 이것은 대개 정치학자가 간과하는 요소이다. 정치학자는 권력의 성격을 논할 때에 부정적인 입장을 취하는 경우에도 항상 대단한 존경을 담아 다루기 때문이다. 그들은 때때로 보통사람들이 한 길이 넘는 물속으로 무모하게 걸어 들어간다거나, 무분별하고 어리석고 고집스럽게 행동하듯이 권력도 어리석고 단순할 수 있다는 사실을 간과한다. 권력의 장식물과 영향력이 권력의 소유자를 실제 이상으로 포장하여 우리를 속이는 것이다. 태양왕은 엄청나게 긴 가발과 하이힐, 족제비 외투(왕위의 상징)를 벗겨내면 그릇된 판단과 오류를 저지르고 충동적으로 행동하기 쉬운, 결국 우리와 똑같은 인간에 불과했다.

역사의 시계를 멈추려 했던 샤를 10세

단두대에서 처형된 루이 16세와 그 뒤에 잠깐 왕위를 계승한 루이 18세의 동생인 프랑스 부르봉가의 마지막 왕 샤를 10세는 험프티 덤프티(Humpty Dumpty)형이라고 부르기에 가장 어울리는 인물이었다. 그는 역사의 시계를 멈춰 세우고 무너져 내린 건축물을 원상복구하려고 노력했다. 반동과 반혁명이라 불리는 과정에서 반동적인 우파는 구체제가 누렸던 특권과 재산을 되찾고, 전보다 오히려 더 큰 권력을 누리려고 애썼지만 헛된 꿈이었다.

1824년 샤를 10세가 예순일곱의 나이로 왕위에 올랐을 때 프랑스는 완벽한 혁명에서 나폴레옹의 제정, 워털루전투, 부르봉왕조의 부활에 이르는, 당시까지의 역사에서 그 어느 때보다 어지럽게 변화하는 35년을 보냈다. 혁명 이후 확립된 모든 권리와 자유와 개혁을 무로 돌릴 수는 없었기 때문에 루이 18세는 헌법을 받아들였다. 받아들였다고는 하지만 그는 입헌군주제의 개념에 결코 익숙해질 수 없었고, 하물며 동생인 샤를로서는 전혀 이해할 수 없는 개념이었다. 영국 망명 중에 이 제도가 실시되는 것을 보고, 샤를 10세는 영국의 왕이 되느니 차라리 나무꾼이 되어 생계를 꾸려 가는 것이 낫겠다고 말했다. 따라서 부르봉가의 왕족과 함께 프랑스로 돌아가 지위, 작위, 특히 몰수된 재산을 완전히 회수하고 구체제를 다시 한 번 되살리기를 바라는 사

독선과 아집의 역사 ──────

람들이 그에게 희망을 건 것은 놀랄 일이 아니었다.

국민의회에서 그들을 대표했던 것은 우파의 과격파였는데, 이 우파는 극우파와 손잡고 가장 강력한 당파를 만들었다. 그들은 선거권을 가장 부유한 계급에게만 부여함으로써 강력한 당파로 떠올랐는데, 그렇게 하기 위해서 반대파의 세금을 줄이는 흥미로운 방법을 썼다. 선거권을 얻는 자격인 3백 프랑의 세금을 낼 수 없도록 하기 위해서였다. 정부 관리도 똑같이 제한했다. 과격파가 대신직을 독점했는데, 심지어 종교적 극단주의자가 법무대신의 자리에 오르기까지 했다. 그는 「요한계시록」을 정기적으로 읽고 정견을 세웠다고 한다. 그의 동료는 엄격한 검열법과 자의적인 수사·체포법을 만들어 연간 1,377프랑을 약 7만 명의 망명자, 또는 상속인에게 보상금으로 지급했다. 이것이 그의 주요한 업적이었다. 이 액수는 망명자를 만족시키기에는 너무 적었지만, 시민계급을 격분시키기에는 충분했다. 그들의 세금이 주요 자금원이었기 때문이다.

프랑스혁명과 나폴레옹 궁정의 수혜자들은 구체제의 망명자와 성직자계급에 양보할 마음이 없었다. 그들은 조심스럽게 불만을 키우기 시작했다. 극우 과격파에 둘러싸인 왕이 만일 무분별하게 역사의 수레바퀴를 굴려 몰락을 재촉하지 않았다면 아마 상당히 편하게 통치했을 것이다. 샤를 10세는 나라를 다스리겠다는 결의가 굳었다. 그리고 나라를 다스릴 지적 능력이 충분하기는 했지만, 아무것도 배우지 않고 아무것도 잊지 않는다는 부르봉가의 전통도 충분히 겸비한 인물이었다. 의회 내의 대립이 골치를 썩이자 그는 대신들의 충고를 받아들여 의회를 해산하고 매수와 협박과 그 밖의 압력을 가해 선거를 자신에게 유리하게 조작했다. 그러나 오히려 왕당파는 거의 2대 1의 비율로 의석을 잃었다. 샤를 10세는 어떤 무력한 영국 왕과는 달리 이 결과를 묵인하기를 거부하고, 다시 한 번 의회를 해산했다. 그는 새롭게 선거권을 제한하고 언론통제를 강화한 상태에서 다시 선거를 실시한다고 포고했다.

반대파 신문은 목소리를 높여 저항하라고 호소했다. 왕이 내전으로 발전할 리가 없다고 자만하고 군대도 소집하지 않은 채 사냥하러 나간 사이에 파리 시민들은 이때를 전후해서 몇 번이나 그랬듯이 바리케이드를 치고 프랑스인에게는 '영광의 사흘 간'으로 알려진 저 뜨거운 사흘 간의 시가전을 전개했다. 반대파의 대표들이 임시정부를 조직하자, 샤를 10세는 퇴위해서 영불해협을 건너 왕권이 제한된 경멸스러운 피난처로 달아났다. 큰 비극은 없었다. 이 에피소드는 프랑스를 반혁명에서 루이-필리프의 '부르주아' 군주제로 한 걸음 전진시킨 점에서 역사적으로 의의가 있을 뿐이다. 그러나 어리석은 자들의 역사에서는 훨씬 큰 의의가 있다. 이 사건은 부르봉가뿐 아니라 역사의 수레바퀴를 되돌리려는 시도가 얼마나 무익한가를 분명히 가르쳐주기 때문이다.

독일을 파멸시킨 무제한 잠수함전

역사를 통틀어 군사적인 독선의 예는 수를 셀 수 없을 만큼 많지만, 본서에서는 다루지 않는다. 그러나 지금부터 보게 될 가장 파란만장한 두 예에는 모두 미국이 개입되어 있고, 정부단계의 정책결정이 어떻게 이루어지는가를 보여준다. 두 예란 1916년에 무제한 잠수함전을 재개한 독일의 결단과 1941년에 진주만공격을 결정한 일본의 결단이다. 두 경우 모두 채택된 결정에 반대하는 경고의 목소리가 들끓었다. 독일에서는 겁에 질린 절박한 경고가, 일본에서는 신중하지만 깊은 의구심을 담은 경고가 제기되었지만, 양쪽 모두에서 무시되었다. 양쪽 모두 '달리 길이 없다'라는 주장과 흔히 있는 치명적인 자기기만, 즉 적의 과소평가 속으로 숨어 들어가는 독선을 보여주었다.

'무제한' 잠수함전이란 봉쇄지역을 항해 중인 상선은 교전국의 것이든 중립국의 것이든 무장했든 하지 않았든 경고 없이 격침한다는 전술이었다. 중립국이 공해를 항해할 자유는 많은 희생을 치르고 얻어낸 것이기 때문에 미국은 이 원칙에 기초해서 엄중하게 항의했다. 루시타니아호의 격침을 둘러싸고 여론이 격앙되자 독일은 1915년에 이 전술을 거두어들였다. 그러나 그것은 미국이 격분해서 외교관계를 단절하겠다고 위협했다거나 다른 중립국의 반감 때문이라기보다는 이 전술을 강행했을 때 결정적인 타격을 줄 만큼 U보트(독일의 대형 잠수함)가 충분하지 않았기 때문이다.

이 무렵, 보다 정확하게 말하면 1914년 말경에는 러시아나 프랑스 가운데 어느 한쪽을 무릎 꿇리려던 초전계획이 실패했고, 이 때문에 만일 세 나라가 손을 잡을 경우 3국 연합군을 적으로 돌려서는 승리하기 힘들었다. 오히려 참모총장이 총리에게 말했듯이 '우리 쪽이 불리해질 듯한' 사태가 전개되리라는 것을 독일의 지배자들은 알고 있었다.

러시아와의 단독강화에 성공하려면 정치적인 협상이 필요하지만, 이것은 실패했다. 뒤이은 2년 동안 독일측에서 벨기에, 프랑스, 나아가 영국에 대해서, 혹은 다른 국가측에서 독일에 대해 제기했던 무수한 의사타진이나 제안 역시 실패하기는 마찬가지였다. 모든 실패가 같은 이유 때문이었다. 다시 말해서 독일이 제시한 조건이 항상 지나쳤던 것이다. 독일은 마치 전승국처럼 상대국이 전선에서 물러가도록 요구하면서, 합병지를 내놓고 배상금까지 물도록 했다. 언제나 채찍뿐이고

당근은 없었다. 그런 조건으로 동맹국을 배반할 독일의 적국은 하나
도 없었다.

1916년 말경에는 두 진영 모두 전략과 지원이 바닥을 드러냈다. 전
선에서는 몇 야드를 둘러싼 공방에 글자 그대로 몇백 명이 생명을 잃
었다. 독일은 감자를 식량으로 배급하면서 열다섯 살의 소년들까지
징집했다. 연합국측은 미국이라는 아직 개봉되지 않은 크고 새로운
힘을 아군으로 끌어들이면 승리할 수 있다는 가느다란 희망을 안은
채 간신히 버틸 뿐이었다.

이런 상황이 전개되는 2년 동안, 킬 조선소가 2백 척을 목표로 맹렬
한 기세로 잠수함을 건조하는 사이에 독일의 최고사령부는 최고회의
가 열릴 때마다 어뢰전의 재개를 둘러싼 문관대신들의 강력한 반대와
맞서 싸우고 있었다. 무제한 격침을 재개하면, 재상 베트만 홀베크가
말했듯이 "반드시 미국을 적으로 돌리고 만다"라고 문관들은 주장했
다. 최고사령부는 이 가능성을 부정하지 않았지만 무게를 두지 않았
다. 독일이 지상전투만으로는 전쟁에서 승리할 수 없는 것이 분명하
니, 미국이 전황을 유리하게 이끌기에 충분한 군대를 유럽으로 보내
기 전에 물자부족으로 허덕이는 영국의 해상로를 차단해서 영국을 굴
복시키자는 것이 최고사령부의 주장이었다. 그들의 판단으로 미국이
이것을 해내기까지는 석 달에서 넉 달이 걸린다는 것이었다. 제독들
은 해도와 그래프를 펼치고 영국이 '갈대 위의 물고기처럼 퍼덕일 때
까지' U보트가 주어진 기간 내에 몇 척을 바다 밑으로 가라앉힐 수 있
는가를 증명하려고 했다.

재상을 비롯해서 이것에 반대하는 사람들은 미국이 참전하면 연합
국측에 막대한 재정원조를 제공하여 사기를 높임으로써 지원군이 도
착할 때까지 버티게 할 것이라고 주장했다. 나아가 미국이 그들의 항

　　　　　　　　　　　　　독선과 아집의 역사 ──

구에 억류한 독일의 모든 선박을 사용할 것이고, 다른 중립국들도 미국을 따라 참전할 가능성이 크다고 반박했다. 부재상 카를 헬페리히는 U보트의 출동은 '파멸로 연결된다'고 믿었다. 미국과 관련된 업무에 직접 종사하던 외무부의 관리들도 기를 쓰고 반대했다. 미국으로 출장 갔다가 돌아온 은행가 두 사람은 미국 국민의 잠재적인 에너지를 과소평가해서는 안 된다고 경고했다. 미국 국민은 일단 정당한 대의라고 확신하고 일어서면 상상을 뛰어넘는 규모의 군대와 자원을 동원할 수 있다고 그들은 말했다.

반대자들 가운데 가장 긴급한 주장을 한 것은 위싱턴주재 독일 대사 폰 베른스토르프 백작이었다. 그는 프러시아에서 태어나지도 자라지도 않았기 때문에 동료들의 망상과는 일정한 거리를 유지할 수 있었다. 베른스토르프는 미국을 잘 알았기 때문에 U보트가 출동하면 반드시 미국의 참전을 부르고, 그렇게 되면 독일은 전쟁에서 진다고 되풀이해서 정부에 경고했다. 군부의 완강한 주장이 세차짐에 따라 그는 고국에 보내는 모든 메시지를 이용해서 조국을 파멸로 이끄는 노선을 막아보려고 노력했다. 그는 파멸을 피하는 유일한 방법은 제3국의 조정으로 전쟁을 중단하고 윌슨 대통령이 준비하고 있는 타협적인 강화를 맺는 것이라고 확신했다. 베트만도 이 정책을 열렬하게 지지했다. 그의 논거는, 독일이 받아들이는 데도 연합국측이 예상대로 그 강화를 거부한다면 미국의 참전을 부르지 않고 정당하게 무제한 잠수함전을 재개할 수 있다는 것이었다.

U보트를 집요하게 요구했던 전쟁광들은 융커(독일의 귀족계급), 궁정관리, 전쟁을 목적으로 하는 영토확장론자협회, 우익정당, 그리고 대부분의 일반대중이었다. 일반대중은 영국의 장난으로 빚어진 식량동결을 뚫고 나가 적을 쳐부수려면 잠수함에 절대적으로 의존하는 수밖

에 없다고 교육받았기 때문이다. 소수의 경멸받는 사회민주당원이 독일제국의회에서 "국민이 바라는 것은 잠수함전이 아니라 빵과 평화이다!"라고 부르짖었지만 거의 아무도 주목하지 않았다. 독일 시민은 이 무리 배가 고파도 순종했기 때문이다. 카이저 빌헬름 2세는 불안을 느끼기는 했지만 사령관들보다 허약하다는 소리를 눈꼽만큼도 듣기가 싫어 전쟁광들의 목소리에 찬성했다.

교전국을 '승리 없는 강화'를 협상하는 자리로 끌어내리려는 윌슨 대통령의 1916년 12월 제안은 양쪽에서 거부되었다. 어느 쪽도 희생된 막대한 인명과 전쟁의 고통을 정당화하고 전비를 보상해주는 조치 없이는 강화를 수락할 마음이 없었기 때문이다. 독일은 현상 유지를 위해서가 아니라 유럽의 지배권을 쥐고 해외에 독일제국의 영토를 넓히기 위해서 싸웠다. 독일이 바라는 것은 어중간한 강화가 아니라 지시하고 군림하는 강화였다. 외무대신 아르투르 짐머만이 베른스토르프에게 보낸 편지에 따르면 중립국의 조정에 의해 '우리가 전쟁에서 얻으려는 것을 사기당할 위험이 있다'는 것이었다.

독일측의 배상과 포기를 필요로 하는 화해, 즉 연합군측이 받아들일 유일한 조건에 따른 화해를 한다면 호엔촐레른가와 지배계급은 종말을 맞을 것이 분명했다. 그들은 누군가에게 전쟁의 책임을 뒤집어씌우거나 누군가를 파산시켜야 했다. 승리 없는 강화는 지배의 꿈을 무산시킬 뿐 아니라 몇 년에 걸친 무익한 전쟁의 전비를 메우기 위한 막대한 세금을 필요로 했다. 그렇게 되면 혁명이 일어날 것이다. 국왕, 군인계급, 지주계급, 산업자본가, 대실업가들에게는 전쟁만이 권력에 눌러앉을 수 있는 유일한 길이었다.

1917년 1월 9일, 독일 황제 카이저와 재상, 그리고 최고사령부가 마주앉은 회의에서 결정이 내려졌다. 해군참모총장 폰 홀첸도르프 제독

독선과 아집의 역사 ─────

은 영국의 항구에 들어가는 선박의 총톤수, 용선료, 적하용적, 배급제도, 식량가격, 전년도수확과의 비교, 영국인의 아침식사 칼로리에 이르기까지 모든 것을 망라한 2백 페이지에 걸친 통계책자를 제출했다. 그리고 U보트는 월간 60만 톤을 격침해서 다음 수확기가 오기 전에 영국을 항복시킬 수 있다고 큰소리쳤다. 그는 "이것이야말로 독일의 마지막 기회이고, 세계의 대국으로서 우리의 장래를 확보하고자 하는 이 전쟁에서 승리하는 것밖에 달리 길이 없다"라고 말했다.

이에 대해 베트만은 미국이 참전하면 독일이 패한다고 경고한 사람들의 주장을 정리하면서 한 시간에 걸쳐서 반론을 제기했다. 그는 찌푸린 얼굴과 탁자 주위에서 들려오는 빈정거리는 소리와 맞서야 했고, 게다가 해군이 멋대로 결정을 내려 이미 잠수함을 출발시켰다는 사실도 알고 있었다. 그래서 서서히 굴복하고 말았다. U보트의 수가 증강되었기 때문에 이전보다 전쟁에서 이길 가능성이 커진 것은 확실했다.

어쨌든 연합국측은 전년도에 흉작을 겪었다. 그들의 눈에는 미국도 종이호랑이로 보일 뿐이었다. 폰 힌덴부르크 원수가 끼어들어 "미국은 육군이 맡겠다"라고 단언했다. 폰 홀첸도르프는 "미국인은 단 한 놈도 유럽대륙에 발을 들여놓을 수 없다!"라고 '보장'했다. 재상은 얼굴에 수심을 가득 띤 채 마침내 양보했다. 그는 입을 열었다. "물론 성공이 보장되는 길이라면 우리는 그것을 따라야 한다."

그는 재상을 그만두지는 않았다. 나중에 넋 놓고 의자에 파묻히듯이 앉아 있는 재상을 본 관리가 깜짝 놀라 전선에서 나쁜 소식이 왔느냐고 묻자, 베트만은 대답했다. "아니…… 하지만 독일은 끝장이야."

9개월 전, U보트를 둘러싼 지난번 위기 때 참모에 임명되었던 베트만의 오른팔 쿠르트 리즐러는 똑같은 결론에 도달했다. 그는 1916년

4월 24일자 일기에 다음과 같이 썼다. "독일은 비틀거리며 천 길 낭떠러지 옆을 걸어가는 사람과 같다. 낭떠러지로 몸을 던지지 못해 안달이 나 있다."

그의 말대로였다. 수송체제가 효율성을 확보할 때까지 연합국의 선박은 독일에게 격침되어 엄청난 희생을 치렀지만, 미국의 선전포고로 사기가 살아난 영국은 항복하지 않았다. 폰 홀첸도르프가 보장했음에도 불구하고 결국 2백만 명의 미국군이 유럽에 도착했다. 최초로 미국에 대해 대대적인 공격을 가한 지 8개월도 지나지 않아 항복한 쪽은 독일이었다.

달리 선택할 수 있는 길이 있었을까. 승리를 고집하고 현실을 인정하지 않으려는 한, 아마 다른 길은 없었을 것이다. 그러나 막다른 길에 몰렸음을 자각하고 윌슨의 제안을 받아들임으로써 미국의 군사력이 적국에 가담하는 것을 막거나 지체시키기라도 했다면 좀 더 좋은 결과를 얻었을 것이다. 미국의 참전이 없었다면 연합국은 승리까지 얻지는 못했을 것이고, 독일 또한 승리를 거머쥐지는 못했을 테니 양쪽은 모두 기진맥진해서 결국에는 강화에 이르렀을 것이다. 채택되지 않은 이 길은 역사를 바꿔 쓸 만큼 중대한 결과를 가져왔다. 승리도 배상금도 전쟁범죄도 히틀러도 없고, 어쩌면 제2차 세계대전도 일어나지 않았을지도 모른다.

그러나 많은 대안과 똑같이 그것은 심리적으로 불가능했다. 그리스인이 믿었듯이 성격이 운명을 결정하기 때문이다. 독일인은 힘으로 목적을 달성하는 훈련을 받아 타협에는 무지했다. 그들은 패배의 위험을 무릅쓰더라도 강대국의 꿈을 버릴 수 없었다. 천 길 낭떠러지가 그들을 불렀기 때문이다.

독선과 아집의 역사 ———

조급증이 낳은 비극, 진주만공격

1941년, 일본은 똑같은 결단을 내려야 하는 상황에 직면했다. 중국의 식민지화를 핵심으로 한 대동아공영권이라 불리는 일대 제국의 구상은 만주에서 필리핀, 네덜란드령 동인도제도(현재의 인도네시아공화국), 미얀마를 거쳐 오스트레일리아, 뉴질랜드, 인도에 이르는 일본의 지배체제를 확립하고자 하는 꿈이었다. 일본의 야심은 그 의지에 반비례했다고는 할 수 없지만 국토에는 반비례했다. 이 구상을 위해서 필요한 병력을 움직이려면 일본의 자급능력을 훨씬 뛰어넘는 철, 석유, 고무, 쌀, 그 밖의 원료를 수단과 방법을 가리지 말고 입수해야 했다. 유럽에서 전쟁이 일어나 아시아지역에서 일본의 주요한 적인 서유럽의 식민지세력이 살아남기 위해 싸우거나 이미 무력해진(프랑스는 패배했고, 네덜란드는 망명정부를 가졌다고는 하나 점령하에 있고, 영국은 독일공군에 처참하게 당하느라 지구 반대쪽의 전쟁에 병력을 거의 보낼 수 없는 형편이었다) 이때, 일본의 꿈을 실현할 순간이 온 것이다.

일본의 진로를 막은 것은 미국이었다. 미국은 일본이 중국을 서서히 점령해 가는 것에 경계심을 느끼고, 일본이 더 큰 모험을 시도하기 위해 필요한 연료를 제공하기를 꺼렸다. 중국에서의 잔학 행위, 미국의 포함 파네이호에 대한 공격과 그 밖의 도발행위가 미국의 반일여론을 높인 것이다. 1940년 일본은 3국동맹을 맺어 추축국의 일원이 되었고, 유럽에서 프랑스가 항복하자 프랑스령 인도차이나에 진주했다. 미국은 보복으로 일본인의 자산을 동결하고 일본이 사들이던 철, 석유, 항공기용 가솔린의 선적을 금지했다. 1940년과 41년을 거치며 어떤 합의에 도달하고자 하는 장기간의 외교협상이 계속되었지만 효과가 없었다. 고립주의적인 경향을 지녔음에도 불구하고 미국은 일본의 중국지배를 묵인하려고 하지 않았다. 한편 일본은 중국에서의 제약과 아시아 다른 지역에서의 견제를 받아들일 생각이 없었다.

과격한 군부나 조급증에 걸린 정치가들과는 분명한 선을 긋고 있던 분별 있는 일본의 지도자들은 미국과의 전쟁을 바라지 않았다. 그들이 바랐던 것은 일본이 대동아공영권의 확립을 향해서 전진하는 동안 미국의 코털을 건드리지 않는 것이었다. 그들은 집요하게 일본의 입장을 주장하면 이것을 달성할 수 있다고 생각했다. 분노를 터뜨리거나 거드름을 피우거나 추축국의 일원이 되겠다고 암암리에 위협을 가하면서 끈질기게 주장하면 된다고 본 것이다. 그러나 이런 방법을 써도 일본의 침략에 대한 미국의 태도가 오히려 딱딱해지자 일본인은 제대로 조사도 하지 않고 첫 번째 목적의 달성을 위해, 즉 네덜란드령 동인도제도의 필수자원을 손에 넣기 위해 사건을 일으키면 미국은 필시 일본에 선전포고를 하리라고 믿고 말았다. 한쪽을 노하게 하지 않으면서 다른 한쪽을 손에 넣으려면 어떻게 해야 할까. 이것이 1940년에서 41년에 걸쳐 그들의 머리를 아프게 한 문제였다.

전략적으로는, 동인도제도를 점령하고 그곳의 원료를 일본으로 수송하려면 남서태평양에 주둔한 미국 해군의 위협에서 일본의 측면을 지킬 필요가 있었다. 일본 해군의 총사령관이자 진주만공격의 입안자였던 야마모토(山本) 제독은, 일본이 미국에 대해서 궁극적인 승리를 거둘 가능성이 없다는 것을 알았다. 그는 고노에(近衛) 총리에게 이렇게 말했다. "전쟁이 2년, 3년을 끈다면 자신이 없습니다." 그는 네덜란드령 동인도제도에 대한 작전은 '미국과의 조기개전을 부른다'라고 생각해서 계획 자체가 무리라고 판단하고, '치명적인 타격'을 가해 미국을 무너뜨리는 수밖에 없다고 생각했다. 그런 다음에 동남아시아를 정복하면 일본은 대동아공영권을 확립하기 위한 장기전에 필요한 자

독선과 아집의 역사 ─────

원을 손에 넣을 수 있다고 본 것이다. 이런 판단에 야마모토는 "전쟁 초기에 미국의 주력함대를 강습해서 파괴하고, 미국 해군과 미국 국민의 사기를 회복될 수 없을 정도로 꺾어 버려야 한다"라고 주장했다. 하버드대학에 유학한 적도 있고 워싱턴 주재 일본 대사관에 해군 무관으로 근무한 경험도 있어서 미국을 모를 리가 없는 사람이 이런 생각을 한 것은 참으로 이상한 일이다.

진주만의 미국 태평양함대에 대담한 공격을 가해서 분쇄한다는 계획은 1941년 1월부터 입안되기 시작했다. 정부와 군부는 1941년 1년 내내 최종적인 결단을 내려야 할지 말지를 놓고 격렬한 줄다리기를 했다. 선제공격을 주장하는 자들은, 누구 하나 자신만만하지는 못했지만, 그렇게 하면 미국이 개입할 모든 가능성을, 그리고 더 바란다면 더 이상의 전쟁을 완전히 종식시킬 수 있다고 말했다. 그러자 이 안에 의구심을 품은 자들이 그렇게 되지 않는다면 어떻게 할 것인지 물었다. 그들은 일본은 미국을 상대로 한 장기전에서 승리할 수 없고, 따라서 국가의 존망이 기로에 선다고 반박했다.

이렇게 격론을 벌이는 동안 경고의 목소리가 침묵을 지켰던 것은 아니다. 총리대신인 고노에가 사직하고, 사령관들은 의견이 갈라지고, 고문관은 마지못해 고개나 끄덕이고, 천황은 입을 굳게 다물고 침울해했다. 기습공격이 러일전쟁 때의 여순공격과 같은 대승을 가져오겠느냐고 천황이 묻자 나가노(永野) 제독은 일본이 "승리할 수 있을지 없을지도 불확실합니다"라고 대답했다.

이렇게 주저하는 분위기 속에서 어떻게 '모 아니면 도'란 식의 대모험이 승인되었을까. 첫째는 위협이 모두 실패하자 격분한 나머지 모두가 헛일 아니었느냐는 분위기에 휩쓸려 배트만의 경우처럼 문관들이 어쩔 수 없이 군부에 양보한 것이다. 이것과 아울러 어느 곳이든 정복할 수 있다는 파시스트 권력의 아집과 독선도 고려해야 한다. 일본은 이미 무시무시한 군사적 의지를 동원할 수 있는 체제를 구축해 놓았다. 사실 이 의지는 싱가포르 점령과 미국을 공황에 가까운 상태에 빠뜨린 진주만공격과 같은 압도적인 승리를 가능하게 했다. 기본적으로 일본이 왜 잠자는 사자의 코털을 건드렸는가 하면 전진하든가 현상유지에 만족하든가 어느 한쪽을 선택할 수밖에 없었기 때문이다. 그것을 정책으로 제안할 수 있는 사람도 없었다. 30년 이상에 걸쳐서 중국에 주둔했던 공격적인 육군과 국내의 그 일파가 압력을 가해 애초에 불가능한 대제국건설이라는 목표를 추구하도록 했기 때문에 여기에 이르러서는 빼도 박도 못 하는 입장에 빠졌던 것이다. 일본은 신분에 어울리지 않는 야심에 사로잡힌 사람과 같았다.

이 전략에 대한 대안은 네덜란드령 동인도제도에 주둔은 하지만, 미국은 건드리지 않는다는 정책이었을 것이다. 이 정책은 일본의 등 뒤에 미지수를 남기는 결과가 되었을지도 모르지만, 그 미지수는 확실한 적, 특히 일본보다 승리할 잠재력이 훨씬 큰 적보다는 나았다.

그런데도 일본은 기묘한 착각을 했다. 적어도 미국의 반이 강력한 고립주의자였던 시기에, 일본인은 미국 국민을 하나로 단결하게 하고 나라가 통째로 일어나 전쟁에 나서게 하는 단 한 가지 행동을 했다. 진주만공격을 받기 전 몇 개월 동안 미국의 여론은 대단히 크게 대립했다. 1년 기한의 징병법을 연장하는 것도 의회에서 단 한 표 차이로 통과될 정도였다. 사실 미국과의 전쟁이라는 모험을 감행하지 않더라도 일본은 동인도제도를 얻을 수 있었다. 네덜란드와 영국과 프랑스의 식민지를 공격한다고 해서 미국을 전쟁에 끌어들이는 것은 아니었다. 미국의 참전을 유도하는 행위는 단 한 가지, 미국 영토에 대한 공격뿐이었다. 일본이 진주만을 공격하면 미국 국민의 사기가 꺾이기는커녕 오히려 나라 전체가 일어나 전쟁에 나설지도 모른다는 것에 대해서는 한 번도 생각해본 적이 없는 듯이 보인다.

이렇듯 기묘하게까지 보이는 착각은 종종 '독선'의 요소가 되는 문화적 무지 탓이었다(이것은 양쪽에 있었지만 일본의 경우에는 치명적이었다). 일본인은 자신들의 기준으로 미국을 판단하여 미국 정부는 언제든 조건만 맞으면 전쟁에 뛰어들 것이라고 멋대로 믿었다. 일본이라면 그럴 수 있고 실제로 그렇게 했던 것이다. 무지인가 계산착오인가, 아니면 단순한 무모함 때문인가는 모르지만 일본은 상대가 단호하게 전쟁에 나서도록 하는 데 꼭 필요한 타격을 가했다.

일본의 상황은 1916~17년의 독일 상황과 놀라울 만큼 비슷했다. 양국 모두 그 지배자가 국가의 존망과 국민의 생명을, 많은 사람이 결국에는 거의 확실하게 패배하리라고 본 쪽에 걸었다. 이 충동은 억누르기 힘든 지배의 꿈, 지나친 자부심, 탐욕에 뿌리가 있다.

지금까지 설명했듯이 개별적인 사건에서 나오는 원칙은, 독선은 권력의 부산물이라는 점이다. 우리는 끝없이 되풀이된 액턴 경(영국의 역사가 1834~1902년)의 금언 "권력은 부패한다"를 알고 있다. 그러나 권력이 독선을 낳고, 국민에게 명령하는 힘을 가지면 안하무인이 되고, 권력을 행사하는 폭과 깊이가 늘어남에 따라 권력에 따르는 책임은 점점 엷어진다는 사실을 자각하지 못하고 있다. 권력의 총체적인 책임이란, 국가와 국민에게 이익이 되도록 가능한 한 이성적으로 통치하는 것이다. 이 과정에서의 의무란 충분히 상황을 통찰하고 정보에 주의를 기울이고 지성과 판단력을 공정하게 지니고 경솔하게 행동하지 않도록 둔감함의 마력에 저항하는 것이다. 만일 어떤 정책이 국민에게 이익이 되기보다 해가 된다는 것을 알 만큼 마음이 열려 있고, 그것을 분명히 인정할 수 있을 만큼 자신감이 있고, 그 정책을 뒤집을 만큼 현명하다면 그것이 최고의 통치이다.

제2차 세계대전에서 승리를 거둔 자들의 정책은 베르사유조약과 제1차 세계대전 후에 배상금을 강요했던 것과 대조적으로 경험에서 배우고 배운 것을 실행에 옮기고자 하는 실험이었다. 더구나 이러한 실험을 할 기회는 함부로 주어지지 않는다. 일본에 대한 점령정책은 워싱턴에서 기초되고 연합국의 승인을 받아 주로 미국인이 실시했지만, 정복자의 자제하는 태도, 정치적 지혜, 재건과 창조적 변혁이라는 측면에서 훌륭한 정책이었다. 일본의 정신적 지주로서 천황을 온존시킴으로써 정치적 혼란을 막고 천황을 통해서 점령군에 대한 복종의 발판을 얻어 놀라울 만큼 순종적인 체제를 만들어 냈다.

무장해제, 비무장, 전쟁책임을 분명하게 하기 위한 전범재판을 별도로 치면 그 목적은 입헌대의 정부와 재벌의 해체 및 토지개혁에 의한 정치·경제적 민주화였다. 일본의 거대한 대기업의 권력이 끝내 비타협적인 태도를 무너뜨리지 않았다는 것을 별도로 치면, 정치적 민주주의는 보통 위에서 내리는 명령만으로는 달성할 수 없고 몇 세기에 걸쳐 천천히 한 발짝씩 싸워서 얻어 나갈 때 비로소 뿌리 내리는데도, 이것을 훌륭하게 이식해서 전면적으로 채용토록 한 것이다. 점령군은 직접통치가 아니라 일본 각지에 설치한 연락사무소를 통해서 지배했다. 1945년 이전에 군림하던 요인은 숙청되었고, 어쩌면 본질적으로는 전임자와 크게 다르지 않을지도 모르지만 기꺼이 변혁을 받아들이고자 하는 후임자가 뒤를 이었다. 교육과 교과서도 개혁되었고, 천황의 지위는 '주권을 지닌 일본 국민의 총의에 기초하는' 상징으로 수정되었다.

오류가 없었던 것은 아니다. 특히 군사정책에서 그랬다. 일본 사회의 권위주의적인 특질이 서서히 되살아났다. 그러나 전체적으로는 처벌보다는 시혜에 무게를 둔 편이었다. 통치의 지혜가 제대로 발휘될 수도 있다는 드문 사례여서 우리에게 힘을 준다고 하겠다.

상식과 용기의 지도자, 이집트의 사다트

역사적으로 말해서 가장 희귀한 반전(어떤 정책이 국익에 도움이 되지 않는다는 사실을 인정하고 과감하게 그 정책을 180도 전환시키는 모험을 두려워하지 않는 통치자의 방향전환)을 보여준 사람은 이집트의 사다트 대통령이었다. 이스라엘에 대한 끝없는 증오를 버리고 이웃국가들의 격분과 위협에도 굴하지 않고 보다 유익한 관계를 모색하고자 한 것이 사다트 대통령의 시책이었다. 위험을 무릅쓸 용기와 잠재적인 이익의 크기라는 두 가지 점에서 생각할 때 그것은 빛나는 업적이었다. 또한 무분별하고 부정적인 태도를 계속해서 보이는 대신, 상식과 용기를 보인 점에서 역사상 유례가 없는 숭고한 행위였다. 사다트 대통령이 훗날 암살이라는 비극적 종말을 맞았어도 그 빛은 꺼지지 않았다.

지금부터 필자는 인류에게 불행하게도 끈질기게 되풀이된 이야기를 하고자 한다. 어떤 정책의 성격을 아집과 독선이라고 결정하는 것은, 그 정책이 초래한 궁극적인 결과에 따르지 않는다. 모든 실정은 긴 안목으로 보면 국익에 반하는 것이지만, 실제로는 일시적으로 어떤 체제를 강화할지도 모른다. 그것이 아집과 독선으로서의 성질을 갖추는 것은 명백하게 실행할 수 없거나, 또는 이익에 반하는 정책을 어거지로 밀고 나가려고 하는 경우이다. 이 책을 쓰고자 결심한 것은 오늘날 이 문제가 곳곳에서 너무나 노골적으로 드러나기 때문이지만, 그것까지 언급할 여유는 없을 것이다.

Part 2

아둔함의 원형,
트로이 목마

The March of Folly : from Troy to Vietnam

무지와 어리석음의 상징,
트로이 목마

인류의 비극을 노래한 『오디세이아』

서유럽 세계에서 가장 유명한 이야기이자 인간의 갈등을 묘사한 모든 글의 원형이고, 인간이 독서를 시작한 이후(그 이전부터) 동서고금의 사람들에게 친숙하게 읽힌 서사시가 있는데, 그 안에는 목마의 전설이 담겨 있다. 역사적 사실의 흔적은 있는 경우도 있고 없는 경우도 있다.

트로이전쟁은 에우리피데스의 가슴 찢어지는 듯한 비극 『트로이의 여인』에서부터 유진 오닐과 장 지로두, 현대의 더욱 매혹적인 작가들에 이르기까지 면면히 이어지는 모든 문학과 예술의 주제로 등장한다. 또한 베르길리우스의 12권짜리 책 『아이네이스』 덕분에 로마의 전설과 국민 서사시의 소재가 되었다. 중세 로맨스 작가들의 마음을 끄는 주제였기 때문에 윌리엄 캑턴이 영어로 인쇄한 첫 책의 소재가 되었고, 초서는(나중에는 셰익스피어도) 줄거리 자체라고까지는 할 수 없어도 『트로일러스와 크리세이드』의 배경을 여기에서 얻었다. 라신과 괴테는 이피게네이아의 비참한 희생의 의미를 탐구하려고 했다. 방랑하는 율리시스는 테니슨과 제임스 조이스처럼 전혀 성격을 달리하는 작가들에게 영감을 주었다. 카산드라와 복수심에 불타는 엘렉트라는 독일의 연극과 오페라의 주역이 되었다. 엘리자베스시대의 조지 채프만이 처음으로 황금왕국의 문을 연 뒤로 대략 35명의 시인과 학자가 이 서사시를 영어로 옮기려고 했다. 무수한 화가가 저항하기 어려운 매력에 이끌려 파리스의 재판 광경을 묘사했고, 역시 무수한 시인이 헬레네의 미모를 노래했다.

트로이, 즉 일리움(고대 트로이의 라틴어 이름)의 이야기에는 인간 경험의 모든 측면이 그려져 있다. 이 이야기는 기원전 약 850~800년에 호메로스가 처음으로 서사시의 형태로 묘사했다.[1] 사건을 유발하는 역할을 하는 것은 신들이고 주변상황은 고대의 원시세계이지만, 바로 그렇기 때문에 이 이야기는 인간성의 근본에 대해서 말해준다. 이 이야기는 2천8백 년이라는 긴 세월 동안 우리의 기억과 마음속에 깊이 살아남았다. 그것이 우리 자신을 이야기하기 때문이고, 인류가 얼마나 비이성적으로 행동할 수 있는가를 진실되게 묘사하기 때문이다. 작가 존 쿠퍼 포이스가 말한 대로 '인간사의 처음부터 끝에 이르기까지 우리 모두에게 일어난 일, 일어나고 있는 일, 앞으로 일어날 일'을 보여주기 때문이기도 하다.

트로이는 10년 동안의 무익하고 애매하고 비열하고 모략적이고 질시에 넘치고 영웅 하나 낳지 못하는 고통스러운 전쟁 끝에 마침내 함

---

1) 이 연대와 관련해서는 예전에 많은 논란이 있었으나 1952년에 선문자 B가 해독된 다음부터는 학자들이 위의 연대에 거의 의견의 일치를 보고 있다.

락되었다. 이 이야기는 트로이를 함락시킨 최고의 전략으로 목마를 끌어들인다. 목마이야기는 위급한 상황을 알리는 경고와 실행 가능한 대안을 무시하고 국익에 반하는 정책을 추구하는 과정을 생생하게 보여준다.

이 서구인의 가장 오래된 연대기에 나오는 이야기는, 그러한 행위가 인간의 고유한 습성이었음을 암시한다. 이 이야기는 전쟁이 절정에 달하기 전에 끝나 버리는 『일리아드』가 아니라 『오디세이아』 속에 처음으로 등장해, 맹목의 음유시인 데모도쿠스의 입을 통해 전해졌다.

그는 오디세우스의 부탁을 받고, 알키노오스의 궁정에 모인 군중들에게 그 장쾌한 이야기를 들려주었다. 이 음유시인의 말재주를 높이 사는 오디세우스의 칭찬과는 달리 시인은 다소 메마르게 이야기의 뼈대만을 전했다. 마치 주요한 사실은 이미 알려져 있기라도 한 듯이 전한 것이다. 별로 중요하지 않은 세부사항에 대해서는 이 시의 다른 곳에서 오디세우스 자신이 덧붙이거나 다른 두 사람의 참여자인 헬레네와 메넬라오스가 마음대로 공상의 나래를 펼쳐 덧붙였다.

어슴푸레한 기억 속에서 호메로스가 끌어올린 목마이야기는 뒤이은 2~3세기 동안 곧바로 호메로스를 계승한 자들의 상상력을 자극했다. 그들은 이 이야기에 정성스런 가필을 가하려고 안간힘을 썼다. 그 중에서도 가장 주목할 가치가 있는 것은, 서사시에서 가장 충격적인 사건에 라오콘을 등장시킨 점이다. 라오콘을 처음으로 묘사한 것은 밀레투스의 아르크티누스가 펴낸 『일리움의 약탈』이다. 이 책은 호메로스가 죽은 지 1세기 남짓 뒤에 편찬된 듯하다. 경고의 목소리를 상징하는 라오콘의 극적인 역할은 그 후에 나온 모든 판본 속에서 목마이야기의 중심적인 주제를 이룬다.

트로이를 함락시킨 책략에 대해서 우리가 알고 있는 줄거리를 완벽하게 정리한 것은 기원전 20년에 완성된 베르길리우스의 『아이네이스』(아이네이아스의 노래라는 뜻)이다. 이때는 이미 천 년 이상에 걸쳐 쌓인 다양한 이설(異說)이 목마이야기에 스며들어 있었다. 이러한 이설은 그리스세계의 다양한 지역에서 탄생했기 때문에 모순되고 일관성이 없는 것이 상당히 많았다. 그리스 전설은 터무니없는 모순의 산물이다.

사건이 줄거리의 논리에 따르지 않고, 동기와 행동이 일치하지 않는 경우가 드물지 않다. 우리는 목마이야기를 있는 그대로, 다시 말해서 아이네이아스가 넋을 잃은 여왕 디도에게 들려준 대로, 또한 라틴의 계승자들이 수정하고 더 극적으로 꾸미면서 중세까지 전하고 그 뒤에 중세에서 현대까지 전해져 내려온 대로 받아들일 수밖에 없다.

목마를 성 안으로 끌어들인 프리아모스

트로이의 평원에서 좀처럼 승패가 갈리지 않는 전투가 시작된 지 9년, 그리스군은 프리아모스 왕의 수도를 포위했다. 신들은 10년 전에 참을 수 없는 질투를 경험했고, 이 때문에 제각기 교전국과 내밀한 관계를 맺었다. 그때 트로이의 왕자 파리스가 사랑의 여신 아프로디테에게 아름다움에 대한 상으로 황금사과를 주어 헤라와 아테네를 분노하게 했기 때문이다. 아프로디테는 다른 신들 몰래 먼저 나서서(인간이 만들어낸 올림포스의 신들은 원래 공정한 경쟁을 무시한다) 파리스에게 "나에게 황금사과를 주면 세상에서 가장 아름다운 미인을 당신의 신부로 만들어주겠다"라고 약속했다. 이 약속 때문에 파리스는 스파르타 왕 메넬라오스의 왕비 헬레네를 유괴했고, 그 결과 그리스의 대군주이자 메넬라오스의 형인 아가멤논의 지휘 아래 헬레네의 반환을 요구하는 원정군이 조직되었다. 트로이가 반환을 거부하자 전쟁이 시작되었다.

독선과 아집의 역사 ———

신들은 제각기 마음에 드는 편을 도왔다. 그들은 강력하면서도 변덕스럽게 사람의 눈을 어지럽게 하는 이미지를 만들고, 자신들의 욕망에 맞춰 전황을 바꾸고 속닥거리면서 모사를 꾸미고 사실을 왜곡했다. 심지어 그리스군이 포기하고 귀국하려고 할 때는 끈덕지게 설득하여 전사들에게 싸움을 계속하게 했다. 그러는 동안 영웅들은 죽고 고국은 고난에 휩싸였다. 바다의 지배자 포세이돈은 아폴론과 함께 트로이의 도시와 성벽을 건설했다고 하는데, 나중에는 트로이의 적이 되었다. 트로이 최초의 왕이 포세이돈의 업적을 제대로 평가하지 않았기 때문이고, 또한 필요한 제물을 바쳐 그리스군의 침략을 막을 풍랑을 일으키지 않았다고 트로이사람들이 포세이돈의 사제를 돌로 쳐 죽였기 때문이다. 한편 예로부터 트로이의 보호자였던 아폴론은 변함없이 트로이사람들과 손잡고 싸웠다. 아가멤논이 아폴론의 사제의 딸을 잡아 강제로 잠자리를 같이한 것에 분노해 더한층 트로이를 역성들었다. 신들 가운데 가장 바쁘고 영향력이 큰 아테네는 처음부터 파리스에게 서운함을 느낀 탓에 고집스럽게 트로이에 맞서며 그리스를 편들었다. 올림포스의 지배자 제우스는 어느 편도 들지 않았다. 다만 엄청난 대가족 가운데 누군가가 호소를 하면 이쪽에 압력을 가하기도 하고 저쪽에 압력을 가하기도 했다.

분노와 절망에 사로잡혀, 트로이사람들은 아킬레우스에게 살해당한 헥토르의 죽음을 슬퍼했다. 아킬레우스는 잔인하게도 헥토르의 두 다리를 전차에 묶고, 전차바퀴가 피워 올리는 먼지 속으로 시신을 끌고 다니면서 세 차례나 성벽을 돌게 했다. 그러나 그리스군도 결코 사기가 높은 것은 아니었다. 그들의 대표적인 전사인 아킬레우스는 분노에 불타며 불사신처럼 싸웠지만, 상처 입은 뒤꿈치에 파리스가 쏜 화살을 맞고 죽었다. 그의 갑옷은 그리스군 중에서 가장 공이 많은 자에게 내려질 예정이었는데, 가장 용감한 아이아스가 아니라 지혜에서 따를 자가 없는 오디세우스에게 선사되었다. 자존심이 몹시 상한 아이아스는 광란하다가 자결했다. 그리스군의 사기는 떨어져 많은 병사가 귀국하겠다고 나섰지만 아테네가 그것을 막았다.

그녀의 충고를 듣고 오디세우스는 술책을 써서 트로이를 공략하기 위한 마지막 시도를 했다. 20명 내지 50명(3백 명의 대병력이라는 판본도 있다)의 무장병력이 안에 숨을 정도로 큰 목마를 만든 것이다. 그의 계획은 이랬다. 나머지 전사들은 배를 타고 고국으로 돌아가는 척하다가 앞바다의 테네도스섬의 뒤쪽에 배를 숨긴다. 목마에는 '그리스인이 이것을 아테네에게 바치나니 부디 고국으로 무사하게 돌아갈 수 있도록 가호를 빕니다'는 글을 새긴다. 말의 모양은 트로이사람들의 신앙심을 부추기도록 계산해서 만든다. 트로이사람들에게 말은 신성한 동물이므로 아마 그들은 감동해서 목마를 성 안에 있는 아테네 신전으로 끌어갈 것이다. 그렇게 되면 도시를 에워싸 지키던 성스러운 베일이 벗겨지고, 숨어 있던 그리스군이 뛰어 나와 신호에 맞춰 달려 온 아군을 위해 성문을 열고 마지막 기회를 잡을 수 있을 것이다.

아테네는 에페이우스라는 남자의 꿈에 나타나 목마를 만들라고 명령했다. 여신의 놀라운 능력에 힘입어 '간계의 도구'는 사흘 만에 완성되었다. 밤이 되자 오디세우스는 다소 꺼림칙해 하는 지휘관과 용감한 병사들에게 줄사다리를 건네주며 목마 속으로 들어가 '승리와 죽음의 중간'에 있는 각자의 위치로 가라고 설득하였다.

날이 밝자 트로이의 정찰병이 적이 포위를 풀고 모습을 감춘 것을 발견하였다. 성문이 있는 곳에 기묘하고 무섭게 생긴 목마만을 남기고 적이 떠난 것이다. 프리아모스와 평의회의 의원이 나와 그것을 조사하고 이러쿵저러쿵 논란을 벌이지만 의견이 하나로 모이지 않았다.

독선과 아집의 역사 ———

장로인 디모이테스는 신에게 바친다는 글귀를 있는 그대로 받아들여 목마를 성 안의 아테네 신전으로 끌어들이자고 진언했다. 또 다른 장로 카푸스는 아테네는 너무 오랫동안 그리스군을 편들었다는 이유로 반대했다. 그는 신에게 바치는 것으로 꾸민 이 목마를 즉각 태우거나 도끼로 두들겨 부숴 버려서 안에 무엇이 들었는지 보자고 주장했다. 그의 주장은 실행 가능한 대안이었다.

프리아모스는 주저하면서도 아테네에게 바치는 봉물을 모독할까 두려워 목마를 성 안으로 끌어들이는 의견에 찬성했다. 트로이사람들은 목마가 너무 커서 성벽의 일부를 부수면서까지 목마를 끌어들였다. 다른 이야기에 따르면 목마를 끌어들이느라 세안문(Scean Gate) 위에 가로로 댄 돌이 떨어졌다고 한다. 이것은 첫 번째 경고였다. 만일 세안문 위에 가로로 댄 돌이 떨어지면 트로이 성은 함락된다는 예언이 있었기 때문이다.

모여든 군중 속에서 흥분한 목소리가 쏟아져 나왔다. "그것을 불태워라! 바위에서 바다로 던져버려라! 때려 부숴라!" 이것에 반대하는 자들은 지지 않을 큰 목소리로 "부수면 안 된다. 신성한 상(像)이 틀림없다"라고 부르짖었다. 그때 극적인 방해자가 나타났다. 아폴론신전의 신관으로 일하는 라오콘이 쇳소리로 경고하면서 뛰어왔다. "모두들 미쳤는가, 이 가련한 자들아. 적이 내버렸다고 생각하는가? 그리스군의 선물에는 배신이 없다고 믿는가? 오디세우스가 어떤 인물인가를 생각해 보라."

피 끓는 라오콘의 경고를 무시한 트로이사람들

"이 괴물은 안에 그리스인이 숨어 있든가, 무언가 수상쩍은 전쟁도구, 이 도

라오콘상. 서기 50년경에 로마에서 제작.

시를 습격하려는 스파이나 기계가 있을 것이오. 안에는 어떤 간계가 숨어 있음에 틀림없소. 그것을 믿어서는 안 되오, 트로이사람들이여, 목마를 믿지 마오. 그것이 무엇인가는 모르지만 그리스인은 무서운 사람들이오. 선물을 가져올 때조차 믿어서는 안 되오."

역사에 길이 남을 이 경고를 외치면서 그는 혼신의 힘을 다해 목마를 창으로 찔렀다. 그러자 창이 부르르 떨면서 목마의 배를 뚫고 들어갔고, 안에 숨은 사람들의 신음소리가 새 나왔다. 창의 일격은 나뭇조각을 조금 부수어 빛이 안으로 새 들어갔지만, 운명의 힘이, 혹은 신의 힘이 그것을 약하게 만들었다. 그렇지 않았다면 나중에 아이네이아스가 말했듯이 트로이는 지금도 굳건히 서 있을 테니까.

마침 라오콘이 많은 사람들을 설득시켰을 때 감시병들이 시논을 앞세우고 왔다. 이 남자는 겉으로는 겁 많은 그리스인으로 오디세우스에게 원한을 사서 버림받았다고 했지만, 사실은 오디세우스가 계획의 일부로 일부러 잠입시킨 인물이었다. 시논은 프리아모스에게 목마의 진실을 밝히라는 요구를 받자, 아테네에게 비치는 진심 어린 봉물이라고 말했다. 그는 말했다. "그리스인은 트로이사람들이 도시 안으로 끌어들이지 못하도록 일부러 그것을 거대하게 만들었습니다. 도시안으로 끌어들이면 트로이가 최후의 승리를 거두기 때문입니다. 트로이사람들이 목마를 파괴하면 악운을 부르지만, 성 안으로 끌어들이면 도시의 안전이 확보될 것입니다."

시논의 이야기에 다시 마음이 완전히 바뀌어 트로이사람들이 경고와 그릇된 신념 사이에서 동요할 때 끔찍하고 불길한 일이 일어나 사람들은 다시 라오콘쪽이 옳다고 확신했다. 시논의 이야기는 오디세우스가 말하도록 시킨 또 하나의 간계에 불과하다고 라오콘이 경고하는 순간, 파도 사이에서 무시무시하게 큰 뱀 두 마리가 검은 나선형을 크게 그리면서 나타나 스르르 모래 위로 다가왔다.

> "불타는 눈은 피와 불꽃을 잔뜩 머금고, 튀어나온 혀는 쉭쉭 소리 지르는 입을 핥고 있다네."

군중들이 공포에 질린 채 바라보는 사이에 큰 뱀은 그대로 달려들어 라오콘과 두 어린 아들을 습격했다. 뱀은 '그들의 애처로운 몸뚱이에 독이빨을 박아 넣고는', 아버지의 허리와 목과 양팔을 칭칭 감았다. 라오콘은 사람의 소리라고 여겨지지 않는 끔찍한 소리를 지르는가 싶더니 그대로 숨이 끊어졌다. 입을 벌린 채 온몸의 털이 곤두서는 광경을 바라보던 사람들은 거의 모두가 라오콘에게 신이 벌을 내렸다고 믿었다. 성스러운 봉물이 틀림없는데도 창으로 찌르는 모독행위를 했으니 그럴 만도 하다고 믿은 것이다.

큰 뱀을 어떻게 해석할 것인가는 고대의 시인들에게도 골치 아픈 문제였고, 지금까지도 설득력 있는 설명이 이루어지지 않았다. 신화에는 신화 나름의 수수께끼가 있어서 모두가 다 풀리는 것은 아니다.

큰 뱀은 트로이에 대한 포세이돈의 증오가 아테네의 증오에 뒤지지 않는다는 것을 보이라는 아테네의 요구를 받고, 포세이돈이 보낸 것이라고 주장하는 사람도 있다. 다른 사람들은 다가오는 파멸을 트로이사람들에게 경고하기 위해서(그러나 결과는 반대였기 때문에 이 설명은 설득력이 적다) 아폴론이 뱀을 보냈다고 말한다. 베르길리우스는 시논의 이야기를 트로이사람들에게 납득시키고, 그렇게 해서 트로이의 운명을 파멸시킬 필요가 있기 때문에 아테네 자신이 보냈다고 설명했다. 그것을 뒷받침하는 근거로 사건 뒤에 뱀이 아테네의 신전으로 도망쳤

독선과 아집의 역사 ──────

다는 사실을 들고 있다. 큰 뱀의 문제는 지극히 어렵기 때문에 당시의 몇몇 편자들은 라오콘의 운명은 목마와 전혀 관계가 없고, 신상(神像) 앞에서 아내와 잠을 자 아폴론의 신전을 모독했다는 사건과도 전혀 관련이 없는 죄 때문이라고 치부했다.

『오디세이아』를 읊은 맹목의 시인은 라오콘에 대해서는 전혀 언급하지 않은 채, 논란은 목마를 끌어들이자는 쪽으로 매듭지어졌다고 간단하게 말했을 뿐이다. 트로이는 파멸할 운명에 있었기 때문이다(혹은 우리가 해석하는 바로는 트로이의 시민들로 상징되는 인류는 국익에 반하는 정책을 추구하는 악습이 있기 때문이다)라고 그는 말했다.

큰 뱀이 어떤 수단으로 사용되었는가는 설명이 가능한 사실(史實)이 아니라 상상의 산물이고, 지금까지의 문학이 가장 비중을 두고 묘사한 것 가운데 하나이다. 또한 이 이야기는 조각품의 고전이라 할 만한 중요한 걸작을 낳았다. 고통에 질려 몸뚱이를 비튼 대리석상으로, 희생자의 비명이 들릴 정도로 사실적이다. 대(大)플리니우스는 로마의 티투스 황제의 궁전에서 이 대리석상을 보고 '지금까지 회화와 조각 기술이 낳은 어떤 작품보다' 뛰어나다고 극찬했다. 그러나 조각은 입을 다문 채 원인과 의미를 말하지 않는다. 소포클레스는 라오콘을 주제로 비극을 썼지만, 본문이 사라져 그의 생각도 함께 사라지고 말았다. 현존하는 전설은 한 가지 사실만을 우리에게 전한다. '라오콘은 진리를 알았고 그것을 알리려다가 벌로써 생명을 빼앗기고 말았다.'

프리아모스의 명령으로 목마를 성내로 끌어들이기 위해 그물과 활차를 준비하는 동안 아직도 여러 가지 힘이 트로이에게 경고를 하려고 했다. 문의 입구에서 네 차례나 말이 멈추고 뱃속에서 네 차례나 무기 울리는 소리가 들렸다. 이 정지는 경고를 알리는 징조였는데도 트로이인들은 '들떠서 아무것도 생각하지 않고 맹목적이 되어' 오로지

폼페이에서 발굴된 로마 벽화. 목마를 트로이성 안으로 끌어들이고 있다. 기원전 1세기

전진했다. 그들은 성벽과 문을 부숴뜨렸고 그로 인해 신성한 베일이 찢겼지만, 이를 깨닫지도 못했다. 이제 성벽을 지킬 필요가 없다고 생각했기 때문이다.

『아이네이스』 이후의 판본에서는 다른 징조가 계속 이어진다. 붉은 피에 물든 연기가 피어오르고 신들의 상에서 눈물이 떨어지고, 마치 고통을 겪는 듯이 탑이 신음한다. 아지랑이가 빛나는 별을 가리고 늑대와 자칼이 울부짖고 아폴론신전의 월계관이 시들지만 트로이사람들은 아무런 주의도 기울이지 않는다. '그들이 숙명대로 멸망되도록' 운명이 그들의 마음에서 공포심을 지웠기 때문이다.

독선과 아집의 역사 ──────

살육과 광란이 춤춘 트로이의 최후

그날 밤 트로이사람들은 태평스런 기분으로 술을 마시고 축하연을 펼친다. 마지막 기회에 최후의 경고가 울려 퍼진다. 프리아모스 왕의 딸 카산드라는 아폴론이 준 예언의 힘이 있었다. 아폴론은 그녀를 사랑했기 때문에 그녀가 그와 자겠다고 약속한 대가로 예언하는 힘을 주었던 것이다. 그러나 평생 처녀를 지키겠다는 마음으로 카산드라가 약속을 취소하자 분노한 신은 그녀의 예언을 사람들이 절대로 믿지 못하도록 저주를 걸었다. 10년 전에 파리스가 처음으로 스파르타로 배를 타고 진출했을 때 카산드라는 그의 항해는 집안에 재앙을 불러일으킬 것이라고 예언했지만, 프리아모스는 아무런 주의도 기울이지 않았다. "아, 가련한 시민들!" 하고 그녀는 외쳤다. "불쌍하고 어리석은 자들, 너희는 우리 몸에 달라붙은 악운을 전혀 모르는구나. 너희는 뱃속에 너희를 파멸시킬 것을 숨긴 것을 분별도 없이 대접하고 있구나" 하고 사람들에게 알렸다. 그러나 트로이사람들은 잔뜩 취해 "공주님은 방귀 같은 농담을 잘도 하십니다" 하고 웃어넘길 뿐이었다. 그녀는 분노에 휩싸여 도끼와 이글거리는 횃불을 들고 목마에게 달려들었지만 바로 앞에서 저지당하고 말았다.

트로이사람들은 포도주에 흥건히 취해서 잠이 들었다. 그러자 시논이 큰 방에서 기어 나와 목마의 문을 열고 오디세우스와 병사들을 풀어 놓았다. 개중에는 어둠 속에 갇힌 채 긴장한 나머지 울거나 '두 다리를 떠는' 자도 있었다. 그들은 도시에 흩어져 나머지 성문을 열었다. 그 사이 시논은 횃불을 흔들어 배에 신호를 보냈다. 군사들이 합류하자 기세 좋게 승리의 함성을 지르면서 그리스군은 잠에 빠진 적을 기습했다. 닥치는 대로 학살하고 집을 불태우고 보물을 약탈하고 여자들을 강간하는 그들 앞에는 거칠 것이 없었다. 트로이사람들이 칼을 들고 맞서자 그리스군도 죽어 갔지만 판세는 이미 침략자에게 기운 뒤였다. 곳곳에서 검붉은 피가 흐르고 난자당한 시체가 온천지를 뒤덮었다. 부상당한 자들의 신음과 비명, 여자들의 탄식 위로 화염이 이글거리며 솟구쳤다.

비극은 완벽하게 완성되었다. 영웅적인 행위도 연민도 최후의 비극을 누그러뜨리지 못했다. 아킬레우스의 아들 피루스(일명 네오프톨레모스)는 '살육에 미쳐' 프리아모스의 막내아들 폴리테스가 손에 상처를 입고 달아나는 것을 궁전의 복도까지 쫓아가 '단칼에 베서' 부왕의 눈앞에서 목을 떨어뜨린다. 그것을 본 '덕이 높은' 프리아모스 왕이 아들의 피에 미끄러지면서 힘없이 창을 내밀자 피루스는 늙은 왕도 죽인다. 패배자들의 아내와 어머니는 욕되게 끌려 나와 다른 전리품과 함께 적장에게 넘겨진다. 왕비 헤카베는 오디세우스에게, 헥토르의 아내 안드로마케는 살인자 피루스의 손에 농락당한다. 카산드라는 아테네의 신전에서 다른 장군에게 몸을 더럽힌 뒤 머리를 산발하고 두 손을 묶인 채 끌려 나와 아가멤논에게 넘겨지지만, 그의 욕정의 제물이 되기보다는 자해하는 쪽을 택한다. 그보다 더 가슴 아픈 것은 프리아모스의 또 다른 딸 폴릭세네의 운명이다. 그녀는 예전에 아킬레우스가 바라던 여자였으니 지금 그의 영혼이 부른다면서 승리자들은 그의 묘로 끌고 가 살육한다. 가장 연민을 끄는 것은 헥토르와 안드로마케의 아들인 젖먹이 아스티아낙스가 맞은 마지막 순간이다. 그는 나중에 복수할지도 모르니 어떤 영웅의 아들도 살려 둬서는 안 된다는 오디세우스의 명령으로 흉벽 위에서 내던져져 죽는다. 약탈과 화염으로 트로이는 폐허가 되었다. 이다산은 신음하고 크산토스강은 눈물을 흘렸다.

독선과 아집의 역사 ─────

마침내 길고 긴 전쟁을 끝낸 승리의 노래를 부르면서 그리스군은 배를 타고 귀로의 안전을 빌면서 제우스에게 기도를 올린다. 그러나 무사하게 귀환한 자는 거의 없었다. 오히려 균형을 잡으려는 운명의 힘에 의해 희생자와 맞먹는 참사를 경험한다. 아테네는 강간자가 그녀의 신전을 더럽힌 것에 분노해서, 혹은 그리스인이 승리에 취해 그녀에게 기도 올리는 것을 깜빡 잊었기 때문인지도 모르지만, 제우스에게 부탁해 그들을 벌할 권리를 얻는다. 아테네는 천둥과 번개를 일으키고 바다를 해일로 뒤덮는다. 배는 침수해서 가라앉거나 바위에 부딪혀 산산조각이 난다. 섬의 해안에는 난파선의 파편이, 바다에는 익사자의 시체가 즐비했다.

오디세우스는 해일에 휩쓸려 진로를 벗어난 채 난파해서 20년 동안이나 행방불명이 된다. 아가멤논은 귀국했지만 부정을 저지른 아내와 그 정부에게 살해당한다. 재미있게도, 모든 재앙의 원인이 되었던 헬레네는 완벽한 미모를 지킨 채 살아남아 그녀에게 반한 메넬라오스에게 용서를 받는다. 그녀는 힘 있는 남편과 가정과 번영을 되찾는다. 아이네이아스도 도망친다. 전쟁이 끝난 뒤에 노부를 업고 걸으며 효성을 보인 덕택에 아가멤논에게 식솔들과 함께 승선을 허락받아 로마에 이르는 운명의 길을 더듬는다. 역사의 특징이라 할 인과응보에 따라 트로이의 생존자는 머지않아 트로이의 정복자들을 정복할 도시국가를 건설했다.

이성은 아집과 독선보다 강하다

트로이를 노래한 서사시는 얼마나 역사적 사실에 뒷받침되고 있을까. 고고학자들은 갈리폴리(다다넬스해협과 에게해 사이에 있는 반도)의 반대쪽에 있는 헬레스폰트, 즉 다다넬스해협의 아시아쪽 해안에서 9층짜리 고대집락을 발견했다. 청동기시대의 교역로의 교차점에 있는 그 유적은 거듭된 습격과 약탈을 불렀던 듯하다. 각기 다른 층의 파괴와 재건이 몇 차례나 반복된 까닭이 무엇인지 납득이 가는 것이다.

VIIA층에는 왕조도시의 황금과 다른 공예품 조각이 포함되어 있고 사람의 손으로 난폭하게 파괴된 흔적까지 남아 있어 프리아모스 왕 시대의 트로이 유적임이 확인되었다. 또한 트로이의 함락은 청동기시대가 끝날 무렵에 가까운 기원전 1200년경으로 거슬러 올라감을 알 수 있다. 바다를 제패하고 상업을 주름잡으려는 그리스의 야심이 트로이와 충돌했기 때문에 그리스반도에 위치한 몇몇 공동체의 군주가 연합해서 해협의 반대쪽에 있는 이 도시를 공격하는 것은 얼마든지 있을 수 있는 일이다. 로버트 그레이브스(영국의 소설가 1895~1985)가 지적했듯이 헬레네의 유괴는 그전에 있었던 그리스측의 공격에 대한 보복으로 실제로 저질러진 일인지도 모른다.

지금까지의 이야기는 그리스의 미케네문명 때의 일로, 당시에는 아트레우스의 아들인 아가멤논이 사자문이 있는 성에서 미케네 왕으로 군림했다. 그 거무스름한 폐허는 아직도 코린트의 정남쪽에 해당하는 언덕 위에 서 있다. 그곳에는 짙은 주홍색 양귀비가 살아 있기 때문에 영원히 아트레우스의 아들의 피로 물들어 있는 듯이 보인다. 대략적으로 말하면 트로이의 함락과 거의 같은 시기에 아마 보다 장기에 걸친 어떤 폭력적인 원인으로 미케네와 그것과 관련이 있는 크레타섬의 크노소스의 번영이 종말을 고한 듯하다. 지금 우리가 알고 있듯이 미케네문화는 식자문화였다. 크노소스의 폐허에서 발견된 선문자 B라 불리는 필기문자는 초기 그리스문자라는 사실이 판명되었다.

미케네문화의 붕괴 뒤에 온 것은 대략 2세기에 걸친 그리스 암흑

독선과 아집의 역사 ────

시대라 일컬어지는 어두운 공백의 시대였다. 우리는 도기와 기물 조각을 통해서 간신히 그 시대의 모습을 더듬어 알 뿐이다. 설명되지 않는 어떤 이유로 인해 씌어진 문자가 완전히 사라졌다고 여겨진다. 지나간 영웅시대에 선조들이 쌓은 위업은 설화의 형태로 대대로 입에서 입으로 분명히 전해지기는 했다. 북에서 내려온 도리아인이 촉발시킨 복원작업은 거의 기원전 10세기에 시작되었고, 이때 불멸의 시인이 출현했다. 사람들이 즐겨 입에 담는 이야기와 전설을 모아 담은 그의 서사시가 서구문학의 흐름을 일으킨 것이다.

호메로스는 보통 하프의 반주에 맞춰 자작시를 노래했다고 묘사되지만, 1만6천 행에 이르는 『일리아드』와 1만2천 행의 『오디세이아』는, 그 자신이 썼든 그의 구술을 받아 다른 사람이 썼든 어쨌든 기록된 것은 분명하다. 뒤이은 세기 동안 몇 사람의 음유시인이 교본을 사용한 것은 틀림없는 사실이고, 그들은 트로이 이야기를 보존하려고 구전에서 소재를 얻어 호메로스가 남긴 구멍을 메웠다. 트로이 이야기와 가장 잊기 어려운 삽화로서의 이피게네이아의 희생, 아킬레우스의 약점이었던 뒤꿈치와 아마존의 여왕 펜테실레이아의 출현 등은 호메로스 이후의 시에서 노래되었다. 이러한 시를 우리에게 전하는 것은 기원후 2세기에 요약된 판본뿐이다. 본문은 그 이후 없어졌다. 저자의 모국으로 추정되는 키프러스에서 연유한 『키프리아』라 불리는 시는, 이러한 시 가운데 최초로 가장 완벽한 것이다. 그것을 잇는 것으로는 아르크티누스의 『일리움의 약탈』과 레스보스의 음유시인이 노래한 『소 (小)일리아드』 등이 있다. 그 뒤에는 여러 서정시인과 세 사람의 위대한 비극 작가가 트로이의 주제를 다루었고, 그리스의 역사가들은 그 역사적 사실이 증거가 있느냐를 둘러싸고 논쟁을 벌였다.

라틴작가들은 베르길리우스 이전에나 이후에나, 특히 이후에 목마와 그 밖의 빛나는 전설에 반짝이는 눈을 돌려 더욱 갈고 닦았다. 트로이의 영웅들과 그 모험이 중세의 타페스트리와 연대기를 훌륭하게 장식했을 때 역사와 전설의 차이는 어렴풋해졌다. 헥토르는 율리우스 카이사르와 카를 대제와 함께 아홉 사람의 명사 가운데 하나가 되었다.

트로이의 목마이야기를 뒷받침하는 역사적 사실이 있는가 없는가 하는 문제는 파우사니아스가 제기했다. 그는 진정한 역사학자다운 왕성한 호기심을 지닌 라틴의 여행가이자 지리학자였다. 기원 후 2세기에 『그리스 안내기』를 저술했으며, 목마는 틀림없이 어떤 형태의 '전쟁기계'나 '포위기계'를 뜻한다고 결론지었다. 이 전설을 액면 그대로 받아들이면 트로이사람들은 '완전한 멍청이'가 되기 때문이라는 것이

아시리아의 포위기계를 묘사한 바스공예. 기원전 884~860년까지의 아슈르바니팔 2세의 재임기간에 제작

독선과 아집의 역사 ───

다. 이 문제는 20세기인 지금도 추정의 대상이다. 포위기계라는 것이 성을 파괴하는 망치와 같은 것이었다면, 그리스사람들은 왜 그런 용도로 사용하지 않았을까. 그것이 공격군을 성벽 위까지 운반하는 일종의 탈것이었다면 트로이인이 그것을 부숴서 속을 열어 보지 않고 안으로 끌어들인 것은 파우사니아스가 지적한 이상으로 어리석은 행동이라고 할 수 있다. 이렇게 해서 우리는 끝없는 가정의 미로로 빠져든다. 그러나 역사적 사실이 보이는 바와 같이 옛날의 아시리아 기념비에는 그런 고안물에 대한 기록이 있다고 해도, 미케네시대나 호메로스의 시대에 그리스군의 전쟁에 어떤 종류이든 포위기계가 사용되었다는 증거는 없다. 파우사니아스는 이러한 시대착오를 저지르고도 태연했다. 그의 시대에는, 그리고 시간이 훨씬 흐른 뒤에도 과거에 현재의 이미지를 덧씌우고 바라보는 일이 얼마든지 많았기 때문이다.

사실 기원전 2000년에서 1000년 사이, 다시 말해서 일반적으로 트로이전쟁이 벌어졌다고 여겨지는 세기를 포함하는 1천 년 동안, 성서에 씌어 있는 나라들의 전쟁에서는 성벽으로 둘러싸인 장소와 요새화된 장소를 포위했을 경우 책략을 많이 사용했다. 무력으로 안으로 들어갈 수 없으면 공격군은 수비군의 신뢰를 얻을 계략을 쓰는 등 간계를 써서 안으로 들어가려고 했다. 어떤 군사사가(軍事史家)는 "책략에 의한 도시정복을 둘러싸고 여러 전설이 존재하는 것 자체가 진리의 핵심을 증명하는 것이다"라고 말했다.

기원전 5세기의 헤로도토스는 목마에 대해서는 침묵했지만 트로이사람들은 호메로스가 그린 것보다 훨씬 이성적으로 행동한 민족이라고 말하고 싶었던 듯하다. 조사하는 동안 이집트의 승려들이 말해준 내용을 토대로 해서 트로이전쟁 동안 헬레네는 결코 트로이로 가지 않고 이집트에 머물렀다고 그는 말했다. 스파르타에서 유괴된 뒤

배가 바람에 밀려 진로를 벗어났을 때 헬레네는 파리스와 함께 이집트에 상륙했다고 한다. 이집트왕은 초대한 사람의 아내를 유혹한 파리스의 비열한 행동에 염증을 느껴 그에게 나라 밖으로 나가라고 명령했다. 그때 그와 함께 트로이로 간 것은 헬레네의 망령에 불과하다. 그녀가 진짜 인간이었다면 프리아모스와 헥토르는 그렇게 많은 사상자를 낸 대참사를 일으키기보다 그녀를 그리스인에게 넘겨주었으리라고 헤로도토스는 설명한다. 그들은 그녀를 위해서, 그리고 파리스를 위해서 그렇게 극심한 고통을 견딜 만큼 '피 끓는' 인간이 아니었다. 왕족들이 파리스를 그토록 애지중지하지는 않았다고 그는 말한다.

여기에서는 이성이 말하고 있다. '역사의 아버지'로서 헤로도토스는 그가 다루는 사람들의 생활에서는 상식이 결정적 요인으로 작용하는 일은 드물다는 것을 알아야 했다. 헤로도토스는 이렇게 말한다. "트로이인은 그리스인의 사지들에게 헬레네는 트로이에 없다고 단언했지만 믿어주지 않았다. 신들은 큰 죄는 큰 벌을 부른다는 사실을 보이려고 전쟁과 트로이의 멸망을 바랐기 때문이다." 그는 여기에서는 전설의 의미를 찾으면서 진리에 다가간 듯하다.

우리는 의미를 파악하고자 할 때, 신들은(이 점과 관련해서는 신이라고 해도 좋을 것이다) 사람의 머리가 만들어낸 개념이라는 것을 잊어서는 안 된다. 신은 인간의 창조물이지 그 반대가 아니다. 지상의 삶이라는 수수께끼에 목적과 의미를 부여하고, 자연의 불가사의하고 불규칙한 현상과 우연한 사건, 특히 불합리한 인간의 행동을 설명하는 데 필요해서 신을 만들어낸 것이다. 신을 만든 까닭은 초자연적인 존재나 고안물이 없으면 이해할 수 없는 삼라만상의 무거운 부담을 떠맡기 위해서이다.

이것은 특히 그리스의 판테온에 잘 들어맞는다. 판테온의 신들은

독선과 아집의 역사 ───

날마다 인간과 밀접하게 관계를 맺는다. 인간처럼 죽어야 할 운명을 타고나지는 않았지만 모든 감정에 물들기 쉽다. 그리스의 신들이 그토록 변덕스럽고 방탕한 것은 그리스인의 개념에서는 신들은(그림자가 아닌 인간처럼) 도덕적·윤리적 가치관이 없는 것으로 치부되었기 때문이다. 그 결과 그들은 심술궂게 인간을 속이고 인간에게 맹세를 어기게 하고 그 밖의 성실하지 못하고 부끄러운 행동을 하게 해도 전혀 양심의 가책을 느끼지 않는다. 아프로디테의 마술 덕택에 헬레네는 파리스와 달아나고, 아테네는 헥토르를 속여서 아킬레우스와 싸우게 했다. 인간의 어리석고 부끄러운 성질은 신들의 영향 탓으로 돌려진다. "이 고통스러운 전쟁은 신들 탓이다"라고 프리아모스는 탄식한다. 언제든 헬레네를 고국으로 돌려보내면(그녀가 트로이에 있다고 가정했을 때의 말이다. 호메로스의 세계에서는 분명히 그곳에 있었다고 확신한다), 또는 메넬라오스와 오디세우스가 찾아와서 넘겨달라고 했을 때 넘겨주었다면 전쟁의 원인을 제거할 수 있었을 텐데 그것을 잊고 탄식하는 것이다.

신들의 간섭이 있다 해도 어리석음을 저지르는 인간의 책임이 면해지는 것은 아니다. 오히려 신은 어리석음의 책임을 다른 곳으로 떠넘기려고 인간이 머리를 짜내 만든 고안물이다. 호메로스는 『오디세이아』의 첫 부분에서 인간들이 재앙은 모두 신들 때문에 일어난다고 생각하는 것은 얼마나 한심스러운가, 사실은 '운명을 넘는' 고난이 그들을 휘감는 것은 '그들의 마음이 눈멀어 있기 때문인데'라고 제우스에게 말하게 했을 때 이 점을 잘 알고 있었다. 이것은 주목할 가치가 있는 말이다. 운명이 예정했던 것보다 현실적인 결과가 더 나쁘다면, 그것은 어떤 무자비한 숙명이 아니라 선택과 지유의지가 작용하는 증거가 되기 때문이다. 한 예로서 제우스는 아이기스토스의 경우를 든다.

아이기스토스는 아가멤논의 아내와 정을 통하고 왕이 귀국하자 살해했다. "그렇게 하면 파멸이 찾아오리라는 것을 알면서도 그는 왕을 죽였다. 우리는 헤르메스를 보내 그 남자를 죽여서도 안 되고 그의 아내와 사랑을 나눠서도 안 된다고 경고했다. 경고한 까닭은 아들인 오레스테스가 어른이 되면 반드시 아버지의 원수인 아이기스토스를 치고 재산을 돌려받으려 할 것이 틀림없기 때문이다"라고 제우스는 말한다. 요컨대 아이기스토스는 자신의 행위로 어떤 재앙이 일어날지를 충분히 알면서도 일을 저질렀고 그 대가를 치렀다.

헤로도토스가 지적했듯이 '피가 끓으면' 인간은 이성을 잃는다. 고대인은 그것을 알았고 그리스인에게는 그것을 상징하는 여신이 있었다. 아테라는 이름의 이 여신은 제우스의 딸(의미심장하게도 몇몇 가계도에서는 장녀이다)이었다. 어머니는 아레스, 즉 불화와 다툼의 여신이었다(몇몇 판본에서는 아테가 이 여신이 되는 경우도 있다). 딸은 피가 끓고, 짓궂으며, 미망에 젖고 무분별한 어리석음의 여신이다. 그녀는 이러한 성질을 따로따로 갖는 경우가 있는가 하면 합쳐서 갖는 경우도 있어서 그녀의 희생자들을 '이성적인 선택을 할 수 없고' 도덕과 편법을 구별할 수 없는 상태에 빠뜨린다.

이러한 성격이 한 덩어리를 이룬 아테는 해악을 끼치는 강력한 힘을 갖추었고, 사실 파리스가 심판을 받기 전에 고대세계 최대의 분쟁인 트로이전쟁의 발단을 만들었다. 가장 오래된 문헌(『일리아드』, 대략적으로 말하면 호메로스와 동시대인이고 올림포스 신들의 가계도에 대해서는 상당한 권위가 있었던 헤시오도스의 『신통기』, 『키프리아』)이 말하는 아테의 이야기에 따르면, 그녀가 한 최초의 행동은 원한에서 나온 것이라고 한다. 다시 말해서 나중에 아킬레우스의 부모가 된 펠레우스와 바다의 요정 테티스의 결혼식에 제우스가 초대하지 않은 것에 한을 품은 것이다.

초대받지 않은 손님으로 향연에 참석한 아테는 심술궂게도 '가장

독선과 아집의 역사 ────

아름다운 여신에게'라고 씌어 있는 불화의 황금사과를 탁자 위에 올려놓았다. 곧바로 헤라와 아테네, 아프로디테가 사과는 자기 것이라며 으르렁거렸다. 제우스는 다투는 여신들 가운데 한 명의 남편이고 동시에 또 한 명에겐 아버지였다. 그래서 스스로 이 문제를 판정해서 분란을 일으키고 싶지 않았기 때문에 다투는 세 여신을 이다산으로 보내 버렸다. 그곳에는 연애문제를 판가름하는 솜씨가 뛰어나다는 평판이 자자한 젊고 이름다운 양치기가 있어서 어려운 판정을 내려주었기 때문이다. 물론 이 양치기는 파리스였고, 그가 어떻게 해서 양치기를 하고 있었는가는 여기에서 다루는 문제와는 관계가 없는 상황이었다. 어쨌든 그의 선택 탓에 아마 아테조차 의도하지 않았던 큰 싸움이 촉발된 것이다.[2]

아무도 심술궂은 장난을 방해하지 않았기 때문에 아테는 다른 기회에 더욱 복잡한 책략을 생각해냈다. 그 때문에 제우스의 이들 헤라클레스의 탄생이 늦어지고, 그보다 앞서 됨됨이가 떨어지는 이들이 태어나 헤라클레스의 생득권을 빼앗아 버렸다. 이 책략(사실 이것은 아무리 신의 장난이라고 해도 너무 지나쳤다)에 걸려 분노한 제우스는 올림포스에

---

[2] 다른 설은 전쟁의 원인을 소아시아 곳곳에 유포된 홍수전설과 연관 짓고 있다. 아마 자주 범람이 일어난 유프라테스 지역에서 나왔을 것이다. 제우스는 만족스럽지 못한 인류를 제거하겠다고 마음먹었다. 또는 다른 설을 주장하는 『키프리아』에 따르면 모든 것을 기르는 대지에 지나친 부담을 주는 인구를 '줄이려고' '산더미 같은 시체가 세상을 텅 비게 만들도록 일리움의 전쟁이라는 큰 싸움을 일으키기로' 결심했다. 따라서 그는 전쟁을 일으키기 위해서 사과를 둘러싼 여신들의 다툼을 고안하거나 이용했다. 에우리피데스는 이 설을 채택해서, 헬레네의 이름을 딴 극 속에서 제우스가 헬레네에게 '어머니 품인 대지에서 무수한 인간을 없애려고' 전쟁계획을 세웠다고 말하게 한다. 확실히 역사 초기에는 인간의 가치가 하찮것없다는 뿌리 깊은 감각이 존재해서 이런 전설을 낳았음에 틀림없다.

서 아테를 추방하고, 그 이후 지상의 사람들 속에서 살게 했다. 이 때문에 지구는 아테의 목장이라고 불리게 되었다. 아프로디테의 목장이 아니라면 데메테르의 정원도 아니고, 아테네의 옥좌나 그 밖의 좀 더 즐거운 이름도 아니고 고대인이 이미 알고 슬퍼했듯이 어리석음의 땅인 것이다.

그리스 신화는 모든 불의의 사태를 적절하게 처리한다. 『일리아드』에서 말하는 전설에 따르면 제우스는 자신이 한 일을 후회하고 리타이, 다시 말해서 용서를 구하는 기도라 불리는 네 딸을 창조했다. 그녀들은 인간에게 어리석음에서 빠져 나올 방법을 제시했지만 그들이 그것에 따르는 경우는 드물었다. '다리가 약하고 두 눈은 사팔뜨기에 주름살이 자글자글한' 리타이는 치료책으로 아테, 즉 격정에 사로잡히기 쉬운 어리석음(때로는 파멸, 또는 죄라 해석된다)의 뒤를 따른다.

제우스의 딸들이 다가왔을 때.

그녀들을 존경하면 큰 이익을 누리고, 기도도 응답받지만,

그녀들을 비웃고 내쫓으면,

다시 제우스에게 돌아가,

그 사람이 어리석음에 빠지도록 부탁하리.

고난을 사는 오만한 태도가 사라질 때까지.

그러는 동안 아테는 인간과 섞여 살면서 때를 가리지 않고 저 유명한 아킬레우스와 아가멤논의 싸움과 억누를 길 없는 아킬레우스의 분노를 야기한다. 이 싸움과 분노가 『일리아드』의 주요한 소재이지만, 처음부터 끝까지 극심한 부조화가 느껴진다. 최후에, 그토록 그리스인의 대의를 손상하고 전쟁을 오래 끌게 했던 반목이 일단 수습되었을

독선과 아집의 역사 ──

때, 아가멤논은 자신이 애초에 젊은 여자에게 피가 끓어 그녀를 아킬레우스에게서 빼앗은 것은 아테, 즉 미망 탓이라고 탄식한다.

미망의 여신은 제우스의 장녀이고,

모든 사람을 꾀어서 눈멀게 하는 저주받은 분……

나에게서 아내를 빼앗았도다.

그전에도 다른 사람들을 눈멀게 했다.

그리고 리타이가 있음에도 불구하고 그 이후에도 더욱 많은 사람들을 빠져들게 했다고 덧붙여도 좋다. 그녀는 다시 한 번 브루투스의 무서운 환각 속에 모습을 나타냈다. 그는 암살된 발밑의 시신을 바라보면서 어떻게 '카이사르의 혼이 아테를 불러와 복수에 미쳐 날뛰며 "해치워"라고 부르짖고 전쟁의 개를 풀어 놓을지'를 예견했다.

실행 가능한 대안을 찾아내는 지혜

인류학자들은 신화를 무수하게 분류해서 몇몇 기상천외한 학설을 세웠다. 신화는 마음의 산물이고, 감추어진 공포와 욕망의 충족을 분명히 나타내어 우리에게 인간의 조건을 받아들이게 하고, 사람들이 인생에서 직면하는 사회적, 개인적인 문제와 모순을 파헤치는 수단이라고 말한다.

또한 신화는 '특전'이나 '의식', 혹은 그 밖의 무수한 기능을 한다고 생각한다. 이 가운데 전부가, 혹은 몇 가지가 진실일지도 모르고 진실이 아닐지도 모른다. 우리가 확신할 수 있는 것은 신화는 인간행동의 원형이고, 신화의 의식이란 인류의 죄와 오류를 가져가도록 빨간색

실을 묶어 황야에 풀어 놓는 산양의 의식이라는 점이다.

전설은 신화나 그 밖의 것과 아무리 어렴풋하고 멀고 잊혀져도 사적인 연결을 맺고 있다. 트로이의 목마는, 크로누스가 자신의 아이들을 삼켜 버리든가, 제우스가 불의를 저지르려고 백조와 금비로 모습을 바꾼다는 의미에서는 신화가 아니다. 그것은 아테네 여신의 도움이나 큰 뱀의 개입을 제의하면 초자연적인 요소가 전혀 들어 있지 않은 전설이다. 큰 뱀이 덧붙여진 것은 명백히 트로이인에게 라오콘의 충고를 거부할 이유를 주기 위해서였다(큰 뱀의 역할은 설득력이 너무나 크다 싶다. 큰 뱀으로 인해 트로이인은 자신의 파멸을 부르는 진로를 선택하는 외에 다른 선택의 여지가 거의 없었기 때문이다).

그러나 실행 가능한 대안, 즉 목마를 파괴한다는 안은 언제라도 쉽게 채택할 수 있다. 대(大)카푸스는 라오콘이 경고하기 전에 주의를 주었고, 카산드라는 라오콘 다음으로 경고했다. 서사시에는 트로이의 함락은 정해진 일이라는 암시가 자주 나오지만, 목마를 성 안으로 끌어들인 것은 숙명이 아니라 자유로운 선택이었다. 전설에 등장하는 주인공의 '운명'은 인간 하나하나가 자신에 대해서 안고 있는 기대감의 성취를 나타낸다.

독선과 아집의 역사 ──

Part 3

개혁보다는 타락을 택한
르네상스시대의 교황들

The March of Folly : from Troy to Vietnam

하나님도 돌아앉은
여섯 교황의 탐욕

권력과 이권을 추구한 교황정치

콜럼버스가 아메리카를 발견했을 무렵, 이탈리아에서는 르네상스, 즉 현세의 가치를 내세의 가치보다 중요하게 여기는 시대가 꽃을 피웠다. 이러한 시대에 힘입어 개개인은 신보다는 오히려 자신에게서 운명의 계획자이자 추진자를 찾아냈다. 자신의 필요성, 야심과 욕망, 쾌락과 소유물, 지력, 기술, 힘, 영광에서 생명의 원천을 찾았다. 지상에서 보내는 인간의 생활은 이미 중세의 개념처럼 영혼이 영적인 생활에 다다를 때까지의 지루한 방랑생활이 아니었다.

대략 1470년에서 1530년까지 60년에 걸쳐서 연이어 즉위한 여섯 사람의 교황(다섯 사람은 이탈리아인이고 한 사람은 스페인인)은 당시의 현세적인 정신을 구현하고 있다. 그들은 이 현세적인 정신을 과도한 금전적 타산, 반도덕, 탐욕, 상궤를 벗어난 어둔한 권력정치로까지 타락시켰다. 그들의 지배는 신앙심 돈독한 사람들을 당혹스럽게 하고 교황청의 평판을 떨어뜨렸다. 그들은 개혁의 외침에 귀 기울이지 않고 모든 항의, 경고, 높아지는 반란의 조짐을 무시했고, 마지막에는 기독교 국가의 통일을 무너뜨리고 프로테스탄트의 분리를 불러 가톨릭교도의 반을 잃기에 이르렀다. 그들의 타락은 완고함에서 비롯되었고, 몇 세기나 계속된 적의와 형제끼리 물고 뜯는 전쟁을 불렀다는 결과를 놓고 생각하면 아마 서양사상 가장 중대할 것이다.

여섯 교황의 권력남용은 르네상스 전성기의 산물이 아니다. 오히려 교황정치의 관습에 뿌리를 둔 타락의 극치였다. 교황정치는 14세기 전 기간에 걸쳐 진행된 교황의 아비뇽 유폐에서 시작되어 르네상스보다 150년 앞서서 발달한 것이다. 1378년에 교황청을 로마로 복귀시키고자 한 시도는 대분열을 불러 로마에 한 사람, 아비뇽에 또 한 사람의 교황이 자리 잡게 했고, 각각 계승자가 이어져 반세기 넘게 자신이야말로 진정한 교황이라고 주장하는 추태를 보였다. 그 이후 각 국가, 또는 왕국이 두 사람의 교황 가운데 누구에게 복종하는가는 정치적 이해관계에 따라 결정되었다. 이렇게 해서 교황청은 철저하게 정치화되었다. 속세의 지배자에 대한 의존은 교회분열이 낳은 숙명적인 유산이었다. 서로 대립하는 교황은 모든 종류의 흥정, 왕이나 제후와의 동맹이나 양보를 통해서 분열된 권력을 메울 필요가 있었기 때문이다. 수입 또한 둘로 나뉘었기 때문에 교회의 분열로 교황청은 정치화와 함께 상업화되어 세입에 큰 관심을 기울였다. 이때부터 사면과 영혼의 구제에서 사제직과 대수도원에 이르기까지 교회가 인가한 정신적인, 혹은 물질적인 모든 것의 판매가 돈벌이 수단이 되었다. 물질을 얻는 것은 매력적이지만, 그것이 종교를 어떤 모습으로 만들었는가를 생각하면 가슴이 답답해진다.

독선과 아집의 역사 ───

르네상스의 활기 넘치는 인문주의 아래에서 1430년대에 교황청이 최종적으로 로마로 돌아오자, 교황들은 이탈리아 도시국가를 다스리는 제후들의 후안무치한 가치관과 생활양식을 따라 배웠다. 이탈리아인을 지배하는 제후들은, 부유하고 우아하고 방탕한 생활을 즐기면서도 서로 끝없이 다투었다. 통일되지 못하여 영토가 제한되어 있다는 점에서는 서로 반목하는 유력자에 불과했다. 여섯 교황은 이러한 제후의 탐욕과 사치를 재현할 뿐, 제후보다 조금도 나을 바가 없었다. 오히려 지위가 높았기 때문에 대개의 경우에는 제후만도 못했다. 냄새를 쫓는 사냥개처럼 교황직이 가져다주는 이권을 추구했고, 보르자가의 한 사람과 메디치가의 두 사람을 포함하는 여섯 사람 각자가 자신의 뒤에까지 이어질 일문의 재산을 쌓아 올린다는 야심에 사로잡혔다.

이 야심을 추구하기 위해 교황들은 번갈아가며 당시의 세속정치 속으로 뛰어들었다. 다시 말해서 언제 틀어질지 모르는 일련의 연합, 음모, 책략 속으로 들어갔다는 의미인데, 이런 정치는 지속성 있는 관계와 지도원칙도 전혀 없이 단지 일시적인 힘의 균형의 규제를 받았을 뿐이다. 정치적 균형은 위태롭고 끊임없이 변동하기 때문에 이러한 방책은 항상 역전과 배신을 되풀이한다. 신념과 계획 대신에 거래와 매수와 음모가 활개 치도록 허락할 뿐 아니라, 사실은 그것 없이는 무엇 하나 이룰 수 없다.

당시에 지배적이었던 정치적 요인으로는 3대 강국, 즉 프랑스, 스페인, 합스부르크제국이 이곳저곳의 이탈리아 도시국가와 동맹을 맺고, 이탈리아반도나 그 일부를 정복하려고 앞다투어 이탈리아로 침입하던 상황을 꼽을 수 있다. 교황정치는 이 다툼에 깊숙이 빠져들어 있었지만 결정적인 역할을 할 만한 군사력은 없었다. 항상 좋지 않은 결과만을 초래하면서도 교황정치가 이 현세적인 다툼에 가담하면 할수록 제후와 나란히 무력한 모습만을 드러냈고, 사실 점점 무력해지고 있었다. 동시에 종교개혁이라는 당연한 임무에서는 한발 물러나 있었다. 권위와 개인의 배를 채울 기회를 잃는 것이 두려웠기 때문이다. 르네상스시대의 교황들은 조국인 이탈리아를 전쟁과 외국의 압력의 희생물로 전락시키고 독립까지 잃게 한 주역이었다. 또한 신의 대리인으로서는 교황직을 만인의 비웃음을 사는 자리로 만들어, 루터가 자랄수 있는 요람을 제공했다.

권력자의 임무는 사회개혁

그렇다면 실행 가능한 대안이 있었을까. 개혁을 부르짖는 집요한 목소리에 대응하는 종교적 대안은 부패했던 성직 위계질서 전체를 위협했기 때문에 실현이 어려웠지만, 실행이 불가능하지만은 않았다. 드높은 경고의 목소리가 끊임없이 울려 퍼지며 교황의 태만에 노골적인 불만을 드러냈다. 로마노프왕조와 국민당처럼 어리석고 부패한 체제는 보통 전국적 규모의 내란을 겪거나 해체되지 않고는 개혁에 나서지 못한다. 르네상스시대의 교황들이 교회의 우두머리로서 자신의 직무에 깊은 관심을 기울여 위에서 개혁을 시작했다면, 그리고 뜻을 하나로 모은 후계자들이 끈질기고 정력적으로 그것을 수행했다면, 가장 혐오스러운 관습을 정화하고 교회와 사제들을 마음 깊이 존경하고 싶다는 외침에 호응해서 영적인 구원을 주고, 궁극적으로는 프로테스탄트의 분리를 막았을 것이다.

정치적 영역에서 말하면, 그 대안이란 일관된 제도와 정책을 지속적으로 추구하는 것이었다. 만일 교황들이 비열한 사욕에 정력을 낭비하는 대신 앞에서 말한 목적에 정열을 쏟았다면, 세속권력 간의 적

독선과 아집의 역사 ——

개심을 교황국가에 이익이 되는 방향으로 유도할 수 있었을 것이다. 이것은 불가능한 일만은 아니었다. 여섯 사람 기운데 세 사람, 즉 식스토 4세, 알렉산데르 6세, 울리오 2세는 유능하고 의지도 강한 남자였다. 그런데도 울리오는 조건이 워낙 나빴으니 예외라고 해도, 누구 하나 정치적 솜씨를 발휘한 자가 없었다. 더구나 성 베드로 대성당의 의자(교황의 자리를 가리킨다)라는 특권을 발휘해서 정신적 사명은 말할 나위도 없고 다양한 정치적 책임을 바라보기에 걸맞은 높이로 올라간 자도 없었다.

당시의 윤리적 능력과 태도로 미루어볼 때 몇몇 대안은 심리적으로 불가능했다고 말할 수도 있다. 그러나 그런 식으로 말하면 당사자들의 손으로 떠맡을 수 있었던 대안은 하나도 없었다고 강변할 수 있게 된다. 르네상스시대의 교황들이 당시 사회에서 나고 자란 산물임을 부정할 수는 없지만, 때때로 지배적 상황에 저항하고 그것을 올바른 방향으로 끌고 나가는 것이 권력자의 책임이다. 그러나 교황들은 그렇게 하는 대신 우리가 앞으로 보듯이 극도로 추악한 사회상황에 굴복했다. 그들은 날이 갈수록 눈에 띄게 강해지는 사회의 도전을 중시하지도 않고 구원하려고도 하지 않는 둔감함을 드러냈다.

개혁은 당시 최대의 임무였고, 문학, 설교, 팸플릿, 노래, 정치 집회 등은 항상 개혁을 소리 높여 외쳤다. 나이를 불문하고 교회의 세속적인 태도에 소외감을 느낀 사람들의 외침과 좀 더 순수한 신을 향한 신앙에 대한 동경이 12세기 이후 많은 사람들에게 퍼져 나갔다. 그것은 성 프란체스코가 성 다미아노교회에서 환영을 보았을 때 들은 외침이었다. "나의 집은 무너졌다. 바로 세워라!" 그것은 물질주의와 자격 없는 성직자, 교황청에서 마을의 교구에 이르기까지 모든 계층에 스며든 부패와 배금주의에 대한 경고였다. 이 때문에 '머리도 몸뚱이도'라는 개혁의 외침이 끓어오른 것이다. 하늘의 뜻이 돈벌이용으로 조작되고, 십자군을 위한 기부금은 교황청에 삼켜지고, 면죄부는 일반상품과 같이 판매되었다. 1450년에 옥스퍼드대학의 총장이 "사람들은 이제 어떤 죄를 저질러도 눈 하나 꿈쩍하지 않게 되었다"고 탄식할 정도였다. 죄를 저질러도 면죄부를 6펜스에 사거나 '테니스 경기에 거는 판돈' 대신에 손에 넣을 수 있었기 때문이다.

다양한 불만이 표출되었다. 그것은 부재성직자 제도, 여러 성직록의 유지, 고위성직자들의 무관심, 그들과 하급성직자들 간의 깊은 괴리, 대사교들의 모피가운과 수행행렬, 천박하고 무지한 마을의 사제들, 보통사람들과 전혀 다를 바 없이 호화판 술자리와 여자로 날을 지새는 성직자들의 생활에 대한 불만이었다. 서민들은 성직자의 타락에 깊은 분노를 느꼈다. 교의는 별도로 치더라도, 서민들은 임명을 받아 신과 인간을 연결하는 사제들이 속인보다 신성하다고 생각했기 때문이다. 신과 인간을 연결하는 중개자가 임무를 소홀히 한다면 인간은 어디에서 사면과 구원을 찾겠는가.

예수의 대리인들이 마땅히 지녀야 할 모습과 타락한 현실이 보여준 모습의 격차가 나날이 분명해짐에 따라 사람들은 배신감을 느꼈다. 사람들은 '신의 말씀에 굶주려 있었지만' 적당치 못한 신의 대리인에게서는 '진정한 신앙과 영혼의 구원을 가져다주는 윤리적 교훈'을 얻지 못했다. '구약성서를 한 번도 읽는 일이 없고 시편도 거의 읽지 않은' 사제가 많았고, 많은 자가 술에 취한 채 설교단에 올랐다. 대사교들은 좀처럼 대사교구를 방문하지 않고, 아무런 훈련과 교육도 받지 않아 종교적 지도력이 없는 하급사제들을 보냈다. 하급사제들은 자신의 임무도 모르고 예배를 집전하는 방법도 모르는 일이 많았다. 속인 설교사가 성직자를 비판하는 것은 금지되었지만, 비판하기만 하면 대

독선과 아집의 역사 ———

중들은 언제나 공감을 표시했다. '설교사가 사제와 사교들을 비난하는 말을 한마디라도 하면 졸던 자들은 눈을 번쩍 뜨고, 지루해 하던 자들은 기뻐하고…… 배고픔도 목마름도 잊어버렸다.' 심지어 극악무도한 사람조차 자신을 '성직자와 비교하면 올바르고 성스러운 사람'이라고 생각했다.

이미 14세기에는 롤라드파와 후스파 등의 개혁운동과 공동생활 형제회 등의 평신도 공동생활 수도단체와 같은 형태로 항의가 표출되었다. 이러한 단체에는 공적인 가톨릭교회에서 순수하고 경건한 마음의 안식처를 찾지 못하자 좀 더 따스하고 안정된 공동체를 찾는 사람들이 모여들었다. 여기에서는 나중에 프로테스탄트가 일으킨 반란의 특징인 다양한 교의상의 대립이 이미 나타나기 시작했다. 즉 실체변화설(미사 때 제공되는 빵과 포도주는 예수의 피와 살의 실체적 변화라는 설)의 부정, 참회와 면죄부의 매매, 순례, 성자와 유물숭배 등의 거부였다. 그들은 로마에서 분리하는 것도 고려하기 시작했다.

14세기에는 저명한 신학박사 윌리엄 오캄이 교황 없는 교회라는 구상을 밝혔고, 1453년에는 로마인인 스테파노 포르카로가 교황권의 전면적 전복을 노리는 음모를 꾸몄다(이 사건은 종교적이라기보다는 정치색이 훨씬 강했다고 보여지지만). 인쇄술이 발달하여 문맹률이 낮아지자, 특히 자국어로 성경을 직접 읽을 수 있게 되자 반대의견이 더욱 드세졌다. 인쇄기가 발명된 뒤 60년 동안 4백 판이나 되는 자국어 성경이 출판되자, 글자를 읽을 수 있는 사람이라면 누구나 복음서의 말씀 속에서 화려한 가운을 입은 당시의 성직자 계급이 결여했던 것을 찾아냈다.

개혁보다는 타락을 택한 교황들

교회 자체도 정기적으로 개혁에 대해서 말하기 시작했다. 15세기의 전반에 열린 콘스탄츠 및 바젤 공의회에서 저명한 설교사들이 일요일마다 부패한 관습과 땅에 떨어진 도덕, 특히 성직매매에 대해서 언급했다. 또한 기독교의 부흥이라는 구원수단을 마련하지 못하고 투르크인에 대항한 십자군도 일으키지 못하는 실태, 기독교 신자의 타락을 부른 모든 죄에 대해서 대표자들을 향해서 열변을 토했다. 그들은 행동과 적극적인 수단을 요구했다. 공의회는 끝없는 토론을 거듭하고 무수한 제안을 심의하고 주로 수익의 분배와 성직록의 할당을 둘러싼 교황청과 성직자계급의 논쟁에 대해서 많은 결정을 내렸다. 그러나 공의회는 사교의 사교구 방문과 하급성직자의 교육, 수도원 서열의 재조직이라는 기본적인 문제까지는 파고들지 못했다.

고위성직자들 모두가 개혁에 대해서 무관심했던 것은 아니다. 개중에는 열렬한 개혁론자였던 대수도원장과 사교와 몇몇 추기경까지 있었다. 교황들도 때로는 그것에 호응하는 자세를 보였다. 본서에서 고찰하는 여섯 사람의 교황이 출현하기 전, 각각 1440년대와 1460년대에 니콜라우스 5세와 비오 2세의 명령으로 개혁안이 기초된 일이 있다. 후자의 경우, 기초자는 헌신적인 개혁자 겸 설교사였던 독일인 추기경으로, 로마교황의 파견사절을 맡았던 니콜라우스 쿠자누스였다. 니콜라우스는 비오 2세에게 계획서를 제출하면서 '교황을 비롯한 모든 기독교신자를 예수와 비슷한 인간으로 바꾸려면' 개혁이 필요하다고 말했다. 그의 동료개혁자이고 역시 교황을 위해서 개혁서 『요람』을 쓴 도메니코 드 도메니키 사교도 니콜라우스에 뒤지지 않게 날카로운 지적을 했다. "무도한 제후를 향해 교황권의 신성함을 주장해도 소용이 없다"라고 그는 썼다. 교황청과 고위성직자들의 악에 물든 생활 때문에 평신도들은 교회를 가리켜 "바빌론, 지상의 모든 간통과 추행의 어머니!"라고 부르는 것이 현실이라고 지적했다.

1464년, 비오 2세의 후계자를 고르는 콘클라베(conclave 140, 교황을 선출하기 위한 추기경의 비밀회의)에서 도메니키 추기경은 식스토와 그 후계자들이 주의를 기울여야 하는 문제를 다음과 같이 요약했다. "교회의 위신을 다시 확립하고, 그 권위를 부활시키고, 도덕을 개혁하고, 교황청을 정상화하고, 정의의 길을 확보하고, 신뢰를 넓혀야 한다." 또한 교황령을 되찾고, "신앙이 독실한 사람들을 성전을 위해서 무장시켜야 한다"는 것이었다.

위의 문제 가운데 르네상스시대의 여섯 교황이 달성했던 것은 거의 없다. 개혁이 좌절된 것은 개혁안에 대해서 교황과 고위성직자들이 심한 혐오감을 갖고 있었기 때문이라고까지는 할 수 없지만 그것을 지지할 마음이 전혀 없었기 때문이다. 그들의 사유재산은 기존제도와 깊은 관련이 있어서, 개혁을 공의회나 교황주권의 이동과 같은 수준의 문제로 생각했기 때문이다. 종교개혁은 후스의 반란 이후 1세기에 걸쳐서 진행되었는데도 교회의 지배자들은 그것에 관심이 없었다. 그들은 신도들의 항의를 자신들의 정당성에 대한 중대한 도전이라고 보지 않고, 단순히 억압해야 할 의견대립이라고만 생각했다.

그러는 동안 국가주권이라는 새로운 신앙과 국가별 교회의 발흥이라는 새로운 도전이 이미 로마의 지배를 밑에서부터 무너뜨리기 시작했다. 교회의 분열로 필요해진 흥정과 정치압력 아래서 교황의 권력과 세입의 필수불가결한 원천이었던 성직자 임명권(이것은 원래 지역성직자의 소관이었던 것을 교황청이 강탈했다)은 서서히 세속의 군주들에게 넘어갔다. 군주들은 자신에게 유리하게 성직자 임명권을 행사했다. 임명권은 이미 프랑스와 영국에서는 세속의 지배자들의 강제적인 결정에 의해 대부분 상실되었고, 여러 정치적 흥정과정에서 합스부르크제국, 스페인, 그 밖의 외국의 주권자들에게 양도되기에 이르렀다.

타락은 양심의 마비를 낳는다

르네상스시대에는 기묘할 만큼 선과 악이 공존했는데, 이것은 정치적·도덕적 타락과 악행으로 연결된 예술의 발전이라는 형태를 취했다. 삼위일체의 신 대신에 인간의 능력을 강조하는 고전의 발견은 가슴 벅찬 경험이었다. 이 경험 덕택에 주로 이탈리아에서는 인간성을 열정적으로 구가하기 시작했다. 나아가 이탈리아에서는 이 경향을 고대의 국가적 영광으로 복귀하는 것이라고 여겼다. 이 운동은 지상의 재화에 무게를 두었는데, 그것은 곧 자기보다 남을 우선시하는 기독교의 이상을 몰아냈다.

또한 개개인의 자부심은 교회가 전하는 신의 말씀에 대한 복종을 서서히 훼손시켰다. 지배계급인 이탈리아인은 이교적인 고전을 사랑하면 할수록 기독교에 대한 존경심을 잃었다. 기독교는 마키아벨리의 『논고』에 따르면, "최대의 행복은 겸손, 권리 포기, 인간적인 것에 대한 경멸에 있다"고 설파하지만, 이교는 '영혼의 영광, 신체적인 힘, 인간을 업신여기기 어려운 존재로 만드는 모든 성질' 속에서 주요한 선(善)을 찾았기 때문이다.

15세기 후반, 암울하고 비참하기만 한 중세는 점점 그림자가 옅어져 가고 인문주의의 뒤를 따라 새로운 경제적 시도가 이루어졌다. 이러한 분위기가 조성된 이유는 여러 각도에서 설명할 수 있다. 예를 들면 인쇄술의 발명 덕분에 사람들이 다양한 지식과 개념에 예전과는 비교도 안 되게 쉽게 다가가게 되었다는 점을 들 수 있다. 또한 과학의 발달로 우주에 대한 이해력이 커지고 응용과학의 영역에서는 새로운 기술이 탄생했다. 그 밖에도 자본주의적 자본조달의 새로운 방법이 생산을 자극했다, 항해술과 조선에 관한 새로운 기술이 무역과 지리적 규모를 크게 넓혔다, 쇠퇴하는 중세의 행정구역을 폐지하고 새롭게 중앙집권화한 권력을 군주들이 자유롭게 행사할 수 있게 되었고, 과거 1세기 동안 발달한 국가주의가 그것에 탄력을 주었다, 신세계의 발견과 세계일주 항해 덕분에 무한한 시야가 열렸다 등을 들 수 있다.

이러한 상황은 불가사의한 인간운명의 흐름 속에 그 원인이 있는가, 우연의 일치인가, 조류의 변화에 불과한가는 차치하고, 역사가들이 '근대 초기'라고 부르는 시대의 시작을 알리는 특징이었다.

이 60년 동안 코페르니쿠스는 태양과 지구의 올바른 관계를 해명했다. 포르투갈의 선단은 아프리카에서 노예와 향료와 사금과 상아를 날라 왔고, 코르테스는 멕시코를 정복했고, 독일의 푸거가(家)는 모직물 무역으로 올린 수익을 상업, 은행업, 부동산에 투자해서 유럽에서 가장 부유한 상업제국을 쌓아올렸다. 한편 '부자 야곱'이라 불린 푸거가 창시자의 아들은 그가 살아 있는 한 돈벌이를 계속하겠다고 큰소리를 쳐서 시대정신을 드러냈다.

푸거의 이탈리아판이라고 할 로마의 아고스티노 키지는 리용, 런던, 안트워프 및 콘스탄티노플과 카이로(부를 모을 수 있는 한 이교도와의 장사를 두려워하지 않았다)의 지점에 2만 명을 고용했다. 투르크민족은 1453년에 콘스탄티노플을 점령하고 발칸제국에 진출하여 유럽에 어두운 그림자를 드리웠다. 그러나 그 위협이 아무리 두려워도 기독교 국가들은 자기들끼리의 전쟁에만 몰두할 뿐, 단결해서 투르크민족과 싸우려고 하지 않았다.

스페인에서는 아라곤 왕 페르난도와 카스티야 여왕 이사벨라가 결혼해서 두 왕국을 통일했다. 그들은 종교재판을 재개했고 유대인을 추방했다. 프랑스의 프랑수아 1세는 들판에 금실로 짠 천을 깔고 헨리 8세와 회담했다. 독일에서는 알프레히트 뒤러가, 플랑드르에서는 히에로니무스 보스와 한스 멤링크가 활약했다. 기지 넘치는 냉소로 각국의 수도와 궁정에서 인기를 끈 에라스무스는 당시의 볼테르였다. 이렇게 정신없이 60년이 지나갈 무렵, 토머스 무어경은 『유토피아』를 발표했다. 이탈리아에서는 그의 호적수 마키아벨리가 『군주론』으로 인간성의 어두운 면을 그렸다. 이탈리아는 어느 나라보다 예술과 문학을 인간의 최고 업적으로 높이 평가했다. 이 때문에 레오나르도에서 미켈란젤로, 티치아노에 이르는 뛰어나고 풍부한 재능이 꽃을 피웠고, 최고의 거장들이 사라진 뒤에도 많은 예술가들이 속속 탄생했다. 문학은 마키아벨리의 저작, 프란체스코 구이치아르디니의 위대한 『이탈리아사』, 피에트로 아레티노의 희극과 풍자시, 십자군과 회교군의 전쟁을 그려 엄청난 찬사를 받은 아리오스토의 서사시 『광란의 오를란도』, 카스틸리오네의 『궁정인의 서』 등으로 아름답게 수놓아졌다.

　이상하게도 문화의 빛나는 개화는 그것에 필적하는 인간활동의 고조가 아니라 오히려 놀라울 정도의 저하를 불렀다. 그 원인은 이탈리아에 중심적인 권위를 지닌 군주가 없었기 때문이다. 그 결과 5대 세력, 즉 베네치아공화국, 밀라노공국, 피렌체공화국, 나폴리 왕국, 교황령과 만토바, 페라라와 같은 작은 도시국가가 서로 무절제한 전쟁을 끝없이 되풀이했다. 통치의 권좌에 오른 제후의 지배권은 초대 지배자가 휘두른 폭력에 비례해서 형성되었기 때문에 그들이 세력을 뻗치거나 유지하는 데 사용하는 수단 역시 무제한적이었다. 체포, 독살, 배신, 살인. 형제살인, 유폐, 고문은 양심의 가책도 없이 날마다 자행되었다.

교황들을 이해하려면 제후들이 어떻게 살았는가를 살펴보아야 한다. 밀라노의 지배자 갈레아초 마리아 스포르차의 가솔들이 주군의 악덕과 압제에 반항해서 교회에서 그를 살해했을 때, 그의 동생 루도비코 일 모로는 조카에 해당하는 상속자를 감옥에 가두고 밀라노의 지배권을 탈취했다. 위대공이라 불린 로렌초 데 메디치의 적 피렌체의 파치가 사람들이 억누를 수 없는 증오를 더 이상 견딜 수 없다고 느꼈을 때, 그들은 대성당에서 미사가 열리는 동안 로렌초와 미모의 동생 줄리아노를 죽이려고 기도했다. 예배의 가장 엄숙한 순간, 성체 봉안을 알리는 종소리를 신호로 살해자의 칼날이 번뜩였다. 줄리아노는 살해되었지만 로렌초는 날렵하게 장검을 휘둘러서 위기를 모면했다. 그는 간신히 목숨을 건진 뒤 복수에 나서 파치가와 그 일족을 모조리 죽였다. 교회에서 정적을 암살하려는 시도는 더 이상 드문 일이 아니었다. 교회에서는 희생자가 무장경호원에게 둘러싸여 있을 가능성이 적었기 때문이다.

누구보다도 구역질나는 짓을 한 인물들은 나폴리를 지배했던 아라곤 왕국의 왕들이었다. 무분별하고 잔인하고 냉소적이고 복수심에 불타는 페란테(페르디난드 1세)는 1494년에 죽을 때까지 적을 마지막 하나까지 죽이려고 혼신의 힘을 기울였다. 그는 이 과정에서 피비린내 나는 전쟁을 벌여서 다른 어떤 왕후도 따를 수 없는 큰 해를 이탈리아에 끼쳤다. 그의 아들이자 후계자인 알폰소 2세는 잔인한 탕아였다. 당시의 프랑스 역사가 코미느는 그를 이렇게 묘사했다. "지금까지 만난 사람 가운데 가장 잔인하고 가장 방탕하고 가장 악의적이고 가장 비열한 남자이다."비슷한 무리들이 으레 그렇듯이 그는 종교를 함부로 멸시했다. 제후의 권력을 지탱하던 용병들도 똑같은 감정을 갖고 있었다. 충절을 위해서가 아니라 돈을 위해서 싸우는 고용인들로서 그들은 "성스러운 모든 것에 대한 경멸심에 가득 찼고…… 파문당해 죽든 파문당하지 않고 죽든 전혀 개의치 않았다."

신하들도 지배자의 관습을 앞다투어 흉내 냈다. 성 조반니 라테란 병원의 내과 겸 외과의사 사건은 교황궁전의 의전담당자 요하네스 부르카르트가 감정을 깃들이지 않은 단조로운 어조로 적어 놓은 기록 때문에 더욱 으스스하게 느껴진다. 부르카르트가 매일 적은 기록은 빼놓을 수 없는 자료로, 르네상스시대의 로마생활을 분명하게 보여준다. "그 의사는 매일 아침 일찍이 짧은 웃옷을 입고 석궁을 지닌 채 병원을 나서, 자신이 지나는 길을 가로지르는 모든 사람을 활로 쏘고 그 돈을 주머니에 넣었다." 그는 병원의 고해사제와 짜고 돈이 많다고 고백한 환자가 누구인가를 알아내서 그 환자들에게 '효과가 있는 치료'를 하고, 그 이익을 정보를 제공한 사제와 나누어 가졌다. 이 의사는 그 후 17명의 악인과 함께 교수형에 처해졌다고 부르카르트는 덧붙였다.

자제심이라고는 손톱만큼도 없고 방종을 일삼고 경쟁자에 대해 24시간 내내 의심을 품기 쉬운 자의적인 권력은 엉뚱한 전제군주를 만들어냈다. 그래서 대국의 지배자뿐 아니라 위성국의 지배자까지도 의미 없는 폭력을 휘두르는 일이 비일비재했다. 1490년대에 시에나를 지배했던 폭군 판돌포 페트루치는 누구에게 맞든 상관없이 높은 곳에서 돌덩이를 굴리고 유쾌해 했다. 페루시아의 발리오니가, 리미니의 말라테스타가는 불화와 형제살인의 피비린내 나는 역사를 기록하고 있다. 가장 오래되고 왕족다운 일가, 페라라의 데스테가와, 카스틸리오네가 『궁정인의 서』에서 찬사를 늘어놓은 우르비노의 몬테펠트리가와 같은 가문의 제후는 행실이 좋아 사람들의 존경과 사랑을 받았다. 우르비노 공국의 페데리고 공작은 무기도 지니지 않고 경호원도

독선과 아집의 역사 ──────

거느리지 않은 채 돌아다니거나 한적한 공원을 마음 놓고 산책할 수 있는 유일한 군주였다고 한다.

이 우르비노 공국이 이윽고 여섯 교황 가운데 하나인 레오 10세의 무자비한 군사공격의 대상이 된 것은 슬프지만 이 시대의 전형적인 특징이었다. 레오 10세는 조카에게 주기 위해 이 공국을 손에 넣고자 했다.

곳곳에서 악당이 활개치고 추문이 들끓었지만 바른 예절과 경건한 신앙도 여전히 살아 있었다. 단 하나의 특징이 사회 전체를 압도한 예는 일찍이 없다. 계급을 불문하고 르네상스시대의 많은 사람들은 변함없이 신을 따르고 성인을 믿고 마음의 평화를 찾으며 범죄와는 거리가 먼 생활을 했다. 실제로 순수하게 종교적이고 도덕적인 감정이 여전히 살아 있었기 때문에 성직자계급, 특히 교황청의 부패에 대한 반감이 그토록 끓어오르고 개혁에 대한 열정이 그토록 강했던 것이다. 만일 모든 이탈리아인이 도덕 따위는 내팽개친 지도자층의 삶을 따랐다면 교황들의 타락은 저항을 부르지 않았을 것이다.

교회분열로 커진 혼란과 대립을 끝내고 교회의 통일을 회복하기 위한 길고 긴 싸움 속에서 성직자도 평신도와 함께 교황청보다 상위에 있다고 여겨지는 공의회의 소집에 희망을 걸었지만, 교황청은 그 주체가 누구이든 강경하게 반대했다. 15세기 전반을 통틀어서 공의회 개최를 둘러싼 싸움이 교회의 모든 문제에서 가장 우선시되었다. 그리고 마침내 공의회는 한 사람의 로마교황의 선출에 성공하지만, 공의회 개최요구자 누구도 교황청에 대한 공의회의 우위를 인정받지 못했다. 이어서 즉위한 교황들은 자신들의 특권을 확고하게 유지하는 데만 신경을 썼다. 그들은 반대세력이 분열한 틈을 타서 문제가 없지는 않았지만 권위를 무사하게 유지했다. 뛰어난 인문주의자이자 소설가인 아에네아 실비우 피콜로미니로서 더 유명했던 비오 2세는 성직에 취임한 초기에는 공의회 개최의 지지자였다. 그러나 그는 교황이 되자 1460년에 공의회의 개최를 호소하는 자는 누구든 파문한다고 위협하는 무시무시한 교황대척서(Exsecrabilis)를 발표했다. 그의 후계자들은 공의회를 투르크인만큼이나 위험한 것으로 간주했다.

어부 베드로의 정신에서 멀어진 중세교회

로마로 복귀하자 교황들은 곧바로 르네상스시대를 체현한 인물이 되었다. 제후보다 더 적극적으로 예술을 후원했다. 그들은 제후들과 똑같이 회화와 조각, 음악과 문학의 영광이 그 궁정에 광채를 주고 자신들의 고상함을 반영해 주리라고 믿었다. 레오나르도 다 빈치는 밀라노의 루도비코 스포르차의 궁정을, 시인 토르쿠아토 타소는 페라라의 데스테가의 궁정을 꾸몄다고는 하지만, 다른 예술가와 작가들은 로마에 모여 있었다. 로마에서는 교황들이 아낌없이 그들을 지원했기 때문이다. 직무상의 태만이야 어떻든, 교황들은 예술가에게 주문해서 불멸의 유산을 세계에 남겼다. 즉 미켈란젤로가 그린 시스티네예배당의 천정화, 라파엘로가 그린 바티칸궁전의 스탄체, 핀투리키오가 그린 시에나의 대성당에 있는 도서관의 벽화, 보티첼리, 기를란다이오, 페루지노, 시뇨렐리가 그린 시스티네예배당의 벽화 등이 그것이다.

그들은 아비뇽 유폐가 이루어진 동안 버려지고 인구도 적은 보잘것없는 거리로 전락했던 로마를 되살려 아름다운 도시로 만들었다. 또한 로마의 고전적 가치를 재발견하고 교회를 되살리고 도로를 포장하고 웅장하기로 손꼽히는 바티칸 도서관에 서적을 모으고 브라만테와 미켈란젤로를 건축가로 임명해서 교황의 특권을 가장 뛰어나게 상징하는(역설적이게도 프로테스탄트 반란의 도화선이 되었지만) 성 베드로 대성당의 재건을 시작했다.

외형적인 미와 장려함으로 교황권이 위엄을 갖추면 교회가 탄탄한 지배권을 발휘할 것이라고 그들은 믿었다. 최초의 르네상스적 교황이라 불린 니콜라우스 5세는 1455년에 숨을 거두면서 그의 신념을 분명하게 밝혔다. 그는 곁에 줄지어 앉은 추기경들에게 로마를 계속해서 아름답게 가꾸라고 권하면서 이렇게 말했다. "견실하고 안정된 확신을 주려면 눈에 호소하는 것이 있어야 하오. 교의만으로 지탱되는 신앙은 허약하고 비틀거릴 뿐이오…… 만일 교황청의 권위를 장려한 건물에 담아 눈에 보이게 제시하면…… 전 세계가 그것을 받아들여 존경할 것이오. 우아함과 아름다움이 웅장함과 결합된 고상한 건축물은 성 베드로의 의자를 한층 더 높게 해 줄 것이오." 교회는 어부 베드로와 아득하게 멀어진 것이다.

권력정치의 화신 식스토 4세
1471~1484

친척을 대거 등용한 권력정치

1471년까지 프란체스코수도회 총장을 역임했던 추기경 프란체스코 델라 로베레가 교황에 선출되어 식스토 4세가 되었다. 이때까지 르네상스시대 초기의 교황들은 비록 정신적 부흥에 대한 열정은 없었지만 표면상으로는 전체적으로 교황의 직무를 존중했다. 그러나 식스토의 시대가 된 뒤부터 뻔뻔하고 노골적이고 가차 없는 사리사욕의 추구와 권력정치가 시작되었다. 그는 볼로냐와 파비아의 대학에서 신학 강사 겸 설교사로서 두각을 나타냈고, 또한 프란체스코수도회 총장으로서 유능하고 엄격한 행정관이라는 평판을 얻었다. 그는 수도사였기 때문에 베네치아의 귀족이자 상인이었던 전임자 바오로 2세의 세속성에 대한 반동으로 교황에 선출되었다는 소문이 있었다. 그러나 사실은 야심 넘치고 무절제한 거부 로드리고 보르자 추기경의 교묘한 공

독선과 아집의 역사 ────

식스토 4세. 바티칸 도서관의 관장(무릎 꿇은 사람)을 임명하고 있다. 메롤초 다 포를리 작품

작으로 선출되었다. 보르자가 머지않아 교황에 취임했다. 보르자가 식스토를 지지했다는 것 자체가 이 사건의 특징을 말해준다. 역사는 이 두 사람과 그 사이에 낀 인노첸시오 8세를 '사악한 세 천재'라고 불러 연계를 인정하고 있다.

내면에 감춰진 가혹하고 전제적이고 무자비한 성격과 지독한 정열, 그리고 앞뒤 가리지 않고 매달리는 대가족을 거느린 이 남자는 프란체스코 수도원의 수도복으로 본색을 감추고 있었다. 그는 일문의 가족을 부유하게 할 뿐 아니라 손에 쥔 모든 수단을 써서 고위직, 교황령, 작위 딸린 배우자까지 제공하는 일에 몰두했다. 그는 교황에 임명되자마자 11명의 조카 가운데 피에트로와 지롤라모 리아리오 둘을 추기경에 임명해서 세상에 충격을 주었다. 둘은 모두 20대의 청년으로, 돈을 물 쓰듯 해서 금방 유명해졌다. 나아가 식스토는 죽을 때까지 조카 셋과 조카의 아들 하나에게 빨간 모자(추기경의 상징)를 내리고 또 하나를 사교에 임명했다. 또한 조카 넷과 조카딸 둘을 나폴리, 밀라노, 우르비노의 왕족, 그리고 오르시니가와 파르네제가의 자식과 결혼시켰다. 성직에 취임하지 않은 친척은 로마 지사나 카스텔 산탄젤로의 총독과 같이 권력을 휘두를 수 있는 고위직과 교황령의 세입을 관장하는 지리에 임명했다. 그는 역사상 그 누구도 흉내 낼 수 없을 만큼 많은 친척을 등용했다.

식스토는 자신이 임명한 사람들로 추기경단을 단단하게 굳혔다. 추기경단은 24명으로 구성된다고 정해져 있었는데도 교황 재위 중에 무려 34명이나 되는 추기경을 만들었다. 그가 죽을 때까지 임명된 추기경 중에 그의 입김이 닿지 않은 추기경은 불과 다섯 명이었다. 그는 이곳저곳의 제후나 군주와 손을 잡기 위해서 정치적 흥정의 관행을 확립했고, 종종 당사자의 진가나 성직에 관한 자격 등을 고려하지 않고 군주와 호족과 전통 있는 기문의 차남 이상을 추기경으로 골랐다. 또한 리스본의 대사교구를 여덟 살짜리 어린아이에게, 밀라노의 사교구를 열한 살짜리 소년에게 주었다. 둘 모두 군주의 아들이었다. 그가 추기경단을 그토록 철저하게 세속화했기 때문에 후계자들은 마치 그것이 정해진 것인 양 식스토의 예를 답습했다. 인노첸시오 8세와 알렉산데르 6세가 재위한 20년 동안 50개에 달하는 사교구가 교회법에 정해진 나이와는 거리가 먼 어린아이에게 주어졌다.

일문의 새로운 운명을 보고 마음의 균형을 잃은 피에트로 리아리오(식스토가 총애한 조카)가 미치광이처럼 시작하고, 벼락부자가 된 델라 로베레가 대가족이 너도 나도 앞다투어 뽐낸 사치스런 생활이 교황궁정의 틀에 박힌 특징이 되었다. 리아리오 추기경의 도를 넘은 행동은 1480년의 얼빠진 소란으로 절정에 달했다. 이 연회는 입에 지팡이를 물린 통구이 곰, 박제한 수사슴, 날개가 그대로 달린 백로와 공작, 고대 로마시절에 뒤지지 않을 만큼 많은 손님들의 음주와 가무가 질펀하게 펼쳐진 광란의 극치였다. 이때는 투르크군이 실제로 이탈리아의 남부지방에 상륙해서 오랫동안 버티지는 못했지만 오트란토를 점령하는 바람에 일반대중이 동요하고 있을 때였던 만큼, 이 연회소식은 한층 충격적으로 퍼져 나갔다. 일반대중은 콘스탄티노플의 함락에 이은 투르크군의 진격을 신이 교회의 죄를 벌하기 위해서 내린 것이라고 받아들였다.

성직자들의 방탕은 델라 로베레가의 사람들에 의해서 한층 심해졌지만, 그들이 시작한 것은 아니었다. 이미 1460년에도 문제가 되었고, 이때 비오 2세는 보르자 추기경에게 보낸 편지에서 그가 시에나에서 연 연회를 비난했다. 그 연회에는 '유혹이란 유혹은 다 동원되었다'고 한다. '욕정을 거침없이 발산하기 위해서' 참석한 부인들의 남편과 아버지와 형제들은 초청하지 않았다고 한다. 비오는 교황청의 '불명예'에 대해서 경고했다. "이것이야말로 왕후와 권력자들이 우리를 경멸하고, 속인들이 비웃는 이유이다…… 경멸이야말로 예수의 대리인이 받아야 할 운명이다. 예수께서 경멸을 허락한 듯이 보이기 때문이다." 식스토 지배하의 양상은 새로운 것이 아니다. 차이가 있다면 비오는 타락을 방지하려고 부심했던 데 반해, 그의 후계자들은 그것에 관심을 갖거나 막으려고 하지 않았다는 점뿐이다.

살인자로 지목받은 식스토 4세

식스토에 대한 반감이 특히 독일에서 높아갔다. 독일에서는 성직자에 대한 분개로 촉발된 반로마 감정이 교황권의 행정적 무기인 가혹한 과세로 악화되었기 때문이다. 1479년, 코블렌츠 회의는 그라바미나(Gravamina), 즉 고충을 적은 목록을 로마로 보냈다. 후스파의 근거지 보헤미아에서는 식스토를 '예수의 가르침을 전부 내던진' 사탄에 비유한 풍자적인 성명서가 등장했다. 그러나 교회는 15세기에 이런저런 이유로 서로 헐뜯기에 익숙했기 때문에 낯이 두꺼워져서 성직록제국에서 바람을 타고 실려 온 그런 풍자에는 주의를 기울이지 않았다.

세입과 세출을 효율적으로 확보하기 위해서 식스토는 백 명의 법률가로 구성된 교황회의소(Spostolic Chambe)를 창설했다. 교황령의 재정문제와 교황청이 재정적으로 관련된 소송사건을 감독하기 위해서이다. 그는 친척의 땅을 배로 늘리고, 교황청의 영광을 빛내기 위해 수입을 쏟아 넣었다. 바티칸도서관을 부흥시켜 후세에 도움이 되게 한 것은 그의 공적이다. 그는 도서관 장서를 세 배로 늘리고, 학자들을 불러 모아 장서를 등록하게 하고 목록을 작성시켰다. 또한 로마예술원을 부활시켜 저명한 인사들을 그곳으로 초빙하고, 연극을 장려하고 회화의 제작을 위임했다. 그의 이름은 옛 성 베드로 대성당의 복원을 위해 그의 명령으로 건축된 시스티네예배당과 함께 영구히 남아 있다. 교회, 병원, 무너진 다리, 진흙탕길이 그의 복원사업으로 쓸모 있게 변모했다.

문화적 업적이야 탁월했다고 해도 불화와 음모 속에서 평생을 살았다는 점에서, 그는 르네상스시대의 군주가 갖춘 최악의 성격을 드러냈다. 베네치아와 페라라에 전쟁을 걸고, 로마의 호족 콜론나가를 허약하게 만들려고 집요하게 전쟁을 되풀이했다. 그가 꾸민 음모 가운데 가장 말도 안 되는 것은 메디치 형제의 살해를 기도한 파치가의 음모에 연루된 사건, 아마도 그것을 교사했다고 보여지는 사건이었다. 복잡한 가족의 이해관계로 파치가와 결부되어 있었기 때문에 그는 그 음모를 인정하거나 가담한 듯하다. 혹은 음모가 반은 실패로 돌아갔다는 소식을 들었을 때의 극단적인 반응으로 인해 널리 그렇게 믿어지고 비난받았는지도 모른다. 성직자를 면죄한다는 규율을 깨고 대사교의 교수형으로까지 확산된 파치가에 대한 메디치가의 참혹한 복수에 격분해서, 그는 로렌초 데 메디치와 피렌체시 전체를 파문했다.

세속적인 동기로 이렇게 극단적인 정신적 제재를 가한 예는 가톨릭 역사에서 드물지는 않다. 그러나 피렌체인과 그 상업에 미치는 피해가 큰데도 불구하고 이런 조치를 내린 것은 교황 자신이 살인사건에 연루되어 있다는 의심을 낳아 식스토에 대한 악감정을 널리 퍼뜨리는 결과가 되었다. 경건한 프랑스 왕 루이 11세는 찢어지는 가슴을 안고 이렇게 썼다. "신이시여, 부디 성하가 이다지 무서운 사건에 연루되지 않았도록 하소서!" 교황이 성당 안의 살인사건에 연루되는 일은 머지않아 다반사가 되었지만, 그 당시로서는 아직 허락하기 어려운 일로 받아들여졌던 것이다.

개혁의 외침을 감옥으로 침묵시킬 수는 없다

가톨릭교회의 건전성 회복은 식스토의 흥미를 끌지 못했다. 그는 집요하게 높아가는 공의회 개최요구를 교황대칙서(Exsecrabilis)의 전례를 따라 모두 단호하게 배척했다. 그러나 교황의 거절에도 불구하고 공의회 개최를 요구하는 목소리는 끈질기게 되풀이되었다. 1418년 개혁의 목소리가 즉시 솟구쳤다. 성직록 황제의 사자 자모메틱 대사교가 로마에 도착해서 식스토와 교황청을 혹독하게 비판했던 것이다. 대사교는 교황의 명령으로 카스텔 산탄젤로 감옥에 갇혔지만, 우정을 맺어 두었던 추기경들의 도움으로 석방되었다. 그리고 위험한 줄 알면서도 다시금 단호하게 자신의 주장을 되풀이했다. 그는 교황 식스토의 교회파괴를 저지하기 위해서 바젤공의회를 소집하라고 기독교도 제후에게 호소하는 성명서를 발표하고, 식스토를 이교, 성직매매, 수치스러운 악덕, 교회의 기본재산의 낭비, 파치가의 음모교사, 술탄과의 비밀동맹 체결 등을 폭로하며 비난했다. 식스토는 바젤의 도시를 파문하며 효율적으로 외부와 차단하고, 도전적인 대사교를 다시 감옥에 가두는 것으로 응답했다. 대사교는 가혹한 옥살이로 2년 만에 죽었지만 자살로 발표되었다.

발표할 때가 무르익은 사상을 감옥으로 침묵시킬 수는 없다. 전제군주들은 보통 이 사실을 깨닫지 못한다. 전제군주란 지혜를 거의 타고나지 못한 지배자이기 때문이다. 생애 마지막 해, 식스토는 프랑스의 트루 3부회가 제출한 합리적인 계획을 거부했다. 정열적인 개혁자 장 드 렐리의 열변에 움직여 의회는 세입낭비, 복수의 성직록, 사람들의 증오를 사던 성직록의 일시보유 관행에 관한 개혁을 제안했던 것이다. 성직록의 일시보유란 때때로 속인을 '추천해서' 일시적으로 임

　　　　　　　　　　독선과 아집의 역사 ───

명할 수 있게 한 제도이지만, 임명된 자는 의무를 다할 필요도 없었다. 이 시대 특유의 개혁열을 끌어 오르게 했던 문제 가운데 하나, 즉 성직록의 일시보유문제는 식스토가 아주 간단하게 금지할 수 있었고, 그렇게 함으로써 개혁운동세력에 대해 크게 생색을 낼 수 있는 안이었다. 그러나 그는 이 호기를 놓치고 모처럼의 제안을 무시했다. 그 몇 개월 뒤에 그는 죽었다. 사람들은 식스토의 지배에 치를 떨었기 때문에 로마에서는 그가 죽은 뒤 2주일 동안 폭동과 그가 말살하려 했던 콜론나파 병사들의 약탈이 횡행했다. 누구 하나 눈물 흘리지 않는 가운데 세상을 떠난 식스토 4세는 그가 우두머리를 맡았던 교회를 위해서는 대중의 불신을 산 것 외에 아무런 업적도 남기지 못했다.

타락한 아들을 감싸고 돈
인노첸시오 8세
1484~1492

어부지리로 교황이 된 인노첸시오 8세

식스토의 뒤를 이은 인물은 정은 있지만 우유부단해서 자기보다 의지가 강한 동료에게 끌려 다녔고, 똑같이 교황직에 피해를 입혔다는 점을 제외하면 식스토와는 전혀 대조적인 인물이었다. 그의 경우, 교황의 이름을 더럽힌 것은 태만과 허약한 성격 탓이었다.

원래의 이름은 조반니 바티스타 치보였다. 제노바의 부유한 가정의 아들로 태어나 처음에는 성직으로 나아갈 생각이 별로 없었지만, 치기 어린 실수를 많이 저지른 청춘을 보낸 뒤에 이 길로 들어섰다. 그는 청년시절에 사생아로 아들 하나 딸 하나를 낳아 길렀다.

교회에 들어갈 마음이 생긴 것은 갑작스런 개종이나 극적인 상황의 변화 때문이 아니라, 교회는 정당한 관계를 맺는 사람에게는 상당한 지위를 준다는 널리 알려진 사실 때문이었다. 치보는 서른일곱 살

독선과 아집의 역사 ─────

에 사교가 되어 교황청의 식스토 직속의 지위로 올라섰다. 식스토는 치보의 부드러운 성격을 높이 평가해서 1473년, 그를 추기경으로 임명했다.

이렇듯 두드러질 것 없는 평범한 사람이 교황이 된 것은, 지나치게 야심 넘치는 두 후보가 서로 호기를 차지하려고 다툴 때 종종 일어나듯이, 뜻밖의 결과였다. 그 두 사람도 결국에는 모두 야망을 달성했다. 하나는 뒤에 알렉산데르 6세가 된 보르자 추기경이었고, 다른 하나는 식스토의 조카 가운데 가장 유능하고 나중에 율리오 2세가 된 줄리아노 델라 로베레 추기경이었다. 큰아버지에 뒤지지 않게 지배적이고 논쟁을 좋아했지만 큰아버지보다 훨씬 유능하고, 부패할 대로 부패한 성 베드로 교회의 추기경으로 알려졌던 줄리아노는 아직 추기경단의 압도적인 표를 모을 수 없었다. 보르자 또한 2만 5천 더컷이 넘는 뇌물을 제공하고 유리한 승진기회를 제공하겠다고 동료들에게 제안했음에도 불구하고 표를 모으지 못했다. 피렌체의 사자가 고국에 보고했듯이 보르자 추기경은 "너무나 불성실하고 오만해서 그가 선출될 위험은 없다"라는 평판을 받았다.

이렇듯 막다른 길에 몰린 상황에서 경쟁자들은 베네치아의 마르코 바르보 추기경이 선출될 위험이 있음을 깨달았다. 그는 고결한 인격과 엄격한 신앙으로 널리 존경을 받았고, 교황이 되면 반드시 보르자와 델라 로베레의 활동범위를 제한할 것이고 개혁조차 고려할 수도 있는 인물이었다. 다섯 표만 더 받으면 바르보가 선출되기에 이르렀을 때 보르자와 델라 로베레는 무난한 치보를 지원하는 세속적이고 탐욕스런 귀족으로, 앞다투어 화려함을 뽐내고 자신을 위해서, 또는 군주를 위해서 영향력을 발휘하려는 끝 모르는 게임에 몰두했다. 제후의 친척 중에는 나폴리왕의 아들 조반니 다라고나 추기경, 밀라

인노첸시오 8세. 성 베드로 성당의 묘를 장식한 공예. 안토니오 델 폴라이우올로 작품

독선과 아집의 역사 ─

노 공국의 섭정 루도비코의 동생 아스카니오 스포르차 추기경, 영원한 반목을 계속한 로마의 지배적인 2대 명문가족, 즉 바티스타 오르시니 추기경과 조반니 디 콜론나 추기경이 있었다.

당시의 추기경은 사제일 필요가 없었다. 다시 말해서 미사를 집전하고 성무(聖務)를 맡을 자격을 얻을 필요가 없었다. 물론 진짜 사제도 몇 사람인가는 있었을지도 모른다. 최고위 사제직인 사교직에 임명된 사람들은 자신들의 사교구를 가졌지만, 대다수는 사제로서의 직무를 갖지 않은 채 교회의 관료조직에 소속했다. 교회의 행정·외교·재정문제에 깊게 관여하던 성직계급의 상층부에서 뽑혔기 때문에 이탈리아의 지배적인 가족출신이 많았고, 외국인의 경우에는 대개 성직자라기보다는 궁정인이었다. 세속화가 진전됨에 따라 더욱더 속인이, 다시 말해서 성직자로서의 경력이 없는 왕후의 아들과 형제, 혹은 군주들이 지명한 대리인이 추기경에 임명되는 일이 많았다. 그 가운데 프랑수아 1세를 섬기던 대법원 담당 속인사제로서 여섯 명의 르네상스 교황 가운데 마지막인 클레멘스 7세의 도움으로 추기경에 임명된 남자가 있었는데, 이 사람 앙트와느 드프리는 자신의 장례식 때 처음으로 대성당에 들어갔다고 한다.

이 시대의 교황들이 추기경의 빨간 모자를 정치적 통화로 사용하고, 자신의 영향력을 강화하고 추기경단의 힘을 약하게 한다는 목적으로 추기경의 수를 늘렸기 때문에 추기경들은 자신의 수입을 부풀리려고 필요도 없는 여러 관리직(이 관리직 하나하나가 부재성직자라는 별도의 문제와 관련된다)을 확보하려고 했다. 교회법에서는 교회 재산에서 지출하는 수입과 연금을 받을 권리를 한 명의 성직자당 하나의 직책에 한정했음에도 불구하고 대수도원, 사교구, 그 밖의 성직록을 있는 대로 긁어모았다. 그러나 교회법은 다른 모든 법과 똑같이 융통성이 많아서

'예외적으로' 교황이 성직록과 연금을 속인에게 주는 것을 허락했다.

추기경들은 스스로를 교회라는 왕국의 군주라고 생각했기 때문에 속세의 왕후에 필적하는 위엄과 화려함을 갖추었고, 자신들의 의무는 당연히 대권이라고 생각했다. 능력이 있는 자는 수백 명의 하인을 거느리고 궁전에서 살면서 기사처럼 칼을 찬 채 말을 타고 돌아다녔다. 사냥을 위해서 사냥개와 매를 길렀고, 거리에 나설 때는 누가 말을 탄 신하의 수가 많고 더 화려한지를 경쟁했다. 이러한 신하들을 고용한 탓에 교회의 군주들은 하나하나가 끊임없이 소란을 일으키는 로마 시민의 일파를 거느리는 결과가 되었다. 그들은 음악가와 가면무도회와 사육제 때의 축제수레를 후원했다. 또한 피에트로 리아리오를 흉내 낸 대연회를 열었는데, 그 가운데 하나인 부유한 스포르차 추기경이 개최한 것은 연대기작가가 '추저분한 이야기를 전하는 이야기꾼으로서 세상사람들의 조롱을 받을까 두려워' 묘사를 그만두겠다고 말할 정도였다. 게다가 주사위와 트럼프 도박을 즐겼고, 프란체스케토가 라파엘레 리아리오에게 하룻밤에 1만 4천 더컷을 잃은 뒤에 아버지에게 하소연한 것에 따르면 사기도박까지 횡행한 듯하다. 어느 날 밤에는 식스토의 많은 조카 가운데 하나인 리아리오가 동료추기경과 게임을 해서 8천 더컷을 따기도 했다.

자신들의 영향력이 줄어드는 것을 막기 위해서 추기경들은 인노첸시오를 선출하는 조건으로 추기경의 수를 24명으로 환원시킨다는 조항을 고집했다. 공석이 생겼을 때 그들은 인노첸시오가 친척들을 끌어들이려는 것을 제한하려고 새로운 임명에 동의하기를 거부했다. 그러나 추기경의 지위를 요구하는 외국 군주들의 압력이 거세 몇 사람을 보충해야 했는데, 인노첸시오가 처음으로 선택한 사람 중에는 동생의 서자 로렌초 치보가 들어 있었다. 서출은 교회법에 따라 성직에 취임하는 것이 금지되었지만, 이미 식스토는 보르자 추기경의 아들 체자레를 위해서 이 법을 무시하고 그가 일곱 살 때 성직의 사다리에 올려놓기 시작했다. 서출인 아들과 조카를 적자로 인정하는 것은 여섯 명의 르네상스 교황에게 거리낄 것이 없는 일이었다. 결국 가톨릭 교회가 지켜오던 또 하나의 원칙이 무너졌다.

주어진 몇 사람의 범위 속에서 인노첸시오가 추기경단에 임명한 가장 주목할 인사는 위대공 로렌초의 아들이자 프란체스케토의 새로운 의동생인 조반니 데 메디치였다. 그는 이제 열여섯 살이었다. 어린 소년을 추기경으로 임명한 것은 인노첸시오의 희망이 아니라 대메디치의 압력 탓이었다. 이 소년이 어린아이였을 때부터 그의 부친은 수입이 많은 성직록을 아들을 위해서 확보하려고 했다. 조반니는 일곱 살 때 머리를 깎았다. 즉 일곱 살 때 성직생활을 시작했고, 여덟 살 때 프랑스 왕이 수여한 대수도원을 명목상으로 지배하는 대수도원 원장이 되고 열한 살 때는 성직록의 일시보유로 베네딕트회의 몬테카시노 대수도원 원장에 임명되었다. 이때 이후 그의 아버지는 교황직을 향한 첫걸음으로 추기경의 지위를 확보하기 위해서 힘이 닿는 데까지 뒤에서 공작했다. 젊은 메디치는 이 책에 등장하는 여섯 명의 교황 가운데 다섯 번째인 레오 10세로서 계획된 운명을 성취하기에 이르렀다.

인노첸시오는 로렌초의 소원을 들어준 뒤, "이 소년은 추기경의 지위에 오를 때까지 3년을 기다려야 하고, 그 기간 동안 신학과 교회법을 열심히 공부해야 한다"고 단호하게 주장했다. 로렌초는 저명한 가정교사와 학자들을 초빙해서 교육시켰기 때문에 이 추기경 후보는 이미 남보다 학식이 뛰어났다. 1492년, 마침내 조반니가 열여섯 살로 추기경의 자리에 올랐을 때 그의 아버지는 참으로 의미심장한 편지를 아들에게 보냈다. 로마의 사악한 영향력, '그 모든 부정의 오물'을 피하라고 충고하면서, 로렌초는 아들에게 '교회와 교황청의 명예와 안녕이 세계의 다른 어떤 것보다 너에게 중요하다는 것을 깨닫고, 너를 보는 모든 자가 납득하고 행동하도록' 권했다. 이렇듯 독특한 충고를 한 뒤에 로렌초는 '우리 도시와 우리 일문에게 도움이 될 기회가 있을 것'이지만, 추기경단의 악행의 유혹에 빠져서는 안 된다고 잊지 않고 지적했다. 추기경단은 "지금 고위인사들의 행실은 하나도 본받을 것이 없다······ 추기경들이 바람직한 모습을 찾는다면 전 세계가 훨씬 나아질 것이다. 그렇게 되면 그들은 언제나 훌륭한 교황을 선출할 것이고, 그렇게 함으로써 그리스도교회의 평화를 확보할 것이기 때문이다"라고 지적했다.

이어서 이탈리아 르네상스시대의 걸출한 세속지배자는 이 문제의 가장 중요한 점을 적절하게 지적했다. 즉 그는 "추기경들이 훌륭한 인물이었다면 보다 훌륭한 교황을 선출했을 것이다"라고 말했다. 그러나 양자가 모두 같은 굴 속의 너구리였다. 교황들은 60년 동안 모두 추기경 출신이 맡았고, 추기경단에서 선출되어 다시 같은 부류의 추기경을 임명했다. 근시안적인 권력투쟁에 몰두하고 교회에 진정으로 필요한 일은 고집스럽게 무시한 어리석음은 이 시대의 풍토병이 되어 이 교황에서 저 교황으로 횃불처럼 옮겨 붙었다.

세속적인 전쟁으로 권위를 잃은 교황

인노첸시오가 무기력했다면 그것은 부분적으로 이탈리아 도시국가와 외부세력이 끊임없이 전쟁을 반복했기 때문이었다. 나폴리, 피렌체, 밀라노는 대개의 경우 이곳저곳과 손잡고 서로, 또는 보다 작은 이웃국가와 싸웠다. 제노바인이었던 교황 자신의 고백에 따르면 제노바는 "온 세상에 불 지르기를 주저하지 않았다." 베네치아의 영토 확대는 모두의 두려움을 샀고, 로마는 오르시니가와 콜론나가의 만성적인 전장이 되었다. 소국은 종종 주도적인 입장에 있는 일문의 상속자를 둘러싼 내분으로 소란스러웠다. 인노첸시오는 교황의 지위에 올랐을 때 진심으로 원수들을 서로 화해시키고 싶어 했지만, 그것을 실현할 결의가 약했다. 잦은 병치레로 기력이 쇠진했기 때문이다.

그가 가장 노심초사한 것은 기분 나쁜 나폴리 왕이 걸어오는 야만스럽고 못된 도발로, 이것은 정기적으로 전쟁으로까지 발전했다. 나폴리 왕의 동기는 단순한 악의라고 보기도 힘들었다. 그는 몇몇 영토에 대한 거만한 요구에서 시작해서 교황의 봉토로서 관례화된 연공의 지불을 거부하고, 오르시니가와 공모해서 로마에서 소란을 일으키며 저무서운 무기, 즉 공의회에 호소하겠다고 위협했다. 나폴리의 호족들이 그의 압제에 맞서 반란을 일으켰을 때 교황은 그들의 편을 들었다. 그러자 페란테의 군대가 로마까지 진격해서 로마를 포위했다. 인노첸시오는 미친 듯이 동맹국을 찾고 군대를 모으려고 했다. 베네치아는 방관하는 태도를 취했지만 교황이 베네치아의 용병을 끌어들이는 것은 허락했다. 밀라노와 피렌체는 원조를 거부하고 계산된 이유로(어쩌면 교황령이 약화된다는 것을 간파했을지도 모른다) 나폴리측을 택했다. 이것은 피렌체의 지배자 로렌초 데 메디치가 인노첸시오와 인척관계를 맺기 전의 일이지만, 인척관계가 결정적으로 작용한다고 단언할 수도 없었다. 이탈리아에서는 오늘의 동지가 내일의 적이었기 때문이다.

교황이 페란테를 타도하기 위해서 외국의 원조를 요청하자 프랑스가 관심을 보였다. 이것은 나폴리 계승권에 대한 옛 앙주가의 요구에 기초한 것이고, 프랑스 왕은 전에도 그것을 요구했다가 대참사를 불렀지만 절대로 이 요구를 포기할 마음이 없었다. 프랑스의 그림자가 페란테를 위협했다. 그러자 페란테는 갑자기, 마침 그의 로마 포위로 이 도시가 절망상태에 빠지려고 할 때 강화조약의 체결에 동의했다. 이때는 교황에게 양보한다는 어이없는 결과로 끝났지만, 나중에 그가 모든 조항을 위반하고 조약을 거부한 채 다시 공격을 시작했을 때 진의가 분명하게 드러났다.

그는 교황에게 경멸과 조롱에 기득 찬 편지를 보냈고, 그의 대리인들은 교황령의 곳곳에서 반란을 일으켰다. 인노첸시오는 동시에 다발적으로 일어난 전쟁과 폭동에 동요하면서 시간만 미적미적 끌었다. 그는 나폴리 왕과 나폴리 왕국을 파문하는 대칙서의 초고를 만들었지만, 발표하기를 단념했다. 1487년, 페라리는 사자편에 '교황의 비겁함과 무기력과 무능함'을 비판하는 글을 써서 보냈다. 그는 '용기를 불어넣어 교황의 이러한 성격을 고치지 않으면 중대한 결과를 초래할 것'이라고 말했다. 파국은 페란테가 다시 한 번 우회책을 써서 전쟁을 중지하고 우호적인 해결책을 제안한 덕택에 회피되었다. 교황은 쓰라린 굴욕을 맛보았지만 기꺼이 이 제안을 받아들였다. 깨지기 쉬운 우정을 확실하게 다지기 위해서 페란테의 손자는 인노첸시오의 조카딸과 결혼했다.

이탈리아의 전쟁이란 이런 것이었다. 그러나 본질적으로 천박하고 무의미했다고는 하지만, 전쟁은 파괴적이었고 교황도 그 결과를 피할 수 없었다. 가장 심각한 것은 지위의 저하였다. 나폴리와 항쟁하는 동안 교황령은 가난한 친척과도 같은 취급을 받았고, 교황 개인은 페란테의 모욕 탓에 전만큼 존경을 받지 못했다. 오르시니가의 일파가 로마에서 배포한 팸플릿은 교황을 티베르강에 던져 넣어야 어울리는 '제노바의 뱃놈'이라고 부르며 퇴위를 요구했다. 또한 외국의 교회는 성직록을 지급하는 사람들을 스스로 임명하고 수입도 로마로 보내지

128
독선과 아집의 역사 ─────

인노첸시오 8세

않은 채 교황의 교령에 따를지 말지를 논의하는 등 교황의 대권에 대한 외세의 침해가 늘어났다. 그러나 인노첸시오는 뜨뜻미지근하게 저항할 뿐이었다.

그는 바티칸의 언덕 위에서 이 영원한 도시를 내려다보는 멋진 조망을 위해 벨베데레라고 불리는 유명한 별장과 조각미술관을 짓고, 핀투리키오와 안드레아 만테냐에게 벽화를 부탁했다. 그러나 벽화는 마치 의뢰자의 역사적인 위치를 반영하듯이 그때 이후 소실되었다. 인노첸시오는 예술의 후원에 대해서도, 또한 개혁이라는 위험한 문제에 대해서도 더 이상 대처할 시간도 돈도, 어쩌면 흥미조차 없었다. 교회의 개혁이라는 측면에서의 관심을 필요성이 가장 적은 것, 즉 십자군에 집중했기 때문이다.

십자군 원정도 신도의 고혈을 짜내려는 술책

잘 듣는 약처럼 여론이 십자군의 효과를 믿었던 것은 사실이다. 초빙을 받아 한 달에 약 두 차례 바티칸궁전에 와서 성스러운 연설자로서 궁정에서 이야기를 하는 설교사들은 훈계 속에 반드시 십자군을 집어넣었다. 기독교신자에게 평화를 안겨 주는 것이 교황의 의무이고, 교황직의 본분이라는 것을 그들은 교황에게 상기시켰다. '평화와 화합'이 교황정치의 목적이었다. "기독교국가 사이의 분쟁에 종지부를!" 이 연설자들이 가장 자주 외치는 호소였고, "기독교제후의 무기를 이교도에게 돌려라"라는 외침과 늘 짝을 이루었다. 이 충고를 받아들여 내분을 그만둘 때 비로소 세속의 지배자는 공통의 적, 투르크인에 대해서 단결할 수 있다고 그들은 말했다.

투르크인은 니콜라우스 쿠자누스의 말에 따르면 '묵시록의 야수'이고 '모든 자연과 인간의 적'이었다. 투르크인에 대한 공격전쟁이야말로 이탈리아를 가장 잘 방어하는 길이라고 그들은 역설했다. 콘스탄티노플도 성지도 그 밖의 기독교도의 영토도 되찾을 수 있다, 기독교를 통한 인류의 종교적 통일이야말로 궁극적인 목표이고, 이것을 실현하기 위해서도 술탄을 무릎 꿇릴 필요가 있다고 말했다. 이 사실 전체가 가톨릭교회를 죄에서 구원하고 개혁의 시작, 어쩌면 개혁의 정점이 될 것이라는 주장이었다.

인노첸시오는 강대국을 십자군에 참가시키려고 혼신의 힘을 다해서 노력했다. 비오 2세가 콘스탄티노플 함락의 충격에서 아직 벗어나지 못했을 때, 젖 먹던 힘까지 다해서 노력을 기울였던 것과 같았다. 그러나 비오나 그 이전의 다른 교황들을 패배로 몰아갔던 것과 똑같은 결함이, 다시 말해서 이탈리아 제후간의 분열과 똑같이 유럽 강대국 간의 분열이 여전히 잔존했다. "어떤 인간의 힘이 영국과 프랑스, 제노바와 아라곤인, 헝가리인과 보헤미아인 사이에 조화를 가져다줄 수 있겠는가"라고 비오는 말했다. 이미 교황도 황제도 절대권력을 행사할 수 없었다. 그러면 누가, 불화와 적의조차 느껴지는 강대국에게 손잡고 공동의 대사업에 나서라고 설득할 수 있을까. 전체적인 지휘권과 일치된 규율이 없으면 어떤 적도 무찌를 만한 대군도 혼란에 빠져 붕괴하고 마는 법이다. 이러한 어려움 이상으로 보다 기본적인 추진력이 결여되어 있었다. 제1차 십자군에 힘을 불어넣은 것은 방어가 아니라 공격, 그리고 적극적인 신앙이었다. 그때 이후 이교도들과의 무역이 유리해져, 이탈리아도시국가가 서로의 전쟁에 술탄의 원조가 필요하다고 정기적으로 협상하는 시대가 된 마당에 성전은 진정한 의미를 잃었던 것이다.

그런데도 인노첸시오는 성직록제국의 동의를 받은 것을 근거로 1486년 대칙서 속에 십자군 원정을 발표했다. 동시에 모든 교회, 성직록의 수혜자, 전 계급에 걸친 성직자에게 십일조를 부과한다고 포고했는데, 사실은 이것이 진짜 목적이었을지도 모른다. 다음 해에 그는 로마에서 국제회의를 여는 데 성공했다. 이 회의는 계획목표에 관한 동의를 심의했다. 전략에 대해서 토의하고 진격로, 지휘자, 국가 간의 분담범위를 결정했다. 그러나 결국에는 역사상 가장 적은 수의 군대밖에 모으지 못했고, 얼마 지나지도 않아 유럽의 해안에서 뿔뿔이 흩어졌다. 실패는 헝가리의 내전과 프랑스와 성직록제국간의 불화의 재연 탓으로 돌려졌지만, 이 사건들은 추진력의 결여를 변호하는 구실에 불과했다. 성전이 인노첸시오의 교황직을 빛나게 하지 못했다. 그 대신, 운명의 장난으로 투르크의 왕자 젬이 놀라운 사건을 일으켜 교황청은 이교도의 숙주라는 기이한 신세가 되었다.

투르크 왕자와 바티칸궁전에서 동거한 교황

젬은 술탄의 동생으로 형과의 싸움에서는 졌지만, 여전히 오스만제국의 왕위계승을 노리는 위험한 경쟁자였다. 형의 복수를 피해 바다를 건넌 젬은 종파가 다른데도 로드스섬의 성 요한기사회에 몸을 의탁했다. 이 기사회는 원래 이교도와 싸우기 위해 설립된 것이었다. 그러나 관대하게도 젬이 대단히 값비싼 획득물이라는 것을 인정하고, 연 4만 5천 더컷의 보상금을 주면 전쟁을 일으키지 않도록 그를 보호하겠다며 술탄과 협상했다. 그러나 젬의 존재가 알려지자 이 투르크 왕자는 곧바로 모두가 탐내는 비장의 카드가 되었다. 베네치아와 헝가리, 프랑스와 나폴리, 그리고 물론 교황도 그를 손에 넣으려고 다투었다. 젬의 신병은 한때 프랑스에 머무른 뒤 두 사람의 추기경이라는 대가를 지불한 교황의 손에 보상금과 함께 들어갔다. 두 추기경의 하나는 로드스섬의 기사회 총장, 다른 한 사람은 프랑스의 국왕후보였다.

인노첸시오의 의도는, 젬이 만일 기독교도의 지원으로 왕좌에 오른다면 콘스탄티노플을 포함해서 유럽에서 투르크의 군세를 몰아낼 수 있다는 막연한 이해에 따라 그를 술탄에 대항하는 전쟁의 수단으로 삼으려고 한 것이었다. 이러한 의도가 신뢰할 만하다 하더라도, 하나의 회교도로 다른 회교도를 대체하는 것이 어떻게 성전의 대의명분이 되는지는 분명하지 않다.

1489년, 투르크 왕자는 왕후의 예와 호화로운 선물의 공세 속에 로마에 도착했다. 왕자를 태우기 위해 교황이 백마를 보냈고, 바티칸 궁전까지 프란체스케토가 호위했다. 당혹스러우면서도 흥분한 군중들이 연도를 메웠고, 술탄이 교황과 함께 살기 위해 로마에 와서 세계평화의 앞길을 연다는 귀에 익숙한 예언이 실현되는 광경을 지금 목격

독선과 아집의 역사 ———

하고 있다고 믿었다. 그들은 진기한 광경에 눈을 휘둥그레 떴다. 교황과 추기경들이 하얀 터번을 감은 키 큰 손님을 알현했다. 그는 음산한 얼굴의 남자로, 때때로 반쯤 감은 눈에서 새 나오는 매서운 눈빛이 그 얼굴을 돋보이게 했다. 그는 바티칸궁전의 귀빈용 숙소에 수행원과 함께 머물면서 사냥, 음악, 연회, 그 밖의 오락 등 즐길 수 있는 모든 수단을 제공받았다. 이렇게 해서 '묵시록의 야수'의 동생인 투르크 왕자는 기독교세계의 중심인 교황의 궁전에 거처를 정했다.

그를 둘러싸고 외교적인 책략이 거듭되었다. 술탄은 젬을 선봉으로 하는 기독교도의 공격을 두려워하여 교황과의 협상을 시작했다. 사자를 보내고 귀중한 기독교 유물을 선물했다. 이것은 십자가에 매달린 그리스도의 옆구리를 뚫었다는 성스러운 창으로, 로마에서는 엄숙한 의식을 치르고 그것을 받아들였다. 젬이 살아 있는 동안, 적어도 동생이 교황의 비호를 받는다는 사실은 술탄이 더 이상 기독교도의 영토에 공격을 가하지 못하게 하는 데 도움이 되었다. 인노첸시오는 이 정도의 성공을 거두었지만 잃은 쪽이 컸다. 일반 대중은 이러한 관계에 당혹감을 느꼈다. 투르크 왕자를 정중하게 대우해서 교황의 지위를 더럽혔다고 느꼈기 때문이다.

인노첸시오의 병세는 전보다 훨씬 심해져 1492년에는 임종이 다가왔다는 것을 알 수 있었다. 그는 추기경들을 병상 주변에 모아 놓고 자신은 적임자가 아니었다고 고백하면서 보다 훌륭한 후계자를 뽑아 달라고 간청했다. 그의 유언은 그의 생애와 똑같이 무익했다. 추기경들이 성 베드로의 의자에 선출한 남자는, 인간이 타락할 수 있는 한계에 가장 가깝게 다가간 인물이었기 때문이다.

돈과 여자, 타락으로 날을 지새운 알렉산데르 6세

1492~1503

돈 놓고 돈 먹기로 교황이 되다

로드리고 보르자는 추기경과 부상서장(副尚書長)에 35년을 재직했다. 그가 예순두 살이 되었을 때 성격, 습관, 신념, 또는 신념 없음, 권력의 행사방식, 부의 구축방식, 여러 명의 애첩과 일곱 자식을 거느리고 있다는 사실 따위는 추기경단과 교황청 내의 동료들에게 충분하게 알려져 있었다. 그래서 처음 열린 콘클라베에서 보르자가 교황이 되었다는 소식을 듣고 젊은 조반니 데 메디치는 자기도 모르게 이렇게 내뱉었다. "도망가자. 우리는 이리의 손에 떨어졌다." 이탈리아의 제후와 보르자가 태어난 고향인 스페인의 지배자로 이루어진 보다 넓은 세계에서 보면, 또한 외국의 평판까지 고려하면, 그가 철저하게 냉소적이고 도덕을 초월한 인물이라는 사실은 비밀도 아니고 놀랄 만한 일도 아니었다. 그러나 그의 악행에 대한 평판은 그가 나중에 드러낸 잔혹성에 비하면 이때까지만 해도 너무 관대했다.

보르자는 마음 밑바닥부터 현세적이었다. 교황에 선출된 1492년, 스페인에서 무어인을 완전히 몰아낸 것을 축하하는 축제로서 그가 성 베드로 광장에서 펼친 것은 '테데움(신을 찬양하는 감사의 노래)'을 부르는 감사의 행사가 아니라 다섯 마리의 소를 죽인 투우였다.

다섯 사람의 교황을 섬기고 지난번 선거에서 패배를 맛본 보르자는, 이번에는 교황직을 다른 사람에게 넘기지 않겠다고 굳게 다짐했다. 그래서 앞뒤 가리지 않고 두 사람의 주요한 경쟁자인 델라 로베레와 아스카니오 스포르차에게 승리하기 위해 교황직을 돈으로 샀다. 아스카니오 스포르차는 약속보다 현찰을 좋아했기 때문에 노새 네 마리의 등에 금괴를 실어 보낸 끝에 설득할 수 있었다. 이 금괴는 콘클라베가 열리는 동안 보르자의 궁전에서 스포르차의 궁전으로 보내졌다. 이러한 매수공작은 비밀리에 진행되었지만, 어느새 사람들도 알게 되었다. 나중에 교황의 행실이 좀 더 널리 알려지자 그에 대한 어떤 기상천외한 말이 떠돌아도 사람들이 믿었다. 금괴의 행렬도 그러한 풍문의 하나일지도 모른다. 그러나 아스카니오 스포르차와 같은 부유한 경쟁자를 설득하려면 막대한 돈이 들었으리라는 점에서 이 이야기는 어느 정도 신빙성이 있다. 게다가 아스카니오 스포르차는 부상서장직을 손에 넣었다.

보르자 자신도 친척 끌어주기의 수혜자였다. 스물여섯 살에 추기경이 된 것도 연로한 큰아버지 칼릭스토 3세가 있는 힘을 다해 밀었기 때문이다. 칼릭스토 3세는 일흔일곱 살에 교황에 선출되었고, 그때는 이미 노쇠해지는 기미를 보였기 때문에 머지않아 다시 한 번 선거가 치러질 것이 분명했다. 그러나 교황령의 일부를 되찾은 대가로 자신의 조카를 부상서장으로 끌어 줄 시간은 있었다. 보르자는 교황청의

알렉산데르 6세. 핀투리키오 작품

직무와 스페인에 갖고 있던 세 개의 사교구, 스페인과 이탈리아의 대수도원에서 들어오는 수입, 부상서장의 연수입 8천 더컷, 추기경의 연수입 6천 더컷, 게다가 개인적으로 운용한 자산을 합쳐 몇 년 만에 추기경단에서 가장 부자가 될 만큼 재산을 긁어모았다. 젊었을 때 이미 중간 뜰 주변에 3층 높이의 로지아(loggia: 건물의 정면과 측면에 설치한, 한쪽이 외부를 향해서 트인 낭하)를 둘러친 자신의 궁전을 건축했을 만큼 부자가 되었다. 그래서 그는 빨간 공단과 금줄로 자수를 놓은 벨벳으로 장식한 사치스러운 가구, 안정감 있는 융단, 고블랭섬유의 타페스트리가 걸린 거실, 금접시, 진주와 산더미 같은 금화에 둘러싸여 살았다. 소문에 따르면 시스티네예배당을 가득 채울 만큼 많은 금화를 갖고 있다고 자랑했다고 한다. 비오 2세는 이 저택을 그다지 멀지 않은 곳에 서 있던 네로의 '황금의 집'에 비유했다.

보르자는 아플 때, 또는 로마를 떠나 있을 때를 제외하면 35년 동안 추기경의 직무를 수행하기 위해서 모이는 추기경회의에 한 차례도 빠진 적이 없다고 한다. 교황청의 관료정치는 어느 것 하나 그의 손을 거치지 않은 것이 없었다. 총명하고 정력적이었던 그는, 로마의 출입구를 성채로 튼튼하게 정비하고, 식스토의 파견사절로서 스페인귀족과 성직자계급을 설득해서 페르디 난드와 이사벨라의 결혼과 두 왕국의 합병을 지지하도록 하는 등 까다로운 일 들을 훌륭하게 수행했다. 그는 추기경단에서 가장 유능한 남자였다. 키가 크고, 체격도 좋고, 강인하고, 도시적이고, 위엄이 있고, 풍채도 당당했다. 보라색 호박단과 진홍색 벨벳 등 최고급 의복을 좋아했고, 족제비모피의 줄무늬 폭에 세심한 주의를 기울였다고 한다.

동시대인의 묘사에 따르면 그는 항상 미소를 머금고 활달하고 밝았으며, '불쾌한 일을 유쾌하게 만들기'를 좋아했다. 독서를 좋아하며 말을 잘했고 기지가 넘쳤으며, '대화에서 돋보이려고 온갖 노력을 했고', '복잡한 일도 능숙하게 처리할 줄 알았으며', 열의를 자부심과 스페인 풍의 긍지와 결합시켰고, 여성의 관심을 끄는 데 비상한 재능을 지녔다. "여자들은 철이 자석에 달라붙는 것보다 훨씬 절묘하게 그에게 빨려들었다"고 한다. 그가 자신의 욕망을 여자들에게 강하게 전달했다는 것을 알 수 있다. 다른 관찰자는 사족으로, 그는 "금전적인 문제에 대해서는 머리에서 발끝까지 모르는 것이 없었다"라고 말했다.

그는 젊은 추기경으로서 아들과 두 딸의 아버지였지만, 아내에 대한 기록은 없다. 그 후 40대에 거의 드러내 놓고 사귀던 애인 바노차 데 카타네이와의 사이에 아들 셋과 딸 하나를 두었다. 들리는 말에 따르면 바노차의 어머니도 성직자의 애인이었다고 한다. 이상이 그의 공인된 가족이었다.

그는 장남 페드로 루이스를 위해서 스페인의 간디아 공작령을 손에 넣고 페르디난드 왕의 조카딸과의 약혼을 주선했다. 페드로가 젊어서 죽자 그 작위와 영지와 약혼녀는 이복형제이자 아버지가 아꼈던 후안에게 양도되었다. 후안은 머지않아 보르자가를 세상의 조롱거리로 만들면서 죽는다.

보르자의 이름을 드높이는 데 힘을 기울인 유명한 손위남매 체자레와 루크레치아는 후안과 동생인 호프레와 마찬가지로 바노차의 자식이었다. 보르자가 교황일 때 태어난 여덟 번째 자식으로 조반니라 불렸던 아들의 친어머니는 가족 사이에서조차 분명하지 않았던 듯하다.

연이어 발표된 두 통의 교황대칙서는 처음에는 그를 체자레의 적자로 인정했다가 나중에 교황 자신의 적자로서 인정했는데, 세상사람들은 루크레치아의 사생아라고 생각했던 듯하다.

세상의 눈을 속이기 위해서인지, 아니면 애인과 자는 쾌감을 늘리

독선과 아집의 역사 ———

기 위해서인지는 모르지만 보르자는 애인들이 다른 남자와 결혼하도록 내버려두었다. 바노차가 그와 즐기는 동안 두 차례나 결혼을 했고, 그녀의 뒤를 이은 아름다운 줄리아 파르네제도 한 차례 결혼했다. 금발을 발끝까지 늘어뜨린 줄리아는 열아홉 살 때 오르시니가의 자식과 보르자의 궁전에서 결혼했는데, 결혼과 거의 동시에 추기경의 애인이 되었다.

르네상스가 성숙기에 접어들어 방탕한 사생활을 즐겨도 전혀 추문이 되지 않았지만, 쉰아홉 살의 노인과 마흔 살 젊은 여자의 관계는 이탈리아인의 마음을 언짢게 했다. 아마 그들은 그 관계를 비예술적이라고 생각했을 것이다. 이 사건은 외설스런 농담으로 떠돌며 보르자의 평판을 더럽혔다.

보르자가 교황에 선출되었을 때, 그가 교황이 되기 위해 벌인 추잡한 뒷거래 이야기는 낙담한 델라 로베레와 그 일파의 입을 통해 사람들에게 퍼져 나갔다. 보르자 자신도 대놓고 그 일을 자랑했는데 이것은 그의 실수였다. 성직매매는 공적인 죄이고, 새 교황의 적에게 그를 비난할 실마리를 제공했기 때문이다. 실제로 적들은 곧바로 그것을 이용했다.

그러는 동안 알렉산데르 6세(이제 그는 이렇게 불리는 몸이 되었다)는 라테란 대성당을 자기 수중에 넣기 위해 화려한 예식에 따라 로마 시내를 말을 타고 돌아다니고 있었다. 그를 따르는 행렬은 13개의 기병대대, 각자 12명의 수행원을 거느린 21명의 추기경, 거기에 의복과 말이 얼마나 화려한가를 다투는 대사와 귀족출신 고관들이었다. 거리는 꽃다발과 개선문과 벌거벗은 몸에 금박을 입힌 젊은이들의 산몸뚱이 조각, 보르자의 문장을 묘사한 깃발 등으로 장식되었다. 보르자의 문장은 금색 들판에 뒷발로 일어선 빨간 소라는, 다소 그를 닮은 이미지였다.

프랑스의 침략을 부른 탐욕과 분열

이 시점에서 이탈리아에 드리운 프랑스의 그림자가 점점 짙어지는 것이 느껴졌다. 교황권의 쇠퇴를 촉진하고 이탈리아를 외세의 지배에 맡기는 외적침략시대가 시작된 것이다. 외세는 이어지는 70년 동안 이탈리아반도를 황폐화하고, 이탈리아의 번영을 파괴했다. 이탈리아는 영토와 주권을 조금씩 잃어 통일이 4백 년이나 늦어졌지만, 그렇다고 이탈리아에 개입해서 지속적인 이익을 누린 나라도 없었다. 제후간의 끝 모르는 내분으로 분열된 이탈리아는 공격의 유혹을 느끼게 하고 공격하기도 쉬운 절호의 표적이었다. 또한 이탈리아는 외세가 침입한 밤의 광경을 묘사한 구이치아르디니의 유명한 서술만큼 조용하고, 비옥하고, 상업적으로 번영하고, 멋지게 장식된 땅은 아니었지만, 세련된 재부를 지녔다는 점에서는 침을 흘릴 만했다. 침략의 동기가 경제적 필요성에 있었던 것은 아니다. 그러나 지배계급은 고집스럽게도 전쟁이 자신들의 고유활동이라고 여겼다. 배상금과 과세할 수 있는 정복지에서 거두는 수입이 전비 자체의 공급원일 뿐 아니라 이익의 원천이 되기 때문이다. 또한 마치 중세의 제1차 십자군이 끓어오르는 공격욕구의 분출구가 되었듯이, 이탈리아에서는 전쟁이 단순히 국가적 팽창감을 주었을지도 모른다. 프랑스는 백년전쟁을 털고 일어섰고 스페인은 마침내 무어인을 몰아냈고, 양국은 모두 그 과정에서 국가적 단결을 이루었다. 그러나 따스한 태양이 내리쬐는 이탈리아는 여전히 분열되어, 각국이 노리는 둘도 없는 표적이었다.

그러면 이탈리아 국내는 어땠을까. 교황선출에 얽힌 추문을 생각하면, 알렉산데르는 당분간 종교정치에 전념하는 쪽이 유리하다고 생각했을 것으로 보인다. 그러나 그 대신에 그는 곧바로 정치적 울타리를

독선과 아집의 역사 ——

둘러치는 방책에 착수했다. 먼저 딸인 루크레치아를 스포르차가로 시집보내고, 아들인 호프레를 성가신 나폴리 왕의 손녀와 결혼시켰다. 그리고 교황이 된 첫해에 추기경단을 크게 확대해서 반대파 추기경들의 격분을 샀다. 그들은 콘클라베에서 델라 로베레를 지원했기 때문에 황금의 비를 뿌려줄 수가 없었다. 알렉산데르는 그들의 격렬한 저항을 억누르고 11명의 새로운 추기경을 임명했는데, 이 가운데는 애인의 동생인 알레산데르 파르네제, 열다섯 살인 데스테가의 아들인 체자레도 들어 있었다. 체자레가 성직에 맞는 인물이 아닌 것은 너무나 분명했기 때문에 그는 곧바로 사직하고 전쟁과 살인, 그리고 그것에 딸린 다양한 재능이 필요한 좀 더 어울리는 직업을 선택했다. 다른 임명자들은 모든 세력이 만족하도록 현명하게 배분했다. 성직록제국, 프랑스, 이탈리아, 스페인, 헝가리, 베네치아, 밀라노, 로마에서 각각 한 사람씩 임명한 것이다. 그들 중에는 경건한 신앙과 학식을 가진 사람도 몇 명 있었다. 추기경을 11명이나 갑자기 늘린 덕에 알렉산데르의 추기경단에 대한 지배력은 강화되었다. 델라 로베레는 추기경이 11명이나 임명되었다는 소식을 듣자 '큰소리로 절규하고' 격분한 나머지 병이 났다고 한다. 결국 알렉산데르는 총 43명의 추기경을 임명하게 된다. 그중에는 스페인 사람이 17명, 자신의 가족이 5명 들어 있었다. 그들이 추기경 모자에 대한 대가로 지불한 정확한 금액은 부카르토가 장부에 일일이 적어 놓았다.

이보다 앞선 50년 동안 프랑스는 교황직이 종교에서 이탈해서 세상의 손가락질을 받으면서도 개혁을 꺼리는 것을 보고 침입계획을 점점 구체화했다. 과거 1세기 동안 프랑스 국내의 교회가 지리멸렬했기 때문에 전체적으로 교황의 권력과 수입이 저하되고, 그것과는 대조적으로 프랑스의 가톨릭교회는 상당한 자치권을 획득했다. 동시에 자국내에서의 성직자의 부패가 골머리를 썩였다. 설교사들은 불같은 설교로 타락을 질타했고, 진지한 비평가들은 그것에 대해서 토론하고 개혁방법의 초안을 마련하기 위해서 교회 회의를 열었지만 실제적인 효과는 단 한 가지도 없었다. 이 시대에 가장 자주 화제가 된 것은 개혁이었다고 어떤 프랑스인은 말했다. 1493년, 나폴리 왕국의 왕위계승권에 대한 프랑스왕의 요구를 실현하기 위한 전쟁을 논의할 때, 샤를 8세는 트루에서 최고회의를 소집하여 개혁의 십자군으로서 이탈리아 진격을 정당화하는 계획을 세우려고 했다. 명확하게 앞에 내걸지는 않았지만 성직매매를 이유로 알렉산데르 6세를 폐위시키기 위해 공의회를 연다는 암묵적인 의도가 있었다. 그러나 이것은 샤를 왕의 자발적인 생각은 아니었다. 쇠퇴한 발루아 왕가의 피를 이어받은 샤를 8세는 딱하도록 못생긴 남자로, 기사도의 영광과 투르크인에 대한 십자군의 꿈으로 머리가 가득 차 있었다. 이 종교개혁안을 자신의 관심사에 덧붙인 것은 오로지 델라 로베레 추기경의 집요한 설득 때문이었다. 델라 로베레는 알렉산데르에 대한 증오를 참을 수 없어 그를 파멸시키겠다는 명확한 목적을 안고 프랑스로 건너왔다. '그토록 심한 악덕에 가득 차고 세상의 눈에 그토록 진절머리 나게 비치는' 교황을 퇴위시키고 새로운 교황을 뽑아야 한다고 그는 프랑스 왕에게 강경하게 주장했다.

추기경들이 스스로 시작해놓고 뒤처리는 프랑스에 의존하려고 하는 바로 이것과 똑같은 행위가 기억에도 새로운 교회분열을 야기한 적이 있고, 기독교 역사상 그토록 돌이킬 수 없는 피해를 준 것도 이러한 행위였다. 알렉산데르의 범죄가 어떤 논란을 제공했든 델라 로베레와 그 일파가 교회분열의 반복까지 생각했다는 것은 르네상스시대의 교회의 우두머리 전체가 어리석음에 감염되어 있었기 때문이라고 밖에 설명할 수 없는 무책임한 행위이다.

알렉산데르가 프랑스 왕에 대한 델라 로베레의 영향력을 두려워한데는 그럴만한 이유가 있었다. 특히 델라 로베레가 총기를 잃은 왕의마음을 교회의 개혁으로 돌리게라도 하면 큰일이었다. 교황들을 경멸했던 구이치아르디니에 따르면 알렉산데르에게 개혁이란 '다른 어떤것보다 두려운' 개념이었다. 나중에 알렉산데르가 추기경이고 뭐고 성가신 적을 닥치는 대로 독살하고, 유폐하고, 행동의 자유를 박탈한 것을 생각하면 델라 로베레를 가두지 않은 것이 오히려 이상하지만, 그의 적이자 후계자가 된 이 남자는 머리가 좋고 용의주도하기까지 해서 로마에 다가가지 않고 성채에서 살았다.

이탈리아의 국가들은 프랑스에서 들어오는 보고를 받고 외세에 저항할(또는 필요하다면 합류할) 준비로써 서로 동맹을 맺거나 동맹을 바꾸는 등 정신없는 혼란상태에 빠졌다. 교회와 속세의 지배자들의 관심사는 나폴리와 프랑스 가운데 어느 쪽 줄에 서면 보다 큰 이익을 얻을 것인가에 집중되었다. 프랑스가 왕위를 노리는 나폴리 왕국의 페란테는 교황 및 제후와 엄청난 수의 밀약과 반(反)밀약을 맺었지만, 평생을 음모가로 살아온 사람답게 오로지 동맹국의 의표를 찌를 비책을 항상 마련해 두었다. 그는 비책을 마련하느라 정신을 쥐어짠 나머지 1년도 못 가 죽고 아들인 알폰소가 뒤를 이었다. 그의 주변사람들은 서로 불신감에 젖어 있기도 했지만, 다른 한편으로는(영국의 소설가인 조지 메레디스가 전혀 다른 문맥에서 쓴 것을 인용하면) '가식만을 높이 사고 헛된 일에 신경을 집중하고 근시안적인 계획을 세우고 미친 듯이 음모를 꾸미는' 무리였다.

프랑스의 침략을 부추긴 밀라노의 움직임은 이러한 모든 특질을 갖추고 있었다. 이 움직임은, 페란테의 손녀이자 알폰소의 딸이고 밀라노의 정당한 후계자 장 갈테아초 스포르차의 아내인 이사벨라가 할아버지 페란테에게 불만을 털어놓은 데서 시작되었다. 그녀는 자신과 남편은 정당한 지위를 빼앗기고 모든 면에서 섭정하는 루도비코 일 모로와 그의 유능한 아내 베아트리체 데스테에 의해 종속적인 지위로 전락했다고 불만을 털어놓았다. 페란테는 손녀의 불만을 듣고 무시무시한 위협을 가했기 때문에 루도비코는 페란테와 그의 일문을 퇴위시키면 자신의 섭정정치가 보다 안정되리라고 확신했다. 섭정을 그만둘 생각이 털끝만큼도 없었기 때문이다. 루도비코는 목적이 같은 나폴리 귀족의 불평분자와 동맹을 맺은 뒤에 바라는 결과를 확실하게 손에 넣기 위해서 샤를 8세에게 이탈리아로 들어와서 나폴리 왕위에 대한 요구를 실현하라고 부추겼다. 이것은 중대한 위험을 안은 제안이었다. 프랑스 왕은 오를레앙의 가계에 속하기 때문에 나폴리보다 밀라노에 더욱 집착했기 때문이다. 그러나 타고난 모험가인 루도비코는 그 위협을 억누를 수 있다고 확신했다. 그러나 여러 상황이 증명했듯이 이것은 큰 오산이었다.

마지막 순간에 프랑스가 침입을 단념하기는 했지만 위와 같은 동기와 타산 때문에 이탈리아는 침입군에 대해서 무방비상태로 열려 있었다. 샤를의 고문관들은 이 원정계획에 자신이 없었다. 그들은 앞길을 가로막은 난관과 루도비코와 이탈리아의 일반대중을 어떻게 신뢰할 수 있는가를 강조해서 프랑스 왕을 고민에 빠뜨렸고, 왕은 이미 진군을 시작한 군대를 멈추게 했다. 그러나 바로 이때 델라 로베레가 나타나 열심히 부채질한 덕분에 샤를의 열의에 다시 불이 붙었다. 1494년 9월, 마침내 6만 명의 프랑스 대군이 알프스를 넘었고, 이것만큼은 과장이라 할 수 없는 구이치아르디니의 말에 따르면 '무수한 재난의 씨앗(나중에 프랑스병이라고 불린 매독을 뜻한다)'을 함께 가지고 갔다.

독선과 아집의 역사 ──

알렉산데르는 처음에는 공황상태에 빠져 우왕좌왕하며 동요하다가 피렌체, 나폴리와 손잡고 방위동맹에 가담했지만, 이 동맹은 체결되는가 싶더니 곧바로 해소되었다. 피렌체가 이탈한 것은 2년 전에 죽은 로렌초 위대공의 장남 피에로 데 메디치의 기가 약했기 때문이다. 적군과 대치하자 갑자기 마음이 약해진 피에로는 몰래 프랑스군과 자신의 도시를 넘겨주기로 약속했던 것이다. 피렌체에서 손쉬운 승리를 거둔 이후 샤를의 군대는 거의 아무런 저항도 받지 않고 로마로 육박했다. 로마에서는 교황이 샤를의 입성을 막으려고 필사적으로 머리를 쥐어짰지만 결국에는 우세한 힘에 굴복하고 말았다.

로마에 들어오는 침략군의 무장행렬은 시내를 통과하는 데만 6시간이 걸렸다. 기병대와 보병대, 궁술대와 석궁대, 창과 쌍날칼을 든 스위스 용병대, 갑옷을 입은 기사들, 어깨에 철곤봉을 멘 왕의 호위병행렬이 이어졌다. 행렬의 맨 뒤에는 그르렁거리는 무서운 굉음을 내면서 36대의 차에 실린 대포가 자갈길 위로 미끄러져 왔다. 엄청난 군대의 유입은 로마 시가지를 부들부들 떨게 했다. "가혹한 징발이 이루어지고 살인은 수도 없이 자행되었으며, 귀에 들리는 것은 신음소리와 울음소리뿐이었다. 인간이 기억하는 한 교회가 이토록 불행한 상태에 빠진 적은 한 번도 없었다"라고 만토바의 사자는 보고했다.

교황은 엄청난 압력을 받으며 정복자와 협상을 시작했다. 샤를은 나폴리를 포기하고 투르크 왕자 젬을 넘기라고(이 왕자는 프랑스의 보호를 받는 동안 죽었다) 윽박질렀지만, 알렉산데르는 다음과 같은 두 가지 요구를 단호하게 거부했다. 카스텔 산탄젤로를 프랑스의 손에 넘기는 것과 정식으로 나폴리의 왕관을 샤를에게 건네주는 것이었다. 알렉산데르는 적군에 포위되어 있었기 때문에 교황령을 통해서 나폴리로 가는 통행권을 프랑스군에 주어야 했지만, 위와 같은 요구를 거절한 것은 상당히 담력 있는 행동이었다. 이 회담이 열리는 도중 한 번도 의제에 오르지 않은 문제는 개혁이었다. 델라 로베레 추기경과 그 일파가 틈만 나면 샤를을 졸라댔지만, 먼 여행에 지치고 조심스러웠던 프랑스 왕은 공의회를 담당하거나 개혁을 후원하고 교황을 퇴위시킬 그릇이 아니었다. 운명의 잔은 알렉산데르에게 돌아갔고, 그는 교황의 지위를 유지할 수 있었다.

프랑스군은 로마를 떠나 단 한 차례의 전투도 없이 나폴리로 진군했다. 유일한 폭력행위는 진군 도중에 점령한 시가지에서 저지르는 약탈과 잔혹행위뿐이었다. 알폰소 왕은 퇴위하고 수도원으로 들어가 이 난국을 피했다. 아들인 페란테 2세는 칼을 버리고 달아났다.

카이사르의 세계로 되돌아간 교황청

프랑스군이 남이탈리아에 진출했다는 현실에 위협을 느낀 스페인의 발의로 저항동맹이 결성되었다. 스페인의 페르디난드 왕은 나폴리를 프랑스의 지배하에 둘 수는 없다고 굳게 마음을 먹고, 이미 프랑스의 군세확장에 위기감을 느낀 성직록황제 막시밀리안을 설득해서 동맹에 가담시켰고, 고마움의 표시로 딸 호안나를 막시밀리안의 아들 필립과 결혼시키겠다고 제안했다. 이 결혼은 나중에 운명적인 결과를 부르고 말았다. 스페인과 성직록제국을 동맹국으로 삼았기 때문에 교황과 밀라노는 이제 안전하게 프랑스에게 칼을 겨눌 수 있는 입장이 되었다. 이윽고 베네치아까지 이 동맹에 가담하여 처음에는 베네치아동맹이라고 불렸고, 나중에 신성동맹이라고 불린 반불동맹이 1495년에 정식으로 맺어졌다. 이것을 안 프랑스는 이미 나폴리에서 대중의 증오까지 샀으니 이탈리아의 장화 속에서 고립되는 것은 아닌가 하고 두려워했다. 그래서 프랑스를 향해서 퇴각하기 시작했고, 이탈리아를 떠날 때 롬바르디아의 포르노보에서 싸운 뒤에(이것이 이탈리아원정 중에 치른 유일한 전투였고, 그나마 결정적인 전과도 올리지 못한 유격전이었다) 프랑스로 서둘러 빠져나갔다. 알폰소와 그 아들은 곧바로 모습을 나타내 다시 나폴리의 지배권을 쥐었다.

이렇듯 무의미하면서도 심각한 모험에서 결과적으로 이익을 얻은 자는 한 사람도 없었다. 그중에서도 프랑스는 전혀 얻은 것이 없었는데도 열강은 아무런 성과도 얻지 못하는 것을 뻔히 알면서도 몇 차례나 같은 경기장으로 돌아와서 이탈리아 전역의 패권을 다투었다.

이때 이후 전쟁과 동맹, 전투, 복잡하게 얽힌 외교, 유동적이고 끊임 없이 변화하는 열강의 세력분포가 잇달아 일어나다가 마침내 무서운 절정, 즉 1527년에 스페인과 성직록제국 연합군이 저지른 '로마약탈'이 일어났다. 33년에 걸친 이탈리아전쟁 중의 모든 책략과 흥정은 철저하게 조사되어 역사책 속에 체계적으로 기록되어 있지만, 오늘날에는 일반대중이 흥미를 느낄 만한 구석이 없다. 이러한 개별사건은, 갈등에 대한 인간의 능력을 연구할 때 외에는 영원히 이어지는 역사의 연표 위에서 중요성이 사실상 제로이다. 물론 어떤 역사적 인과관계가 있었는가, 어떤 것은 중요하고 어떤 것은 그다지 중요하지 않은가 정도는 기억에 남는다. 예를 들면 피렌체 사람들은 피에로의 항복에 분노해서 그에게 반란을 일으켜 메디치가를 넘어뜨리고 공화국을 선언했다. 스페인과 합스부르크가의 결혼은 다음 세기의 지배적인 요소가 되는 황제 카를 5세를 낳았다. 제 꾀에 넘어간 밀라노의 사나이 루도비코 일모로는 프랑스의 감옥에서 우둔함의 대가를 치르다가 죽었다. 많은 전쟁 중에서도 가장 유명한 파비아 전투에서 프랑스 왕 프랑수아 1세는 포로가 되어 "명예를 뺀 모든 것을 잃었다"라는 말로 인용사전에서 불후의 명성을 얻었다.

그 밖에는 교황청을 더욱 정치화해서 그 가치를 떨어뜨리는 결과를 낳았다는 점에서 이탈리아전쟁의 의의가 있다. 세속국가와 같은 역할을 하고, 향응제공과 거래를 하고, 군대를 모아 전쟁을 하면서 교황청은 완전히 카이사르의 세계로 되돌아갔다. 그 결과 세속의 세계, 즉 '로마의 약탈'을 가능하게 했던 요소와 조금도 다를 바가 없어 보였다.

카이사르의 왕국에 몰두하면 할수록 교황들은 신과 관련된 일에 쪼갤 시간도 없었고 마음을 쓰지도 않았다. 이곳저곳의 동맹으로 얻는 대가에 몰두했기 때문에 교회와 종교적 공동체로서의 내적 문제를 더한층 제쳐 놓았고, 자신들의 발밑이 무너지는 조짐에도 거의 신경 쓰지 않았다.

아, 창녀로 타락한 교회여!

피렌체에서 1490년대 초기에 창설된 도미니크회의 수도사이고 성 마르코 수도원장 지롤라모 사보나롤라의 광기 어린 설교는 알렉산데르가 7년 동안이나 무시한 종교의 고난을 토로하는 목소리였다. 그의 목소리는 온 피렌체를 뒤흔들고 온 이탈리아에 울려 퍼졌다. 사보나롤라는 루터의 선구자라기보다는 오히려 시대가 불온할 때면 나타나 광신적인 행위로 군중을 동요시키는 광신자, 혹은 응징자와 같은 유형의 인물이었다. 그는 교회의 부패와 타락을 참지 못하고 일어나 깨끗한 성직자의 손으로 천국에 이르는 문을 다시 열기 위해서 개혁이 필요하다고 역설했다는 점에서 당시를 대표하는 인물이었다.

개혁 뒤에는 모든 기독교 세계에 행복하고 편안한 시대가 온다는 그의 예언은 사람들의 마음을 강하게 이끌었다. 그는 교회개혁과 로마에서의 분리를 역설한 것은 아니고, 사람들과 성직자들의 죄에 분노를 퍼부었다. 사람들의 죄의 근원은 교황들과 성직자계급에 있다는 주장이었다. 피코 델라 미란돌라에 따르면 그의 질타와 묵시록적인 예언은 "대단한 공포와 놀라움과 눈물을 불렀기 때문에 모두들 당황해서 살아 있다기보다는 죽은 듯이 거리를 헤매 고 다녔다"고 한다.

위대공 로렌초와 인노첸시오 8세는 1492년에 죽는다는 예언이 들어맞아 두 사람 모두 머지않아 죽었기 때문에 사보나롤라는 무서운 힘을 갖게 되었다. 그는 설교를 할 때면 큰 화톳불을 위압적으로 피워 놓았고, 군중들은 훌쩍이거나 광기를 일으키면서 불 속으로 귀중한 물건과 사치품, 그림, 아름다운 옷, 보석 등을 던져 넣었다. 또한 거리를 돌아다니며 '가식에 찬 물건'을 찾아다 불태우는 어린이 단체들도 생겨났다. 그는 신봉자들에게 자신의 생활을 개혁하고 빗나간 신을 모독하는 축제와 도박과 고리대금업과 복수를 그만두고 종교적인 습관을 되찾으라고 요구했다.

사보나롤라의 격분은 교회를 탄핵할 때 가장 격렬하게 타올랐다. "교황과 고위성직자들은 오만과 야심을 버리라고 말하면서 자신들은 그 안에 푹 젖어 있다. 그들은 정절을 힘주어 말하면서 애인에 둘러싸여 사니…… 그들이 생각하는 것은 속세와 속세의 사물뿐이다. 영혼에 대해서는 전혀 관심을 기울이지 않는다. 그들은 교회를 불명예가 가득 찬 집으로 만들고…… 솔로몬의 왕좌에 앉아 지나가는 사람을 유혹하는 웃음 파는 여자의 집으로 만들었다. 돈을 내는 자는 누구나 그곳에 들어가 멋대로 우쭐댈 수 있다. 그러나 선을 바라는 자는 내쫓아버린다. 아, 창녀로 타락한 교회여, 너는 전 세계 앞에 능욕당한 모습을 드러내고, 네가 내뱉는 탄식이 하늘에까지 이르렀도다."

이 독설에 적지 않은 진리가 포함되어 있다는 것에 로마는 주의를 기울이지 않았다. 오랫동안 흠을 들춰내서 비난하는 무리들에게 워낙 익숙해 있었기 때문이다. 그러나 사보나롤라는 '먼 옛날부터 내가 예언했던 대로' 이탈리아의 부정을 바로잡고 교회를 개혁하기 위해서 신이 내려 보낸 개혁의 사자로서 샤를 8세를 환호하며 맞았을 때 정치적으로 위험한 존재가 되었다. 프랑스를 옹호하는 행위는 스스로 명을 단축하는 짓이었다. 그 때문에 그는 피렌체의 새 지배자를 위협하고, 기분 나쁜 존재로서 교황의 주의를 끌었기 때문이다. 피렌체의 지배자는 그를 탄압할 것을 요구했지만 알렉산데르는 일반대중의 항의를 피하고 싶어서 자신과 성직자 계급에 대한 비난이 무시할 수 없을 단계에 이를 때까지 행동을 자제했다. 그러나 사보나롤라가 성직매매를 이유로 교황을 퇴위시키기 위해서 공의회 개최를 요구하자 마침내 행동에 나섰다.

처음에는 설교를 금지시킨다는 명령으로 온건하게 사보나롤라를 침묵시키려고 했다. 그러나 신의 목소리에 충만된 예언자들은 쉽게 입을 다물지 않는다. 사보나롤라는 이 명령에 공공연하게 저항했다. 그는 교황의 명령을 거부하는 논거로 이렇게 주장했다. "수많은 범죄로 인해 알렉산데르는 교황으로서의 권위를 잃어 이미 기독교도가 아니다. 그는 신앙심 없는 이교도이고, 그런 자이기 때문에 이미 교황이 아니다." 알렉산데르의 대답은 파문이었지만, 사보나롤라는 미사를 집전하고 성체를 나누어 주어 이것도 곧바로 무시했다. 그 뒤에 알렉산데르는 피렌체정부에 "그의 설교를 중지시켜라. 그렇지 않으면 피렌체 전체를 파문에 처하겠다"라고 명령했다. 이때는 이미 일반대중의 마음이 사보나롤라에게서 떠나 있었다. 적의 도발로 뜨거운 시련을 겪을 위기에 처해 있지만 끝까지 그를 따를 생각은 없었기 때문이다. 그는 피렌체정부의 손으로 투옥되어 사기꾼이라는 자백을 강요당

독선과 아집의 역사 ──────

하며 고문을 받았다. 그 뒤에는 교황의 심문관이 이단이라는 고백을 끌어내려고 다시 고문한 뒤에 처형을 위해 피렌체로 압송했다. 1498년, 군중의 분노 어린 함성과 탄식 속에서 교수형에 처해진 뒤에 다시 화형에 처해졌다. 천둥은 가라앉았지만, 군중들이 목청 높여 외친 성직자계급에 대한 적의는 남았다.

순회설교사와 은둔수사, 수도사들이 개혁문제를 제기했다. 어떤 자는 광신적이고 어떤 자는 제정신이 아니었지만 모두 공통되게 교회에 대한 혐오감을 토로했고, 이것은 광범위한 일반대중의 정서와 정확하게 일치했다. 어떤 사람이라도 개혁에 대한 사명을 띠고 있다고 말만 하면 반드시 군중들이 모였다. 이것은 새로운 현상이 아니었다. 일반대중에게는 오락다운 오락이 없었기 때문에 그 몇 안 되는 오락의 하나로 평신도인 설교사와 순회설교 수도사들이 오랫동안 마을에서 마을로 여행을 하면서 엄청난 수의 군중을 모았다.

군중들은 몇 시간이고 광장에서 펼쳐지는 오랜 설교에 참을성 있게 귀를 기울였다. 설교가 광장에서 펼쳐진 것은 사람이 너무 많아서 교회에 다 들어갈 수 없었기 때문이다. 1448년 페루지아에서 유명한 프란체스코수도회의 수도사 로베르토 다 레체가 4시간 동안 설교한 것을 들은 청중은 1만 5천 명이었다고 한다. 당시의 악행에 철퇴를 가하고 사람들에게 선한 생활을 하면서 죄를 씻으라고 역설하는 설교사들은 그들이 대중의 마음에 깊은 감응을 불어 넣었는데, 바로 이 점이 중요하다. 그들의 설교는 대개 다수의 '개종자'와 설교사에 대한 감사의 선물로 끝이 났다. 15세기가 막을 내릴 무렵, 사람들이 진실로 듣고 싶어 했던 것은 '천사와 같은 교황'이 나타나 개혁에 착수하고, 그 뒤에 사보나롤라가 약속했듯이 보다 나은 세계가 온다는 예언이었다. 피렌체에서는 약 20명으로 이루어진 노동자계급의 신자그룹이 자신들의

'교황'을 뽑은 일이 있었다. 이 교황은 신자들에게 "개혁이 달성될 때까지는 참회해도 소용이 없다. 고백성사를 들을 만한 사제가 없기 때문이다"라고 말했다. 이 말은 다가오는 대변동의 징조로서 사람들 사이에 퍼져 나갔다.

보르자가의 상황은 웬만한 충격에는 익숙해져 있던 이 시대의 사람들을 더 이상 참을 수 없을 만큼 격분시켰다. 알렉산데르는 나폴리 왕가와 사돈을 맺으면 필시 자신에게 이익이 될 것이라고 생각하고 딸인 루크레치아를 나폴리 왕국의 계승자 알폰소와 결혼시키기 위해 그녀와 조반니 스포르차와의 결혼을 취소했다. 분노한 남편은, 남편의 불능 때문에 결혼생활이 제대로 유지될 수 없다는 비난을 세차게 부정하고 공공연하게 소리 높여 이혼에 저항했다. 그러나 교황이 교묘하게 꾸민 정치적·재정적 중압을 이기지 못하고 부득이 양보해야 했고, 아내의 지참금까지 돌려주었다. 바티칸 궁전에서 베풀어진 대향연 속에서 루크레치아는 준수한 새 남편과 결혼했다. 모든 기록에 따르면 그녀는 새 남편을 마음 깊이 사랑했다고 하지만, 스포르차가에 대한 모욕과 신성한 결혼마저 팽개치는 작태는 알렉산데르에 대한 불신을 증폭시켰다. 조반니 스포르차는 교황에게 쏟아지는 악평에, 알렉산데르의 행위 이면에서는 딸에 대한 근친상간적인 욕망이 꿈틀거린다는 비난을 덧붙였다. 그녀의 재혼이 서둘러 이루어진 것을 생각하면 이 이야기는 믿기 어렵지만, 알렉산데르의 주변에 모여 끊임없이 사람들을 불쾌하게 하는 중상모략에 또 한 가지를 보태는 데는 도움이 되었고, 아들 체자레의 악덕을 생각하면 믿을 수 없는 이야기도 아니었다.

루크레치아가 재혼하던 해에 교황의 생존해 있는 아들 중에서 가장 나이가 많은 후안 간디아 공작이 어느 날 아침 티베르강에 떠 있는 것이 발견되었다. 사체에는 아홉 군데나 칼에 찔린 흔적이 있었다. 아버지에게 거대한 교황령을 물려받았기 때문에 적은 무수하게 많았지만 암살자는 알 수 없었다. 이 수수께끼와 세상의 수근거리는 목소리가 오래 가면 갈수록 의혹의 눈초리는 체자레에게 쏠렸다. 형을 대신해서 아버지에게 보다 나은 대우를 받고 싶다는 욕망 탓이거나. 아니면 남매간의 근친상간적인 삼각관계의 결과라는 것이었다. 부글부글 끓어오르는 로마의 소문을 듣노라면 어떤 악행도 보르자기를 능가하지 못한다고 여겨질 정도였다(후세의 역사가들은 체자레가 형을 죽인 것은 아니라고 생각하지만).

아들의 죽음으로 슬픔과 충격을 받았기 때문인지, 아니면 두려웠기 때문인지 알렉산데르는 갑자기 후회와 자기반성에 휩싸였다. "교황은 아첨배에 둘러싸여 자신에 대한 진실된 이야기를 한 번도 듣지 못하고, 끝내는 그것을 듣고 싶어 하지도 않게 될 때 가장 큰 위험에 빠진다"라고 그는 추기경회의에서 말했다. 이것은 역사상의 모든 독재자가 들으려고 하지 않은 메시지였다. 도덕적 위기에 직면한 교황 알렉산데르는 자신이 받은 충격은 저지른 죄에 대한 신의 심판이므로 자신은 그러한 생활을 고치고 교회를 개혁하기로 결심했다고 선언했다. "우리는 나 자신의 개혁에서 시작해서 모든 작업이 완성될 때까지 교회의 모든 계층을 개혁해야 한다."

그는 곧바로 계획의 초안을 만들기 위해서 가장 존경할 만한 추기경 몇 사람으로 이루어진 위원회를 임명했다. 그러나 복수의 성직록의 수를 줄인다는 조항을 제외하고는 대부분 문제의 핵심을 건드리지 못했다. 이 안은 추기경의 수를 비롯해서 각자 6천 더컷까지 상승했던 수입의 축소를 요구했다. 또한 고용인을 포함한 살림살이의 규모는 80명 이하(그 가운데 적어도 12명은 성직자여야 한다)로 줄이고, 기마의 호위도 30명으로 줄이도록 했다. 식탁에서는 한 끼당 삶은 고기 한 조각, 구운 고기 한 조각하는 식으로 제한했고, 악사와 배우를 동원한 오락은 성경낭독으로 대체하도록 했다. 추기경은 앞으로 기사의 마상시합과 사육제에 참가할 수 없고, 세속연극을 볼 때도 시중을 드는 하인으로 다양한 '젊은이'를 고용해도 안 되었다.

개혁을 구체화한 교황대칙서를 발표한 지 열흘 이내에 모든 애첩을 쫓아낸다는 조항이 이 계획에 대한 교황의 관심을 바꾸었을지도 모른다. 게다가 개혁안을 제정하기 위한 공의회 개최를 요구한다는 항목은 교황의 개혁의지를 꺾기에 충분했다. 발표될 예정이었던 대칙서 'In apostolicae sedis specula'는 결국 햇빛을 보지 못했고, 개혁에 대한 화제도 더 이상 다루어지지 않게 되었다.

광란의 섹스파티로 밤을 지새운 로마

1499년, 새로운 루이 12세를 앞세운 프랑스군이 다시 몰려와서 이번에는 오를레앙가의 혈통에 따른 밀라노 왕위계승권을 주장했다. 또 하나의 교회인, 다시 말해서 루앙의 대사교가 왕의 주임고문관으로서 이러한 움직임의 배후에서 실을 당겼다. 루앙의 대사교는 교황이 되고 싶다는 야심에 불타 프랑스의 밀라노 지배를 이용하면 교황선출에 도박을 걸 수 있다고 생각했다.

새로운 침략군을 맞은 알렉산데르의 역할은, 명백히 지난번 경험에 영향을 받았겠지만 완벽하게 타산적이었다. 루이는 샤를 8세의 여동생으로 가여운 불구자인 장느와의 결혼을 취소하겠다고 했다. 탐나는 샤를 8세의 미망인 앙느 드 브리티뉴와 결혼하기 위해서였다. 궁극적으로는 그녀의 공작령을 프랑스왕관 아래 병합할 목적이었다.

루이의 이혼청원은 선왕의 고해성사 사제인 프란체스코회의 올리베르 마이아의 격렬한 탄핵을 받았고, 버림받은 왕비를 마음속으로 동정하던 프랑스 국민의 분노의 표적이 되었지만, 알렉산데르는 여론에 관심이 없었다. 그는 금고에 들어갈 황금과 체자레의 승진에만 관심이 있었다. 체자레는 이미 성직을 버리고 프랑스의 궁정에 맡겨져 있던 나폴리 알폰소의 딸과의 결혼을 바라고 있었다. 체자레의 추기경 사임은 전례가 없는 사건으로 많은 추기경의 반감을 샀다. 바티칸의 일지 작성자는 교황의 작태를 다음과 같이 탄식했다. "이런 식으로 이제 신의 교회에서는 모든 가치가 뒤집히고 말았다. 3만 더컷과 체자레의 계획을 지원하는 대가로 교황은 루이의 이혼과 아울러 앙느 드 브리타뉴와의 결혼을 승락했을 뿐 아니라 루앙의 대사교에게 빨간 모자까지 던져주었다. 그는 당부아스 추기경이 되었다."

두 차례에 걸친 이혼이라는 추문과 그 결과로 타락은 배가되었다. 공작다운 멋진 차림의 체자레는 특별사면장을 들고 프랑스로 간다. 프랑스에서는 교황의 지지 아래 계획된 대밀라노전쟁에 대해서 프랑스 왕과 협의했다. 알렉산데르는 체자레가 한 일을 두고 현재로서는 전 세계의 어떤 것보다 중요하다고 말했지만 이 망나니 아들을 위해서 맺은 프랑스와의 동맹은 반대파(스포르차가, 콜론나가, 나폴리의 지배자들, 그리고 물론 스페인)를 격분시켰다. 스페인의 대리인으로서 포르투갈의 사자가 교황을 찾아 그의 친척 끌어주기와 성직매매, 프랑스정책을 비난했다. 사자는 그러한 일들이 이탈리아뿐 아니라 전 기독교 세계의 평화를 위험에 빠뜨린다고 말했다. 그는 교황이 방침을 바꾸지 않으면 공의회를 개최하겠다고 위협했다. 교황은 방침을 바꾸지 않았다. 보다 강경한 스페인 사절이 같은 사명을 띠고 속속 도착했다. 표면상으로는 교회의 번영을 위해서라고 내걸었지만, 그들의 동기(프랑스의 약진을 막아내는 것)는 알렉산데르의 동기와 똑같이 정치적이었다.

논쟁이 가열되고 다시금 공의회를 통한 개혁이 위협으로 동원되었다. 분노한 사자는 알렉산데르의 면전에 대고 "당신의 선출은 무효다. 교황으로서의 지위도 인정할 수 없다"라고 말했다. 알렉산데르는 그에 대한 응답으로 "당신을 티베르강에 처박겠다"고 위협했고, 모욕적인 말투로 사사건건 간섭하는 스페인의 왕과 왕비를 질책했다.

공주가 구혼자를 끔찍하게 싫어하는 바람에 체자레의 결혼계획이 그림의 떡으로 돌아갔을 때 프랑스와의 동맹은 위기에 빠졌고 알렉산데르는 고립무원 지경이 되었다. 그는 신변의 위협을 심각하게 느꼈기 때문에 공식회견을 할 때도 무장한 호위병을 주변에 배치할 정도였다. 로마에서는 열강이 교황에 대한 복종을 거부했기 때문에 교회 분열이 일어날지도 모른다는 소문이 입에서 입으로 전해졌다. 그러나 프랑스 왕은 체자레를 위해서 다시 한 번 나바레 국왕의 동생과 결혼시키겠다고 약속했다. 알렉산데르는 뛸 듯이 기뻐하면서 보답으로 밀라노에 대한 루이의 요구를 인정하고 언제든 밀라노에 대항할 수 있도록 베네치아와의 동맹에 프랑스를 끌어들였다.

프랑스군은 스위스 용병으로 세력을 키운 뒤 다시 한 번 알프스를 넘었다. 이 공격으로 밀라노가 함락되었을 때, 이 사건이 유럽에 퍼뜨린 악평에도 불구하고 알렉산데르는 기쁨을 감추지 않았다. 전쟁과 혼란의 와중에 1천5백 년의 성년을 축하한다고 로마를 찾은 순례자들은 안전이 아니라 정세불안, 강도, 강탈, 살인이 마음껏 자행되는 광경을 보았다.

이제 체자레는 본격적인 무장(武將)생활에 들어갔다. 교황령 가운데 그 본래의 성격을 버리고 자치령이 되어버린 영지의 지배권을 되찾기 위해서였다. 그의 목표는 세속의 영토의 획득이고, 어쩌면 중부 이탈리아에 자신의 왕국을 세울 작정일지도 모른다고 사람들은 추측했다. 그의 전비를 충당하기 위해서 교황청의 수입에서 거액이 유출되었다. 지출규모는 2개월에 걸친 어떤 시기에는 13만 더컷, 즉 교황청 통상 수입의 반에, 또한 8개월에 걸친 다른 시기에는 18만 2천 더컷에 달했 다. 로마에서 그는 대군주, 냉혹한 폭군, 스파이와 정보제공자를 적절 하게 활용하는 유능한 행정관이었고, 무술에 뛰어나 단칼에 소의 목 을 떨어뜨리는 실력의 소유자였다. 또한 예술을 사랑해서 시인과 화 가들을 후원했지만, 그를 쉬지 않고 헐뜯은 사람의 손과 혀를 주저없 이 잘라 내기도 했다. 교황과 그의 아들을 비난하는 팸플릿을 돌렸다 고 지목된 베네치아인은 살해되어 티베르강에 던져졌다. 어떻게 손 을 써볼 도리가 없었던 베네치아 대사는 이렇게 보고했다. "밤마다 네 댓 명의 남자들이 죽어서 사라진다. 사교와 고위성직자와 그 밖의 사 람들이다. 로마 전체가 공작에게 살해되지 않을까 떨고 있다." 악의와 복수심에 불타는 공작은 적대자의 주변에 분쟁의 씨앗을 만들고 가장 직접적인 수단으로 그들을 처단했다. 자기방어를 위해서인지 악행에 물든 얼굴을 숨기기 위해서인지는 모르지만 그는 자택을 나설 때는 반드시 가면을 썼다.

1501년, 루크레치아의 두 번째 남편 알폰소는 다섯 명의 자객에게 피습당해 중상을 입었지만 간신히 달아났다. 루크레치아의 헌신적인 간호를 받는 동안, 그는 가해자는 체자레이고 독살로 반드시 자기를 죽이려고 한다고 확신했다. 의구심에 사로잡힌 알폰소는 모든 진료를 거부했지만 그래도 조금씩 회복되었다. 그러던 어느 날 그는 증오스 러운 이복형이 마당을 거닐고 있는 모습을 보고 활과 화살을 꺼내 체 자레를 쏘았지만 치명적인 상처를 입히지 못했다. 몇 분도 되지 않아 그는 공작의 호위병에게 난자되어 살해되었다. 알렉산데르는 이 무렵에는 이미 자신이 기른 호랑이를 두려워하고 있었는지 아무런 조치도 취하지 않았다.

의붓아들이 죽어도 교황은 전혀 양심의 가책을 받지 않았다. 부르카르트의 일기를 보고 판단하면 오히려 마지막 금기마저 깬 듯하다. 알폰소가 죽은 2개월 뒤 교황은 바티칸궁전에서 체자레가 연 대향연의 주인역을 맡았다. 이 향연은 타락할 대로 타락한 그 시대에서도 '밤의 발레'로서 유명했다.

부르카르트가 진지하게 기록한 내용에 따르면 만찬이 끝난 뒤 50명의 창녀들이 '처음에는 옷을 입고 그 다음에는 벌거벗고' 손님들과 춤을 추었다. 그 뒤에 바닥에 놓인 가지 달린 촛대 사이에 밤을 끼워놓고, '그것을 창녀들이 네 발로 기면서 주워 올렸다. 그라는 동안 교황과 체자레와 누이인 루크레치아는 그것을 바라보았다.' 이어서 손님들과 창녀들이 성교를 시작했고, '창녀들과 성행위를 한 횟수가 가장 많은 사람들'에게 멋진 비단튜닝(고대 그리스 로마 시대의 셔츠 같은 웃옷)과 망토가 선물로 주어졌다. 한 달 후, 바티칸궁전의 중간 뜰에 말을 몰아넣고 말끼리 접붙였을 때의 광경을 부르카르트는 기록하고 있다. 교황과 루크레치아는 발코니에서 '큰소리로 웃으며 아주 유쾌하게 그것을 바라보았다'고 한다. 그 후 그들은 다시 똑같은 중간 뜰에 벌거벗은 죄인들을 여러 명 집어넣어 말에게 쫓기게 한 뒤에 그들을 체자레가 활로 쏘아 죽이는 광경을 바라보았다.

교황의 낭비는 금고를 바닥나게 했다. 1501년의 마지막 날에 루크레치아는 족제비 모피로 가선을 두른 진홍색 공단에 금줄의 자수를 입힌 옷을 입고, 진주로 장식한 채 세 번째 남편인 페라라 데스테가 후계자와 결혼했다. 결혼은 장대하고 화려한 의식으로 치러졌고, 그 뒤 일주일 동안 보르자가와 이탈리아 최고의 명문가의 결합을 축하하는 호화롭기 그지없는 축제, 연회, 연극, 경기, 투우가 벌어졌다.

알렉산데르 스스로 루크레치아의 지참금으로 10만 더컷의 금화를 세어 신랑의 형제에게 건네주었다. 계속되는 체자레의 전쟁뿐 아니라 이러한 낭비에 쏟아 부을 자금을 마련하기 위해 교황은 1503년 3월부터 5월까지 각각 780더컷의 정가가 매겨진 80개의 새로운 직책을 교황청 안에 만들어 냈다. 게다가 단숨에 아홉 사람의 새로운 추기경을 임명하고 그들에게 빨간 모자의 대가로 총 12만에서 13만 더컷을 쥐어짜냈다.

이 가운데 다섯 명은 스페인사람이었다. 같은 시기에 베네치아인인 부자 추기경 조반니 미캘레가 죽어 막대한 부가 굴러들어왔다. 그는 장이 아파 떼굴떼굴 구르다가 이틀 만에 죽었기 때문에 돈을 위해서 체자레가 독살했다고 일반인들은 믿었다.

이것은 알렉산데르의 생애 마지막 해였다. 적의가 그를 에워싸고 있었다. 다수의 도당을 거느린 오르시니가가 체자레와 장기전을 치르고 있었다. 스페인군이 남쪽 지방에 상륙해서 나폴리의 지배를 둘러싸고 프랑스와 싸웠다. 이윽고 그들은 승리를 거둬 이어지는 3세기 반 동안 나폴리 왕국에 스페인의 패권을 확립했다.

신앙의 문제에 심혈을 기울이는 진지한 교회인은 전보다 한층 집요하게 공의회의 개최를 주장했다. 알렉산데르를 임명했던 추기경 가운데 하나인 생조르조의 논문은 "교황이 공의회의 개최를 계속 거부하는 바람에 교회가 손해를 입고, 모든 기독교도가 분노하고 있다. 만일 모든 방법이 실패로 돌아간다면 추기경들 스스로 공의회를 소집할 의무가 있다"라고 말했다.

교황이 영혼을 팔아 악마와 계약을 맺다니

1503년 8월, 일흔세 살의 나이로 알렉산데르는 죽었다. 물론 사람들이 곧바로 떠올린 독살은 아니었고, 노령 탓에 로마의 여름 날씨를 이기지 못하고 열병에 걸렸기 때문이다. 세상사람들은 마치 괴물이 죽은 듯이 안도의 한숨을 쉬며 소름끼치는 이야기를 잔뜩 지어냈다. 예를 들면 교황의 시신은 시커멓게 부풀어 오르고 거품을 문 입에서는 혀가 축 늘어져 너무나 끔찍해서 아무도 손을 대지 못했으므로, 다리에 밧줄을 묶어 묘지까지 질질 끌고 가야 했다는 식의 이야기였다. 죽은 로마교황은 영혼을 팔아 악마와 맺은 계약 덕택에 교황직을 손에 넣었다는 소문도 돌았다. 로마인의 관습이 된 추문을 담은 팸플릿이 날마다 발행되어, 1501년에 발굴된 고대의 조각상 파스키노의 목 주변에 내걸렸다. 이 상은 로마인에게 익명의 풍자문을 발표하는 중심지의 역할을 했기 때문이다.

체자레는 막강한 군사력에도 불구하고 로마의 지지가 없으면 살아남을 수가 없었다. 로마에서는 원수가 자식을 끔찍이 사랑했던 아버지의 뒤를 이었다. 체자레의 주변에서는 갖가지 분쟁이 일어났다. 그는 자유와 안전을 보장한다는 스페인의 약속을 믿고 나폴리로 투항했지만, 그를 잡은 사람은 즉각 약속을 깨고 스페인의 감옥으로 보냈다. 2년 후에 그곳을 탈출해서 나바레 왕국으로 갔지만 1년도 되지 않아 지방의 전투에서 죽었다.

알렉산데르가 저지른 죄는 너무나 많아 동시대인이 내리는 판단은 극단으로 흐르기 쉽지만 그의 예전을 맡아보았던 부르카르트는 적의나 변명 없이 그의 행적을 기록했다. 알렉산데르의 교황청에 대해서 작성한 그의 무미건조한 일지는 끊임없는 폭력, 교회 안에서 자행된

독선과 아집의 역사 ─────

살인, 티베르강에 떠오른 사체, 당파 간의 분쟁, 화재와 약탈, 체포, 고문과 처형이 추문과 천박함과 꼬리를 무는 의식(대사, 왕후, 군주들의 환영, 의상과 보석에 대한 집요한 배려, 행렬에 관한 예전, 오락과 추기경이 상을 주는 경마)과 처음부터 끝까지 쏟아 붓는 비용과 전체적인 재정상태를 생생하게 그려준다.

정설의 수정을 바라는 몇몇 사람이 보르자 교황에 흥미를 느끼고 초점이 빗나간 논의로 그를 복권시키려고 애를 쓴 적이 있었다. 이 논의는 그에 대한 비난을 과장되고, 날조되고, 흥미 위주이고, 납득이 가지 않는 악의에 찬 것이라고 치부한 것까지는 좋았지만, 종국에는 모든 것이 꾸며낸 이야기라고 구름 속으로 던져 버렸다. 이 수정은 한 가지만은 확실하게 설명한다. 즉 알렉산데르가 죽을 때까지 만들어낸 증오와 혐오감과 공포이다.

역사책은 이 교황의 치세를 정치전쟁과 정치적 흥정의 관점에서 다룬다. 알렉산데르가 사순절 단식을 한 것과 서적의 검열로 가톨릭교의의 순수함을 유지하려고 한 점 등에 때때로 언급하는 외에는 종교면에 대해서는 좀처럼 기술하지 않는다. 마지막으로 인용하는 것은 성 우구스티노수도회 총장이자 개혁운동의 주요 인물인 비테르보의 에지디오가 한 말이다. 그는 설교 중에 "교황 알렉산데르 6세 치하의 로마는 모든 법과 신이 무시되고 황금과 무력과 미녀가 지배했다"라고 말했다.

전쟁에 미친 울리오 2세
1503~1513

4전5기로 마침내 교황이 된 델라 로베레

교황직을 두 차례나 놓친 델라 로베레 추기경은 세 번째도 실패하고 말았다. 그의 가장 큰 적이자 오만한 경쟁자는 프랑스인 당부아스 추기경이었다. 체자레 보르자도 11명의 스페인인 추기경의 고정그룹을 장악하고 자신의 동맹자가 될 스페인인 추기경의 선출에 고집스럽게 집착한 제3의 세력이었다. 프랑스, 스페인, 보르자가, 오르시니가, 그 밖의 여러 이탈리아인 당파의 무장한 군대가 위협적인 존재였고, 이들은 각각 몇 가지 이익을 위해서 압력을 가했다. 이러한 상황이었기 때문에 추기경들은 콘클라베를 위해서 카스텔 산탄젤로의 성채에 모여 신변보호를 위한 용병대를 고용한 뒤에야 바티칸궁전으로 이동했다.

어쩌면…… 하는 예상이 선거에 맞아떨어졌다. 유력한 후보자가 서

독선과 아집의 역사

로 상대를 견제하는 바람에 다시금 생각지도 못한 교황이 출현했다. 스페인인의 표는 보르자가에 대한 증오를 쏟아내는 소란스런 군중 덕택에 힘을 발휘하지 못했다. 이런 상황에서 또 하나의 스페인인 교황을 선출하는 것은 불가능했기 때문이다. 당부아스는 그가 선출되면 교황청을 프랑스로 옮겨 버릴 것이라는 델라 로베레의 무서운 경고로 배제되었다. 이탈리아인 추기경들은 추기경단의 압도적 다수를 차지하기는 했지만 여러 후보자로 표가 갈렸다. 델라 로베레가 많은 표를 얻었지만 필요한 3분의 2에는 두 표가 모자랐다. 그래서 그는 이래서는 안 되겠다고 단념하고 경건하고 덕망 있는 시에나의 추기경 프란체스코 피콜로미니를 지지했다. 나이가 많고 몸이 약해 교황에 오래 재직하지 못하리라고 보았기 때문이다. 막다른 상황에서 피콜로미니가 선출되었고, 그는 비오 2세였던 큰아버지 아에네아 실비우 피콜로미니를 따라 비오 3세라고 명명되었다.

새 교황은 최초의 공식발표에서 가장 시급하게 몰두해야 하는 문제는 최상층인 교황의 궁정에서 시작할 개혁이라고 말했다. 피콜로미니는 큰아버지보다 훨씬 근면하고 은둔하는 성격이었지만, 큰아버지와 똑같이 교양과 학식이 있는 남자로, 40년 넘게 추기경을 맡고 있었다.

비오 2세의 치하에서는 적극적으로 일했지만, 로마의 세속적 세계와는 한발을 떼고 큰아버지가 죽은 이후 지난 교황의 재임기간까지는 시에나에 머물러 있었다. 거의 알려지지 않았지만, 그는 알렉산데르 6세와는 정반대의 '좋은' 교황을 갈망하는 여론이 즉시 추종할 만한 친절하고 자비심 많은 사람이었다.

그가 교황에 선출되자 사람들은 미친 듯이 환호했다. 개혁을 지지하는 고위성직자들은 교회정치가 마침내 '모든 덕의 창고이고 신의 성령이 머무는 곳'인 교황에게 맡겨진 것을 기뻐했다. 모든 사람이 '가

율리오 2세. 라파엘로 작품

독선과 아집의 역사

톨릭교회의 개혁과 평화의 도래에 대한 최대의 희망'으로 가슴이 부풀었다고 아레초 사교는 썼다. 새 교황의 종교적이고 덕망 높은 생활이 '교회역사에 남길 새로운 시대'를 약속했기 때문이다.

그러나 새로운 시대는 오지 않았다. 비오 3세는 예순네 살로 이 격동의 시대를 헤치고 나가기에는 너무나 나이를 먹었고 통풍으로 몸이 무척 쇠약했다. 공식회견과 추기경회의, 성직임명과 대관식의 긴 의식을 이기지 못하고 날마다 몸이 약해져 불과 26일 동안 교황직에 머물다 죽고 말았다.

대중들이 비오 3세를 열정적으로 환영한 까닭은 변화를 간절히 바라기 때문이었다. 그것은 세속의 목적에 노력을 집중하는 교황정치는 교회의 근원적인 이익에 값하는 것이 아니라고 가르치기에 충분한 경고였다. 추기경단의 3분의 1만이라도 이 사실을 이해했더라도 그들은 단 한 사람의 강렬한 야망의 태풍에 날려 가지 않았을 것이다.

새 교황의 선출을 앞두고 줄리아노 델라 로베레는 '불법적이고 허황된 약속'과 필요하다면 뇌물까지 써서, 놀랍게도 모든 당파와 옛 적대자의 표까지 모두 자신의 진영으로 끌어들여 마침내 교황직을 손에 넣었다. 그는 24시간도 걸리지 않는 콘클라베에서 선출되었는데, 이것은 역사상 가장 짧은 기록이다. 자신을 이름의 한 음절만 바꿔서 줄리오, 즉 울리오 2세라는 교황명을 지은 것에도 참으로 기념비적인 자아가 잘 드러나 있다.

성경보다는 전쟁을 좋아한 울리오 2세

울리오는 위대한 교황으로 꼽히는데, 그것은 그의 세속적인 업적과 미켈란젤로와의 폭넓은 협동작업 덕택이었다. 예술은 전쟁에 이어 불후의 이름을 남기는 요인이기 때문이다. 그러나 사실은 세 전임자와 똑같이 치하의 신자들이 불평을 터뜨릴 정도로 그들을 무시했다. 어느 것도 개인적인 탐욕과 친척 끌어주기에서 비롯되지는 않았지만 그는 두 사업에 몸을 사를 정도의 정열을 기울였다. 즉 옛날처럼 교황령을 정치적·영토적으로 통일하고, 예술의 업적으로 교황청을 미화하는 동시에 자신의 이름을 영원히 남기려고 했다. 이 두 가지에서 그는 중요한 성과를 거두었다. 그것은 눈에 보이는 성과였기 때문에 보통 역사상의 눈에 보이는 성과가 더듬는 운명과 똑같이 지금까지 충분한 주목을 받았다. 그러나 그의 치세의 중요한 면, 다시 말해서 종교적 위기에 대한 무관심은 역사상의 눈에 보이지 않는 것과 똑같이 지금까지 간과되었다. 그의 정책목표는 완전히 세속적이었다. 구이치아르디니가 썼듯이 그는 그 경탄스러운 정력에도 불구하고 '사람들의 영혼의 구원을 촉진할' 기회를 잃었다. '이 지상의 예수의 대리인으로서 그것이야말로 본래의 사명이었는데'도 그랬다.

성급하고 짜증이 많고 옹고집이고 앞뒤 가리지 않고 설치고 상대하기 어려운 율리오는 적극적인 행동주의자였다. 너무나 조급해서 남과 상의도 하지 않고 충고도 거의 귀담아듣지 않았다. "그는 몸과 마음 모두 거인의 성질을 지니고 있다. 간밤에 생각한 것은 그것이 무엇이든 다음 날 아침 곧바로 실행하지 않으면 성미가 차지 않았고, 무엇이든 스스로 하겠다고 큰소리를 친다"라고 베네치아의 대사가 보고했다. 반대의견과 저항에 직면하면 '그는 얼굴을 찡그리고 자리를 박차고 일어나거나 탁자 바로 옆에 놓인 작은 종으로 상대방의 말을 막았다'. 그는 신장병과 그 밖의 지병과 아울러 통풍을 앓았지만, 허약한 몸이 정신을 억제하지는 못했다. 한 일 자로 굳게 다문 입, 불그스레한 얼굴, 검고 '무서운' 눈이 어떤 장해에도 굴하지 않는 비정한 성격을

독선과 아집의 역사 ──

드러냈다. 테리빌리타, 즉 '무서운 괴물'이 이탈리아인이 그를 묘사할 때 쓴 말이었다.

체자레 보르자의 세력을 깨부순 뒤에 그는 델라 로베레가의 친척과 오르시니가, 콜론나가와 맺은 현명한 혼인으로 로마의 반복하는 호족들을 화해시키는 일에 착수했다. 또한 교황청의 행정기관을 다시 조직해서 정비했고 알렉산데르 치하에서 크게 설쳤던 노상강도, 살인자, 결투꾼 등에 대해 엄중한 조치를 취해 로마의 질서를 개선했다. 나아가 바티칸궁전의 수비군으로 스위스의 근위병을 배치하고 교황령의 순회시찰을 실시했다.

교황지배를 강화하려는 그의 계획은 베네치아와의 전쟁으로 시작되었다. 베네치아가 교황청에서 빼앗았던 로마냐 지방의 도시를 되찾기 위해서였다. 그는 이 대사업을 앞두고 루이 12세와 동맹을 맺고 프랑스의 원조를 확보했다. 양자 간, 혹은 다자 간 외교협상을 통해서 교황은 다양한 협상조건을 제시했다. 피렌체를 중립화시키고 성직록 황제를 끌어들여 동맹을 활성화시키고 반대파를 넘어뜨리기 위해서 뭔 것이다. 개별조건은 서로 충돌했지만 탐욕만큼은 똑같아서 이탈리아 전쟁의 참가국은 모두 베네치아가 확대했던 영토에 대해서 어떤 의도를 갖고 있었다. 1508년, 참가국은 캉블레동맹이라고 불리는 유동적인 동맹을 맺어 연합했다. 이어지는 5년 동안 캉블레동맹이 치른 전쟁은 오페라의 대본처럼 논리적인 일관성을 확실하게 보였다. 동맹국가는 주로 베네치아 타도를 목적으로 삼았지만 머지않아 각국의 입장이 바뀌어 반프랑스의 태도를 취했다. 교황청, 성직록제국, 스페인, 그리고 스위스 용병대의 주요한 파견국은 잇달아 동맹의 구조를 바꾸었다. 재정과 정치와 무력을 교묘하게 결합하고 분쟁이 격렬해지면 파문하겠다고 위협해서 교황은 마침내 베네치아가 합병했던 교회령을 되찾는 데 성공했다.

싸움을 좋아하는 울리오는 모든 주의 깊은 충고를 물리치고 교황령 가운데 가장 중요한 두 도시, 볼로냐와 페루지아의 탈환에 나섰다. 두 도시의 참주들은 압제로 신하를 괴롭혔을 뿐 아니라 사실상 로마의 권위를 무시했다. 1506년, 교황은 몸소 군대를 지휘하겠다는 의사를 발표했다. 그는 충격을 받은 많은 추기경의 반대를 무시하고 교황군의 선두에 서서 북으로 진격해 감으로써 전 유럽을 아연하게 했다.

몇 년에 걸친 교전상태, 정복, 피해, 격렬한 논쟁으로 그는 바빴다. 이탈리아의 정치가 흔히 거치는 과정을 더듬어 교황령의 하나였던 페라라공국이 대들자 이 반항과 토벌군의 지지부진한 진군상태에 격분해서 그는 다시 전선으로 나가 지휘를 했다. 죽음이 임박했다고 보고 콘클라베가 소집되었을 정도로 큰 병을 앓고 일어난 지 얼마 안 되는 교황은 하얀 턱수염을 휘날리고 갑옷과 투구를 몸에 두르고 거센 겨울의 한기 속에서 눈에 푹푹 빠지며 포위전을 감행했다. 농부의 오두막에 본부를 차리고 하루 종일 말을 타고 산개와 포대를 지휘하고, 대열 속으로 말을 타고 달려가 질타와 격려를 하고 돌파구를 찾아 부대를 성 안으로 진격시켰다. "예수를 지상에서 대리하는 교황이…… 기독교 신자들과 맞서 자신이 일으킨 전쟁을 몸소 지휘하고…… 이름과 복장을 빼고는 로마교황의 표시는 아무것도 찾아볼 수 없는 광경을 보는 것은 대단히 진기한 일이었다."

구이치아르디니의 판단은 당시의 모든 교황을 경멸했기 때문에 조금 편향되지만 그가 아닌 많은 사람들도 전사 겸 전쟁의 선동자로서의 교황의 용맹한 모습을 보고 당혹감을 감추지 못했다. 선량한 기독교도들은 분노했다.

울리오가 이 사업을 추진하는 원동력이 된 것은 프랑스에 대한 노

독선과 아집의 역사 ───

여움이었다. 프랑스는 기나긴 분쟁 끝에 적으로 돌았고, 페라라가 이 적에 합류했던 것이다. 공격적인 당부아스 추기경은 울리오의 뒤를 이어 교황이 되겠다고 결심했기 때문에 루이 12세를 설득해서 지원군을 보내는 대가로 프랑스인 세 사람을 추기경 자리에 앉히도록 요구하게 했다.

울리오는 마음이 내키지 않았지만 프랑스의 지원을 얻기 위해서 이 요구를 들어주었다. 그러나 옛 경쟁자와의 관계는 악화일로를 걸을 뿐이어서 새로운 분쟁이 일어났다. 교황과 캄블레동맹의 관계는 그의 당부아스에 대한 증오가 베네치아에 대한 원한보다 큰가, 그렇지 않은가에 따라 움직였다고 한다. 울리오가 프랑스의 지배에서 벗어나려고 하는 베네치아를 지지했을 때 루이 12세는 당부아스의 꼬임을 받아 성직록 수여자의 임명에 관해서 프랑스 가톨릭교도의 대대적인 권리를 요구했다.

분쟁지역이 확대됨에 따라, 울리오는 프랑스가 이탈리아에서 권력을 휘두르는 한 교황령의 확고한 독립을 결코 실현할 수 없다는 것을 깨달았다. 전에 한번 그들의 침략의 '결정적인 도구' 노릇을 하기는 했지만, 그는 이제 프랑스인의 축출에 모든 노력을 기울이게 되었다. 새롭게 손잡은 동맹과의 계약을 필요로 하는 그의 정책전환은 이탈리아 사람뿐 아니라 적까지도 두렵게 만들었다. 루이 12세는 "설사 이탈리아에서 확보한 모든 것을 잃더라도 자신의 명예를 회복하겠다는 결의를 다지고 있다"라고 당시의 프랑스 주재 피렌체 사절이었던 마키아벨리는 보고했다.

도의적 수단을 취할 것인가, 아니면 군사적 수단을 취할 것인가 흔들리면서, 왕은 어떤 때는 '(교황의) 목에 공의회를 매달겠다'고 위협했고, 또 어떤 때는 당부아스의 부추김을 받아 '로마에 군대를 보내 몸소 교황을 퇴위시키겠다'고 협박했다. 현 교황을 몰아내고 뒤를 잇겠다는 환상이 당부아스 추기경을 유혹했던 것이다. 그도 또한 어리석음 바이러스, 즉 어리석음의 큰 구성요소인 야심에 감염되었던 것이다.

1510년, 율리오는 루이와의 관계를 끊고 프랑스대사의 바티칸 출입을 봉쇄했다. "로마의 프랑스인은 겁에 질린 얼굴빛으로 살금살금 걷고 있다"라고 베네치아의 사자는 기쁜 듯이 보고했다. 반대로 율리오는 이탈리아의 해방자라는 영광을 누리는 자신의 모습을 그리면서 의기양양해 했다. 그 이후 "야만인은 물러가라!"가 그의 표어가 되었다.

이 새로운 대의를 위해서 더욱 대담해진 율리오는 완전히 방향을 전환해서 베네치아와 손잡고 프랑스를 적으로 돌렸다. 이윽고 이탈리아에서 프랑스세력을 몰아내는 데 언제나 힘을 쏟는 스페인의 가담으로 새로운 동맹이 탄생하여 '신성동맹'이라고 불렸는데, 나아가 스위스 용병까지 가담해서 전략상 우세한 세력을 자랑했다. 스위스 용병은 5년 동안의 연봉계약으로 율리오가 모집한 군대로, 사령관은 시온의 호전적인 사교 마테우스 시너였다. 시너는 교황과 비슷한 신념의 소유자로, 위압적인 이웃국가인 프랑스를 율리오보다 훨씬 강하게 증오해서 모든 영혼과 마음과 재능을 프랑스인 타도에 쏟아 부었다. 그는 야위고, 코가 크고, 무한한 정력을 지닌 용감무쌍한 지휘관이었고, 사람들의 마음을 사로잡는 웅변가였다. 전투에 나서기 전에 그가 쏟아내는 웅변은 '바람이 파도를 일으키듯이' 모든 병사의 사기를 북돋웠다. 시너의 혀는 무서운 스위스 용병의 쌍날칼보다 더욱 심한 재앙을 프랑스군에 안겨주었다고 프랑스의 다음 국왕인 프랑수아 2세는 쓰디쓰게 말했다. 시너가 신성동맹에 가담하자 율리오는 그를 추기경에 임명했다. 훗날 프랑수아 1세와 전쟁을 벌일 때 시너는 프랑스인의 피로 목욕을 하고 싶다고 병사들에게 공언한 뒤에 빨간 모자를 쓰고

독선과 아집의 역사 ──

추기경 복장을 한 채 전장으로 말을 달렸다.

또 한 사람의 군인성직자 요크의 베인블리지 대사교가 가담하자 교황청이 칼의 세계로 빠져 들었다는 인상은 더욱 깊어졌다. "갑옷과 사교관(司敎冠)의 공통점은 무엇일까"라고 에라스무스는 명백하게 울리오를 가리키면서 물었다. 물론 울리오가 죽기를 신중하게 기다린 뒤에 묻기는 했지만. "십자가와 칼, 성경과 방패에는 어떤 연관이 있을까. 예수의 사도자리를 차지한 사교여, 도대체 어떻게 자신의 백성에게 전쟁훈련을 시킬 수 있는가." 언제나 애매하게 얼버무리는 재주가 있는 에라스무스가 이렇게 분명하게 말했다면 다른 많은 사람들은 더욱더 불쾌하게 생각했을 것이다. 갑옷으로 몸을 감싼 성 페테로의 후계자를 가리키는 풍자시가 로마에 등장했고, 프랑스에서는 국왕의 부추김으로 풍자만화와 상스러운 시가 나돌았다. 국왕은 전사복장을 한 울리오의 모습을 부각시켜 교황이 타락했다고 선동했다. 울리오는 "전사인 양 날뛰지만 부추김을 받고 춤추는 성직자로밖에 보이지 않는다"는 비아냥을 받았다. 진지한 교회인과 추기경은 반감을 느끼고 몸소 군대를 이끌지 말라고 교황에게 건의했다. 그러나 세상의 비난을 자초한다든가 교황을 퇴위시키려는 선동자들에게 좋은 트집거리를 제공한다는 등의 설득은 아무런 효과가 없었다.

울리오는 장해물이 앞을 가로막으면 더욱 피가 끓는 기질의 소유자로서 어떤 난관도 극복하고 목적을 추구했지만, 그 추구는 교회의 첫째 목적을 더욱 엉망으로 만들었다. 아집은 많은 측면을 갖고 있는데, 해로운 목표에 완고하게 집착하는 것도 그 한 가지이다. 당시의 로마 주재 피렌체 대사 조반니 아치아이울리는 모든 문제가 통제 불능상태에 빠진 것을 깨달았다. 합리적인 계산에 기초하는 피렌체풍의 정치과학이론 훈련을 받았기 때문에, 대사는 울리오의 정책이 상궤를 벗어나 흔들리는 모습과 도를 넘는 악마적인 행동 속에서 여러 사건이 '완전히 이성의 영역 밖으로' 벗어나는 증거를 발견했다.

되살아난 라오콘, 로마의 파멸을 경고

예술의 추진자이자 후원자로서의 교황은 정책을 세울 때와 똑같이 열정적이고 독단적이었다. 그는 성 베드로 대성당의 고풍스런 성당을 부수고 보다 위대한 교황청과 세계의 수도인 로마에 어울리는 장대한 건축물을 세우겠다고 결정해서 많은 사람들의 외면을 샀다. 더욱 한 심스럽게도 그곳에 자신의 묘를 만들겠다고까지 나섰다. 이 묘는 그가 살아 있을 때 미켈란젤로의 설계로 만들기로 했고, 바자레의 말에 따르면 '아름다움, 장대함, 화려한 장식, 엄청난 조각으로 고대 제왕의 어떤 묘도 능가하는' 것이었다. 높이는 무려 36피트에 달했다. 40개의 실물크기보다 큰 조각으로 꾸며지고 정교하게 장식한 석관을 떠받치는 천사 둘이 위에 실려 있어서, 당시의 예술가에게는 걸작, 주문한 교황에게는 지신의 신격화를 보장하는 예술품이었다. 바자레에 따르면, 묘의 설계가 새로운 교회의 설계보다 먼저 이루어진 것을 보면 교황은 묘의 설계에 신경을 쏟다가 묘를 앉히기에 어울리는 성 베드로 대성당을 계획했다는 것이다. 울리오의 예찬자가 주장하듯이 그가 새로운 교황청을 계획한 동기가 교회에 보다 큰 영광을 안기기 위해서라면, 그는 그 동기에 최고의 교황, 즉 자기 자신의 보다 큰 영광을 덧씌운 것이다.

교황의 결정은 수많은 사람들의 탄식을 샀지만, 그 까닭은 사람들이 아름답고 새로운 교회를 탐내지 않았기 때문이 아니라 어떤 비평가의 말을 빌리면 '예로부터 내려온 교회가 파괴되는 것을 슬퍼했기

독선과 아집의 역사 ───

때문이었다. 그곳은 전 세계 사람들의 경애를 받고 많은 성인들의 묘로 품격이 올라갔으며, 그곳에서 거행되는 많은 행사로 명성이 드높았기 때문이었다.'

울리오는 항상 그랬듯이 비난을 무시하고 밀고 나갔다. 건축의 설계는 브라만테에게 위촉하고 맹렬하게 일을 서둘렀기 때문에 어떤 때는 옛 성당을 부수는 데 2천5백 명의 노동자가 투입되었다고 한다. 성급한 교황의 성격에 눌려 몇 세기에 걸쳐 축적된 내용, 즉 묘석, 회화, 모자이크화, 조각이 물품목록조차 없이 버려져 다시는 되찾을 수 없게 되었다. 그 덕택에 브라만테는 '파괴자'라는 별명을 얻었다. 울리오는 자신에게 똑같은 별명이 붙었어도 전혀 개의치 않았을 것이다. 1506년, 그는 새로운 건물의 기둥을 세우기 위해서 파헤친 구덩이의 바닥까지 사다리를 타고 내려갔다. 그곳에 '세계의 대성당'의 초석을 세우기 위해서였는데, 물론 돌에는 그의 이름이 새겨져 있었다. 건축비는 교황청의 세입을 훨씬 웃돌았고, 숙명적인 결과를 부르는 고안물인 면죄부의 대대적인 판매로 충당되었다. 다음 교황의 시대에 면죄부의 판매는 독일로까지 확산되어 분노한 한 수도사제의 환멸을 불렀고, 이것은 가톨릭교 회 역사상 최대의 분열을 부르는 문서가 되었다.

교황은 미켈란젤로가 로마에서 최초의 조각 「피에타」를 만들었을 때부터 그에게서 누구도 따를 수 없는 재능을 발견했다. 「피에타」는 예수의 죽음을 애도하는 대리석상으로, 그때 이후 오늘날까지 가슴에서 솟구치는 감동 없이는 볼 수 없는 작품이다. 이것은 어떤 프랑스인 추기경이 로마를 떠나면서 위대한 작품을 성 베드로 대성당에 선물하고 싶다며 부탁해서 만들어졌다. 「피에타」는 1499년에 완성되어 스물네 살의 미켈란젤로를 유명하게 만들었다. 그 뒤 5년도 지나지 않아 그의 조국 피렌체의 대성당에 바쳐진 웅장한 「다비드」 상이 그의 이름을 다시 한 번 떨치게 했다.

분명히 최고의 교황은 최고의 예술가의 손으로 미화되었지만, 이 두 무서운 천재의 기질은 서로 충돌했다. 미켈란젤로가 묘석용으로 카라라에서 가장 아름다운 대리석을 채굴해서 운반하는 데 8개월을 소비했을 때 율리오는 갑자기 이 계획을 취소하고 예술가에게 대가도 지불하지 않은 채 대화조차 거부했다. 미켈란젤로는 분노해서 두 번 다시 교황의 일을 하지 않겠다고 맹세하고 피렌체로 돌아갔다. 델라 로베레의 어둡고 사나운 마음속으로 어떤 생각이 오갔는지는 알 수 없지만, 오만한 성격 탓에 미켈란젤로에게 아무런 설명도 하지 않겠다고 마음먹었을 것이다.

그러나 볼로냐가 정복되었을 때 미켈란젤로는 승리의 기념비를 만들어야 했다. 몇 차례나 고집스럽게 거절했지만 중개자의 집요한 노력이 빛을 보아 미켈란젤로가 마침내 고집을 꺾고 율리오의 거상을 만들기로 동의했다. 이것은 율리오가 주문한 작품으로 실물의 세 배 크기였다. 아직 점토단계인 상을 보러 갔을 때 미켈란젤로는 왼손에 책을 들게 하는 게 좋지 않겠느냐고 물었다. 전사 교황은 대답했다. "그곳에는 칼을 들게 하게. 학문 따위는 전혀 모르니." 청동으로 주조된 거상은 전쟁으로 도시의 지배자가 바뀌었을 때 철거되어 땅에 질질 끌려 다녔다. 새로운 지배자는 율리오의 청동상을 녹여서 대포를 만든 뒤에 '라 줄리아'라는 경멸스런 이름을 붙였다.

르네상스 정신을 따르고 큰아버지 식스토 4세의 업적을 이어받은 율리오의 교황청은 정열과 자금을 로마의 재건에 쏟았다. 곳곳에서 노동자들의 망치소리가 들렸다. 추기경들은 궁전을 만들고 교회를 수리, 증축했다. 새로운 교회, 재건된 교회(산타 마리아 델 포폴로 성당과 산타

마리아 델라 파체 성당)가 자태를 뽐냈다. 브라만테는 벨베데레의 조각정원과 그것을 바티칸궁전으로 연결하는 로지아를 만들었다. 주요한 화가와 조각가와 조각기술자와 금세공사가 동원되어 장식을 맡았다. 라파엘로는 교황의 거실벽화에 교회를 비유하는 그림을 그렸다. 그곳은 적이었던 고 알렉산데르가 살았을 때는 비워 두었지만 율리오가 새롭게 점거한 방이었다.

미켈란젤로는 교황의 끈질긴 강요를 못 이기고 마음에도 없는 시스티네예배당의 천정화를 그렸다. 그는 자신이 창작하는 예술의 포로가 되어 교황 외에는 아무에게도 그림의 진행상황을 보이지 않고 4년 동안 혼자서 발판을 타고 일했다. 노령의 교황은 작업대가 있는 곳까지 사다리를 타고 올라가 화가를 비평하기도 하고 의견을 주고받기도 하면서 어쨌든 제막을 볼 때까지 장수했다. 제막하던 날 '전 세계가 경건하게' 그 그림을 바라보며 경탄스러운 걸작이라고 인정했다.

예술과 전쟁이 교황의 관심과 능력을 빨아들이고 내적 개혁을 소홀하게 했다. 외부가 화려하게 개화하는 동안 내부는 붕괴해 갔다. 이때 고대의 우둔함을 생각나게 하는 이상한 사건이 일어났다. 고전고각 '라오콘'이 발견된 것이다. 흡사 가톨릭교회에 경고하듯이, 그 원형인물이 일찍이 트로이에 경고를 보냈듯이 발견된 것이다. 그것은 펠리체 데 프레디라는 사람이 포도밭에서 고대 벽의 조각을 치우다가 발굴했다. 네로의 '황금의 집'이 무너진 폐허에 세워진, 티투스 황제의 옛 목욕탕이 있던 부근이었다. 출토물은 네 개의 큰 부분과 세 개의 작은 부분으로 깨져 있었지만, 로마인은 누구나 그리스의 조각을 보면 금방 알아차렸다. 즉각 소식을 들은 교황의 건축가 줄리아노 데 산갈로는 곧바로 이들을 뒤에 태우고 미켈란젤로를 동반한 채 말을 달렸다. 미켈란젤로는 마침 그때 산갈로의 집을 방문했던 참이었다. 산갈로는 말에서 내리면서 반은 흙에 묻혀 있는 파편을 한눈에 보고는 "저 것은 플리니우스가 그린 '라오콘'이다!"라고 외쳤다. 사람들은 흥분에 들떠 조심스럽게 흙을 파내는 광경을 지켜보면서 교황에게 보고했다. 교황은 곧바로 4천 더컷에 그 상을 샀다.

흙으로 더럽혀진 고대의 '라오콘'은 왕후처럼 환영받았다. 꽃을 뿌 린 길 위를 따라 환호하는 군중에 둘러싸여 바티칸궁전까지 운반되 고, 그곳에서 조립되어 벨베데레의 조각마당에 '벨베데레의 아폴론'과 나란히 놓여졌다. 그야말로 '두 개의 세계 최초의 조각'이었다. 세상사 람들의 갈채는 엄청나서 데 프레디와 그 아들은 6백 더컷의 종신연금 (로마의 성문통행세에서 지출되었다)을 받았다. 데 프레디의 묘석에는 '라오 콘'을 발견한 사람이라는 글귀가 새겨졌다.

이 고대의 경이적인 작품에서 예술의 새로운 발상이 탄생했다. 그 고뇌에 찬 몸짓이 미켈란젤로에게 큰 영향을 주었던 것이다. 일류 조 각가들이 그것을 보러 왔다. 금세공사는 복제품을 만들었다. 시심이 있는 추기경은 그것에 바치는 송시를 썼다(…… 광대한 폐허의 한복판에서 보라!/세월은 다시 라오콘을 고향으로 돌려보냈으니……). 프랑수아 1세는 다음 교황에게서 전리품으로 그것을 빼앗으려고 했다. 18세기에는 빈켈만, 레싱, 괴테가 '라오콘'을 연구의 중심주제로 삼았다. 나폴레옹은 승리 의 상징으로 그것을 빼앗아 루브르에 넣었지만 그가 실각하자 로마로 되돌려졌다. '라오콘'은 예술이고 양식이고 덕, 고투, 고대, 철학이었지 만, 스스로의 파멸에 대한 경고의 목소리로 울려 퍼지지는 못했다.

눈 가리고 아웅으로 끝난 라테란 공의회

울리오는 알렉산데르와 전혀 달랐지만 그의 독재성과 호전성은 알

독선과 아집의 역사 ──────

렉산데르와 거의 비슷하게 반감을 샀다. 의견을 달리하는 추기경들은 이미 루이 12세의 진영에 가담해 있었다. 루이 12세는 울리오가 이탈리아에서 그를 축출하기 전에 울리오를 몰아내기로 결심을 굳혔다. 마치 지난 세기의 교회분열이라는 무서운 전례는 한 번도 일어난 일이 없었다는 듯이 추방이 모두의 일치된 목표가 되었다. 세속화는 도를 넘어 진전되었다. 교황의 신앙심은 고갈되어 마침내 보통사람들의 눈으로 보면 그렇지 않더라도 정치적인 눈으로 보면 왕후군주와 조금도 다를 바가 없는 존재가 되었다. 1511년 루이 12세는 독일황제 및 아홉 사람의 분리파 추기경(그 가운데 셋은 나중에 동의했다는 것을 부인했다)과 손을 잡고 공의회를 소집했다. 성직자, 수도회, 대학, 세속의 지배자, 교황까지도 "가톨릭교회의 머리에서 발끝까지 개혁한다"라고 명기한 목적을 위해서 직접 참석하든가 대표를 보내라는 요구를 받았다. 전 세계 사람들은 이것을 두고 울리오에 대한 전쟁의 완곡한 표현이라고 해석했다.

울리오는 일찍이 자신이 알렉산데르를 올려놓고 흔들었던 나무 위에 올라가는 입장이 되었다. 프랑스군이 접근하고 공의회가 크게 부각된 상황이었다. 교황폐위와 교회분열이 서슴지 않고 논의되었다. 프랑스가 분리파 추기경과 손잡고 주최하는 공의회의 개최지는 피사였다. 분리파 추기경들은 울리오가 공의회를 연다는 당초의 약속을 지키지 않았기 때문에 대신 소집한다는 입장을 취했다. 프랑스군이 다시 로마냐로 들어왔다. 볼로냐는 다시 적의 손에 떨어졌다. 로마는 떨면서 파멸의 운명이 다가오는 것을 느꼈다. 전선을 누비다가 지치고 영토와 권위 양쪽이 공격당하는 위기에 직면한, 예순여덟 살의 병들고 지친 교황은 최후의 수단으로 그와 전임자들이 그토록 오랫동안 저항했던 유일한 수단을 취했다. 다시 말해서 로마에서 열리는 공의회를 소집한 것이다. 이 시대의 교황청이 수행한 유일한 종교적인 노력은 이러한 원인에서 이루어졌고, 확신에 기초했다기보다는 절망적인 몸부림의 결과였다. 신중하게 제한을 두기는 했지만 공의회는 문제의 해결에까지 이르지는 못했어도 공개토론의 장은 되었다.

제5차 라테란 공의회라 이름 붙여진 이 회의는 1512년 5월, 로마의 호화로운 교회 생 조반니 인 라테란 대성당에서 소집되었다. 가톨릭교회 역사에서 볼 때 이 회의는 너무 늦게 개최되었다. 절망에 가까운 절박한 심정으로 그렇게 느낀 사람이 많았다. 3개월 전, 런던의 세인트 폴 대성당의 사제장이자 학구열이 뛰어난 신학자인 존 콜렛은 성직자회의에서 개혁의 필요성에 대해서 설교하면서 외쳤다. "지금까지 교회의 몰골이 이토록 당신들의 노력을 필요로 한 때는 한 번도 없었다! 수입을 노리며 이리 뛰고 저리 뛰고, 한 성직록에서 다른 성직록으로 숨을 헐떡이면서 달리고, 탐욕과 부패로 사제들의 권위는 더럽혀지고, 속인들은 혀를 끌끌 차고, 교회의 체면은 무너지고, 영향력은 여지없이 무너져 이교의 침입보다 더 나쁜 상황이 초래되었다. 세속성이 성직자들을 삼켜 모든 정신생활의 뿌리가 말라 죽었기 때문이다." 확실히 이것이 문제였다.

제5차 라테란 공의회가 개최되기 직전에 일어난 로마냐의 대패가 위기의식을 높였다. 부활절날, 스위스 용병이 아직 전선에 도착하지 않은 틈을 타 5천 명의 독일인 용병의 도움을 받은 프랑스군은 교황과 스페인 연합군을 압도하며 라벤나에서 피에 물든 무서운 승리를 거두었다. 그것은 불길한 전조였다. 공의회가 개최되기 전날 밤, 교황에게 보내는 논문에서 볼로냐의 법학자는 다음과 같이 경고했다. "우리가 반성하고 개혁하지 않으면 정의의 신이 몸소 무서운 복수를 할 것이다. 그것도 머지않아!"

독선과 아집의 역사 ———

교황이 참석한 라테란 공의회에서 개회연설을 한 성 아우구스티노 수도회 총장 비테르보의 에지디오는 라벤나의 패배에서 신의 섭리를 본 또 하나의 인물이었다. 그는 옥좌에서 굴러 떨어지고 있는 노인에게 보내는 거침없고 도전적인 연설에서 주저없이 말했다. "패배는 지상의 무기에 의존하는 것이 얼마나 헛된가를 가르쳤고, 교회에게 경건, 종교, 청렴, 기도라는 진정한 무기를 쥐고 신앙의 갑옷을 두르고 빛의 검을 휘두르라고 호소하고 있다."

지금 모습을 보면 교회는 마치 '겨울의 병든 잎'처럼 땅 위를 굴러다니고 있다고 에지디오는 말했다. "성스러움, 진리, 성스러운 관습에 대한 서민의 태만과 경멸이 이다지 심각할 때가 달리 있었는가. 우리의 종교와 신앙이 최하층 사람들조차 노골적으로 드러내는 이다지도 심한 조소에 시달린 때가 있었는가. 아, 슬프게도 교회 안에 이렇게 비참한 분열이 일어난 적이 있었는가. 전쟁이 이다지도 위험하고 적이 이다지도 강하고 군대가 이다지도 잔인한 때가 있었는가…… 당신들에게는 학살이 보이는가. 파괴와 산더미처럼 시체가 쌓이는 전장이 보이는가. 올해 대지는 물보다 많고 비보다 많은 피를 삼켰다는 것을 아는가. 신앙의 적과 싸우기에 충분한 수의 기독교신자가 묘 안에서 잠자고 있다는 사실을 아는가." 신앙의 적이란 모하메드, 즉 '기독교의 공적'이었다.

에지디오는 계속해서 오랫동안 기다리고 기다렸던 개혁의 선구자로서 공의회의 개최를 비유했다. 오랜 개혁론자이자 교황들에게 개혁의 의무를 상기시킨다는 분명한 목적으로 편찬한 『로마교황사』의 저자인 그는 대단히 저명한 교회인이었다. 또한 성직자에 걸맞는 관심사에 많은 주의를 기울이고 새어 나오는 볏짚의 연기를 마시며 고행 수도사다운 청렴을 지켰다고 한다. 그는 훗날 레오 10세 시절에 추기경에 임명되었다. 470년의 거리를 두고 라테란 공의회의 발언을 듣노라면 그의 말은 저명한 연설가의 훈련을 쌓은 웅변을 기조연설로 토해냈는지, 더 이상 늦기 전에 진로의 변경을 요구하는 열정을 담은 진정한 외침이었는지 분간하기 어렵다.

제5차 라테란 공의회는 그 장엄한 의식, 5년의 노력, 진지하고 열성적인 수많은 연설자가 있었음에도 불구하고 평화도 개혁도 실현하지 못했다. 그것은 다음 교황의 임기까지 미루어져 1514년의 대칙서에서 무수한 악폐를 인정하고 그 교정을 부르짖었을 뿐이다. 대칙서에 담겨 있는 것은 성직매매, 복수의 성직록 보유, 무능하고 부적절한 대수도원장, 사교와 사교대리의 임명, 성직의 경시, 성직자의 부정한 생활, 성직록의 일시보유 관행 등 '극악한 질 병'이었다. 성직록의 일시보유는 앞으로 예외적인 상황에서만 허락하기로 했다. 특수계급으로서 추기경은 호화로운 생활과 사치를 누리는 것, 왕후의 당파적인 대변자 역할을 하는 것, 교회의 수입으로 친척을 부유하게 만드는 것, 여러 성직록을 보유하고 부재성직자가 되는 것을 금지한다는 명령을 받았다. 또한 진지한 생활을 하고 성직을 수행하고 적어도 1년에 한 차례는 교회와 마을을 방문하고 그곳에 적어도 사제 한 사람분의 유지비용을 기부하고 성직에 어울리는 성직자를 임명하고 일가의 관리에 도움이 되는 그 밖의 규칙에 따르라는 권고를 받았다. 이것은 모든 계층에 걸친 부정을 묘사한 것과 같았다.

개혁보다 비판을 가라앉히는 데 뜻을 둔 그 뒤의 교령(敎令)은 설교자들의 질책이 타격을 주기 시작했음을 보여준다. 그 이후 설교자들은 반예수(예수의 대립자로서 이 세상에 나타났다고 하는 인물)와 세계의 종말이 다가왔다고 예언하는 것이 금지되었다. 그들은 복음서를 벗어나지 못했다. 사교와 그 밖의 고위성직자의 실책이나 윗사람의 부정을 드

독선과 아집의 역사 ────

러내놓고 비난하는 것을 삼가고 이름을 드는 것도 조심해야 했다. 인쇄된 서적의 검열이 '권위와 위신'을 지켜야 하는 직책에 있는 성직자에 대한 공격을 금지시키는 또 하나의 수단으로 실시되었다.

공의회가 발표한 교령은 설사 있다고 해도 문서의 형태로 남은 것은 극소수였다. 그것을 실시하려고 진지하게 노력하면 사람들에게 감명을 주었을지도 모르지만, 노력을 기울이지 않았다. 당시에 주재자의 입장에 있었던 레오 10세가 이러한 규칙이 금지했던 모든 행위에 몰두했던 것을 생각하면 개혁의지가 결여되어 있었다고 할 수 있다. 진로를 바꾸려면 위로부터의 의지가 작용하든가 저항하기 어려운 외부의 압력이 가해져야 했다. 전자는 르네상스시대의 교황청에는 존재하지 않았고, 후자는 시시각각 다가오고 있었다.

율리오 2세, 하늘나라에서 쫓겨나다

라벤나전투에서 용맹스러운 프랑스의 지휘관 가스통 드 푸아가 죽자 그의 군대는 원동력을 상실하고 승리를 효과적으로 이끌어가지 못했다. 당부아스는 이미 죽었고 루이왕은 우유부단했다. 이렇게 해서 교황이 교회분열을 획책하는 행사, 무효이고 아무짝에도 쓸모가 없는 행사라고 비난했던 피사 교회회의는 천천히 지지를 상실했다. 2만 명의 스위스 용병이 이탈리아에 도착하자 흐름이 바뀌었다. 프랑스군은 밀라노의 변두리 노바라전투에서 패했다. 그들은 공작령을 넘겨주어야 했고 제네바에서 밀려나 알프스의 기슭까지 쫓겨 갔다. 그들은 당분간 '태양 앞의 안개처럼 사라진' 것이다. 라벤나와 볼로냐는 교황의 지배 아래로 되돌아왔다. 로마냐 지방의 모든 땅이 다시 교황령이 되었다. 피사 교회회의는 치맛자락을 쥐고 알프스를 넘어 리용으로 달아나 그곳에서 머지않아 분열되어 사라졌다. 교회의 분열을 잠재적으로 두려워하는 분위기와 라테란 공의회가 지닌 지위와 위엄에 압도되어 피사 교회회의는 한 번도 단단한 뿌리를 내리지 못했기 때문이다.

불굴의 노교황은 목적을 달성했다. 로마는 프랑스군의 패퇴를 축하하며 와글와글 들끓었다. 불꽃이 터지고 카스텔 산탄젤로에서는 축포가 발사되었다. 군중들은 '울리오, 울리오!' 하고 외치면서 이탈리아와 교황령의 해방자로서 그에게 갈채를 보냈다. 교황을 위해서 감사제 행렬이 줄을 이었다. 그 안에서 울리오는 주권자의 상징으로서 지구와 홀(笏)을 지닌 세속황제의 모습으로 묘사되었고, 카르타고의 정복자 스키피오와 로마를 갈리아인의 손에서 구출한 카밀루스를 나타내는 인물에게 호위되었다.

여전히 정치가 지배했다. 베네치아가 변절해서 프랑스와 동맹을 맺고 옛날의 경쟁자 제노바와 으르렁거리자 신성동맹은 힘을 잃었다. 말년의 교황은 독일 황제 및 영국 왕과 복잡한 관계를 계속해서 맺었다. 프랑스군이 돌아와 다시 전쟁이 시작된 것은 그가 죽은 지 얼마 되지 않아서였다. 어쨌든 울리오는 교황령의 분단을 저지하고 그 세속적인 구조를 굳히는 데 성공했다. 그가 역사에서 점수를 따는 것은 이 때문이다. 참고서 가운데는 '교황령의 진정한 기초를 닦은 사람', '가톨릭교회의 구세주'라는 찬사까지 늘어놓은 것도 있다. 그러나 다음 두 가지 점은 이러한 평가에 덧붙여지지 않았다. 즉 그 대가로서 조국을 피와 폭력에 물들게 만든 것, 또한 아무리 세속적인 업적을 쌓았어도 10년도 되지 않아 교회의 권위가 근저에서부터 균열되는 것을 막아내지 못한 것이다.

울리오가 1513년에 죽자 많은 사람들이 찬미하고 애도했다. 사람들을 지긋지긋한 침략자에게서 해방시켰다는 평가를 받았기 때문이

독선과 아집의 역사 ──

다. 그러나 그가 죽은 지 얼마 되지 않아 에라스무스는 『율리오, 하늘 나라에서 쫓겨나다』라는 풍자적인 대화집에서 정반대되는 의견을 밝혔다. 이 책은 익명으로 출판되었지만, 그 박식함으로 미루어 일반적으로 그의 저작으로 여겨진다. 율리오는 천국의 문에 이르러 성 페테르에게 이름을 밝힌 뒤에 말한다. "……나는 교회와 예수를 위해서 어떤 전임교황보다 많은 일을 했소. 볼로냐를 교황청에 병합하고, 베네치아인을 물리쳤소. 페라라의 공작도 마음대로 다루었다오. 또한 교회 분열을 일으킬 뻔한 공의회에 몸소 나서서 몹쓸 의도를 좌절시켰소. 게다가 프랑스인을 이탈리아에서 몰아냈는데, 운명이 나를 이곳으로 데려오지 않았다면 스페인인도 몰아냈을 거요. 나는 전 유럽의 왕후들을 서로 싸우게 만들었소. 조약을 멋대로 깨고 대군을 전장에 대기시키게 하고, 로마를 궁전으로 뒤덮었소…… 그것도 모두 혼자서 했단 말이오. 내가 출신성분에 힘입은 것은 아무것도 없소. 누가 아버지인지도 모르기 때문이오. 학문에 힘입은 것도 없소. 학문을 전혀 모르기 때문이오. 젊음에 힘입은 것도 없소. 늘그막에서야 일을 시작했기 때문이오. 인기에 힘입은 것도 없소. 온통 미움을 받았기 때문이오. 이상은 틀림없는 진실이고, 로마의 친구들은 나를 사람이라기보다는 신이라고 불러준다오."

울리오 2세의 옹호자들은 그가 반세기 전에 열린 바젤 공의회의 어떤 연설자가 말했듯이 '권력의 뒷받침이 없는 덕은 조롱받을 뿐이고, 교회의 기본재산이 없는 로마교황은 왕후귀족의 단순한 노예에 불과할 것이다'라는 확신에 기초한 의식적인 정책에 따랐다고 믿는다. 요약하면 권력을 휘두르고 싶다면 교황청은 개혁에 몰두하기에 앞서 세속적인 내용을 충실하게 채워야 한다는 것이다. 이것은 실익정책이 추구하는 설득력 있는 주장이다. 그러나 역사에서 종종 보이듯이, 이것은 필연적인 결과를 낳는다. 즉 권력을 획득하는 과정은, 권력을 추구하는 인간을 타락시키고 참혹하게 만드는 갖가지 수단을 요구한다. 그 결과, 미망에서 깨어났을 때는 권력을 손에 넣은 대가로 덕(혹은 도덕적 목적)을 잃었음을 깨달을 수밖에 없다.

면죄부를 판매한 레오 10세
1513~1521

사치와 유흥, 도박에 빠진 레오 10세

"신께서 나에게 교황직을 주셨다. 그러니 그것을 향유하겠다"라고 예전의 조반니 데 메디치 추기경, 현재의 교황 레오 10세는 동생인 줄리아노에게 말했다. 이 말이 진짜인지 아닌지에는 약간의 의문이 있지만 어쨌든 그다운 구석이 있다는 점에는 의문의 여지가 없다. 레오의 신념은, 인생은 즐기기 위해 존재한다는 것이다. 줄리오가 전사였다면 새 교황은 쾌락주의자였다. 두 사람의 유일한 유사성은 주요한 관심이 똑같이 세속적이었다는 것이다. 위대공 로렌초가 가장 똑똑한 아들의 교육과 발전에 열의를 쏟은 결과, 예술과 문화의 육성과 자신의 취미에 몸을 바치는 교양있는 미식가가 탄생했다. 그러나 이 미식가는 마치 저절로 돈을 쏟아내는 마법의 샘을 자금원으로 삼은 듯이 비용에는 거의 관심을 기울이지 않았다. 당시의 위대한 사치가이자 지금까지 교황의 자리에 앉았던 자 중에서 가장 심한 탕아였던 레오는 호탕한 성격 덕택에 르네상스시대의 신자들에게 칭송을 받았다. 그들은 레오의 치세를 '황금시대'라고 이름 붙였다. 위탁주문, 끊임없는 축제와 오락, 성 베드로 대성당의 개축, 시가지의 보수로 인해 그들의 주머니에 쏟아져 들어간 화폐를 생각하면 확실히 황금시대였다. 그러나 지불한 돈은 마법의 샘에서 솟구친 것이 아니라 교황의 대리인이 거둬들인 돈이었다. 대리인은 갈수록 불법적이고 무분별하게 돈을 거뒀기 때문에 다른 참기 어려운 불만과 함께 어우러져 결과적으로 레오의 시대는 불평이 최고로 고조된 시대가 되었다. 또한 로마교황청 아래서 기독교가 통일되었던 마지막 시대이기도 했다.

교황의 권좌에 앉은 메디치의 빛은 피렌체 명문일족의 휘황한 돈과 권력과 후원과 한데 어울려 행복한 교황의 치세를 예고하고, 울리오의 피와 준엄함과는 대조적으로 평화와 자비로움을 약속하는 듯했다. 대관식 뒤에 라테란 대성당을 향한 레오의 행렬은 이러한 인상을 강화하고자 계획되었기 때문에 르네상스시대 최고의 축제가 되었다. 그것은 기독교가 분열하기 전의 마지막 시대를 살아가는 사람에게 교황청이 상징하는 것, 즉 현세의 미와 쾌락을 과시하는 자리, 메디치 교황을 비유하는 빛나는 승리를 나타냈다.

천 명의 예술가가 행렬이 지나가는 거리를 아치와 제단과 조각과 꽃다발과 포도주를 내뿜는 메디치가의 '전당포의 구슬' 모조품으로 장식했다. 행렬 안의 모든 그룹(고위성직자, 세속귀족, 대사, 추기경, 수행원, 외국의 귀족들)이 일찍이 보지 못한 아름답고 호화로운 의상을 입고 걸었다. 성직자든 세속의 귀족이든 호화롭기는 마찬가지였다. 성직자단과 왕후의 문장을 내건 화려한 깃발이 무리를 이뤄 머리 위에서 펄럭였다. 족제비 모피가 달린 빨간 비단옷을 입은 112명의 수행원이 둘씩

독선과 아집의 역사 ────

양쪽에 늘어서서 백마를 타고 진땀을 흘리기는 하지만 행복해 보이는 레오를 호위했다. 기병대와 보병대가 행렬을 더욱 길게 만들었다. 교황의 시종들이 구경꾼들에게 금화를 뿌려 메디치가의 호탕함을 과시했다. 라테란 대성당에서 열린 대연회와 횃불을 밝힌 귀가행렬, 불꽃놀이 등으로 행사는 끝났다. 이 축제에 들어간 비용은 10만 더컷으로, 율리오가 교황청의 금고에 남긴 예비비의 7분의 1에 달했다.

이때 이후 낭비는 커지기만 했다. 교황의 제안으로 브라만테의 후계자인 라파엘로에게 설계를 맡긴 성 베드로 대성당의 개축안은 1백만 더컷을 넘는 돈이 든다는 견적이 나왔다. 교황은 동생 조반니를 위해서 맺은 프랑스 왕족과의 결혼을 축하하느라 15만 더컷을 썼다. 이것은 교황일가의 연간지출액보다 50퍼센트가 많았고, 율리오 치하에서 비슷한 행사에 지출했던 액수의 세 배에 달했다. 금줄과 비단으로 짜여진 바티칸궁전의 2층 대거실용 타페스트리는 라파엘로가 밑그림을 그리고 브러셀에게 특별히 주문해서 만든 것인데, 동생의 결혼식에 들어간 비용의 반을 차지했다. 이러한 비용을 메우기 위해서 교황청 상서원은 레오의 재임기간 동안 돈이 될 만한 자리를 2천 개나 만들어냈다. 이 가운데는 4백 명의 성 베드로 교황기사도 있었다. 그들은 작위와 특권과 더불어 구입가격의 10퍼센트에 해당연리를 손에 넣기 위해서 과감하게 1천 더컷씩을 지불했다. 돈을 받고 자리를 팔아 거둬들인 총액은 3백만 더컷에 달해 교황청 연수입의 여섯 배나 되었지만 그것으로도 부족했다.

자신과 피렌체 출신의 '비범한 명공'이 얼마나 위대한가를 인식시킬 기념비를 만들고 메디치가와 그가 태어난 고향의 영광을 빛내기 위해 레오는 당대 제일의 예술작품을 만드는 계획에 착수했다. 이것은 성 로렌초 성당 안의 미켈란젤로가 만든 메디치 예배당으로, 그곳에는 3대에 걸친 메디치가의 사람들이 이미 매장되어 있었다. 가장 아름다운 대리석은 120마일 떨어진 토스카나 지방의 피에트라산타 산맥에서 나온다는 말을 들은 레오는, 운반하려면 비용이 지나치게 많이 든다는 미켈란젤로의 반대에도 불구하고 다른 안에는 동의하려 하지 않았다. 그는 대리석의 운반만을 위해서 인적도 없는 땅에 도로를 만들어, 비길 데 없이 아름다운 기둥 다섯 개분의 돌을 날라 오는 데 성공했다. 그러나 레오는 이 단계에서 미켈란젤로가 '고집불통'인 것을 깨달았고, 게다가 돈까지 떨어졌다. 레오는 라파엘로의 순종적이고 공손한 태도와 그의 예술이 가진 부드러운 아름다움이 더 낫다는 생각을 했다. 이렇게 해서 예배당 공사는 중단되고, 레오의 사촌인 줄리오, 즉 미래의 클레멘스 7세의 임기 중에 재개되어 완성되었다.

레오는 로마대학을 위해서 1백 명이 넘는 학자와 교수를 새롭게 받아들여 법학, 문학, 철학, 의학, 천문학, 식물학, 그리스어, 헤브라이어 과정을 담당하게 했지만, 부패한 임명방식과 줄어드는 자금 때문에 이 계획 역시 다른 많은 기획과 똑같이 처음에만 반짝하다가 금방 시들시들해졌다. 레오는 책과 필사본의 열렬한 수집가였고 때때로 기억에만 의존해서 그러한 책을 인용할 정도였는데, 그 열의를 채우기 위해 인쇄소를 세워 그리스 고전을 인쇄하게 했다. 그는 특권과 보상금을 아낌없이 나눠 주었고, 라파엘로에게는 한없는 은전을 베풀었다. 그가 설계한 장식품, 풍경화와 인물화, 교황궁전의 장식바닥과 조각품 등을 만드는 것을 돕느라 엄청난 수의 조수예술인을 딸려 주었다. 레오는 라파엘로를 추기경으로 임명할 생각이었을지도 모르지만 이 예술가는 빨간 모자를 쓰지 못하고 서른일곱 살에 죽어 교황을 안타깝게 했다. 전해지는 이야기에 따르면 사인은 지나친 성생활이었다고 한다.

독선과 아집의 역사 ———

레오 10세. 라파엘로 작

군주가 일정한 효과를 노리고 무리한 지출을 하는 것은 당시의 관례였다. 재산가인 아고스티노 키지가 개최한 결코 잊을 수 없는 연회에서는 앵무새의 혓바닥과 비잔티움에서 날라 온 물고기를 담았던 금접시가 창을 통해 티베르강으로 던져졌다. 그러나 철저한 호탕함에는 약간 못 미치는 구석이 있었다. 접시를 건져 올리기 위해 수면 아래에 그물을 쳤기 때문이다. 피렌체에서는 돈에 향수를 뿌렸다. 이러한 허영의 정점을 이룬 것은 1520년, 프랑수아 1세와 헨리 8세의 회담용으로 준비된, 돈으로 꾸민 천을 깐 들판이었다. 이것은 프랑스에게 4백만 리브르(Livre)의 적자를 남겼고 청산하는 데만 약 10년이 걸렸다.

터무니없는 낭비를 하도록 생겨먹은 메디치가의 자손이었던 레오는, 그가 속인이었다면 지나칠 만큼 민감하게 시대를 반영했다는 점에서 그다지 비난받을 구석이 없었을지도 모른다. 그러나 극단적인 물질주의를 추구하면서도 자신의 역할의 모순을 손톱만큼도 자각하지 못했고, 혹은 교회의 우두머리라는 지위에 있으니 대중의 마음에 부정적인 영향을 미칠지도 모른다고 한 번도 진지하게 생각한 적이 없었다는 것은 둘도 없는 어리석음이다. 만사태평하고 무정하고 머리가 좋고 겉보기로는 사교적이고 친절했던 레오는 업무에서는 별반 솜씨를 발휘하지 못했지만, 종교의식에는 양심적이어서 단식을 지키고 날마다 미사를 올렸다. 어떤 때는 투르크가 승리했다는 보고를 듣고는 이슬람의 위험에서 구원받도록 기도하기 위해서 제물을 바치는 행렬의 선두에 서서 맨발로 거리를 걸었다. 투르크의 위협이 그에게 신을 일깨웠기 때문이다. 그러나 그때를 제외하면 그의 궁정 분위기는 언제나 느긋했다. '성스러운 연설자'의 청중인 추기경과 교황청의 관리들은 설교가 진행되는 동안 잡담을 했다. 레오의 시대에 설교는 반시간으로 단축되었고, 다시 15분으로 줄어들었다.

교황은 즉흥시 짓기, 트럼프 도박, 음악과 특히 다종다양한 연극이 공연되는 연회를 즐겼다. 그는 코미디와 놀이를 즐겼다. 이것은 "타고난 기질이거나, 또는 고단함과 초조감을 피하면 수명을 늘릴 수 있다고 믿었기 때문이다"라고 동시대의 전기작가 파올 조비오는 말했다. 레오가 무엇보다 꺼림칙하게 여겼던 것은 건강이었다. 그는 선출될 당시에 고작 서른일곱 살이었지만 심한 치질에 시달려 축하행렬 때도 큰 고생을 했다. 그러나 선거 때는 나쁜 건강의 도움을 톡톡히 받았다. 의사들이 장수할 수 없을 것이라고(동료 추기경들을 항상 유혹하는 요소이다) 떠들어 경쟁자들을 안심시켰기 때문이다. 그는 육체적으로는 미켈란젤로가 메디치 예배당의 동상인 줄리아노상에 구현하려고 했던 르네상스시대의 고귀한 이상형 남성과는 거리가 멀었다. 하지만 동생의 상도 실물과는 별로 닮지 않았다고 한다("앞으로 천 년 뒤에 이 상이 실물과 똑같은지 다른지 알 사람이 누가 있겠는가"라고 미켈란젤로는 말했다). 레오는 키가 작고 살이 디룩디룩 쪘다. 게다가 머리는 지나치게 큰 반면, 손과 발은 몸에 비해 가늘었다. 부드럽고 흰 손이 유일한 자랑이어서 손을 가꾸는 데 큰 신경을 썼고 반짝반짝 빛나는 반지로 장식했다.

그는 1백 명이 넘는 수행원을 거느리고 사냥하기를 아주 좋아했다. 비테르보의 매사냥, 코르네토의 사슴사냥, 볼세나호의 낚시를 주로 즐겼다. 겨울에는 궁정에서 음악회, 시낭송, 발레와 연극을 즐겼다. 그중에는 아리오스토와 레오의 가정교사였던 베르나르도 다 빗비엔나의 '라 칼란드리아'도 들어 있었다. 빗비엔나는 로마까지 교황을 따라와서 추기경이 되었다. 줄리아노 데 메디치가 아내와 함께 로마에 왔을 때 빗비엔나 추기경은 그에게 이렇게 말했다. "신을 찬양해야 하오. 우리는 이곳에서 귀부인이 있는 궁정을 빼고는 모든 것을 누리니 말이오." 총명하고 교양 있는 토스카나인이고, 기지 넘치고 명랑하고 세속적인 취미를 지니고 흥정술까지 뛰어난 빗비엔나는 교황의 친한 친구이자 상담 상대였다.

고전적인 것, 연극적인 것을 좋아하는 레오의 취미 때문에, 온 로마가 이교정신과 기독교가 묘하게 뒤섞인 무수한 볼거리로 가득 찼다. 고대신화를 흉내 낸 가장행렬, 사육제의 가장무도회, 로마사극, 콜로세움에서 공연되는 예수의 수난극, 고전적인 연설과 볼 만한 교회의 축제 따위이다. 무엇보다 잊을 수 없는 것은 무어인을 내몬 승리를 기념해서 포르투갈 왕이 교황에게 보내는 엄청난 선물을 싣고 온 하얀 코끼리의 유명한 행렬이었다. 이 코끼리는 무어인 하나가 끌고 다른 한 사람이 목 위에 타고 있었는데, 보석으로 장식된 코끼리에는 은탑과 흉벽으로 꾸며지고 안에는 화려한 옷과 성찬용 금잔과 레오가 기뻐하도록 멋지게 장정된 책이 든 궤짝이 실려 있었다. 산탄젤로의 다리에 다다르자 코끼리는 무어인의 명령에 따라 교황에게 세 차례나 고개 숙여 절을 했고, 환호성을 지르는 구경꾼들에게는 코로 물을 뿌렸다.

이교정신이 바티칸에 스며드는 일이 많아졌다. '성스러운 연설'을 하던 한 연설자가 그리스 판테온 '신들'의 도움을 기원한 일도 있다. 청중들은 폭소를 터뜨리면서도 분노를 감추지 않았지만 교황은 부드러운 얼굴로 귀를 기울이다가 '역시 그답게' 실수를 덮고 넘어갔다. 그는 박식하고 고전적인 양식과 내용을 반영하는 설교를 좋아했다.

빚더미에 올라앉은 레오 10세

정치문제에서는 레오의 뜨뜻미지근한 태도 때문에 아무런 승리도 얻지 못했을 뿐 아니라, 율리오가 애써서 획득했던 것조차 여러 가지

독선과 아집의 역사 ———

를 잃었다. 가능한 한 분쟁을 피하고 필요하다면 불가피한 사태를 받아들이자는 것이 그의 신조였다. 그는 메디치가의 치국책을 그대로 본받아, 대립하는 양쪽과의 거래를 허용했다(물론 지시했다고까지는 말하기 어렵다). "한쪽과 조약을 맺었다고 해서 다른 쪽과 협상해서는 안 된다는 이유가 없다"라고 레오는 자주 말했다. 그는 밀라노에 대한 프랑스의 요구를 인정하면서도 몰래 베네치아 와 협상해서 프랑스의 재점거를 막으려고 했다. 또한 스페인과 동맹을 맺었으면서도 베네치아와 공모해서 이탈리아에서 스페인을 몰아내려고 했다. 시치미 떼기가 그의 습성이었고, 교황청이 크게 어수선해질수록 그의 습성은 더욱 분명해졌다. 느물거리는 웃음으로 얼버무리면서 질문을 피했고, 설사 정책이 있다고 해도 그것이 무엇인지 결코 설명하지 않았다.

1515년, 당당한 대군의 선두에 선 프랑수아 1세의 지휘 아래 프랑스군이 밀라노를 재정복하겠다고 몰려왔다. 3천 명의 귀족기병대, 포병대, 독일 용병으로 이루어진 보병대의 기세가 대단했다. 교황은 진지하게 고려한 끝에 프랑스에 대한 저항에 그다지 적극적이지 않은 신성동맹에 가담했지만, 전력은 스위스군대에 의존했다. 불행하게도 밀라노 교외의 마리냐노격전에서 프랑스군이 승리를 거두었다. 전투는 이틀 동안 치열하게 전개되었지만, 50마일도 안 떨어진 피아첸차에 주둔 중이던 교황군은 참가하지 않았다.

다시 북쪽의 대공국을 지배하게 된 프랑스군은 스위스군대와 '영구평화'조약을 맺어 지배를 확실하게 다졌다. 그들은 이제 교황이 맞서 싸우기에는 지나치게 강대해졌기 때문에 레오는 약삭빠르게 꼬리를 내리고 볼로냐에서 프랑수아를 만나 크게 양보한 강화협정을 맺었다. 오랫동안 밀라노와 교황청의 다툼의 표적이었던 파르마와 피아첸차를 넘겨주고, 프랑스 국내의 성직자 임명권과 수익에 관한 프랑스측의 권리를 둘러싼 분쟁에도 종지부를 찍었다. 성직자의 질을 향상시키고자 '사교는 스물일곱 살이 넘고 신학이나 법학훈련을 받은 자여야 한다'라는 규정을 정했지만, 추천된 자가 왕이나 귀족의 혈족이면 이러한 자격조건을 무시해도 상관없었다. 개혁이 이런 식으로 실시되었기 때문에 라테라노 공의회의 개혁안과 똑같이 성과를 거의 거두지 못했다.

전체적으로 볼로냐협약은, 프랑스교회가 협정의 몇 가지 조항에 반대했다고는 하지만 교황측에서 보면 성직에 관한 권리를 크게 포기한 꼴이었다. 이것은 프랑스의 밀라노 재정복이 이탈리아의 독립을 결정적으로 훼손한 것과 똑같았다. 마키아벨리나 구이치아르디니와 같은 신랄한 비평가의 눈에는 결과가 일목요연하게 보였지만, 레오는 그것을 깨달았다고 해도 별로 개의치 않았다. "야만인은 물러가라!"라고 그가 가끔 지르던 목소리도 들리지 않았다. 레오는 조화를 좋아했다. 또한 부탁을 받으면 거절하지 못하는 성미였기 때문에, 프랑수아가 '라오콘'을 요구하자 모조품을 줄 속셈으로 주겠다고 덜컥 약속했다. 그는 곧바로 조각가 파치오 반디넬리에게 모조품을 만들라고 명령했다(그것은 현재 우피치 미술관에 소장되어 있다). 그는 동생을 프랑스 공주와 결혼시켰고 조카 로렌초도 다른 공주와 결혼시켜서 프랑스와 원활한 관계를 맺었지만, 1519년에 카를 5세가 성직록 황제에 즉위하여 스페인과 합스부르크가의 왕위를 병합하자 역관계가 바뀌었다. 다시 한번 배신하는 쪽이 좋겠다고 생각한 레오는 새로운 성직록황제와 동맹을 맺었다. 전쟁이 계속되었다. 주로 앙숙인 강대국이 이탈리아 영토에서 자웅을 겨루려고 싸웠다. 한편 고집스럽게 분열하던 이탈리아의 국가들은 강대국 사이에서 아무짝에도 쓸모없는 줄타기를 되풀이했다.

레오는 가족의 재산을 교황청보다 중시한 듯이 보이는 교황들의 기묘한 처신을 그대로 따랐고, 그것이 교황자리에서 쫓겨나는 씨앗이 되었다. 아들이 없었기 때문에 그는 모든 노력을 가장 가까운 친척에게 집중했다. 처음에는 사촌인 줄리오 데 메디치를 아꼈는데, 그는 파치일족에게 사원 안에서 살해당한 줄리아노의 사생아였다.

레오는 비밀결혼이기는 하지만 줄리오의 부모는 합법적으로 결혼했다고 밝힌 서약서를 앞세워 출생의 장해를 없앴다. 신분이 합법화된 줄리오는 추기경이 되어 레오의 중요한 측근으로 일했고, 결국에는 클레멘스 7세로서 교황자리를 차지했다. 레오는 모두 다섯 명의 친척을 추기경직에 앉혔다. 둘은 사촌이고 셋은 조카였는데, 조카는 세 누이의 아들에게 각각 한 자리씩 넘겨주는 방식을 택했다. 여기까지는 별문제가 없었다. 골치 아픈 문제가 일어난 것은 동생이 죽음을 앞두었을 때 레오가 죽은 형 피에로의 아들이자 두 사람의 조카에 해당하는 로렌초를 메디치가의 재산관리자로 삼겠다고 결심한 뒤였다. 레오는 로렌초를 위해서 우르비노 공작령을 손에 넣겠다는 아집에 빠졌다.

교황은 공작을 파문하고 무력으로 영지를 빼앗아 그 작위와 영지를 로렌초에 넘겨주고는 추기경단에게 이것을 추인하라고 요구했다. 그러나 쫓겨난 공작은 울리오의 조카인 델라 로베레였다. 그는 죽은 큰아버지의 활력을 이어받은 인물이라 반격에 나섰다. 그의 사자가 로렌초에 대한 도전장을 들고 로마에 도착했을 때 안전통행증을 지니고 있었음에도 불구하고 체포되었다. 그는 자백을 강요당하며 고문을 받았다. 교황은 공작이 반란을 일으켰으니 우르비노를 토벌해야겠다면서 전 교황령에 세금을 물렸다. 이 수치스러운 전쟁으로 인해 인심이 그에게 등을 돌렸다. 그러나 레오는 다른 모든 독재자와 똑같이 자신의 행위가 인심에 미치는 영향을 무시했다. 그는 다른 일에서는 별로 보이지 않던 냉혹성을 드러내고 2년 동안 전쟁을 계속했다. 2년째가 끝나갈 무렵 로렌초와 그의 프랑스인 아내가 모두 죽고 아직 어린 딸만이 남았다.

카트린 드 메디치라는 이름의 이 딸은 기구한 운명을 더듬다가 프랑수아 1세의 아들과 결혼해서 프랑스의 왕비(그리고 지배자)가 되었다. 그러나 레오에게 이 운명의 수레바퀴는 너무 늦게 돌아갔다. 또한 그것은 메디치가의 쇠퇴도 막지 못했다. 우르비노에 대한 터무니없는 전쟁에 레오는 총 80만 더컷을 쏟아 부었다. 다시 말해서 지옥 같은 빚더미에 빠져들었고, 이것은 교황청의 재정파탄을 의미했다. 그러나 파탄자는 재정의 축소로 사태에 대처하지 않고 더욱 교묘한 꾀를 내려다가 당대 최대의 추문으로 이끌려 들어갔다.

교황 독살 음모사건

페트루치음모사건은 당시부터 현재까지의 모든 사람을 곤혹스럽게 만드는 불명료하고 칙칙한 사건이었다. 레오는 몸종의 밀고로 몇몇 추기경이 자신을 암살하려는 기도를 밝혀냈다고 주장했다. 주모자는 교황에게 개인적인 원한을 품은 시에나의 젊은 추기경 알폰소 페트루치이고, 음모방법은 교황의 항문에 난 부종을 절개할 때, 의사를 매수해 독을 주입하게 하려 했다는 것이었다. 음모가 밝혀지자 체포 선풍이 일었다. 밀고자는 고문을 받았고, 용의자인 추기경은 엄한 심문을 받았다. 페트루치와 고발된 다른 추기경은 안전통행증으로 로마로 유인되어 감옥에 처넣어졌다. 레오는 독살자는 어떤 신분이어도 용서할 수 없다며 추기경을 수감하는 모독을 불사했다.

독선과 아집의 역사 ────

심문 결과 무서운 사실이 드러났다. 자백이 이루어졌다. 사건의 진행상황에 대해서 소근거리는 목소리가 온 로마를 떠돌며 공포에 젖게 했다. 페트루치 추기경은 어거지로 유죄를 선고받았고, 무어인이 추기경에 어울리는 비단포승으로 목을 졸라 죽이는 방법으로 처형했다. 무어인의 손을 빌린 까닭은 기독교도가 추기경을 죽여서는 안 된다고 의정서에 규정되어 있었기 때문이다. 죽음을 앞둔 다른 추기경들은 거액의 벌금을 물고 사면을 받는다는 조건을 받아들였다. 식스토 4세의 친척으로서 가장 부유한 라파엘로 리아리오 추기경은 15만 더컷이라는 거액을 지불했다.

이 음모는 억지냄새를 짙게 풍겼기 때문에, 교황은 한 밀고자의 소근거림에 넘어간 데다 벌금을 우려낼 욕심에 사건 전체를 조작했다는 추측을 피할 수 없었다. 최근에 많은 연구자들이 바티칸 고문서를 조사한 결과를 토대로 음모가 실제로 존재했을지도 모른다고 주장하기도 하지만, 중요한 것은 당시 사람들이 받은 인상이다. 우르비노와의 전쟁으로 여론이 격분한 상태에서 일어난 베트루치음모사건은 추기경들에게 경계심과 반감을 키웠고, 교황청의 신용은 더욱 떨어졌다. 그들의 적의를 무시했기 때문인지, 혹은 파산을 막기 위해서인지, 혹은 양쪽을 위해서인지는 알 수 없지만 레오는 놀랄 만큼 대담한 행동에 나섰다. 그는 단 하루에 31개 추기경직을 창출했고 이들에게서 30만 더컷이 넘는 돈을 거둬들였다. 추기경직의 대대적인 신설은 줄리오 데 메디치가 교황청에 이르는 지신의 길에 포석을 깔기 위해 착상했다고 한다. 이 시기의 추기경단은 이미 사기가 땅에 떨어져 아무런 저항도 하지 못했다.

부드러운 레오도 자신이 내놓은 조치가 제대로 먹히지 않자 전만큼 부드러운 얼굴을 보이지 않았다. 어쩌면 사람들이 생각했던 것만큼 부드럽지 않았을지도 모른다. 페트루치음모사건은 유일하게 칙칙한 사건이 아니었다. 페루지아를 교황령에 합병하려면 그 활동적인 지배자 잔파올로 발리오니를 몰아내야 했다. '부정한 괴물'인 발리오니에게는 정을 줄 가치도 없었지만 교황은 다시 한 번 배신행위에 호소했다. 레오는 안전통행증을 주어 발리오니를 로마로 부른 뒤에 그가 도착하자마자 감옥에 가두었다. 발리오니 역시 고문을 받은 뒤에 교수형에 처해졌다.

왜 모두들 당시의 안전통행증을 믿었는가 하는 의문은 수많은 문제 가운데 가장 사소한 것이다. 훨씬 큰 문제는 레오와 네 전임자들은 자신들이 예수의 어떤 직분을 맡고 있다고 생각했는가 하는 점이다. 신앙심이 돈독한 사람들의 교황으로서 성 베드로의 의자에까지 올라간 그들은 신자에 대한 의무가 있는데도 그것에 대해서는 거의 생각하지 않은 듯이 보인다. 그들을 우러러보고 성스러운 교황을 숭배하고 싶다, 최고의 사제로서 교황을 믿고 싶다고 갈망하는 신자들을 도대체 어떻게 생각했던 것일까. 구이치아르디니의 표현에 따르면 '교황직이라는 영원한 주권'을 손에 쥐면 교황들은 그 주권이 주는 특권밖에 의식하지 않았던 듯하다. 그들은 성스러운 자리와는 전혀 동떨어지게 행동했고 종교적 직무에 따르는 의무도 무시했다. 반면에 신도들이 그렇게 큰 목소리로 그것을 요구했던 적은 일찍이 한 번도 없었다.

그런 것에는 애초에 관심도 없던 레오는 자신의 행동이 야기한 격분을 무시했고 낭비를 줄이려는 노력도 전혀 하지 않았다. 그의 사전에 절약이라는 낱말은 없었다. 또한 살림의 규모를 줄이려고도 하지 않았고 도박에도 계속 손을 댔다. 1519년, 파산상태의 한 가운데서 레오는 사육제의 투우(교황청에 남겨 놓은 알렉산데르의 유산)를 개최했다. 이미 손을 댈 수 없을 만큼 빚이 늘어나 있는데도 레오는 모든 투우사와

독선과 아집의 역사 ────

그 수행원들에게 화려한 의상을 선물했다.

　베트루치음모사건이 일어난 것은 1517년, 역사의 페이지가 넘어가는 운명의 해였다. 이때부터 가톨릭교회에 대한 불만이 깊고 폭넓어져 성직자들은 교회회의와 설교의 형태로, 서민들은 소책자·풍자문·편지·시·노래로, 설교사들은 묵시록적인 예언으로 불만을 드러냈다. 교회의 우두머리를 제외한 모든 사람의 눈에 반대파의 폭발이 다가왔다는 것이 분명하게 보였다. 1513년, 한 이탈리아 설교수도사가 그것이 다가왔음을 느끼고 로마의 몰락을 예언했다. 그는 사제와 수도사의 대학살이 일어나 가치 없는 목숨을 부지할 수 없고, 3년 동안 미사가 올려지지 못할 것이라고 말했다. 열심히 사는 중산계급의 사람들은 교황청의 무분별한 낭비와 빚에 격분했고, 모든 나라의 모든 계급과 계층이 가혹한 교황의 과세에 분노했다.

　레오의 주최로 라테란 공의회를 재개했을 때 퍼부어진 설교는 불만을 분명히 표명했다. 교황청의 법률고문 조반니 코르테제는 레오가 선출되었을 때 개혁이 위험할 만큼 지체되고 있다고 충고한 적이 있지만, 그는 이 경고를 되풀이했다. 몇 년 뒤에 추기경이 된 코르테제는 트리엔트 공의회의 의사일정을 준비했지만, 그것은 손해를 만회하려는 것이었다. 1517년 3월, 라테란 공의회의 유명한 개회연설에서 조그마한 공작령의 지배자이자 상당히 유명한 작은아버지를 둔 장프란체스코 피코 델라 미란돌라는 필요한 모든 개혁을 성(聖)과 속(俗)의 선택이라는 간결한 표현으로 요약했다. "만약 우리가 배교자와 적을 우리의 신앙 아래로 불러 모을 생각이 있다면, 우리의 함대로 사해를 청소하기보다 타락한 도덕을 옛 도덕의 지배로 돌려세우는 쪽이 훨씬 중요하다." 이 정의로운 책무를 계속 외면한다면 교회가 직면할 심판은 가혹할 것이라며 연설자는 말을 마쳤다. 기독교를 믿는 경건한 속인을 대표한 피코의 연설은 불만이 얼마나 넓게 퍼져 있었는가를 보여준다.

교황청의 세속적인 가치관에 혐오감을 느낀 인문주의자와 지식인들은 프랑스의 자크 르페브르처럼 신앙의 의미를 찾으려고 성경으로 돌아가거나, 에라스무스처럼 풍자로 달렸다. 에라스무스의 풍자는 순수하게 종교적인 실망에서 비롯된 것인지도 모르지만, 교회에 대한 존경심을 낮추는 데 기여했다. "예수님이 머무시는 곳을 차지한 숭고한 교황들에 대해서 말하자면" 하고 그는 『대화집』에서 말했다. "…… 지혜가 마음에 머문다면 그들은 얼마나 불편해질까…… 그 덕택에 그들은 모든 부와 명예, 모든 소유물, 빛나는 진보, 관리직, 사면장, 공물, 면죄부를 잃을 것이니……" 그렇게 되면 기도와 단정한 품행과 학문과 설교와 '다른 무수한 성가신 일'이 필요해질 것이다. 대필가, 공증인, 대언자, 비서, 마부, 은행가, 매춘굴의 주인은 일이 없어질 것이다.

교황의 전쟁도 소위 교회의 적을 향한 것이라고 빙자되었지만 에라스무스의 경멸을 샀다. "마치 교회에는 신앙심이 없는 교황보다 더욱 해로운 적이 있기라도 한 듯이 그들은 전쟁을 한다. 교황들은 침묵으로 예수가 잊혀지는 것을 허락하고 금전적인 규칙으로 예수를 사슬로 묶고…… 듣도 보도 못한 악한 생활로 다시 한 번 예수를 십자가에 못박고 있다!" 에라스무스는 개인적으로 보낸 편지에서 간결하게 말했다. "로마에서 행해지는 교황의 군주정치는 현 상태로는 기독교세계에서 가장 철저하다."

같은 무렵, 다시 말해서 1510년에서 1520년 사이에 저작활동을 한 마키아벨리는 "사람들이 우리 종교의 최고기관인 로마교회에 다가가면 갈수록 그만큼 종교에서 멀어진다"라는 사실은 퇴폐의 증거라고 생각했다. 기독교가 근거한 원칙과 그것을 실시하는 교회의 실태가

　　　　　　　　　　독선과 아집의 역사 ───

얼마나 큰 격차를 보이는가를 자세히 바라본 사람이라면 누구나 "교회의 파멸과 그 징벌이 가깝게 다가오고 있다고 판단할 것이다." 마키아벨리의 분노는 이탈리아가 입는 손해로 향했다. "로마궁정의 나쁜 표본이 온 이탈리아의 신앙심과 종교를 파괴하고, 그 결과 '끝없는 불화와 소동이 일어나고', 그것이 우리나라를 분열시키고 있다. 이것이야말로 우리를 파괴하는 원인이다." 가톨릭교회는 지고하다는 명색만큼 한 번도 강했던 적이 없어서 세속의 권력을 잃을라치면 언제든 외국의 원조를 호소했다. 그리고 '그 야만스러운 지배의 악취가 모두의 코에 풍겨오고 있다.'

구이치아르디니는 이 고발을 한 줄로 요약했다. "사람들은 마음속에서 교황청에 대한 존경심을 완전히 잃었다."

마음껏 죄를 지어라, 면죄부가 있다

면죄부의 상업화는 궁극적으로 프로테스탄트의 분리를 재촉한 악습이었고, 그것이 일어난 장소는 누구나 알듯이 북독일의 빈텐베르크였다. 독일 제후국에는 프랑스처럼 교황의 과세에 저항할 수 있는 중앙집권 권력이 없었기 때문에 반로마 감정이 한층 강했고 항의의 목소리도 가장 높았다. 또한 로마의 강제수탈도 가장 극심했다. 성직록제국과 예로부터 맺은 연계와 교회가 소유한 대영지 때문이었다. 사람들은 교황의 대리인에게 직접 강탈당한다는 느낌과 아울러, 교회와 관계된 것은 뭐든지 돈냄새를 풍긴다는 것과 로마와 교황들이 사심에 찬 행동을 할 뿐 아니라 개혁을 거부하는 것은 자신들의 신앙을 모독하는 짓이라고 느꼈다. 성직록제국에 파견한 교황의 사절로 나중에 사교 겸 추기경이 된 지롤라모 알레산드로는 교황청에 대항하는 폭동이 일어날 것 같다고 경고했다. 몇천 명이나 되는 독일인들은 자신들의 마음속에 있는 생각을 드러내놓고 말할 순간을 기다리고 있을 뿐이라고 1516년에 그는 교황에게 보낸 편지에서 말했다. 그러나 돈과 대리석 기념비에 정신이 팔린 레오는 귀를 기울이지 않았다. 그로부터 1년도 지나지 않아 독일에서 교황의 면죄부를 팔던 교황의 대리인 요한 데첼이 실마리가 되어 기다리고 기다리던 순간이 찾아왔다.

면죄부는 새로운 것도 레오가 발명한 것도 아니다. 원래 면죄부는 죄인이 사교가 부과한 죄의 대가로서 해야 하는 선행의 전부, 혹은 일부에서 방면되었다는 표시로 주어진 것이었고, 서서히 죄 그 자체가 용서된다고 여겨지던 것이었다. 이것에 대해서도 순수주의자와 항의자들의 규탄이 극심했다. 더욱 반대가 심해진 것은 정신적인 은총을 상업적으로 판매하는 행위 때문이었다. 일찍이 교회의 재건축과 병원의 건축, 투르크군에 잡힌 포로의 몸값과 그 밖의 선행을 위해서 바치는 경건한 기부금에 대한 답례이던 은총을 대대적으로 판매한 것이다. 수령액의 반 내지 3분의 1은 관례적으로 로마로 가고 나머지는 지역의 몫이었다. 지역의 몫은 이권을 가진 면죄부 판매인과 대리인 등에게 세세하게 정해진 비율에 따라 분배되었다. "사례금은 죄의 대가라거나 선행이라기보다 이익을 낳는 요소라고 여겨지고 교회는 돈 버는 기계가 되었다"라고 1513년에 존 콜렛은 말했다. 사기꾼들이 남을 쉽게 믿는 사람들을 속였고, 이 장사는 종교의 끊기 어려운 악습이 되었다.

면죄부 판매가 (그때까지 교황이 한 번도 분명하게 말한 적은 없었지만) 면죄부는 아직 저질러지지 않은 미래의 죄에 대한 벌까지 용서해 준다고 사람들을 믿게 했을 때, 교회는 사실상 죄를 장려하는 곳으로까지 타락했다. 면죄부의 비판자들은 이 점을 분명하게 지적했다. 식스토 4세

독선과 아집의 역사 ───

면죄부를 판매하는 모습. 한스 홀바인이 제작한 목판화

는 1476년, 판로를 확대하기 위해서 면죄부는 연옥에 있는 영혼에게
도 적용할 수 있다고 규정하여, 서민에게 죽은 친인척의 사면을 위해
서도 돈을 써야 한다고 생각하게 만들었다. 죽은 자를 위해서 많은 기
도와 미사를 올리고 많은 면죄부를 사면 살수록 그만큼 그들이 연옥
에 있는 기간이 짧아진다는 것이었다. 이러한 거래는 부자에게 유리
했기 때문에 가난한 사람들은 당연히 이것에 분노했고, 봉기의 순간
이 왔을 때 그들은 모든 공식적인 종교행사를 거부하겠다는 심정이
되었다.

울리오는 이미 성 베드로 대성당의 건축비를 마련하려고 면죄부
의 발행을 허가했다. 레오는 교황이 된 첫해에 같은 목적으로 다시 한
번 면죄부를 발행했고, 1515년에 우르비노와의 전쟁에 쓸 비용을 메
우려고 다시 한 번 독일에서의 특별판매를 허가했다. '모든 죄의 완전
한 용서와 면제'를 주는 이 면죄부는 이례적으로 8년을 기한으로 판매
되었다. 그런데 한 젊은 귀족, 즉 브란덴부르크 제후의 동생인 브란덴

부르크의 알프레히트가 교황이 임명한 세 성직에 대한 지불을 제때에 못하자 그는 비잔티움풍의 복잡한 재정계획을 수립했다. 그는 스물네 살에 마인츠의 대사교직과 마그데부르크의 대사교직, 게다가 할버슈타트의 사교직을 받았고, 총 2만4천 더컷, 혹은 3만 더컷(이 점에 대해서는 의견이 갈린다)을 지불해야 했다. 성직매매, 복잡한 성직록, 무자격 성직자의 임명을 보여주는 이 거래는, 라테란 공의회가 그러한 관행을 몰아내려고 노력하는 순간에 이루어졌다. 그러나 알프레히트는 그 돈을 모으지 못해서 후거가에서 빌렸고, 이제 면죄부의 판매로 그것을 되찾을 차례였다.

도미니코회의 수도사였던 테첼은 오늘날의 세일즈맨도 얼굴을 붉힐 만큼 뛰어난 판매촉진자였다. 마을에 도착하면 그는 미리 기다리던 성직자와 서민들의 마중을 받았다. 그들은 깃발과 불을 밝힌 초를 들고 그를 맞으러 왔고, 그 사이에 교회의 종이 기쁜 음악을 연주하는 식이었다. 테첼은 돈을 담을 궤짝과 인쇄된 영수증이 든 부대를 들고 걸었고, 빌로드천에 담은 면죄부 대칙서는 조수 수도사에게 들려 앞세워 걷게 했다. 그는 마을의 주요한 교회에 가게를 열었다. 가게에는 교황의 깃발로 덮인 거대한 십자가가 자리 잡았다. 곁에서는 후거가의 대리인이 주의 깊게 돈을 계산했다. 돈은 구매자가 인쇄된 면죄부를 부대에서 꺼낼 때 궤짝 위에 올려진 사발에 떨어뜨렸다.

"나는 여기에" 하고 테첼은 큰소리로 부르짖었다. "인간의 영혼을 천국으로 이끌어 천상의 기쁨을 누리게 하기 위한…… 통행증을 가지고 있다." 하나의 대죄에는 7년의 속죄가 필요했다. "그러니 이 면죄부 한 장을 받는데 4분의 1폴로린(Florin)의 기부금을 아까워할 사람이 있겠는가." 그는 점점 열이 올라서 기독교도가 어머니와 간음을 해도 교황의 사발에 돈을 넣으면 "교황은 그 죄를 용서할 하늘과 땅의 힘을 가지고 계신다. 만일 교황이 용서하신다면 신께서도 용서해 주셔야 한다"라고 말했다. 죽은 자를 위해서는 "사발에서 돈이 쩔렁 하고 울리면 영혼은 곧바로 연옥에서 날아올라 그대로 하늘나라로 올라간다"라고 말했다.

이 돈이 울리는 소리는 루터를 부르는 소리가 되었다. 테첼이 부르짖은 금전적인 것과 정신적인 것의 엉터리 등식은 과거 50년 이상에 걸쳐서 교황청에서 나온 메시지를 궁극적으로 요약한 것이었다. 이것이 프로테스탄트를 분리시킨 원인은 아니다. 신호였다. 분리에 이르는 교의적, 인적, 정치적, 종교적, 경제적 요인은 옛날부터 다양하게 오랫동안 발전한 것이었다.

루터는 1517년, 테첼의 선전에 대항해서 '95개조의 논제'를 비텐베르크교회의 문에 못으로 박아 내걸었다. 면죄부의 남용은 신을 더럽히는 짓이라고 탄핵한 것이었지만, 아직 로마에서의 분리를 제안하지는 않았다. 같은 해 제5차 라테란 공의회가 마지막 회의(개혁의 마지막 회의)를 열었다. 루터의 도전은 면죄부의 효용을 강조하는 테첼의 반격을 불렀지만, 루터는 독일어 소책자『면죄부와 은총』을 써서 응답했다. 호의적인 아우구스티노수도회가 이 논쟁을 다루고 반대파도 논쟁에 뛰어들자 2개월도 되지 않아 로마에 주재하는 독일인 대사교가 이단심문심의회에 불려나갔다. 1518년에 루터는 로마에 소환되었지만 독일 국내에서의 심문을 청원했다. 독일 주재 로마교황 사절과 정부는 긴박한 독일국회의 회기 중 분위기를 악화시키지 않으려고 이것에 동의했다. 국회는 세제에 관한 투표를 앞두고 있었기 때문이다. 그 후 얼마 되지 않아 황제 막시밀리안이 죽고 국회가 후계자를 선출할 필요가 생겼기 때문에 더더욱 혼란을 피해야 했다.

교황은 전임자들과 똑같이 이탈리아극에 몰두해 있었기 때문에 이 문제에 신경 쓰지 않았고, 위클리프가 종교의식도 교황청도 사제까지도 구원에 필요하지 않다고 배척한 이후 한 세기 반 동안 계속 커져온 항의를 이해하지도 못했다. 또한 독일의 소요에 진지한 관심을 기울이지 않았고, 단순히 다른 비슷한 사건과 똑같이 탄압해야 하는 이단으로 간주했을 뿐이다. 교황의 반응은 1518년 11월에 발표된 대칙서로 나타났다. 이것은 교황에게 면죄부를 줄 권리가 있다고 설교하지 않는 자, 믿지 않는 자는 모두 파문한다는 내용이었다. 그러나 크누트의 파도에 대한 질책(덴마크의 왕 크누트는 아첨꾼과 궁정인을 탄핵하고 싶지만 지신의 힘이 모자란다는 것을 보여주려고 바다를 향해 파도를 멈추라고 명령하고는 복종하지 않는 파도에 몸을 적셨다고 한다)과 똑같이 전혀 효과가 없었다. 그러나 레오는 이윽고 라파엘로의 죽음으로 루터의 도전 이상의 충격을 받고 낙심하게 된다.

교황청의 권위를 부정한 루터

일단 항의가 공공연해지자 로마에 대한 반란이 꼬리를 물었다. 1518년, 아우그스부르크의 국회는 투르크군에 대항할 십자군을 위한 특별세를 투표해서 가결하라는 요구를 받고는 기독교세계의 진정한 적은 '로마에 있는 지옥에나 갈 패거리들'이라고 답했다. 1519년, 라이프치히에서 심문이 열렸을 때 루터는 이번에는 교황청과 만국공의회의 권위를 모두 부정했고, 이어서 1520년에 프로테스탄트의 입장을 분명하게 밝힌 「독일 국민이 기독교 귀족에게 고한다」를 발표했다. 이 문서는 세례에 의해서 모든 인간은 직접 구원을 받을 수 있는 사제가 된다고 주장하면서, 교황과 성직자계급의 죄와 부정을 탄핵하고 로마에서 독립한 독일 독자의 교회를 만들자고 호소했다. 가톨릭

독선과 아집의 역사 ———

교황의 개혁에 대한 루터의 빈정거림. 1538년에 제작된 목판화

교회에 대항하는 다른 반역자와 개혁자들은 이 주장을 뜨겁게 받아들였다. 브레멘에서 뉘른베르크에 이르는 도시와 마을들에서 삽화가 들어간 인쇄물, 팸플릿, 소책자를 노도처럼 제작해서 독자들에게 불같이 공급했다. 스위스의 도시 취리히에서는 이미 루터와 똑같은 논제로 설교하던 동료개혁자 울리히 츠빙글리가 항의운동을 확대했고, 이것은 머지않아 영구히 운동을 분단할 교의상의 논쟁으로 발전했다.

교황의 사절들이 올린 보고로 반대운동의 확산을 깨달은 교황청은 자신들이 '주의 포도밭에 침입한 야생 멧돼지'에 대처하고 있다고 생각했다. 1520년에 나온 새로운 대칙서 'Exsurge Domine'은 이 사건을 그렇게 말했다. 자세하게 뜯어보면 이 대칙서는 루터의 논제 가운데 41개 항목을 이단, 또는 위험으로 탄핵하면서 그것을 취소하라고 명령했다. 루터는 이것을 거부하여 파문되었고, 교황청은 정부가 나서서 그를 공인된 이단자로 벌하라고 요구했다. 새로운 황제 카를 5세는 젊었지만 현명해서 일반대중의 분노를 자신이 뒤집어쓰기를 원하지 않았기 때문에 뜨거운 감자를 보름스의 국회에 맡겼다. 1521년, 루터는 보름스에서 다시 취소를 거부했다. 카를 5세는 경건한 가톨릭교도로서 어떻게 해서든 루터를 탄핵해야 했지만, 아마 이것은 정교를 신봉하는 입장에서보다는 밀라노에서 프랑스군을 몰아내기 위해서 교황과 맺은 정치협정에 대한 답례에서였을 것이다. 보름스의 칙령은 조용히 루터와 그의 신봉자들을 국외추방에 처했지만, 그의 동료들이 처분을 즉석에서 거의 무효화시켰다. 그들이 루터를 안전한 곳으로 피신시켰기 때문이다.

1521년, 독일군은 밀라노에서 프랑스군에게 승리를 거두었고, 그 결과 동맹자인 교황군은 교황령의 북쪽 보석이라 불리는 파르마와 피아첸차를 되찾았다. 12월, 레오는 그답게 호기로운 철야 대향연을 열어 승리를 축하하다가 감기에 걸려 열병으로 죽었다. 그의 재무관 아르멜리니 추기경의 계산에 따르면 레오는 7년 동안 5백만 더컷을 쓰고 80만 더컷이 넘는 부채를 남겼다. 그가 죽어 매장되기까지 교황의 죽음을 습격하는 약탈이 너무나 극심했기 때문에 그의 관을 밝히는 데 쓰인 유일한 밀랍다발은 얼마 전에 행해진 어떤 추기경의 장례식에서 쓰다 남은 것이었다고 한다. 레오의 극단적인 낭비는 그것을 정당화했던 율리오의 정치목적조차 결여한, 재산가의 응석받이 아들의

독선과 아집의 역사 ────

강박심리에 사로잡힌 낭비였다. 취미와 수집을 위해 돈을 물 쓰듯 퍼부은 낭비이기도 했다. 키지의 금접시와는 달리 그의 경우에는 강에 펼쳐진 그물은 없었다. 그의 낭비는 불후의 예술작품을 만들어냈지만, 그 예술품이 아무리 아름답게 세상을 장식하더라도 교회의 본래의 사명과는 거리가 멀었다.

레오는 교황청과 가톨릭교회의 평판을 '최악으로 만들었다'고 당시의 역사가 프란체스코 배토리는 말했다. "루터파의 그칠 줄 모르는 진군 때문이었다." 어떤 풍자시는 교황이 좀 더 살았다면 로마도 팔고 그 다음에는 예수, 또 그 다음에는 자신의 몸까지 팔았을 것이라고 비꼬았다. 거리의 사람들은 추기경들이 레오의 후계자를 선출하는 콘클라베를 하러 가는 모습을 보고 '우우' 하고 야유를 보냈다.

부관참시까지 당한
클레멘스 7세
1523~1534

개혁을 하느니 계란으로 바위를 쳐라

교황청의 권위가 땅에 떨어질 대로 떨어진 뒤에야 마치 운명이 교회를 조롱하듯이 개혁자가 교황에 선출되었다. 그러나 의식적인 계획에 의해서가 아니라 유력한 경쟁자들이 힘을 겨루는 사이에 우연의 일치로 뽑혔던 것이다. 알레산드로 파르네제 추기경도, 줄리오 데 메디치도 다수를 얻지 못하고 싸움을 좋아하는 시녀 추기경이 두 표 차이로 선출될 기회를 잃었을 때 구이치아르디니의 말에 따르면 '오전 중의 시간 죽이기를 하기 위해서' 결석한 사람을 지명하면 어떻겠느냐는 제안이 나왔다. 루반대학의 전 총장이자 카를 5세의 전 가정교사로서 그때는 스페인 총독이었던 네덜란드 태생의 우트레히트의 아드리안 추기경의 이름이 제출되었다. 엄격한 개혁주의자이기는 했지만 다른 점에서는 별로 알려지지 않은 인물의 장점이 높은 점수를 받자 추기경들이 우로 나란히를 하고 그에게 표를 던지기 시작했다. 그러다가 문득 그를 뽑아버렸다는 사실을 깨달았다. 사실상 무명이고 게다가 한심하게도 외국인을! 어떻게 이렇게 엄청난 결과가 나왔는지 합리적인 설명을 할 수 없을 때, 성령의 뜻 때문이라는 해석이 제기되어 받아들여졌다.

교황청, 추기경, 시민, 교황의 보살핌을 받아 이익을 누리려고 목을 빼고 기다리던 사람들이 모두 입을 벌리고 말을 하지 못했고, 로마인은 이탈리아인이 아닌, 다시 말해서 '야만인' 교황의 출현에 분개했다. 그러니 교황에 선출된 본인 자신도 내켜 하지 않았다. 그러나 개혁자들은 아드리안의 평판에 고무되어 희망을 갖게 되었다. 그들은 개혁 공의회의 초안과 성직자의 부패를 일소하는 데 필요한, 오랫동안 무시되었던 교회규정의 시행목록을 만들었다.

이러한 상황은 어떤 고문관의 엄격한 충고에 요약되어 있다. "위반하면 영원한 파멸에 빠진다는 조건으로, 교황은 늑대가 아니라 양치기를 임명해야 한다."

아드리안은 한편으로는 전염병 때문이기도 했지만 선출된 지 약 8개월 후인 1521년 8월 하순까지 로마에 나타나지 않았다. 그는 곧바로 자신의 의도를 분명하게 드러냈다.

처음 열린 추기경회의 때, 그는 추기경단을 향해서 성직자계급과 교황청의 악행이 극에 달해 성 베르나르두스의 말에 따르면 '죄에 물든 사람들은 이미 자신들이 저지르는 부정의 악취를 맡지 못할' 정도라고 말했다. 로마의 악평은 전 세계의 소문의 씨앗이 되었다고 말하며, 추기경들에게 "여러분의 생활에서 부패와 사치를 몰아내고 나와 함께 개혁의 대의에 힘을 합쳐 성직자의 책무로서 세상에 좋은 모범을 보이자"라고 간청했다. 그러나 듣는 사람들은 이 간청에 귀를 기울이지 않았다.

성직과 개인의 재산을 분리하고 복수의 성직록에서 들어오는 연금과 수익 없이 살아갈 각오를 하는 사람은 하나도 없었다. 교황이 전원에 대해 긴축조치를 발표하자 모두들 시무룩한 얼굴로 무언의 저항을 보였다.

아드리안은 분주하게 움직였다. 교황청의 관리, 예전의 아첨꾼들, 추기경들조차 소환되어 문책을 받거나 심문과 형벌을 받았다. "단 여드레 동안 교황이 이룬 일에 모두가 떨고 있다"라고 베네치아의 대사는 보고했다.

그는 규정을 만들어 성직매매를 금지하고, 비용지출을 줄이고, 면죄부의 판매를 억제했다. 나아가 사제에게 성직록을 주는 것이지 성직록에 사제를 맞추는 것이 아니라는 혁신적인 이론에 기초해서 자격이 있는 성직자에게만 성직록을 주고 한 사람이 하나 이상의 성직록을 받는 것도 제한했다. 한 가지 시책을 실시할 때마다 그는 파산할 것이라든가 교회를 약화시킨다는 따위의 말을 들었다. 불과 두 사람의 수행원의 시중을 받고 언어의 장벽에 가로 막히고 예술작품과 골동품에 관심이 없다고 경멸받고 모든 점에서 이탈리아인과 정반대였던 그는, 고위 성직자들의 호감을 살 구석이라고는 무엇 하나 없었다. 보름스의 국회가 결정한 대로 루터를 탄핵하라고 독일 국회에 보낸 그의 편지는 무시되었다.

한편 로마의 가톨릭교회가 "성스러운 것이 오용되고 계율이 어겨지고 모든 것이 악화되는 추세에 있다"고 인정했기 때문에 교황의 궁정은 그에게 등을 돌렸다. 아드리안은 일반대중의 항의와 데모, 풍자시, 벽에 휘갈겨진 모욕스런 낙서와 관리의 비협조에 직면했고, 현행제도는 너무나 견고해서 자기 혼자의 힘으로는 제거할 수 없음을 깨

클레멘스 7세. 세바스티아노 델 피옴보 작품

달았다. "인간의 노력은 당사자의 일을 주조해낸 시대에 따라 좌우되
는가!" 하고 그는 슬픈 심정을 밝혔다. 이 이방인은 완전히 좌절해서
1년과 2주일 동안의 격무에 시달린 뒤에 1523년 9월, 누구 하나 애도
하지 않는 가운데 죽었다.

얕은꾀로 대참사를 부른 클레멘스

로마는 전과 똑같아졌다. 콘클라베는 위태로운 모험을 피하고 또
한 사람의 메디치 일족, 다시 말해서 줄리오 추기경을 교황으로 선출
했다. 그는 유능하기는 했지만 성격이 비뚤어지고 살인을 저질러, 교
회분열을 일으킨 최초의 대립교황의 이름을 따서 클레멘스 7세라고
명명되었다. 클레멘스의 치세는 대참사의 피라미드가 되었다. 프로테
스탄티즘은 진전을 멈추지 않았다. 독일의 국가들, 즉 헤센, 브란스비
크, 작센, 브란덴부르크는 잇달아 루터식의 고백서에 서명한 뒤에 로
마에서 분리하고 황제에게 도전했다. 가톨릭교회의 재산을 몰수하고
교황의 과세를 배제한 덕택에 생긴 경제적 이익이 교의와 똑같이 그
들의 관심을 끌었다. 한편 츠빙글리와 루터의 다툼을 반영하는 교의
상의 반목이 이 운동을 탄생 때부터 복잡하게 만들었다. 그동안 덴마
크의 교회는 사실상 분리했고, 스웨덴에서는 개혁적인 교의가 착실
한 전진을 거듭했다. 1527년, 헨리 8세는 대단히 중대한 결과를 초래
할 행위를 요청했다. 즉 아라곤의 카세린과의 결혼을 무효로 해달라
고 교황에게 요청했다. 그녀는 공교롭게도 카를 5세의 작은어머니에
해당했다. 그렇지 않았다면 교황은 전임자와 똑같이 원칙보다 편의를
우선시하면서 실리적인 결정을 내렸을지도 모른다. 그러나 카를 5세
는 성직록제국과 스페인 양국의 군주로서 헨리 8세보다 훨씬 부각되

독선과 아집의 역사 ────

어 보였기 때문에 교황은 교회법을 존중한다는 입장을 내세워 시종일관 이혼을 허락하지 않았다. 그의 선택은 옳지 않았다. 그 때문에 영국을 잃었던 것이다.

최고 지위는 갑작스런 위기가 일어났을 때와 똑같이 종종 사람의 진가를 드러내 주지만, 클레멘스가 기대를 모았던 것만큼 적임자가 아니라는 사실이 점점 분명하게 드러났다. 부하로서는 지식이 풍부하고 유능했지만, 책임 있는 자리에 올라서자 그는 비겁, 낭패, 습관적인 우유부단의 희생양이 되었다고 구이치아르디니는 말했다. 그는 사람들의 지지를 받지 못했다. 메디치가 출신에 대한 기대를 저버리고 그는 '아무것도 주지 않았고, 다른 사람의 소유물을 증여하지도 않았기 때문이다. 그래서 로마 시민들은 불평을 터뜨렸다.' 중책 때문에 그는 '대하기 어렵고 어두운 사람이 되었다.' 이것은 별로 놀라운 일이 아니다. 정치적 행위로서 그가 한 선택은 모두 지혜를 결여했고, 모든 모험의 결과가 예전보다 더욱 나빴기 때문이다. 그는 '위대하고 저명한 추기경'에서 '왜소하고 사람들에게 경멸받는 교황'으로 바뀌었다고 베토리는 말했다.

프랑스와 합스부르크·스페인 연합국의 적대관계는 이제 영국의 영토에서 자웅을 겨루려고 했다. 클레멘스는 이탈리아인의 습성에 따라 이 두 나라의 대립에서 어부지리를 얻으려고 했지만, 오히려 양국의 불신을 불러 양쪽의 신뢰할 수 있는 동맹관계를 모두 잃고 말았다. 1524년, 프랑수아가 다시 밀라노에게 전쟁을 걸었을 때 프랑스의 위력을 실감한 클레멘스는 교황청이 성직록제국과 얼마 전에 맺은 조약에도 불구하고 프랑수아와 비밀조약을 맺겠다고 결심했다. 교황령과 그의 가장 큰 관심사인 메디치가의 피렌체 지배를 존중한다고 프랑스 왕이 약속하는 것이 조건이었다. 교황의 이중거래를 눈치 챈 카를은

'나를 해친 사람들, 특히 저 어리석은 교황에게 복수하기 위해서' 몸소 이탈리아로 쳐들어가겠다고 맹세했다. 다음 해, 절정을 이룬 결정적인 파비아전투에서 스페인·성직록제국 연합군은 프랑스 왕을 무찌르고 포로로 잡았다. 동맹자의 불행을 눈앞에서 본 클레멘스는 성직록제국의 황제와 새로운 협정을 맺었고, 그러면서도 프랑스가 다시 힘의 균형을 되찾아 양국 간을 적절하게 조종할 힘이 자신에게 돌아오는 것도 먼 훗날의 일은 아닐 거라고 몰래 희망을 품었다. 그에게서는 충실성이 주는 이점도, 불성실이 안겨주는 불리한 점도 발견하기 힘들었고, 불안정한 운명이 내리는 지령만을 찾아볼 수 있을 뿐이었다.

1년 후, 카를은 프랑수아를 감옥에서 풀어주었다. 조건은, 프랑수아가 부르고뉴를 양도하고 밀라노, 제노바, 나폴리를 비롯한 이탈리아의 모든 지역에 대한 프랑스의 청구권을 포기한다고 서약하고 그것을 조약으로 발표한다는 것이었다. 이것은 일단 자국으로 돌아가기만 하면 오만한 프랑스 왕이 지킬 리가 만무한 서약이었고, 실제로도 지켜지지 않았다. 왕좌를 되찾자 프랑수아는 재빨리 클레멘스를 상대로 협상을 시작했다. 클레멘스는 프랑스를 이탈리아로 끌어들인 과거의 경험이 비참한 결과로 끝났음에도 불구하고 교황청을 무거운 스페인의 손에서 해방시킬 대망의 호기를 보았다. 그는 프랑수아가 성직록황제에 대항해서 무기를 든다는 조건으로 베네치아와 피렌체와 손잡고 신성동맹에 가담했고, 프랑수아가 체포된 상태에서 한 약속을 깬 것에 대해서는 교황으로서 죄를 면해 주었다. 말할 나위도 없지만 이탈리아 국가들은 이러한 모든 거래와 관계가 있었고, 전쟁이 시작되자 말굽 아래 짓밟혀 형편없이 파괴되었다.

1527년이 되자 이탈리아에는 생명과 국토에 대한 폭력, 약탈, 파괴, 비참함, 기근을 면하는 지방이 거의 없었다. 그러한 운명에서 벗어난

독선과 아집의 역사 ─────

지역은 남들의 고통에서 이익을 얻었다. 롬바르디아를 여행했던 두 영국 사절은 다음과 같이 보고했다. "여느 때라면 밀과 포도주가 눈에 띄어야 할 가장 비옥한 두 직물의 산지는 완전히 황폐해져 있었다. 여행하는 동안 밭에서는 남자건 여자건 사람의 그림자 하나 안 보였고, 어떤 생명체의 기색도 없었다. 큰 마을에 가야 처참한 몰골을 한 대여섯 사람이 눈에 띄었다." 그리고 파비아에서는 거리에서 어린아이들이 울부짖으면서 굶주려 죽어갔다.

비밀통로로 도망친 교황

클레멘스의 판단착오가 무덤을 파서 이제 로마 자체가 전쟁에 휘말리려고 했다. 독일 용병과 스페인 보병중대로 구성되고 프랑스인 변절자 부르봉 원수가 지휘하는 제국군이 알프스를 넘었다. 신성동맹과 싸우고 같은 의도를 가진 프랑스군의 기선을 제압해서 로마와 교황청을 수중에 넣기 위해서였다. 이윽고 밝혀졌듯이 프랑스는 능력도 없는 주제에 약속만을 앞세웠고, 그해에 프랑스군은 교황을 지원하기 위해서 이탈리아로 들어오지 않았다. 동시에, 아마 카를 5세에게 적절한 힌트를 받았는지 폼피오 콜론나 추기경이 이끄는 제국을 지원하는 콜론나일파의 반란이 로마에서 일어났다. 콜론나 추기경은 거친 야심과 메디치가에 대한 증오에 불타올라, 클레멘스를 죽이고 콘클라베를 무력으로 윽박질러 자신을 교황으로 선출하게 하려고 기도했다. 그가 조직한 습격대는 함부로 날뛰며 동료시민들을 죽이고 바티칸궁전을 피로 물들이며 약탈했지만 교황은 달아나고 없었다. 클레멘스는 이러한 긴급사태에 대비해서 알렉산데르 6세가 만든 비밀통로를 통해 카스텔 산탄젤로의 피난처로 달아났다. 콜론나의 부하 몇 명이 히히덕

거리며 교황의 예복을 입고 성 베드로 광장을 돌아다녔다. 이윽고 다양한 조건에 대한 합의가 이루어져 습격자들은 물러갔다. 그러나 교황은 스스로 자신의 죄를 사한 뒤에 협정을 깨고 충분한 병력을 모아서 콜론나의 재산을 폐허로 만들었다.

콜론나의 습격은 방위군을 조직할 필요가 없다는 것을 클레멘스에게 가르쳤다. 그는 협상에 집착했다. 이어지는 몇 달 동안 그가 카를 5세를 대리하는 스페인 대사와, 그리고 이런저런 국가와 체결한 조약과 책략은 이해할 수 없을 만큼 복잡했지만 어쨌든 모두 무익했다. 협력정책과 결연한 행동을 취했다면 롬바르디아의 침입군을 무력화시킬 수 있었을 것이다. 이 혼합군대는 서로 적대적이고 규율도 없고 급료도 받지 못해서 굶주리고 반항적이었기 때문이다. 그들을 간신히 맺어준 것은 로마와 피렌체에서의 약탈과 막대한 몸값을 주겠다는 지휘관의 약속뿐이었다.

문제는 신성동맹이 쓸 수 있는 군대도 그것과 비슷한 실정이어서 통일도 되어 있지 않고 지휘력도 분명히 떨어졌다는 점이었다. 스페인의 정통신앙 아래 자란 카를 5세는 교황청을 공격하는 것이 마음 내키지 않아 군대에 지불할 6만 더컷을 보상받기로 하고 8개월의 휴전에 동의했다. 그러나 약탈이 연기된 것에 분노한 군대가 반란을 일으키고 로비를 향해 진군했다. 식량과 자유통행권을 주어 그들의 남하를 적극적으로 지원한 것은 페라라와 우르비노의 공작이었다. 그들 둘은 메디치 교황에게 받은 부당한 대우에 복수를 한 것이다.

제국군의 사령관들은 영원한 도시에서 벌어질 야만행위를 두려워했지만, 아무런 방어대책도 세우지 않고, 협상을 시작하자는 통지도 보내지 않고, 최후통첩에 아무런 답변도 보내지 않은 데 놀랐다. 로마의 사기는 땅에 떨어져 있었다. 수천을 헤아리는 로마의 무장병 가운데 수도방위를 위해서, 혹은 다리의 폭파를 위해서 동원될 수 있는 병력수는 5백 명도 되지 않았다. 클레멘스는 로마의 신성한 지위가 빙어의 방패가 되리라고 생각했거나, 아니면 우유부단하게 망설이고 있었던 듯이 보인다. "우리는 파멸의 문턱에 있다"라고 교황의 비서관은 영국의 교황사절에게 말했다. "운명이 우리 위에 모든 불길한 일을 풀어놓았기 때문에 우리가 더 이상 비참해지는 것은 불가능해 보일 정도입니다. 우리는 사형선고를 받고 그저 집행만을 기다리고 있는 것처럼 보입니다. 더구나 집행이 코앞에 다가온 듯이 보입니다."

하늘도 울고 땅도 운 로마의 약탈

1527년 5월 6일, 스페인과 독일의 침략자들이 성벽을 부수고 시내로 쏟아져 들어왔다. 곧바로 1천2백 년 동안 기독교세계의 수도였던 로마에서 인간의 야만성을 그대로 드러낸 광란이 전개되었지만, 이것은 로마의 지배자들이 어떻게 로마의 이미지를 일그러뜨렸는가를 재는 척도가 되었다. 학살, 약탈, 방화, 능욕이 손을 쓸 도리가 없을 만큼 춤추었다. 지휘관들은 무력했고, 그들의 총사령관 부르봉 원수는 첫날에 로마의 성벽에서 총을 맞고 죽었다.

'떨리는 손으로 쓴' 만토바 고문서 속의 어떤 보고서에 따르면 습격자들이 얼마나 피에 굶주렸는지 '돌조차 연민의 정을 일으킬 정도'였다. 병사들은 집집마다 돌아다니며 약탈했고, 저항하는 자는 무조건 죽였다. 여자들은 나이에 관계없이 겁탈당했다. 울부짖는 소리와 신음소리가 곳곳에서 들렸고 티베르강에는 많은 사체가 떠다녔다. 교황과 추기경과 교황청의 많은 관리들은 산탄젤로로 허겁지겁 달아났기 때문에 어떤 추기경은 문이 닫힌 뒤에 바구니로 끌어올려질 정도였다.

부자에게는 몸값이 책정되었고, 지불을 강요하는 잔인한 고문이 가해졌다. 돈을 지불하지 않으면 살해되었다.

사제와 수도사와 그 밖의 성직자들은 보통사람 이상으로 잔인한 대우를 받았다. 여수도사들은 매춘굴로 끌려가거나 거리에서 병사들에게 팔렸다. 궁전은 약탈되고 불탔다. 교회와 수도원은 재물을 빼앗기고, 성스러운 유물은 보석이 박힌 덮개가 벗겨진 뒤에 짓밟혔다. 보물을 찾는 손길에 묘지가 파헤쳐지고 바티칸궁전은 역참으로 쓰였다. 고문서관과 도서관은 불타고, 안에 있던 책들은 뿔뿔이 흩어지거나 마구간의 깔개로 쓰였다. 이 광경을 보고 콜론나 일족조차 울음을 터뜨렸다. "로마의 지금 모습과 비교할 수 있는 것은 지옥에도 없다"라고 어떤 베네치아인은 보고했다.

가장 공포의 대상이었던 독일 용병 가운데 루터 신봉자들은 이런 광경을 즐겼다. 그들은 교황의 의식을 흉내 냈다. 고위성직자의 화려한 의상과 추기경의 빨간 모자를 쓰고 거리를 쏘다녔다. 우두머리는 노새를 타고 교황역을 연기했다. 대학살의 첫 파도는 여드레 동안 계속되었다. 몇 주일 동안이나 로마에는 연기가 솟아올랐고, 매장되지 않은 채 개에게 물어뜯긴 사체의 악취가 떠돌았다. 점령은 9개월 동안 계속되어 돌이킬 수 없는 피해를 주었다. 2천 명의 사체가 티베르강에 던져졌고, 9천8백 명이 매장되었다. 약탈품과 몸값의 총액은 3백만에서 4백만 더컷 사이라고 추정된다. 전염병이 돌았고 먹을 것이 떨어졌다. 기근이 엄습한 뒤에야 비로소, 포식하고 술 취한 군대는 자신들이 뒤바꿔 버린 로마라는 '악취 나는 도살장'에서 물러갔다.

그것은 정신적 권위에 대한 약탈이기도 했다. 기원후 455년에 약탈을 자행한 반달족은 이방인이자 소위 야만족이었다. 그러나 이번 패거리는 같은 기독교도이고, 더러운 교회의 군주들을 더욱 더럽히

독선과 아집의 역사 ─────

고 싶다는 불필요한 욕망에 휩싸인 듯이 보였다. 일찍이 트로이도 성스러운 베일의 보호가 있다고 믿었다. 무서운 순간이 다가왔을 때, 로마는 그 성스러운 지위를 믿었지만 이미 사라지고 없다는 것을 깨달았다.

이 약탈이 교황과 성직자계급의 세속적 죄에 대한 천벌임을 의심하려는 사람은 없었고, 죄는 내부에서 생겼다는 생각에 의문을 품는 사람도 거의 없었다. 침략자들도 같은 의견이었다. 제국군의 대표자는 자신들의 행위에 스스로도 놀라서 '가톨릭교회와 로마교황의 관구에 대한 불법행위'를 황제가 불쾌하게 생각하지 않을까 두려워했다. 그들은 황제에게 이렇게 써서 보냈다. "사실은 이 사건 전체가 교황궁정의 극심한 폭정과 무질서에 대한 신의 심판으로 일어났다고 모두들 확신하고 있습니다." 좀 더 서글픈 통찰을 분명하게 말로 표현한 것은 도미니코회의 총장이자 라테란 공의회 때의 개혁파의 대변자, 또한 독일에서 루터의 심문을 맡았던 로마교황의 주재사절 카에타노 추기경이었다. "이 땅의 소금이어야 하는 우리가 부패하여 그저 겉치레 의식이나 주관하고 있기 때문이다."

부관참시를 당한 교황의 사체

클레멘스의 굴욕은 이중적이었다. 그는 승자들이 들이민 조건을 받아들여, 자신의 몸값을 지불할 돈을 마련할 때까지 산탄젤로에서 그들의 죄수가 되어야 했기 때문이다. 한편 교황의 무기력한 몰골을 본 피렌체는 즉각 메디치가의 대리통치자를 쫓아내고 다시 공화제를 확립했다. 그러나 교황유폐에 대한 여론의 흐름이 바뀌자 황제는 산탄젤로의 문을 열어야 했다. 클레멘스는 상인으로 변장하고 오르비에토의 초라한 은신처로 호송되었다. 그는 여전히 프랑스가 도우러 와서 균형을 잡아 주기를 바라면서 그곳에 머물렀다. 기대한 대로 다음 해에 프랑수아가 도우러 와서 나폴리로 군대를 파견했다. 그러나 다시금 패배해서 이탈리아에 대한 모든 청구권을 재차 포기하자, 교황은 이제 의심할 여지가 없는 이탈리아의 지배자인 카를 5세와 싫더라도 화해해야 했다. 물자는 바닥이 나고 없었다.

그는 밀짚 위에서 추위에 떨며 자면서 가능한 한 유리한 협정을 맺기 위해서 볼로냐까지 여행을 했다. 이제는 책략을 논할 여지가 거의 없었다. 그는 스페인 왕으로서의 카를에게 나폴리 왕국을 주고, 성직록황제로서의 그에게 대관식을 치러 주어야 했다. 카를은 그 대가로 피렌체에서 메디치가가 다시 일어나도록 군대를 지원하기로 했다. 교황은 한 가지 점에서는 자신의 요구를 관철시켰다. 다시 말해서 교황으로서 그는 아직 카를이 개최하고 싶어 했던 개혁을 위한 만국공의회를 거부할 만한 권위는 있었던 것이다. 공의회를 반대하는 밑바닥에 흐르는 동기는 사적인 것이었다. 레오가 눈 가리고 아웅 하는 식으로 자신을 사생아에서 적자로 고쳐주기는 했지만, 공의회에서 이것을 정식안건으로 다루어 교황의 자격을 무효화시키지는 않을까 두려워했기 때문이다.

그 후 클레멘스는 주로 피렌체에 대한 일문의 지배권을 되찾기 위한 전쟁을 벌였다. 황제의 지휘 아래 교황의 모국을 포위한 군대 중에는 로마를 약탈한 병사도 섞여 있었다. 피렌체는 10개월을 견딘 뒤에 결국 항복했다. 그는 이 대사업을 위해서 레오가 우르비노를 공략하고 일문의 권위를 높인다는 비슷한 목적을 위해서 사용한 것과 거의 똑같은 액수의 돈을 썼다. 메디치가의 후계자 문제는 미덥잖은 메디치가의 사생아 두 사람(그 가운데 하나는 흑인과의 혼혈아였다)에게 걸려 있었다. 교황은 후계자 문제에만 신경을 집중할 뿐, 전진하는 프로테스탄트를 막으려면 가톨릭교회가 어떻게 대처해야 하는가 하는 보다 진지한 문제는 거들떠보지도 않았다. 그의 말년에 독일의 각국은 교황청에서 정식으로 분리해서 프로테스탄트연맹을 만들었다.

클레멘스는(구이치아르디니에 따르면) 교황청에서는 경멸을 받고 군주들에게는 불신을 샀으며, 피렌체인과 로마인에게는 미움을 받다가 죽었다. 피렌체인은 화롯불을 지펴 그의 죽음을 축하했다. 로마인은 로마의 약탈이 그의 책임이라고 생각했기 때문에 클레멘스의 시신을 묘지에서 파냈다. 그들은 심장에 칼을 꽂고 손발을 잘라내서 시신을 갈기갈기 찢은 뒤에 거리에 팽개쳤다.

로마의 약탈은 물리적 충격이라는 면에서는 무서웠지만, 벌로써는 필연적이었다고 보인다. 프로테스탄트의 분리가 얼마나 중요한 문제인가를 가톨릭교회가 인식한 것은 훨씬 뒤였다. 사람들이 어디에 자신이 있었는가를 이해하려면 시간과 전망이 필요하다. 교황청은 천천히 자신의 실정을 깨닫기 시작했다. 클레멘스의 후계자 파울로 3세(전 알레산드로 파르네제 추기경)가 재임한 기간의 절반, 루터가 공공연하게 반대성명을 낸 지 30년도 지나지 않은 1544년의 트리엔트 공의회를 계기로 오랫동안 잊혀졌던 '잃어버린 것'의 회복이 시작되었다.

아둔한 지도자의 세 가지 특질

르네상스시대에 살았던 여섯 명의 교황이 저지른 아둔함의 원칙은 무엇일까. 첫째로 권력에 대한 그들의 자세와 그 결과로 얻어진 행동은 그들이 살았던 시대의 사회적 환경과 분위기에 뒷받침되었다는 사실을 인식해야 한다. 물론 이것은 어떤 시대의 어떤 사람에게도 적용되지만, 이 경우에는 증폭되고 있다. 이 시대의 이탈리아 지배계급의 분위기와 조건은 독특했기 때문이다. 교황의 행위를 결정하는 부분적 요소, 즉 외국과의 관계, 정치항쟁, 신념, 풍속, 인간관계는 체질해서 걸러내야 한다. 그렇게 하면 불변의 원리가 나타나기 때문이다.

교황의 아둔함은 이익을 해치는 정책의 추구에 있었던 것이 아니었다. 오히려 자신의 입장을 개선하고 고조되는 불만을 억제하려는 정치적인, 또는 종교적인 일관된 정책, 혹은 안정된 정책을 배척한 데 있다.

최대의 아둔함은 주변에서 일어나는 운동과 감정을 무시한 것이었다. 그들은 불만에 귀 기울이지 않고, 불만이 낳은 대안에 눈길을 주지 않고, 도전은 태연하게 무시하고, 자신들의 그릇된 행동에 대한 당혹감과 실정에 대한 분노를 깨닫지 못하고, 변혁을 고집스럽게 거부하고, 어리석다고 말해도 좋을 만큼 완고하게 부패한 기존 제도를 유지했다. 변혁을 이룰 수 없었던 까닭은, 그들이 제도의 일부가 되어 그곳에서 태어나고 그곳에 의존했기 때문이다.

그리고 첫 번째 못지않게 중요한, 아둔함의 두 번째 요소는, 그들의 괴팍스러운 낭비와 사리사욕에 대한 집착이었다. 일찍이 교황청이 세속적 권력을 '기독교세계의 평화로 이루어지는 진정한 교회의 복지'보다 중시한다는 비난이 제기되었을 때, 클레멘스 7세는 '그렇게 하지 않으면 마지막 한 푼까지 빼앗겨 내 것이라고는 무엇 하나 되찾을 수 없을 것'이라고 답했다. 여섯 교황 전원이 그렇게 항변할지도 모른다. 교회의 우두머리에게는 '자신'의 이익을 추구하는 것보다 훨씬 큰 책무가 있다는 것을 깨달을 만한 지혜를 가진 사람은 하나도 없었다. 공익보다 사익을 우선시하고 개인적 야심과 탐욕과 권력을 휘날리는 쾌감이 정책을 결정하는 경우, 공익은 끊임없이 상실된다.

독선과 아집의 역사 ───

식스토에서 클레멘스까지 끈끈하게 이어진 광기의 시대만큼 이것이 분명하게 드러난 적은 일찍이 없다. 교황에서 교황으로 넘어갈수록 이 폐해는 배가되었다. 여섯 사람 모두 교황청에 대한 생각을 바꾸지 않은 채 교황직을 물려받았다. 교황 각자에게(율리오에게는 그래도 조금 큰 전망이 있었지만) 가톨릭 교회정치의 기관과 로마 교황의 관구는 최고의 국고교부금과 같았다. 60년에 걸쳐 이 생각에 의구심을 제기하지도 않았고, 몽매함을 깨치지도 못했다. 당시의 가치관이 그것을 극단까지 몰아넣었기는 했지만, 사리사욕은 어떤 시대에나 있고 그것이 정책을 좌우할 때 아둔함이 된다.

세 번째 아둔함은 영원하리라는 환상, 자신들의 권력과 신분의 불가침성에 대한 환상이었다. 교황의 자리에 오른 자는 교황청은 영원하다고 생각했다. 또한 도전은 그들이 몇 세기 동안 이단심문과 파문과 화형으로 탄압했듯이 언제라도 탄압할 수 있다고 믿었다. 유일한 진짜 위험은 공의회의 형태를 띤 상층권력의 위협이므로 안전하게 살려면 공의회를 건성으로 넘기거나 통제하기만 하면 된다고 생각했다. 여섯 사람의 마음은 항의의 목소리를 이해하려고 하거나 자신들의 형편없는 인기와 약점을 인정하려는 노력으로 흔들린 적이 단 한 차례도 없었다. 임명되어 통치를 맡은 교회라는 조직의 이익에 대한 그들의 생각은 너무나도 근시안적이었고 거의 혼미한 상태에 가까웠다. 그들에게는 정신적 사명에 대한 감각이 없었다. 의미 있는 종교적 지도를 하지 못했고, 기독교세계에 대해 아무런 윤리적 봉사도 하지 못했다.

그들의 두드러진 세 가지 태도, 즉 교구민의 커지는 불만에는 눈을 감고, 사욕 채우기를 무엇보다 우선시하고, 불가침의 지위를 영원히 누릴 수 있다는 환상을 품은 것은 아둔함의 고질스런 특질이다. 르네상스시대 교황의 경우 이러한 태도는 주변문화에 의해서 형성되고 증폭되었지만, 세 가지 모두 시대와 관계없이 일어나기 쉬운 현상이다.

※ 26일 동안 재위한 사람, 2년도 채 재위하지 못한 외국인, 이렇게 두 사람은 세지 않기로 한다.

Part 4

미국 역사상 가장
길었던 베트남전쟁

The March of Folly : from Troy to Vietnam

인도차이나를 둘러싼 갈등
1945~1946

미국을 협박하여 인도차이나의 주권을 되찾은 프랑스

미국은 대통령이 무려 다섯 번이나 바뀔 동안 베트남에서 악전고
투를 계속했다. 이 문제와 관련해서 무지를 변명으로 들고 나오는 사
람이 많았지만, 무지는 진정한 요인이 아니었다. 맞싸운 상대의 국민
성이나 문화에 대해서 무지했을지는 모르지만 미국의 정책목표를 달
성하기 위해 무엇을 해야 하는가에 대해서, 또는 무엇이 장해가 되는
가에 대해서 몰랐다는 것은 말도 안 된다. 목표의 달성을 가로막는 모
든 이유와 조건은, 미국이 개입했던 30년 동안 그때그때 인식되고 예
견되었다. 미국의 개입은 한발 한발 나아갈 때마다 생각지도 않았던
늪지에 빠져드는 식으로 진행되지 않았다. 정책입안자가 위험과 장해
와 부정적인 흐름을 눈치 채지 못한 적이 한 번도 없었다. 미국의 비
밀정보기관은 유능했고, 내실 있는 관찰보고는 꾸준히 전장에서 수도

로 전달되었다. 특별조사단이 몇 차례나 파견되었고, 담당책임자들의 낙천주의(그것이 우세했던 무렵에는)와 비교, 대조할 수 있는 독자적인 현장보고도 결코 드물지 않았다. 미국이 베트남에서 저지른 어리석음은, 장해를 인식하지 못한 채 목표를 추구한 데 있지 않다. 그 이유는 목표 달성이 불가능하고, 결과는 미국의 국익에 보탬이 되기는커녕 궁극적으로는 미국의 사회와 대외위신과 국력을 손상시킬 것이라는 증거가 산더미처럼 많은데도 고집스럽게 그것을 추구했다는 데 있다.

여기에서 발생하는 의문은 왜 정책입안자들이 이러한 증거와 그 의미를 외면했는가 하는 점이다. 이것은 전형적인 독선의 전조이다. 즉 증거에서 결론을 뽑아내기를 거부하고, 국익에 반하는 것에 집착하는 태도이다. 왜 이렇게 거부하고 집착했는가는, 미국이 베트남정책을 입안한 과정을 거슬러 올라가 조사하는 동안에 저절로 밝혀진다.

발단은, 제2차 세계대전이 끝나기 몇 개월 전에 루스벨트 대통령이 프랑스가 인도차이나에서 식민지 지배를 부활하려는 움직임을 허락하지 않고 결코 원조도 하지 않겠다는 기존의 결의를 뒤집은 데서 시작되었다. 결의를 뒤집은 까닭은 집요한 프랑스의 요구를 받아들여 독일의 점령으로 손상된 프랑스의 자부심을 어루만지고, 프랑스를 소련의 진출을 막는 서유럽의 보루로 삼고자 하는 정책 때문이었다. 소련의 진출은 승리의 순간이 다가옴에 따라 워싱턴의 중대한 관심사가 되었다. 이때까지 식민지주의에 대한 루스벨트의 혐오감과 아시아에서 그것을 몰아내고자 하는 그의 결의는 굳었다(이러한 자세는 영국과 다툰 기본적인 논쟁의 불씨가 되었다). 그는 인도차이나에서 범한 프랑스의 실정은 식민지주의가 보일 수 있는 최악의 추태라고 믿었다. 1943년 1월, 루스벨트는 "인도차이나는 프랑스에 반환되어서는 안 된다"라고 코델 헐 국무장관에게 말했다. "상황은 명백하다. 프랑스는 인도차이나의 3천만 주민을 1백 년 가까이나 지배했고, 국민은 처음보다 생활이 나빠졌다. 그들은 지금의 상태보다 훨씬 낮게 살 자격이 있다."

"대통령은 그 건에 대해서 다른 어떤 식민지문제보다 훨씬 솔직하게 나에게 말했다. 내가 상상하기로는, 프랑스에서 인도차이나를 해방하는 것이 그의 주요한 전쟁목적의 하나였다"라고 처칠은 앤소니 이든에게 말했다. 사실 그대로였다. 1943년에 카이로회담이 열렸을 때 루스벨트의 인도차이나 계획은 스틸웰 장군의 일기에 대문자로 이렇게 씌어 있었다. "프랑스에게는 반환하지 못한다!" 루스벨트는 '필리핀과 완전히 똑같이 그들이 홀로 설 수 있을 때까지 25년 남짓' 신탁통치하자는 안을 제출했다. 영국은 이 안을 보고 긴장하여 경계심을 드러냈지만, 베트남의 옛 지배자 중국은 아무런 관심도 기울이지 않았다. "나는 장개석에게 인도차이나를 원하느냐고 물었다. 그러자 그는 쌀쌀맞게 '어떤 조건이어도 싫소!' 하고 대답했다"라고 루스벨트는 스틸웰 장군에게 말했다.

루스벨트 대통령의 마음에는 자치를 허용하면 어떨까 하는 생각은 없었던 듯하다. 프랑스가 출현하기 전의 베트남(코친차이나, 안남, 통킹을 통합한 국가)은 중국의 지배에 저항하며 수많은 항전을 거듭한 역사가 말해 주듯이 오랫동안 자치에 집착한 독립국가였다. 이 문제를 간과한 루스벨트의 견해는 종속민족에 대한 당시의 일반적인 태도의 전형이었다. 저항의 역사와는 관계없이 구미의 지도 아래 준비를 갖출 때까지는 그들에게 자치할 '능력'이 없다고 생각했기 때문이다.

인도차이나 지배를 둘러싼 열강들의 싸움

영국은 자신들이 인도, 미얀마, 말레이시아를 다시 지배하려는 의도를 드러내며 '나쁜 전례'가 된다고 신탁통치에 악착같이 반대했다. 루스벨트는 고집하지 않았다. 인도문제에 쓸데없는 논쟁을 덧붙일 마음이 없었기 때문이다. 루스벨트가 인도문제를 꺼낼 때마다 처칠은 장황하고도 강경한 어조로 반발했다. 그 후 1944년, 다루기 어려운 샤를 드골 아래 해방된 프랑스가 모습을 나타내 복귀할 '권리'를 고집했다. 반면에 신탁통치자인 중국은 너무나 국력이 약해서 제외해야 했기 때문에 루스벨트는 난감해 했다.

국제신탁통치안은 워낙 인기가 없어서 서서히 배제되었다. 루스벨트의 군사고문들은 이 안을 싫어했다. 이 안을 채택하면 해군기지로 사용할 수 있는 일본령 섬들에 대한 미국의 지배권이 위기에 빠질지도 모른다고 생각했기 때문이다. 항상 프랑스를 지지하는 태도를 무너뜨리지 않던 국무부의 친유럽파 인사들은 '프랑스와 성의 있는 협력'을 이루지 못하면 유럽은 머지않아 소련의 지배에 떨어지고 '서구문명'은 위협받게 된다는 프랑스의 외무장관 조르주 비도의 전제를 전면적으로 받아들였다. 친유럽파 인사들의 견해에 따르면 협력이란 프랑스의 요구를 받아들이는 것이었다. 반면에 극동부(나중의 동남아시아부)에서 일하는 인사들은 미국의 정책은 궁극적인 독립에 목표를 두어야 하고, 그때까지는 임시정부를 두어 베트남인에게 '다시 자치의 책임을 지도록 가르치는' 것이 좋다고 주장했다.

어떤 정책을 우선시해야 하는가가 초점이 되면, 유럽에 드리운 소련의 그림자보다 아시아의 장래를 중시할 수는 없었다. 1944년 8월, 전후의 국제조직을 토론하기 위해서 열린 덤바턴 오크스회담에서 미국이 제출한 식민지안은 장래의 독립에 대해서는 아무런 언급도 하지 않고, 예전의 식민지세력의 '자발적인 동의'를 얻어 결정한다는 허약한 신탁통치안만을 제안했다.

인도차이나는 이미 쉽게 해방될 수 없는 복잡한 양상을 드러내기 시작했고, 이것은 다음 30년에 걸쳐서 악화일로를 걸었다. 전쟁 기간 동안 일본의 인도차이나 정복자와 비시 정부가 맺은 협약으로 무장한 군대와 민간식민지를 갖춘 프랑스의 식민지정부는 대리지배자로서 이 나라에 머물렀다. 1945년 3월, 계기를 잡은 일본이 그들을 지배자의 자리에서 몰아내자 몇몇 프랑스인 그룹은 베트민이 지휘하던 현지인의 저항운동에 가담했다. 이것은 공산주의자를 포함하는 민족주의자그룹의 연합으로, 1939년 이후 독립을 요구하면서 일본에 대한 저항운동을 계속했다. 영국인이 통솔하던 동남아시아사령부가 이들 그룹과 연락을 취하며 공동투쟁을 호소했다. 하지만 지금 저항그룹을 원조하면 반드시 프랑스의 복귀를 돕는 결과가 되기 때문에 루스벨트는 이 문제를 회피했다. 그는 1945년 1월, 초조한 나머지 헐에게 일본에 종속된 인도차이나를 해방하는 문제에는 '얽히고' 싶지 않다고 말했다. 또한 프랑스군을 인도차이나로 수송하는 데 미국의 배를 사용하게 해 달라는 프랑스의 요구를 거절하고 저항운동에 대한 원조도 중단했다. 그리고는 태도를 180도 바꿔 모든 원조는 프랑스의 이익으로 연결되지 않는 반일운동에 한정되어야 한다고 주장했다.

그러나 일본과의 전쟁에 승리하는 그날에 누가 이 나라를 지배해야 하는가. 예전의 중국의 지배는 환멸스러운 경험이었다. 반면에 프랑스의 요구는 갈수록 드세지고 고자세가 되었다. 루스벨트는 연합국의 압력과 프랑스가 '돌아와서는 안 된다'는 자신의 뿌리 깊은 감정 사이에 끼여 지칠 대로 지쳤다. 죽음을 얼마 앞두지 않은 그는 확답을 피하고 결정을 연기하려고 했다.

1945년 2월에 열린 얄타회담에서는 승리를 눈앞에 둔 다른 모든 연합국의 문제가 긴장의 도를 더해 가고 있었기 때문에 인도차이나

문제를 얼버무리고 샌프란시스코에서 열린 다음 번 조직회의로 넘겼다. 여전히 이 문제로 고뇌하던 루스벨트는 샌프란시스코회담을 대비해서 국무부의 고문과 대화를 나누었다. 이때는 '독립이 궁극적인 목적이라는 조건을 붙여' 프랑스를 신탁통치자로 선정해도 좋다고 제안하는 선까지 후퇴했다. 자치령이라는 형태로 마무리할 생각이냐는 질문을 받고는 "아니오"라고 대답하면서 "독립이어야 하오…… 국무부에서 내가 그렇게 말했다고 말해도 상관이 없소"라고 말했다. 그는 한 달 후인 1945년 4월 15일에 죽었다.

이제 거칠 것이 없어진 스테티니어스 국무장관은 루스벨트가 죽은 지 열흘 만에 미국은 인도차이나에 대한 프랑스의 주권에 의심을 품지 않는다고 말했다. 이것은 드골이 파리주재 미국대사에게 퍼부었던 협박에 대한 대응이었다. 이때 드골 장군은 인도차이나원정군이 준비를 마쳤는데도 미국이 수송을 거부해서 출발하지 못하고 있고, 또한 '미국이 인도차이나문제에 대해 우리에게 반대한다면' 이것은 프랑스 국내에 '무서운 실망'을 주어, 그 결과 프랑스는 소련의 산하로 들어갈 수도 있다고 말했다. "우리는 공산주의자가 되고 싶지 않지만…… 당신들이 우리를 그쪽으로 밀어붙이지 않았으면 좋겠다고 생각한다." 이 협박은 원시적이었지만, 미국 외교가의 친유럽파 인사들이 보고하고 싶어 했던 정세와 정확하게 일치했다. 5월, 정력적인 전 주일대사이자 세련된 외교문제전문가인 조셉 그루 국무장관대행은 샌프란시스코에서 "현 정부가 언외의 뜻까지 포함해서 어떤 지역에서의 프랑스의 주권에 의심을 품었다는 공식적인 진술은 어떤 기록에도 전혀 남아 있지 않다"라고 놀랄 만한 자신감을 담아 비도 외무장관에게 보장했다. 승인한다는 것과 의심을 품는 것은 조금 다르다. 그러나 전문가의 손에서는 이런 식으로 정책이 만들어진다.

독선과 아집의 역사 ──

프랑스의 재지배에 대한 거센 저항

인도차이나에서 프랑스가 어떤 짓을 했는가에 대해서는 루스벨트의 말이 맞았다. 프랑스의 지배는 아시아에서도 가장 착취가 심했다. 프랑스행정부는 수출하면 가장 많은 이익이 남는 상품(쌀, 석탄, 고무, 비단, 향료와 광물)의 생산촉진에 노력을 집중하는 한편, 프랑스제품의 판로로서 베트남경제를 왜곡시켰다. 또한 그저 평범하기만 할 뿐 별다른 재주도 없는 약 4만 5천 명의 프랑스인 관료에게 유유자적하고 안락한 생활을 보장했다. 1910년에 실시된 조사에 따르면 그 중에서 베트남어를 상당히 유창하게 구사할 줄 아는 자는 세 사람밖에 안 되었다고 한다. 프랑스행정부는 통역 겸 중개자로서 현지의 상류계급에서 '신뢰할 수 있는' 베트남인 보조 관료를 모집해서 무상불하토지뿐 아니라 직책까지 주고, 주로 가톨릭으로 개종한 자에게는 고등교육을 받도록 장학금까지 지급했다. 또한 프랑스식 학교를 우대하고 예로부터 내려온 마을의 학교를 몰아냈지만, 프랑스식 학교는 자격이 있는 교사가 부족했기 때문에 고작 취학인구의 5분의 1을 수용할 수 있었다. 따라서 어떤 프랑스 작가에 따르면 베트남인은 "프랑스 점령 이전의 아버지 세대보다 훨씬 문맹이 많아졌다"고 한다. 의사의 수는 미국이 지배했던 필리핀에서는 3천 명의 주민당 1명이었던 데 비해 3만 8천 명당 1명의 비율이었고, 공중위생과 의료업무는 거의 전무했다. 또한 전통적인 법제도 대신에 익숙하지 못한 프랑스의 법률체제를 도입했고 코친차이나에는 식민지의회를 만들었다. 이 의회에 소속한 소수의 베트남인은 '피정복민족의 대표'라고 불렸다. 무엇보다 기업적인 대농장이 발달하고 협력계급은 토지를 거의 무상으로 매수할 기회가 많았기 때문에 자작농이 소작농으로 전락하여, 제2차 세계대전이 끝나기 직전에는 그 수가 전체의 50퍼센트 이상에 달했다.

프랑스인은 이 식민제도를 '문명의 사절'이라고 불렀다. 이 명칭은 현실과는 거리가 멀어도 자화상은 만족시킬 수 있었다. 프랑스의 좌익진영에서는 솔직하게 반대하는 사람이 드물지 않았고, 또한 식민지에서는 아량 있는 총독과 관리들이 때때로 개혁을 위해 노력했지만 프랑스의 기득권이 그것을 좌절시켰다.

프랑스의 지배에 대한 항의와 폭동은 식민지 초기부터 시작되었다. 1천 년이나 계속되었던 중국의 지배를 전복시키고, 중국의 재침략도 거뜬히 물리친 민족, 토착왕조가 압제를 휘두르면 맞서 싸워서 퇴위시켜 온 민족, 이제는 혁명적인 영웅들과 그 위업의 토대가 된 게릴라전법을 마음껏 구사하는 민족이 중국인보다 훨씬 이질적인 외국인의 지배를 얌전하게 허락할 리 없었다. 1880년대와 1916년, 두 차례에 걸쳐서 베트남 황제가 몸소 반란을 후원했지만 모두 실패로 끝났다. 협력계급이 프랑스의 식탁에서 떨어지는 부스러기로 배를 채우는 동안, 다른 사람들은 20세기의 민족주의적 충동에 휩싸여 끓는 피를 억누르지 못했다. 당파, 정당, 비밀결사(민족주의적인 것, 입헌주의적인 것, 종교적인 것)가 결성되어 대중을 선동하고 시위를 조직하고 파업을 지도했지만, 끝닿는 곳은 프랑스의 교도소, 국외추방, 총살형이었다. 1919년, 베르사이유강화회담이 열렸을 때 호치민은 베트남의 독립을 간청했지만 아무도 들어주지 않았다. 그 뒤에 그는 1920년대에 중국공산당이 했던 것과 똑같이 모스크바가 조직한 인도차이나 공산당에 입당했다. 이 당이 서서히 독립운동의 주도권을 쥐었고, 1930년대 초기에는 농민이 봉기했다. 몇천 명이나 되는 사람들이 체포되어 교도소로 끌려갔고, 많은 사람이 처형되었으며 약5백 명이 종신형에 처해졌다.

그러나 생존자들은 프랑스에서 인민전선정부가 정권을 잡았을 때

사면되어 서서히 운동을 되살렸다. 그들은 1939년에 베트민(베트남독립동맹)이라고 불리는 연합체를 설립했다. 1940년에 프랑스가 나치스에 항복하자 다시 반란이 일어났다. 이것도 잔인한 탄압을 받았지만, 그 정신과 목적의식은 그 후에 일본에 대한 저항운동으로 되살아났다. 이 운동에서는 호치민이 이끄는 공산당원이 가장 적극적인 역할을 했다. 중국의 경우와 똑같이, 일본의 침략이 그들에게 민족주의적 대의를 주었던 것이다. 프랑스의 식민지 정권이 전투도 하지 않고 일본군의 침입을 허락했을 때, 저항단체들은 경멸을 배웠고 새로운 저항의 기회를 보았다.

전쟁 중에는 미국의 전선정보국 요원들이 은밀하게 지하저항운동에 가담하거나 지원하면서 인도차이나에서 활약했다. 그들은 공중에서 투하하는 방법으로 무기를 제공했다. 어떤 때는 키니네와 설파제를 넘겨주었고, 이것이 말라리아와 이질로 고통 받던 호치민의 목숨을 살렸다. 미국 전선정보국 요원과의 대화에서 호치민은 식민지에서 독립을 쟁취한 미국의 역사를 잘 알기 때문에 "미국이 프랑스를 몰아내고 독립국가를 세우고자 하는 우리를 원조하리라고 확신한다"고 말했다. 미국이 필리핀에게 한 공약에 큰 감명을 받았고, '미국은 전 세계의 자유로운 인민정부를 지지하고 모든 형태의 식민지주의에 반대한다'고 믿는다고 말했다. 물론 이것은 속뜻을 있는 그대로 털어놓은 말이 아니었다. 그는 이 메시지가 상부까지 전달되기를 바랐던 것이다. 그 자신이 한 말에 따르면 '이미 조직이 끝나고 발족준비까지 갖춘' 정부이기 때문에 무기와 원조가 필요했다. 미국 전선정보국 요원은 호치민에게 호의를 보였지만, 중국에 주재했던 그들의 지부장은 "공산당원으로 알려져 있고, 그 때문에 혼란의 원인이 될 호치민과 같은 개인에게는 아무런 원조도 제공할 수 없다"라는 방침을 고집했다.

일본이 패배하기 직전인 1945년 7월에 포츠담회담이 열렸다. 이 회담에서는 누가 인도차이나를 관리하면서 일본의 항복을 접수할 것인가가 문제가 되었고, 연합국의 비밀결정에 따라 16도선 이남은 영국의 지배하에, 16도선 이북은 중국의 지배하에 두기로 결정했다. 누가보다라도 영국은 식민지의 회복에 전념했기 때문에 이 결정은 프랑스의 복귀를 굳게 약속한 것과 마찬가지다. 미국은 이것을 묵인했지만, 루스벨트가 죽었기 때문이고, 미국의 관심은 전후 처리보다 전선에 나간 젊은이들을 고국으로 돌아오게 하는 데 집중되었기 때문이었다. 또한 유럽이 허약해진 상태를 고려할 때 미국은 연합국과 되도록분쟁을 피해야 했다. 프랑스는 해방의 영웅 자크 르크레르 장군이 이끄는 6만 2천 명의 육군을 태평양전선에 배치하겠다고 강력하게 주장했다. 포츠담에 모인 연합국의 참모들은, 이 군대는 나중에 결정될 미국, 또는 영국 군대가 지휘하는 지역에 자리 잡고 1946년 봄까지는 수송하지 않는다는 조건 아래 이 주장을 받아들였다. 이 지역이 인도차이나이고, 프랑스군대의 사명이 인도차이나의 재정복인 것은 거의 공공연한 비밀이었다.

이렇게 해서 미국의 정책에 프랑스의 식민지회복이 포함되었다. 트루먼 대통령은 루스벨트의 뜻을 이어갈 생각은 있었지만 식민지주의에 대해서 개인적으로 십자가를 질만한 사명감은 없었고, 실제로 전임자가 남긴 지시문서도 제대로 이행하지 못했다. 게다가 해군 참모총장 어니스트 J. 킹에 따르면 '그를 둘러싸고 있던 것은 인도차이나에서 프랑스를 몰아내기에는 결코 호의를 보이지 않는' 군의 참모들이었다. 그들은 오히려 서유럽의 군사세력이 일본이 했던 역할을 대신해야 한다는 관점에서만 생각했다.

미국이 프랑스의 인도차이나 복귀를 수락한다는 사실이 확인된 것

독선과 아집의 역사 ───────

은 8월에 드골 장군이 워싱턴을 방문했을 때였다. 이제는 완전히 세뇌되어 소련의 위협을 믿게 된 트루먼 대통령이 "우리 정부는 프랑스군의 인도차이나 복귀와 그 권한에 대해서 아무런 반대도 하지 않는다"라고 드골에게 말했기 때문이다. 다음날 드골은 서둘러 기자회견을 열어 이 사실을 발표하고 "물론 (프랑스도 정치를 개혁할) 신체제를 도입할 생각이지만, 우리에게는 주권의 확립이 가장 중요한 문제이다"라고 덧붙였다.

드골 장군은 매사를 딱 잘라 말해야 직성이 풀리는 남자였다. 1944년 1월에 브라자빌에서 회담이 열렸을 때, 그는 '자유 프랑스(제2차 세계대전 중에 런던에서 드골의 지휘 아래 조직된 저항운동. '싸우는 프랑스'라고도 한다)'를 대변하면서 "전쟁으로 인해 식민지의 정치적 발전이 촉진된 사실을 인식해야 한다. 또한 프랑스는 '고결하고 공정하게' 그 발전에 대처하겠지만 주권을 포기할 의도는 없다"고 말했다. 식민지정책에 대한 브라자빌 성명은 "'문명시절'의 목적은…… 그 어떤 자치의 개념이나 프랑스권 밖의 그 어떤 발전 가능성도 배제한다. 식민지에서의 '자치'의 달성은 설사 먼 장래의 일이라고 해도 배제해야 한다"라고 밝혔다.

호치민의 독립투쟁 선언

1945년 8월, 일본이 항복한 지 일주일 뒤에 열린 베트민회의는 베트남민주공화국의 수립을 선언하고 사이공의 지배권을 빼앗은 뒤 미국 독립선언서를 인용해서 독립을 선언했다. 호치민은 미국 전선정보국이 유엔에 전달한 메시지에서, 유엔이 헌장에서 선언한 약속의 실행에 실패하고 인도차이나를 독립시키지 못할 경우 "우리는 독립을

호치민

손에 넣을 때까지 싸워 나가겠다"라고 경고했다.

　마지막 황제의 이름으로 쓴, 드골에게 보내는 감동적인 메시지에서 융통성 있는 바오 다이도 똑같이 경고했다. 그는 먼저 프랑스인을, 이어서 일본인을 섬기다가 이제는 민주공화국의 대의에 찬성하고 퇴위한 상태였다. "당신들은 만인의 마음속에 있고 어떤 힘으로도 억압할 수 없는 독립에 대한 열망을 느낀다면, 우리를 보다 잘 이해할 수 있을 것이다. 설사 당신들이 프랑스의 지배를 재건하려고 이곳으로 돌아온다고 해도 사람들은 더 이상 복종하지 않을 것이다. 모든 마을이 저항운동의 보금자리가 되고, 예전의 협력자는 적이 되고, 귀국의 관리와 식민자 자신들이 호흡하기 어려운 이 대기에서 도망치게 해달라고 간청하게 될 것이다."

　그것은 들리지 않는 귀에 쏟아 붓는 또 하나의 경고였다. 드골은 워싱턴에 머무를 때 이 메시지를 받았지만, 그것을 미국측에 보여 주지 않았다. 설사 보여주었다 하더라도 그것이 어떤 효과를 낳았으리라고 추측할 근거는 아무것도 없다. 몇 주일 후 워싱턴은 하노이에 주재하는 기관에 '프랑스의 권력회복을 용이하게 하는' 수단을 취하고 있다고 통고했다.

사이공에 들어온 영국과 프랑스 군대

스스로 선언한 독립은 한 달도 채 계속되지 못했다. 9월 12일, 소수의 프랑스군이 섞인 영국 군대가 영국인 장군의 지휘 아래 미국의 D-47기를 타고 실론에서 공수되어 사이공에 들어왔고, 이틀 후에는 1천5백 명의 프랑스증원부대가 프랑스 전함으로 도착했다. 그동안 프랑스군 2개 사단이 미국의 수송선 2개 선단에 나눠 타고 마르세이유와 마다가스카르를 출발했다. 이것이 미국이 지원에 나선 최초의 중대한 행동이었다. 수송선이 대기하는 항구는 연합군의 참모부가 통제했고 정책결정은 이미 포츠담에서 내려졌기 때문에 동남아시아사령부는 요구만 하면 준비된 순서대로 수송선을 배당받을 수 있었다. 나중에 국무부는 눈 가리고 아웅 하는 식으로 육군성에게 '미국의 국기를 단 배, 또는 항공기를 이용해서 네덜란드령 동인도제도나 프랑스령 인도차이나 방면으로 군대를 수송하거나 무기, 탄약, 그 밖의 군사시설을 운반하는' 것은 미국의 정책에 반한다고 충고했다.

프랑스군이 도착할 때까지 사이공의 영국군사령부는 반란조직의 진압에 일본군을 활용했기 때문에 일본군의 무장해제는 지체되었다. 영국군 사령관 더글러스 그레이시는 베트민의 대표단이 질서를 유지하겠다는 뜻을 전하려고 그를 방문했을 때를 이렇게 술회했다. "그들이 '이곳에 오신 것을 환영합니다'라고 인사했는지 뭐라고 했는지는 기억이 안 나지만 어떻든 뭐라고 지껄였다. 그러나 상황이 별로 유쾌하지 않아서 나는 그들을 곧바로 쫓아냈다." 그는 영국인 특유의 거드름이 뚝뚝 묻어나는 말투로 과거를 회상하고 있지만, 이윽고 베트남 정세가 전개됨에 따라 미국이 보인 태도 역시 거만하기는 마찬가지였다. '멍청한 자식들'이라든가 '더러운 족속'이라는 말에 잘 드러난 이 태도는, 아시아인을 백인보다 열등한 존재로 바라보는 시각뿐 아니라 인도차이나 민족에 대한 멸시를 반영한다. 따라서 미국은 베트남민족의 독립요구를 일본인이나 중국인의 요구만큼 진지하게 받아들이지 않았다. 일본인은 말로 다할 수 없을 만큼 잔인했지만 대포와 전함과 근대공업을 보유한 민족이라 만만하게 보지 못했다. 중국인은 선교사들의 찬사 덕택에 감탄을 많이 샀고, 황화를 일으킬 수 있는 민족으로 두려움의 대상이기도 했다. 게다가 중국은 광활한 국토와 엄청난 인구를 보유했다는 이유에서도 높은 평가를 받았다. 그러나 그러한 자질을 지니지 못한 인도차이나인은 멸시의 대상일 뿐이었다. 그레이시 장군의 말에서 조짐이 드러나듯이 결과는 상대방에 대한 치명적인 과소평가로 나타났다.

10월과 11월에 프랑스군 사단이 인도차이나에 도착했다. 그 일부는 미제군복을 입고 미제장비를 갖추고 있었다. 그들은 서둘러 옛날 그대로 무력진압에 나섰고, 처음 며칠 동안 무시무시한 체포와 대학살을 자행했다. 그들이 사이공의 지배권을 되찾자 베트민은 후퇴해서 시골로 들어갔고, 이때의 식민지회복은 완전하지 못 했다. 중국군이 맡은 북방지역에서는 일본군의 항복 덕분에 입수한 무기(중국인이 그것을 팔았기 때문이다)로 무장한 베트남인들이 하노이의 호치민임시정부 아래서 지배권을 장악했다. 중국군은 간섭하지 않았다. 그리고 최종적으로는 점령시기의 노획물을 잔뜩 싣고 국경 너머로 철수했다.

전쟁의 씨앗을 심을 것인가?

다양한 민족과 정당이 뒤섞인 가운데 미국 전선정보부대는 워싱턴에서 오는 '지시의 부족'으로 고생했다. 이것은 본국에서 빚어지는 정책의 혼란을 반영했다. 전통적인 반식민주의 덕택에 이중가치(Ambivalence)가 큰 저수지를 형성하기는 했지만, 유럽의 공백을 메우려면 '안정되고 강력하고 우호적인' 프랑스가 꼭 필요하다는 정치적 계산이 정책의 균형을 무너뜨렸다. 1945년 말 무렵, 프랑스는 인도차이나에서 사용할 1억 6천만 달러어치의 장비를 사들였고, 잔류중인 미국전선정보국부대는 '반항적인 안남인에 대한 처벌의 입회인'으로 일하라는 지시를 받았다. 5개월에 걸쳐서 호치민이 트루먼 대통령과 국무부에 지원과 경제원조를 요청하는 탄원서를 여덟 통이나 보냈지만, 미국은 호치민정권이 승인되지 않았다는 이유로 답장을 보내지 않았다.

이러한 냉대는 베트남의 상황에 대한 무지에서 나온 것이 아니다. 하노이에 주둔한 미국 해외정보국의 아서 헤일이 10월에 보낸 보고서는, "미국의 정책이 기대했던 막연한 형태의 자치와 개혁을 프랑스가 약속한다고 해서 베트남인이 만족할 리가 없다"고 분명히 밝혔다. 베트남인은 프랑스가 인도차이나에서 물러가기를 바랐다. 북쪽의 모든 도시와 농촌에서는 "독립이 아니면 죽음을 달라!"라고 부르짖는 포스터가 '벽이라는 벽, 창이라는 창마다 붙어 길을 가는 사람에게 소리 없이 호소했다.' 공산당이 영향력을 행사한다는 것은 숨길 수 없는 사실이었다. 임시정부의 깃발은 소련의 국기와 비슷했고 마르크스의 소책자가 관청의 책상 위에 놓여 있었지만, 미국의 영향력도 만만치는 않았다. 필리핀에게 한 약속이 끊임없는 화제가 되었고, 전쟁 중에 보인 미국의 용기와 미국의 생산력, 기술적·사회적 진보에 대한 생생한 열광이 느껴졌다. 그러나 베트민에게 보인 냉담한 태도와 '최근에 프랑스군대가 미국의 수송선으로 사이공에 수송되고 있다'라는 현실이 겹쳐져 우호적인 분위기가 퇴색되었다. 헤일의 보고는 다분히 예언적이었다. 설사 프랑스군이 임시정부에 승리한다고 해도 "독립운동은 결코 사그라들지 않는다고 확신해도 좋다"라고 헤일은 보고했다. 이 확실성은 처음부터 존재했다.

다른 관찰자들도 견해가 같았다. 프랑스는 북부의 도시를 점령할 수 있을지 모르지만, "전체적으로 독립운동을 억제할 수 있을지는 여전히 의심스럽다. 그들에게는 북부의 모든 게릴라부대를 뿌리 뽑을 만한 군대가 없고, 게다가 게릴라전에 대처할 능력이 거의 없다"라고 『크리스찬 사이언스 모니터』지의 특파원은 말했다.

아시아에서의 미국의 신뢰가 '꺼림칙할 만큼 저하되고 있는' 듯하니 실정을 조사해 달라는 국무부의 부탁을 받은 방콕주재 행정관이자 나중에 유엔대사로 일한 찰스 요스트도 국무부가 받은 인상이 옳다는 것을 확인하고, 그 원인으로 프랑스군의 수송에 미국의 수송선을 사용한 것과 '프랑스군이 미국의 장비를 사용한 것'을 들었다. 요스트는 제2차 세계대전 후 종속민족의 옹호자로서 큰 기대를 모았던 미국이 민족주의운동을 지지하지 않은 것이 "동남아시아의 장기적인 안정에 기여한다고는 생각할 수 없다"라고 말했다. 이어서 그는 식민지체제의 부활은 순리에 부합되지 않고, "따라서 무력에 의존하지 않는 한 장기간 유지될 수 없다"라고 경고했다. 그런데도 미국의 정책이 프랑스의 노력을 지지한 것은, 어쩔 수 없이 필요성이 적은 쪽보다 큰 쪽을 선택한 고육책이었다. 존 마샬은 국무장관으로서 "어떤 지역에는 위험할 만큼 시대에 뒤떨어진 식민지적 양상과 방법이 남아 있지만, 그

독선과 아집의 역사

렇다 해도…… 우리는 크렘린에서 쏟아내고 크렘린의 통제를 받는 철학과 정치조직이 식민지의 행정부를 대체하는 꼴을 보고 싶지 않다"라고 인정했다. 이것은 극도로 어려운 문제였다. 프랑스는 호치민이 모스크바와 접촉하는 '증거'를 워싱턴에 쉬지 않고 들이밀었고, 국무차관 딘 애치슨은 그것을 의심하지 않았다. 그는 1946년 12월에 하노이로 간 동남아시아 담당부장 애보트 로우 모팟에게 다음과 같은 전보를 쳤다. "호치민이 국제공산주의 공작원으로서 일한 명백한 경력을 잊지 마라."

아시아인의 대의에 대한 열렬한 지지자였던 모팟은 회담에서, 호치민이 공산주의는 자신의 목적이 아니라고 주장하고, 독립을 확보할 수 있다면 자신의 생애는 그것으로 충분하다고 말했다고 보고했다. "아마" 하고 호치민은 뜻밖의 말을 덧붙였다고 한다. "지금부터 50년이 지나면 미국은 공산주의국가가 되어 있을 것이다. 그때는 베트남도 그렇게 될 것이다." 모팟은 베트남 민중의 지지를 받는 이 그룹은 "현 단계에서는 틀림없이 민족주의적이다"라고 말했다. 이어서 그들은 공산주의국가보다 먼저 능력 있는 민족주의국가를 만들어야 한다고 생각하고 있고, 목표로서의 공산주의국가는 "당분간 이차적인 의미밖에 갖지 않는다"라고 결론지었다. 그가 호치민에게 속았는지 그렇지 않았는지 역사는 답할 수 없다. 호치민이 미국의 지원을 요청했을 무렵에 베트남민주공화국(DRV)이 그 후의 과정에서 어쩔 수 없이 그렇게 되었던 만큼 철저하게 공산화되어 있었다고 확언할 사람은 아무도 없기 때문이다.

구식민지를 되찾아야 한다는 프랑스의 강박관념은 제2차 세계대전에서 굴욕을 맛본 자국이 강대국의 대열에서 탈락할지도 모른다는 위기의식에서 나왔지만, 어떤 형태의 조정, 적어도 형식상의 조정이 필

디엔비엔푸의 함락

요하다고는 생각했다. 1946년에 베트민과 일시적으로 휴전했을 때, 그들은 주권을 양보할 생각이 조금도 없음을 분명히 한 채, 시기도 정하지 않고 형식도 특정하지 않은 막연한 자치를 약속해서 베트민의 동의를 끌어낼 수 있는지 협상하려고 했다. 국무부의 극동부에 따르면 이것은 '책상머리의 양보'였다.

이 안이 실패로 돌아가자 전투가 재개되었고, 1946년 말에는 제1차 인도차이나전쟁이 절정에 달했다. 환상의 여지는 없었다. 프랑스가 다시 억압책과 과거와 같은 힘의 정책을 채택한다면 "예견할 수 있는 기간에 상황의 수습은 어렵고, 게릴라전이 계속될 것이다"라고 사이공 주재 미국영사는 보고했다. 인도차이나를 다시 정복하라는 명령을 받은 프랑스의 사령관조차 진실을 보고 느꼈다. 르크레르 장군은 처음으로 정세를 관찰한 뒤에 "이 임무를 수행하려면 50만의 병력이 필요할 것이다. 그 병력으로도 성공하지 못할지도 모른다"라고 말했다. 그는 단 한마디로 미래를 그려 보였던 것이다. 그리고 20년 후에 실

독선과 아집의 역사

제로 50만의 미군이 전장에서 싸웠을 때도 그의 전망은 여전히 맞아 떨어졌다.

1945년에서 46년 사이의 미국 정책은 이미 독선에 빠져 있었을까. 당시에 어떻게 생각했는가 하는 관점에서 판단해도 답은 긍정형이 될 것이 틀림없다. 외교정책에 관계했던 대부분의 미국인은 식민지시대는 이미 끝났고, 그 부활은 역사의 수레바퀴를 거꾸로 돌리는 작업과 같다는 것을 알았기 때문이다. 프랑스를 지지해야 하는 이유가 아무리 강력했다고 해도 대부분의 정보가 바람직하지 않다고 보고한 대의에 맞춰 정책을 세운 것은 바보 같은 짓이다. 정책입안자들은 미국이 그 대의를 따르는 것은 아니라고 스스로를 위안했다. 앞으로 자치를 허용하겠다는 프랑스의 약속에 마음을 놓았기 때문이다. 그렇지 않으면 프랑스는 구식민지를 되찾을 힘이 없기 때문에 궁극적으로는 베트남인과 타협하지 않을 수 없다고 믿고 마음을 놓았을지도 모른다.

트루먼과 애치슨은, 미국의 입장이 "인도차이나민족이 자신들을 지지한다고 주장하는 프랑스의 태도가 장래의 사건에 의해서 증명되리라는 전제에 기초하고 있다"라고 미국 국민에게 보장했다. 따라서 유럽에 강력한 우호국가를 만들기 위해서 프랑스를 원조하는 것은 범죄가 아니라고 말했다.

대안은 존재했고 실행도 가능했다. 즉 독립운동 쪽에 서고, 필요하다면 지지도 아끼지 않음으로써, 미국은 서방국가 중에서도 가장 믿을 만한 국가로 자리 잡아야 했다. 그렇게 했다면 미국은 아시아에서 우호의 기반을 확립할 수 있었다. 이 안은 몇몇 사람들, 특히 극동부의 인사들이 호의적으로 검토했지만, 아시아인에 의한 자치는 정책입안의 근거가 되지 못하고 유럽의 안전에 비하면 중요하지도 않다고 생각하는 다른 사람들을 납득시킬 만한 힘이 없었다. 인도차이나에서

이 대안을 선택하려면 상상력이 필요했지만, 상상력은 결코 정부의 장기가 아니었다. 또한 공산주의가 여전히 견고한 블록으로 존재했던 당시에는, 공산주의자를 지지할 위험을 무릅쓰고 자발성을 발휘하기는 힘들었다. 당시에는 티토만이 유일한 공산주의 분파였고 또 다른 국가가 크렘린의 통제에서 벗어날 가능성도 보이지 않았다. 게다가 연합국이 분열될 우려도 있었다. 따라서 대안 대신에 역사의 수레바퀴를 되돌리는 쪽을 선택했던 것이다. 그리고 일단 정책을 결정하여 실행에 옮기자, 뒤에 이어지는 모든 행위는 그것을 정당화하려는 노력으로 변질되었다.

'우리는 어리석은 행동을 하고 있지 않은가' 하는 기분 나쁜 의혹이 미국의 베트남 개입 초기부터 끝까지 따라다녔고, 때때로 왜곡된 정책 지시가 되어 나타났다. 1947년, 국무부의 프랑스부는 존 마샬 장관을 대신해서 파리, 사이공, 하노이주재 외교관용으로 미국의 입장을 요약한 지령문의 초안을 만들었다. 이 초안에는 희망적인 관측과 의혹이 뒤섞여 있었다. 이 문서는, 세계 총인구의 4분의 1을 차지하는 동남아시아 신흥국가의 독립운동은 '세계의 안정을 좌우하는 중요한 요소'이고, 이 투쟁이 반서구적인 경향과 공산주의 세력쪽으로 기우는 것을 방지하는 가장 좋은 수단은 예전의 식민지대국과의 연계를 계속해서 유지하는 것이라고 주장했다. 또한 한편으로는 이 연계가 "자발적인 것이어야 한다"라고 말하고, 다른 한편으로는 인도차이나전쟁은 자발적인 협력체제를 파괴하고 '베트남인이 완전히 등 돌리게 하는 데' 도움이 될 뿐이라는 것을 인정했다. 또한 미국은 간섭하거나 독자적인 해결법을 제안하는 방법을 취하지 않고 원조하기를 바라며, 그러면서도 인도차이나의 발전에는 '지대한 관심을 갖고 있다'라고 밝혔다. 외무부관리들이 이 문서를 보고 새롭게 눈을 떴는지는 의심스럽다.

독선과 아집의 역사 ——

스스로 만든 도그마의
덫에 빠진 미국
1946~1954

본격적인 궤도에 들어선 냉전

냉전은, 처칠 영국 총리가 1946년 3월에 미주리주 풀턴에서 '철의 장막'을 언급함으로써 성숙기에 접어들었다. 이 연설에서 처칠은 소련과 그 공산주의 인터내셔널이 '사람들을 포섭하고 확대해 가는 경향을 보이며, 그 경향에 한계가 있다고 하더라도 도대체 어디가 그 끝인지' 아무도 모른다고 말했다.

상황은 실제로 위급했다. 루스벨트는 죽기 전에 이것을 알았고, 마지막 날 워싱턴에서 "스탈린은 얄타에서 한 약속을 하나도 남김없이 깼다"라고 인정했다고 한다. 1946년에는 이미 소련의 지배가 폴란드, 동독, 루마니아, 헝가리, 불가리아, 알바니아, 유고슬라비아의 일부에까지 미쳤다. 나아가 프랑스와 이탈리아 국내에서도 공산당의 위협이 만만치 않았다. 모스크바대사관에 근무하던 존 케넌은 "소련의 확장추세에 대한 미국의 정책은 장기에 걸친, 인내력 있고 확고하며 한 순간도 방심하지 않는 봉쇄정책이어야 한다"라고 명쾌하게 표현했다. 1947년에 마샬 장관은 '세계의 질서와 안전에 대한 책임감과 이에 따른 미국의 행동이 성공을 거두느냐 그렇지 못하느냐가 압도적인 중요성을 갖는다'라는 인식을 키우자고 미국 국민에게 호소했다. 모스크바는 전 세계의 공산당이 단결해서 미제국주의에 단호하게 반대하자는 성명으로 응답했다. 트루먼 독트린이 발표되고, 미국은 '무장한 소수'와 외부의 억압에 저항하는 자유국가를 원조하겠다는 입장을 분명하게 밝혔다. 또한 유럽의 피폐된 국가들을 부흥하기 위해서 경제원조를 제공한다는 마샬플랜이 채택되었다. 그리스와 터키에서도 공산주의자의 손으로 정권이 넘어갈 위기가 닥쳤지만, 치열한 노력 끝에 처음으로 정권탈취를 막아냈다.

1948년 2월, 소련은 체코슬로바키아에도 공산정권을 수립했다. 미국은 징병제도를 다시 실시했다. 같은 해 4월, 소련은 베를린을 봉쇄했다. 미국은 대담한 공수로 이것에 대응했고, 봉쇄가 풀릴 때까지 1년 동안 항공기로 생활필수품을 수송했다. 1949년 나토(북대서양조약기구)가 결성되어, 구성국가 가운데 어떤 한 국가가 공격을 받으면 공동으로 방위하는 체제가 만들어졌다.

전 세계에 드리운 소련의 그림자

세력균형은 1949년에 중국에서 공산당이 승리하자 무너졌다. 미국은 진주만공격에 못지않은 충격을 받았다. 중국의 '상실'에서 오는 히스테리 증세가 미국을 휩쓸었고, 의회와 실업계에서 활동하는 차이나로비(1950에서 60년대에 장개석을 지원한 미국의 보수세력)의 대변자들이

독선과 아집의 역사 ──

정계에서 가장 큰 목소리를 냈다. 불과 몇 주일 전인 9월, 소련이 원자탄 실험을 성공시켰기 때문에 이 충격은 사람들을 한층 낙담시켰다. 1950년 초, 조셉 매카시 상원의원은 국무부에 활동 중인 공산당원 205명의 명단을 갖고 있다고 공언했다. 뒤이은 4년 동안 미국인은 그가 마녀사냥에 나서는 것에 반대하기는커녕 오히려 동조했다. 1950년 6월, 소련의 동맹국 북한이 미국의 동맹국인 한국을 침략했다. 트루먼 대통령은 유엔의 결의를 얻어 미국의 군사개입을 명령했다. 이렇게 힘겨운 몇 년을 보내는 동안 로젠버그 부부가 반역죄로 몰려 1951년에 유죄를 선고받았다. 그 뒤에 아이젠하워 대통령은 고아가 둘이나 나오더라도 사형을 감형할 수 없다고 결정했고, 이로써 부부는 처형되었다.

이상이 인도차이나의 진로를 결정한 냉전의 구성요소였다. 중심적인 요소는, 공산주의의 깃발을 내건 운동은 모두 세계제패를 노리는 소련 산하의 단결된 음모라는 신념이었다. 중국에서 거둔 모택동의 승리는 그것을 확인하는 무서운 사건으로 여겨졌다. 그 뒤에 한국에 대한 공격이 이어졌기 때문에 미국의 아시아정책에는 공포시대가 도래했다. 이제 '동남아시아가 크렘린이 지휘하는 연합공격의 표적이 되었다'는 것이 국가안전보장회의에서 '분명하게' 인식되었다. 인도차이나는 그 초점으로 여겨졌다. 하나의 이유는, 그곳에서는 이미 전쟁이 진행 중이고, 프랑스군이 공산주의자가 이끄는 현지인 군대와 맞서고 있기 때문이었다. 그곳은 '요지'라고 선언되었다. 만일 공산주의자의 손에 떨어지면 미얀마와 태국도 똑같은 길을 걸을 것이 뻔했기 때문이다.

처음에는 공산주의자의 공격은 소련의 후원에 힘입고 있다고 간주되었다. 그러나 한국전쟁에 중국군이 참가한 뒤부터는 주요한 추진지는 중국이고, 그들은 이어서 베트남을 노리고 있다고 여겨졌다. 호치민과 베트민은 국제공산당이 꾸미는 음모의 앞잡이로서 전보다 훨씬 음흉하게 움직이고 있으며, 그것 자체가 미국에 적대적인 행위라고 평가되었다. 중국공산당의 상륙부대가 그때까지 장개석이 지배하던 통킹만의 해남도를 점령하자 경고의 목소리가 일제히 터져 나왔다. 1950년 5월 8일, 트루먼 대통령은 그것에 대응해서 프랑스와 인도차이나연방에 처음으로 1천만 달러의 직접적인 군사원조를 제공하겠다고 발표했다.

라오스, 캄보디아, 베트남으로 이루어진 인도차이나연방은 전년도의 엘리제협정에 기초해서 프랑스가 만들어낸 국가였다. 협정은 베트남의 '독립'을 인정하고 우두머리로서 바오 다이를 부활시켰다. 1950년 2월에 소련과 중국이 서둘러 하노이의 민주공화국을 합법적인 정부로 인정했고, 그 뒤에 달도 바뀌지 않아 미국이 바오 다이를 승인했다. 엘리제협정이 맺어진 결과 행정권, 또는 지배권이 실제로는 베트남인의 손으로 넘어가지 않았고, 프랑스는 전과 똑같이 베트남군의 지휘권을 장악했다. 바오 다이 정부는 통치보다 부정부패에 재능이 있는 관리가 판을 쳤기 때문에 무기력하고 썩을 대로 썩은 정권이었다. 그런데도 미국은 바오 다이야말로 호치민에 맞설 정당한 민족주의적 대안이고, 따라서 식민지주의의 오명을 쓰지 않고 바오 다이의 후원자 프랑스를 지지할 수 있다고 믿었다. 그러나 바람직한 대안이었던 바오 다이에 의한 해결법은 무의미하다는 사실이 드러났다. 바오 다이조차 이것을 인정하고 고문관이었던 판쾅단 박사에게 이렇게 말했다. "현재와 같은 정치정세에서는 국민과 군대에게 자신들이 무언가 가치 있는 것을 위해서 싸운다고 납득시키기가 불가능하다." 미국의 요구대로 군대를 증강하면 오히려 위험한 상황을 초래할 수도

　　　　　　　　　　　독선과 아집의 역사 ───

있었다. 그들은 집단으로 탈주해서 베트민으로 들어갈지도 몰랐기 때문이다. 진지한 민족주의자였던 판쾅단 박사는 좀 더 강한 어조로 이 점을 강조했다. 프랑스군 장교의 지휘를 받고 사실상 자국의 통솔자를 지니지 못한 베트남군은 "이데올로기도 없고 목표나 열의도 없으며, 전투정신도 없고 국민의 지지도 받지 못하고 있다"라고 그는 말했다.

미국 정부도 이러한 정세를 모르지 않았다. 베트남에 파견된 미국 기술경제시찰단의 로버트 블럼은 바오 다이 정부가 앞으로 유능해지거나 국민의 충성심을 불러일으킬 가능성은 거의 없다고 보고했다. 이어서 그는 상황이 개선되리라는 분명한 전망은 전혀 없으며, 현재로서는 프랑스군이 결정적인 군사적 승리를 거둘 가능성도 전혀 없고 '미국의 목표달성은 요원하다'라는 우울한 결론을 내려야 한다고 보고했다. 18개월 동안의 좌절을 맛본 뒤, 블럼은 1952년에 귀국했다.

워싱턴의 각 부처는 '순수한 민족주의의 발전'이 인도차이나의 방위에 필수불가결하다고 서로 확인했고, 프랑스와 바오 다이에게 이 방향으로 좀 더 적극적으로 활동하라고 거듭해서 압력을 가하면서도 막상 자신들이 입수한 정보의 의미를 계속해서 무시했다. 바오 다이 정부를 국민이 지지하지 않는다는 사실을 애써 감췄고, 전진하는 공산주의의 유령을 막으려면 베트민에 대항하는 프랑스를 원조해야 한다는 목소리만을 높였다. 북한이 한국을 침략한 뒤, 트루먼은 인도차이나에 처음으로 미국인 사절단을 파견하겠다고 발표했다. 미 군사원조 고문단(MAAG)이라는 이름으로 한국전쟁 발발 당시에 35명으로 발족하고 그 뒤에 증원되어 약 2백 명으로 늘어난 이 사절단은, 미국의 노하우(프랑스는 그것을 탐탁치 않게 여기며 시종일관 분개했다)를 가르치고 미국 장비의 사용법을 감독했다. 장비를 꾸린 첫 화물은 7월에 사이공으로 공수되었다. 프랑스의 주장에 따라 이 화물은 인도차이나연방이 아니라 직접 프랑스군에게 넘겨졌다. 독립이 허구라는 사실이 너무나도 분명하게 드러난 것이다.

이렇게 전장에 한발을 담그자 미국의 정책입안자는 그것을 정당화하려면 미국의 국익이 걸려 있다고 주장해야 한다고 느꼈다. 동남아시아의 결정적인 중요성을 역설하는 정책성명서가 정부에서 차례로 흘러나오기 시작했다. 동남아시아는 '자유세계의 장래에 아주 중요한' 지역이라는 설명이 곁들여졌다. 그 전략적 위치와 풍부한 천연자원을 자유국가가 장악할 필요가 있었다. 트루먼 대통령은 라디오 연설에서 미국 국민을 향해 '공산주의를 신봉하는 크렘린의 지배자는 전 세계의 자유를 말살하기 위한 무서운 음모'를 꾸미고 있다고 역설했다. 만일 그들이 성공한다면 미국은 '주요한 희생자'의 하나가 될 것이다. 그는 이 상황을 '명백하고 당면한 위험'이라고 부르고, 뮌헨회담의 실패가 얼마나 위험한 결과를 초래했는가를 예를 들어 주의를 환기시켰다. 즉 그때 자유국가가 독재자들의 공격을 분쇄하기 위해 단결해서 행동했다면 제2차 세계대전은 피할 수 있었다고 그는 말했다.

이 교훈은 진실일지도 모르지만, 적용방법은 옳지 않았다. 1930년대에 있었던 만주, 북인도차이나, 이디오피아, 라인랜드, 스페인, 주데텐란트에 대한 침공은 침략군, 항공기, 폭탄, 점령군을 이용한 공공연한 공격이었던 데 반해, 1950년대에 상정된 인도차이나에 대한 공격은 관찰자가 스스로 만들어낸 심리적 상태였다. 국가안전보장회의(NSC)는 1950년 2월, 의미 깊은 평가를 했다. 즉 인도차이나에 대한 위협을 '동남아시아 전역을 수중에 넣으려고 하는' '예상된' 공산주의자의 계획의 단면에 불과하다고 말했다. 그러나 1948년에 동남아시아에 대한 공산주의의 침투를 조사한 국무부 조사팀은 인도차이나에서 크

분신자살하는 승려

___

렘린의 흔적을 발견하지 못했다. "동남아시아에 모스크바가 침투하려는 음모가 존재한다면, 인도차이나는 현재로서는 예외이다"라고 보고했기 때문이다.

그러나 전 세계에 소련의 위험한 그림자가 드리운 것은 진짜였고, 공산주의체제가 미국 민주주의와 미국의 국익에 해가 된다는 것, 소비에트공산주의는 팽창주의에 기초해서 인접한 약소국을 흡수하는 방향으로 나가는 것은 부정할 수 없는 사실이었다. 그러나 그것이 공산중국과 손을 잡고 공격적인 협력체제를 만들 것이라는 예상은 당연한 귀결이기는 했지만, 지나친 과장이었고 머지않아 옳지 않다는 것이 드러났다. 미국의 정책입안자가 이 적대적인 체제를 견제하고 가능하다면 고립시키려고 하는 것이 국익의 측면에서 정당하고 적절하다는 것에는 의심의 여지가 없었다. 그러나 공산주의체제가 인도차이나를 거점으로 미국의 안전을 위협한다는 주장은 우둔함으로 연결되는 과잉반응이었다.

중국이 한국전쟁에 참전했을 때부터, 다시 말해서 트루먼 대통령이 미국이 '공산주의에 공격당할 중대한 위험'에 직면에 있다고 말한 정세가 전개될 때부터 미국의 안전은 곧 균형의 문제가 되었다. 38도선을 넘어 공산주의자의 영토로 들어간 맥아더 원수의 행위(중국의 참전을 부른 행위)가 중국측의 시각에서 보면 중국의 안전을 중대하게 위협했다는 것은 논의의 여지가 없다. 그러나 전쟁광이 적국의 시각을 고려하는 일은 드물다. 중국인이 미국과 맞서는 전쟁에 참가한 순간부터, 워싱턴은 앞으로 공산중국이 진군을 계속해서, 머지않아 중국 남쪽의 국경을 넘어 인도차이나로 들어가리라는 가정에 집착했다.

공산주의에게 인도차이나를 뺏길 수 없다

중국을 '잃은'데다가 애치슨의(한반도를 방위선에서 제외한다는) '방위선' 연설로 한국에 대한 공격을 자초했다는 비난을 뒤집어쓴 트루먼 정권은 공산주의의 음모에 정면으로 맞서서 단호하게 싸우겠다는 결의를 세상에 보이겠다고 마음먹었다. 동남아시아 전역에 대한 위협을 독트린으로 삼은 트루먼은 동남아시아에 대한 9억 3천만 달러의 경제·군사원조계획을 발표한 특별교서에서, 소련의 지배자는 이미 중국을 위성국으로 삼고, 한국, 인도차이나, 미얀마, 필리핀을 같은 운명에 빠뜨리려는 음모를 획책중이고, 이렇게 해서 '동남아시아의 인적 자원과 필요불가결한 자원을 소련의 세계제패계획에 흡수하려고' 하고 있다고 의회에 보고했다.

이러한 소련의 계획은 머지않아 '자유국가의 생존이 걸릴 만큼 중요한 원료의 상당수'를 빼앗고, 동남아시아의 온순한 몇백 몇천만의 국민을 '크렘린의 하수인'으로 바꿔 버릴 것이다. 다른 점에서는 신중

독선과 아집의 역사 ────

한 애치슨도 기회가 생길 때마다 되풀이해서 이 논리를 역설했다. 그는 소련과 중국이 호치민을 승인한 것 자체가 공산주의 음모의 증거이고, 이 사실은 호치민의 민족주의에 대한 '모든 환상을 제거하고', '인도차이나 현지인의 독립에 대한 불구대천의 적이라는 그의 본성'을 드러낸 것이라고 생각했다.

극동문제담당 국무차관인 딘 러스크는 나중에 베트남에 관한 정책입안자 중에서 가장 확신에 차고 진지하고 완고하고 오랫동안 일한 인물이 되었지만, 이 새로운 대변자는 미국이 보인 많은 이중가치의 원천이 된 베트남의 독립투쟁에 대한 새로운 견해를 발표했다. 그는 상원 외교위원회에서 문제는 프랑스의 식민지주의가 아니라 베트남 인민이 '소비에트공산주의제국의 새로운 식민지주의에 병합될' 것인가 아닌가라고 말했다. 베트민은 '공산당정치국의 도구'이고, 따라서 '국제전쟁의 일부'를 구성한다는 것이었다.

이러한 논의에 의해서 미국 정부는 인도차이나를 공산주의의 궤도에서 이탈시키는 것이 지극히 중요한 미국의 이익이 되고, 따라서 식민지주의적이든 그렇지 않든 인도차이나에서 프랑스가 승리하는 것이 '자유세계의 안전을 위해서 반드시 필요하다'라고 확신했다(만일 정말로 베트남이 독립해야 한다면 프랑스는 무엇을 위해서 싸우고 있는가라는 문제는 논의에서 제외되었다).

이 같은 확신은 『뉴욕 타임스』의 사설로 세상에 알려졌다. 사설은 "이제서야 프랑스가 자유세계 전체에게 지극히 중요한 제일선을 담당하고 있다는 것이 모든 미국인에게 분명해졌다"라고 자신 있게 말했다. 미군을 파견하고자 하는 움직임은 아직 일어나지 않았지만, 미국은 '서유럽을 위해서 인도차이나의 쌀경작지대를 보호하자, 즉 그 전략적 위치를 확보하여 동남아시아에서, 나아가서는 튀니지와 모로코에 이르는 지역에서 미국의 위신을 굳건하게 지키자'라고 결의했다. 이때 국가안전보장회의는 말레이시아와 인도네시아의 고무와 주석과 석유, 그리고 미얀마와 태국의 쌀을 수입하지 못한다면 일본마저 공산주의 앞에 무릎을 꿇을 것이라고 전망했다.

자기최면의 과정은 그 논리적 귀결에 도달했다. 공산주의의 지배에서 인도차이나를 지키는 것이 정말로 미국의 국익과 일치할 만큼 중요하다면, 우리는 그 방위에 나서야 하지 않을까. 무력개입안은 한국전쟁의 경우와 같이 곧바로 중국의 군사보복을 부를지도 몰랐기 때문에 미국의 군부는 냉담하게 반응했다. 육군은 '아시아에서 지상전을 해서는 안 된다'라는 것을 예전부터 신봉해야 할 교리로 삼았다. 신중론도 적지 않았다. 1950년에 중국이 한국전쟁에 개입했을 때 상호방위원조국의 부국장 존 올리가 쓴 국무부각서는, 인도차이나에서 미국은 어디로 가려고 하는지 재고하는 쪽이 좋다고 제안했다. 미국은 원조과정에서 막대한 자원을 낭비하고도 실패할 가능성이 있을 뿐 아니라 짊어질 책임 때문에 '프랑스를 보조하기보다는 오히려 프랑스를 대신할 우려가 있는' 지점으로 움직이고 있고, 결국 프랑스를 대신해서 직접 개입하는 쪽으로 질질 끌려갈 것이다. "이러한 상황은 눈사태처럼 걷잡을 수 없이 일어난다"라고 올리는 결론을 지었다. 상황을 날카롭게 지적한 많은 각서의 운명과 똑같이, 그의 조언은 비록 상층부에 도달했다고 해도 아무런 충격도 주지 못했다. 역사가 그 한마디 한마디를 확인하는 동안 묵묵히 파일더미에 잠겨 있을 뿐이었다.

임기가 끝나기 전에 트루먼 정부는 국가안전보장회의가 제안한 정책을 채택했다. 그것은, 중국이 공공연히 인도차이나에 개입할 경우에는 프랑스를 도와 해군과 공군을 투입해서 중국 본토를 공격하라고 권고했지만, 지상군에 대해서는 전혀 언급이 없었다.

독선과 아집의 역사 ───

베트남 개입을 부추기는 덜레스

1952년의 선거에서 아이젠하워 원수가 이끄는 공화당은 반공과 격론자와 차이나 로비의 압력을 받는 정부를 탄생시켰다. 차이나 로비의 견해는 새로운 국무차관보이자 열렬한 장개석의 지지자인 월터 로버트슨의 말에 잘 요약되어 있다. 그는 공산 중국의 철강 생산액에 대한 CIA의 보고를 받고 화를 벌컥 내면서 그 숫자는 확실히 틀렸다고 말했다. '중국공산당처럼 악질적인 정권이 5백만 톤의 철강을 생산할 리가 없기' 때문이라는 것이었다. 과격파를 이끌었던 것은 캘리포니아 출신의 상원 원내총무 월리엄 놀랜드 상원의원이었다. 그는 "아시아를 소련에 내줄 위기를 자초했다"라고 민주당을 비난했고, 정기적으로 큰소리로 공산 중국을 비난하면서 만일 모택동의 인민공화국이 유엔에 가입한다면 정부에게 책임을 묻겠다고 맹세했다. 정부에 대한 극우세력의 압력은 일상사가 되었다. 이것은 린든 존슨이 약 15년 후에 훨씬 작은 압력 아래 있으면서도 그 중압감을 토로했듯이 '무시무시한 맹수'와 같았다.

공화당은 외교문제에 관한 강압적인 정책입안자이고, 공격적인 기질을 타고난 데다 훈련조차 공격적으로 받은 인물인 존 포스터 덜레스를 요직에 등용했다. 만일 트루먼 대통령과 애치슨이 냉전 논리를 극단적인 수위까지 밀고 갔다고 한다면 적어도 그 이유의 일부분은 매카시 상원의원이 '대역당(大逆黨)'이라고 부른 민주당 소속이었다는 것과 중국의 '상실'에서 비롯되어 기묘하게 나라를 휩쓴 히스테리에 대한 반동 때문이었다. 새 국무장관인 덜레스는 본래 냉전을 개의치 않는 과격주의자였고, 약자를 괴롭히는 본능을 지닌 선동꾼에 투쟁을 좋아했다. 그는 외교문제도 투쟁적으로 다루어야 한다고 믿었다. 모

아니면 도라는 식의 정책은 그의 장기였고, 그가 취한 정책은 봉쇄보다 오히려 역습에 중점을 두었다. '사건을 통제하고자 하는 열정'이 그의 원동력이었다.

1949년에 국민당정권이 몰락하자 상원의원이었던 덜레스는, '우리 태평양전선'은 이제 "방어선도 없이 동쪽에서의 포위에 직면한 형태가 되었다…… 오늘날의 상황은 위기이다"라고 말했다. 포위라는 그의 개념은 중국공산당의 대만 진출과, 그곳에서 필리핀으로의 진출, 그리고 일단 중국본토 밖으로 진출이 시작되면 '이동하고, 또 이동하는' 능력을 가리켰다. 한국전선에서 맥아더의 군대가 중국군에게 밀렸을 때, 적에 대한 덜레스가 내뱉은 평가는 피가 얼어붙을 듯이 차가웠다. 그가 보기에 필리핀 후크단의 강도행위, 인도차이나에서의 호치민의 전쟁, 말레이시아에서의 공산주의자의 폭동, 중국의 공산주의혁명, 그리고 한국전쟁도 '이미 35년 동안 계획되었다가 마침내 아시아 전역에 걸쳐서' 전쟁과 혼란의 극치로까지 끌어올린 폭력행위의 일부였다.

이렇듯 동아시아의 몇 개국을 마치 개성도 역사도 차이도, 각각의 독특한 환경도 없는 듯이 싸잡아서 바라보는 것은, 도미노이론을 만들어내고 그것이 도그마로 발전하는 것을 허용한 사고방식이다. 이것은 정보부족에서 빚어진 천박함, 혹은 일부러 저지른 오류 가운데 어느 한쪽이었다. 대체로 동양인은 구미인의 눈에는 비슷하게 보였기 때문에 똑같이 행동하고 도미노처럼 획일적으로 일을 한다고 평가했다.

장로교회 목사의 아들이자 몇 사람의 선교사를 친척으로 가졌고 그 자신도 경건한 신자였던 덜레스는 그러한 인척관계에서 오는 열의와 독선의 소유자였고, 몇몇 공식협상에서는 악당처럼 고압적으로 행동했다. 장개석과 이승만에 대해서는 '이들 두 신사는 기독교회 창시자

독선과 아집의 역사 ──

들의 현대판이다. 그들은 신앙을 위해서 고초를 겪어 온 신사들이다'
라고 느꼈다. 그들의 신앙은 고초의 원천이기는커녕 권력의 원천이
었다.

1952년, 덜레스는 '대담한 정책'이라는 제목으로 『라이프』지에 공
산주의자의 지배를 받는 국가에 대해서 미국은 '해방을 바라고 있고,
해방이 이루어진다고 생각하고 있다'라고 분명하게 밝혀야 한다는 신
념을 공식으로 발표했다. 물론 '해방'이란 공산주의체제의 전복을 의
미했다. 그해에 공화당 강령의 외교정책 부분을 집필한 그는, 봉쇄정
책을 '부정적이고 무익하고 부도덕'하다고 배척하면서 나지막하고 독
선적인 목소리로 '갇힌 세계의⋯⋯ 해방에 영향'을 주어야 한다고 썼
다. 그 영향은 '지배자들이 종래의 극악무도한 정치를 못하도록 하고,
그들의 종말이 이미 시작되었음을 알려 긴장을 야기할 것'이라는 주
장이었다. 이상과 같은 표현은 선거가 있던 해의 강령이라고 해도 일
상적인 분노를 넘어서서 지나친 과장까지 느껴지지만, 뒤이은 7년 동
안 단순한 관료가 아니라 정책을 입안하는 국무장관으로 일한 그의
인간성을 그대로 드러내준다. 덜레스는 임기 중에 미국의 베트남 개
입을 앞장서서 이끈 최고책임자였다.

1953년 3월에 스탈린이 죽었다. 이것은 1954년의 제네바회담과 인
도차이나전쟁을 국제적으로 해결할 길을 연 중대한 사건이었다. 소련
의 새로운 총리 게오르기 말렌코프가 추도연설을 이용해서 '평화공
존'의 필요성을 역설하자 유럽을 팽팽하게 감쌌던 대결 분위기가 누
그러졌다. 몰로토프 외무장관은 열강과의 협상에 나섰다. 아이젠하워
대통령은 덜레스가 아주 불쾌하게 생각했지만 이것을 받아들여 긴장
완화의 조짐을 환영했다.

대통령은 한국에서 '명예로운 휴전'이 체결된 날 아침에 미국은 미

국과 전 세계에 걸친 '진실 되고 전면적인 평화'를 고대한다는 취지의 연설을 했다. 『프라우다』와 『이즈베스차』는 연설을 충실하게 실어 대통령에게 경의를 표했다. 덜레스는 한국전쟁의 휴전에 단서를 달려고 했다. 즉 프랑스군에 대한 베트민의 반항을 중단시킨다는 크렘린의 확약과 연동시키려고 했다. 그는 모스크바가 실을 움직여 하노이라는 꼭두각시를 마음대로 움직인다고 생각했기 때문이다. 이때 그의 제안은 받아들여지지 않았지만, 세계적인 음모를 기도하는 전능한 주범은 소련이라는 그의 전제는 결코 흔들리지 않았다.

도미노이론

1953년 7월, 한국전쟁의 휴전조약이 체결되자 중국이 베트남에서 공산주의자가 승리하도록 원조하기 위해서 군대를 돌리지 않을까 하는 새로운 의구심이 생겼다. 베트민은 중국까지 보급로를 여는 데 성공했고, 그들이 제공받은 연료와 탄약은 한 달에 10톤에서 5백 톤으로 크게 늘어났다. 미국이 군사개입을 해야 하는가 그렇지 않은가가 정부 내에서 격렬한 논란의 초점이 되었다. 지상전의 중책을 진 전투부대인 육군은 한국에서 치른 제한전의 경험에 혐오감을 느껴 두 번 다시 그런 제한전에 말려들지 않으려고 했다. 미군 최고참모본부의 정책입안부가 "인도차이나와 동남아시아의 중요성을 그 지역을 구하는 데 드는 경비와 관련시켜 재평가하기 바란다"라고 요청했을 때, 그것은 문제의 핵심을 찌르고 있었다. 일찍이 배링턴경이 만일 영국이 식민지와 전쟁을 시작하면 "전쟁에 드는 비용은 전쟁의 성공으로 손에 넣을 수 있는 금액을 훨씬 상회할 것이다"라고 주장했을 때 그의 마음을 괴롭혔던 것과 똑같은 우려였다. 이 비교가치라는 어려운 문제는,

독선과 아집의 역사 ────

식민지의 경우에 결코 답이 나오지 않았던 것과 똑같이 베트남의 경우에도 답이 나오지 않았다.

몇 사람의 해군과 공군사령관이 논의 끝에 전쟁을 권고했을 때 국무장관의 대외군사문제고문이었던 A. C. 데이비스 해군중장은, 인도차이나전쟁에 빠져드는 것은 '실제문제로서 꼭 피해야 하지만' 만일 국가의 정책이 달리 선택할 길이 없다고 결정했을 경우에는 "미국은 (해군과 공군만) 참전하는 따위로 부분적으로 개입할 가능성이 있다고 믿는 자기기만에 빠져서는 안 된다"라고 조언했다. 그리고 충분한 위력을 발휘하려면 공군은 지상기지를 가져야 하고 기지는 지상작업요원을 필요로 하며, 이 대원들은 지상전투부대의 보호를 필요로 한다는 사실을 모두에게 상기시켰다. "일단 전쟁에 돌입하면 값싸게 전투를 치르는 방법은 없다는 사실을 이해해야 한다." '부분적 개입'은 그것 자체가 상당한 이유가 있기는 했지만 반대론이 중심을 이루었다. 미국 국방부의 국장들은 대통령에게 올린 진언에서 인도차이나의 '정적인' 방위를 개탄하고, 전쟁이란 침략자, '이 경우에는 공산중국'을 상대로 해야 한다는 그들의 신념을 피력했다. 국방부의 견해에 따르면 공산중국이 아시아의 적이고, 베트남인은 그 하수인에 불과했다. 국장들은 뒤이은 몇 년 동안 파문을 일으킨 경고를 덧붙였다. "일단 미국의 군대와 위신을 건다면 승리를 거머쥘 때까지 전쟁에서 손을 뺄 수 없다."

워싱턴은 좀처럼 승리를 얻을 수 없는 이유를 알고 있었다. 물론 알았다는 것은 각 부처의 장과 대통령이 정부의 특사를 보내 입수한 정보를 이용했다고 가정했을 때의 이야기이기는 하다. CIA의 어떤 보고는 현지인의 '외국인 혐오'에 대해 언급하면서 "설사 미국이 베트민의 실전부대를 무릎 꿇린다 해도 게릴라활동은 영원히 계속될 가능성이 있다"라고 밝혔다. 이 지역을 비공산주의자가 지배하는 것은 무리라는 결론이었다. 그러한 상황 아래서는 앞으로 몇 년 동안 미국은 인도차이나에서의 군사활동을 계속해야 할 것이 분명했다.

각 부처, 즉 국무부, 국방성, 국가안전보장회의와 정보담당국의 토의는 해결안을 내지 못한 채 지루하게 계속되면서 '만일 그렇다면'의 논의로 복잡하게 얽혀들기만 했다. 만일 중국이 개입한다면 어떻게 할까. 프랑스가 미국의 적극적인 참전을 요구한다면, 또는 반대로 프랑스 여론의 강한 흐름에 밀려 군대를 철수시키고 인도차이나를 공산주의에 넘겨준다면 어떻게 할까. 모든 예상할 수 있는 사태를 검토한 뒤에 합동작업반은 사태의 추이를 총망라한 조사보고서를 제출했다. 여기에서도 또한 환상을 꿈꿀 여지는 거의 없었다. 프랑스가 승리하는 것은 베트남민족의 정치적, 군사적 협력을 순수하게 얻는 경우에 한정되었고, 이것은 프랑스가 권력을 이양할 마음이 없는 상황에서는 일어날 수도 없고 기대하기도 힘들었다. 게다가 아직 진정으로 건전한 비공산주의 현지인 지도자가 나오지 않은 상황에서 프랑스의 전력은 쇠퇴하고 있고 미국의 해군력과 공군력만으로는 전황을 프랑스에게 유리한 방향으로 바꾸기 어렵다는 인식이 이루어졌다. 아이젠하워 대통령은 미국의 군사개입은 다음 세 가지 요건을 만족시킬 때 이루어질 수 있다고 결론 내렸다. 즉 연합국과의 공동투쟁, 의회의 승인, 프랑스가 인도차이나연방의 독립을 '촉진'하는 것이었다.

미국을 협박하는 프랑스

프랑스의 쇠퇴가 두드러질수록 미국의 원조는 날로 증대했다. 1953년에는 폭격기, 화물수송기, 선박, 탱크, 트럭, 자동화기, 소화기,

탄약, 대포용 포탄, 무선기, 병원용과 공업용 자재, 거기에 재정원조가 대량으로 퍼부어졌다. 이보다 앞선 3년 동안 350척(즉 매주 2척 이상)이 프랑스에 전쟁물자를 수송했다. 그런데도 1953년 6월에 국가정보국은 앞으로 12개월 동안 프랑스의 전력은 '아마 저하될 것이고', 현재의 추세가 계속되면 그 뒤에는 '급격하게 저하될 것'이라는 판단을 내렸다. '주민의 무기력도' 계속되어 베트민이 '군사적인 주도권을 쥘 것'이라는 결론이었다. 정보국의 이러한 평가는 본질적인 결함이 있는 전쟁의 대의에서 손을 빼려는 처방전으로 받아들여지든, 아니면 원조의 증가로 그 대의를 떠받치기 위한 처방전으로 받아들여지든 어떻든 진지하게 검토되었어야 했다. 그러나 원조의 중단으로 프랑스의 협력을 잃지 않을까 하는 우려가 진지한 검토를 방해했다.

애치슨의 말에 따르면 '프랑스는 미국을 협박했다.' 인도차이나에 대한 원조는 유럽방위공동체(EDC)에 프랑스를 참가시키기 위해 치른 대가였다. 미국의 유럽정책은 주요 국가의 통합과 연대를 노리는 이 계획과 결합되었지만, 프랑스는 이 기구가 지난날의 침략자 독일을 포함하는 데 대해 의구심과 저항감을 보였다. 만일 미국이 프랑스의 유럽방위공동체 가입과 나토를 위해 프랑스의 12개 사단을 원한다면, 그 대신에 아시아에서 프랑스가 공산주의를 저지하는 데 (이 노력은 결과적으로 프랑스가 식민지를 고집하는 것으로 연결된다) 대한 대가를 지불해야 했다. 유럽방위공동체는 프랑스가 참가하지 않으면 아무런 역할도 할 수 없었다. 미국은 이 구상에 매달려 그 대가를 지불했다.

우수한 인재를 지닌 프랑스와 미국의 자원이 별다른 성과도 내지 못하고 낭비된 이유를 추측하기는 어렵지 않다. 인도차이나의 주민 가운데 20만 명 이상이 약 8만 명의 프랑스인, 4만 8천 명의 북아프리카인, 2만 명의 외인부대와 함께 식민지군에 가담했지만, 그들에게는 프랑스를 위해서 싸워야 할 이유가 전혀 없었다. 미국인은 늘 공산주의에서 자유를 지키는 것이 얼마나 중요한가를 힘주어 말했지만, 베트남의 대중이 바랐던 자유는 프랑스인과 현지인 착취자에게서 벗어나는 것이었다. 인류 전체가 서구의 민주주의적 자유의 개념을 공유한다는 생각은 미국의 착각이었다. "유럽에서 우리가 고초를 겪으며 지켜 온 자유는 아시아에서 위기에 빠진 자유와 조금도 다르지 않다"라고 아이젠하워 대통령은 취임연설에서 말했다. 그는 착각했던 것이다. 인류에게는 공통된 기반이 있을지도 모르지만, 희망과 필요는 환경에 따라 바뀌기 때문이다.

인도차이나연방에 전투의욕이 없다는 점에 대해서는 착각하지도 모르지도 않았다. 고급장교인 토머스 트라프넬 소장은 1954년에 군사원조 고문단 근무를 끝내고 귀국한 뒤에 모순에 가득 찬 전쟁에 대해서 보고했다. 이 전쟁에서는 '베트민에게 이기고자 하는 국민의 의지가 없고', '반란군의 지도자가 베트남의 국가원수보다 인기가 있다'는 것이었다. 의욕의 결여는 인정되었지만, 이 장교의 증언이 보다 적극적인 전쟁의 추진을 방해하지는 못했다. 아이젠하워 대통령도 기자회견에서 '우리가 바라는 열의가 결여된 것'을 인정했다. 그는 1963년(후임자들이 미국을 전쟁에 몰아넣기 훨씬 전)에 출판된 회고록에서 '대부분의 국민이 적을 지지하기' 때문에 프랑스가 베트남군을 믿는 것은 불가능했다고 고백했다. 미국의 원조도 '이 결점을 바로잡을 수는 없었다.'

1953년에는 이미 프랑스 국내의 여론은 많은 프랑스국민이 받아들이기 어려운 대의를 위해서 무한하게 계속되는 전쟁에 진저리를 치기 시작했다. 프랑스에서는 국내소비용 버터를 공급하면서 유럽방위용 군비를 보유하고, 동시에 인도차이나에서도 군비를 유지하는 것은 불가능하다는 확신이 높아갔다. 미국이 전쟁비용을 대부분 지불하기는

독선과 아집의 역사 ───

했지만, 프랑스국민은 공산주의의 선전에 솔깃해서 전쟁을 반대하는 목소리를 점점 높여갔다. 그들은 협상을 통해서 해결하라고 강한 정치적 압력을 가했다.

덜레스는 인도차이나를 공산주의자의 손에 넘긴다는 두려운 예측이 현실로 바뀌어서는 안 되었기 때문에 프랑스를 계속해서 싸우도록 하기 위해 필사적인 노력을 거듭했다. 1954년 초, 시복을 입은 2백 명의 미 공군기술자와 함께 40대의 B-26 폭격기가 인도차이나에 도착했고, 의회는 프랑스의 앙리 나바르 장군이 마지막 어리석은 군사행동으로 계획한 대공격의 재정지원을 위해서 4억 달러에 다시 3억 8천 5백만 달러를 얹은 지출을 승인했다. 몇 개월 뒤 디엔비엔푸에서 최후의 비극이 일어날 무렵에는 1946년 이후 미국이 인도차이나에 투자한 액수는 20억 달러에 달했다. 미국은 이 전쟁에 프랑스가 쏟아 부은 경비의 80퍼센트를 지불했던 것이다. 이 액수에는 정부를 안정시키고 베트민에 대한 저항력을 키울 목적으로 인도차이나연방에 제공한 원조는 들어 있지 않았다. 그러나 이와 유사한 원조가 늘상 그렇듯이 대부분은 폭리를 노리는 관리들의 주머니 속으로 흘러들어갔다. 올리의 각서가 예언했듯이 미국은 좋든 싫든 식민지전쟁의 범주를 벗어나지 못한 상황에서 프랑스를 원조하기보다는 오히려 프랑스의 대역을 맡을 시점으로 어쩔 수 없이 끌려들어갔다.

미국의 관리들은 무엇이 잘못되었는가를 알았다. 그들은 서로 주고받은 무수한 정책서류와 프랑스에게 보낸 권고에서 베트남의 완전한 독립을 보장해야 하고, 시기도 '서둘러야' 한다고 주장했다. 여기에서도 어리석음은 찬란하게 빛나고 있다. 베트남을 지키기 위해 좀 더 적극적으로 싸우라고 프랑스를 설득하면서, 동시에 진정한 독립을 보장하라고 촉구한다는 것이 말이나 되는가. 프랑스가 식민지의 이익을 포기해야 한다면 왜 그것을 지키기 위해서 지금 이상으로 노력해야 하는가.

프랑스는 이 모순을 분명하게 알았다. 프랑스인은 전쟁에 찬성하든 반대하든 인도차이나를 프랑스연합 속에 묶어둘 수 있는 제한된 주권의 형태를 원했다. 프랑스연합이란 식민지를 가리키는 전후의 완곡한 표현이었다. 프랑스의 경제적 이익은 말할 나위도 없고 프랑스의 자부심, 프랑스의 영광, 프랑스의 희생이 그것을 요구했다. 인도차이나가 속박에서 벗어나는 데 성공한다면 알제리가 그 뒤를 따를 우려가 있어서 더욱 그랬다. 미국의 정책은 프랑스에게 전쟁과 식민지의 포기를 동시에 기대하는 어리석음을 안고 있었다. 미국은 이 전쟁을 공산주의와의 싸움이라는 관점에서만 생각했고, 이 관점은 독립을 긍정적으로 고려하는 반면에 독립을 명백하게 배제하는 식민지주의의 마지막 발버둥은 외면했기 때문이다.

중국이 개입할지도 모른다는 환영 때문에 최면술에 걸린 덜레스 장관과 합참의장 아서 래드포드 제독은, '대대적인'(핵무기를 뜻한다) 보복을 비롯한 중국본토에 대한 미국의 공격을 적절하게 위협한 경고에 중국이 움찔해서 망설이는 동안에 인도차이나에서의 힘의 균형은 궁극적으로 프랑스쪽으로 기울 것이라고 믿었다. 이 신념은 베트민과 1백 년 동안 계속된 베트남민족주의를 무시했다는 데 특징이 있었다. 이것은 미국이 마지막까지 한 오산이기도 했다.

동시에 정책입안자들은 우려에 가득 찬 그들의 각서가 보여주듯이 미국이 아시아인의 눈에는 백인들이 벌인 전쟁의 더러운 한쪽 당사자로 보인다는 것, 나바르계획에 기초한 프랑스의 성공은 환상에 불과했다는 것, 군사원조 고문단 단장이자 '철의 마이크'라 불린 오다니엘 장군이 밝힌 낙관적인 견해에도 불구하고 증액된 미국의 원조도 나바

독선과 아집의 역사 ———

르 장군의 승리를 보장할 수 없었다는 것을 이해했다. 어떤 까닭인지 미국의 원조는 전혀 효과를 거두지 못했다. 그들은 이제 월간 1천5백 톤에 달하는 중국의 보급을 차단하지 않으면 베트민은 결코 주저앉지 않으리라는 것도 알았다. 또한 프랑스의 민중과 의회의 불만이 높아지는 만큼, 정치적 위기의 고조로 전쟁이 종결될 수도 있었다. 이 경우, 미국은 지금까지의 노력을 헛수고로 돌리거나 아니면 마음 내키지 않는 대의를 스스로 짊어지는 양자택일을 강요당할 가능성이 있었다. 미국의 정책입안자들은 이 사실도 가슴 쓰리게 알고 있었다. 정책입안자들은 미국의 지원이 없으면 인도차이나연방은 몸조차 가눌 수 없다는 것도 알았다. 이다지도 많은 정보와 지식을 지녔으면서도, 지구 반대쪽의 자생력 없는 동맹국을 미국이 계속해서 원조한 이론적 근거는 도대체 무엇이었을까.

자기가 만든 도그마의 덫에 빠지다

공산주의가 총력을 기울여 공격하는 주요한 표적으로 인도차이나를 창조해놓고 모든 정치적 권고와 공식성명에서 공산주의자의 마수에서 인도차이나를 지키는 것이 미국의 안전에 지극히 중요하다는 정책적인 전제를 되풀이하는 동안에, 미국은 스스로 만들어 낸 도그마의 덫에 빠진 것이다. 사사건건 냉전을 과장하다 보니, 사람들이 오히려 냉전의 포로가 되고 말았다. 정부는 동남아시아에서 준동하는 공산주의자라는 괴물의 전진을 막는 것이 긴급한 현안이라고 믿었다. 혹은 덜레스의 강력한 지도가 그렇게 믿게 만들었다. 나아가 중국을 '잃은' 뒤에 인도차이나를 '잃으면' 정치적인 비극을 부를 수도 있었다.

자유주의자들도 이러한 분위기를 거부하지 않았다. 윌리엄 O. 더글러스 대법원 판사는 1953년에 동남아시아의 5개 지역을 방문한 뒤에, "실제로 모든 전선이 러시아제국을 확대하려고 하는 음모의 무대이다…… 베트남에서의 패배는 동남아시아전역을 위험하게 만들 것이다"라고 말했다. 마이크 맨스필드 상원의원은 외교정책에 냉정한 영향력을 발휘하는 인물이자 극동사를 전공한 교수였다. 그는 평소에 아시아에 특별한 관심을 지닌 외교위원회의 유력한 위원이었고 1953년에는 현지를 시찰하고 돌아왔다. 그는 상원에서, 극동에서 공산주의가 확대일로를 걸음에 따라 "세계평화가 어느 쪽으로 움직일지 불안정한 상태에 있다"라고 보고했다. "따라서 미국의 안전은 한국의 경우와 똑같이 인도차이나와도 깊게 관련되어 있다"는 것이다. 이 분쟁에 대한 미국의 원조는 '비공산주의세계 및 미국의 안전에 대한 인도차이나의 지극히 큰 중요성'을 인식한 바탕 위에서 주어졌던 것이다.

이러한 과장스런 도식은 맹수의 발톱 아래서 질서정연하게 행동하는 것과 다를 바가 없었다. 매카시즘과 하원 반미활동위원회의 마녀사냥, 밀고자, 공화당 우파와 차이나 로비의 블랙리스트와 투쟁적인 패거리, 수상한 전력의 색출 등에 위축된 사람들이 윤리적인 경련을 일으켰다. 공직자든 그렇지 않은 사람이든 자신이 공산주의자가 아니라는 증거를 제시해야 한다는 공포에 떨었다. 덜레스 장관도 공포에 떨기는 마찬가지였다. 그는 메카시의 공격이 다음에는 자신을 향하지 않을까 하고 끊임없이 불안에 떨었다고 한다. 그렇게까지 강한 공포는 아니었지만 마샬 원수에 대한 매카시의 공격을 아이젠하워가 묵인한 사실에 나타나듯이 이 공포는 대통령에게까지 미쳤다. 일찍이 매콜리는 정기적으로 도덕적 발작을 일으킬 때의 영국 국민처럼 교활한 존재는 없다고 썼다. 여기에 1950년대에 윤리적 경련을 일으킨 미국 국민만큼 비겁한 존재는 없다고 덧붙여도 좋을 것이다.

제네바회담에 기대를 건 베트민

아이젠하워 정권 아래서 뉴룩(newlook)이 군사전략이 되었다. 뉴룩이란 핵무기를 말하기도 하고, 그 배후에 자리 잡은 사상을 말하기도 한다. 전략가와 내각 수뇌로 이루어진 위원회가 산정한 바에 따르면, 공산주의와의 대결에서 이 신무기는 전쟁이 요구하던 엄청난 군비와 '시대에 뒤처진 수순'에 의존했던 시대에 비해 예상되는 미국의 보복을 훨씬 심각하게 느끼게 하고, 전쟁 자체를 훨씬 격렬하고 빠르고 값싸게 만드는 수단을 제공한다는 것이었다.

아이젠하워는 조지 험프리 재무장관과 똑같이 적자예산이 지나치게 커지는 것을 우려했다. 험프리 장관은 "지원과 미국의 경제문제를 무시한(파산한 국가를 보호하기 위해서 거대한 방어시설을 구축 하려고 하는) 군사계획의 성과는 방위가 아니라 대재해로 나타날 것이다"라고 잘라 말했다. 뉴룩은 냉전뿐 아니라 국내경제에서도 비롯된 전략이었다.

덜레스 장관은 모스크바에 경고하려고 1954년 1월에 '대대적인 보복'을 역설한 연설을 했다. 그는 이 잊기 어려운 연설에서 뉴룩이라는 새로운 전략을 공표했다. 그의 의도는 모든 '잠재적인 공격자'에 대해서 미국이 가할 보복이 얼마나 확실하고 저력이 큰가를 분명하게 깨닫게 하려는 것이었지만, 이 연설이 불러일으킨 분노한 목소리와 혼란 덕택에 포성이 들리지 않을 정도였다. 세계의 반은 그것을 허풍이라고 생각했고, 나머지 반은 진실이라고 생각하고 두려움에 떨었다. 이러한 정세 아래서 인도차이나 문제는 위기를 향해 다가갔다.

1953년 11월 나바르 장군은 하노이의 서쪽에 있는 디엔비엔푸의 요새지대를 점령하기 위해서 1만 2천 명의 프랑스군을 파견했다. 목적은 적을 유인해서 대치전으로 끌고 가려는 것이었지만, 경솔하게도 대부분이 베트민에게 지배되는 고지대를 선택하는 바람에 비극적인 결과를 부르고 말았다. 거의 같은 무렵에 베를린에서 열린 외무장관 회담에서 몰로토프는 중화인민공화국을 포함한 5자회담의 의제를 아시아문제로까지 확대하자고 제안했다.

디엔비엔푸에서 들어온 불안한 보고와 전쟁의 종결을 요구하는 국내의 격렬한 압력에 시달리던 프랑스는 협상을 덥석 받아들였다. 그러나 5자회담을 제안 받은 덜레스는 콧방귀를 뀌었다. 그는 공산주의자와의 화해는 받아들이기 어렵고, 더구나 중국과 함께 회담에 참가하는 것은 인민공화국의 승인을 의미하므로 고려할 가치도 없다고 생각했다. 또한 말렌코프의 평화공존연설 이후 계속된 소련의 협상요구는 '속임수로 가득 찬 평화캠페인'이고, 적의 방비를 무너뜨리기 위한 덫이라고 믿었다. 그래서 무기고에 가득 채워둔 신무기를 앞세운 위협과 온갖 지혜로 5자회담에 저항하기로 결심했다. 그는 프랑스를 전면적으로 전쟁에 끌어들이는 동시에, 유럽방위공동체를 위험에 빠뜨릴 정도의 압력으로 프랑스를 초조하게 만드는 것은 피하려고 했다. 그러나 프랑스 정부는 자신의 정치생명을 구하기 위해서 인도차이나를 회담의 의제로 올리려고 했기 때문에 덜레스는 더 이상 반대의견을 고집하면 하고 싶지 않은 싸움을 해야 하는 신세가 되었다. 그래서 그는 양보하지 않을 수 없었다. 마침내 5자회담은 4월 말에 제네바에서 열렸다.

제네바회담 결과, 베트남에 있는 공산주의자의 존재를 인정해야 하는데다가 프랑스는 전쟁을 포기할 것이 틀림없다는 전망까지 나왔다. 그러자 미국 정책입안부의 핵심인물들은 공포스런 전율을 느꼈다. 이에 따라 프랑스 대신에 미국이 무력으로 개입한다는 계획이 공식적인 형태를 띠기 시작했다. 정력적인 합참의장은 제네바회담을 준비하기 위해 정책안을 제안했는데, 이 정책안에서는 과장이 극치를 달렸다.

제2차 세계대전 중에 항공모함 사령관이었던 래드포드 제독은 공군력과 뉴룩전술을 마음 깊이 신봉했고, 감상적이면서도 과장스런 정치감각의 소유자였다. 그는 인도차이나가 공산주의자의 손에 떨어지면 동남아시아 전역도 '반드시 정복당하고', 그리고 극동에서의 '기본적인' 미국의 안전보장권익과 '유럽의 안정 및 안전이 더 없이 중대하게 위협받을' 장기적인 영향이 생기므로 미국이 개입해야 한다고 주장했다. 아마 '일본의 공산화'도 일어날 것이고, 동남아시아의 쌀, 주석, 고무, 석유에 대한 지배와 공산화된 일본의 공업력 덕택에 공산중국은 '제2차 세계대전 전의 일본보다 훨씬 무섭고 강력한 군사체제를 만들어 낼' 것이다. 그렇게 되면 공산중국은 태평양 서부와 아시아의 대부분을 장악하고 중동에까지 영향력을 미치는 일대 위협이 될 것이다.

래드포드 제독의 상상력 속에 무리를 지어 자리 잡은 망령들은 독선의 연구에 중요한 문제를 제기한다. 정책입안에는 어떤 수준의 지각력, 허구, 또는 환상이 개입될까. 어떤 황당무계한 상상력이 합리적인 현실평가 위에서 활개를 칠까. 어느 정도의 확신, 또는 반대로 의식적인 과장이 작용을 할까. 논의는 사람들의 동의를 얻기 위한 것인가, 아니면 바라는 행동방침을 억지로 밀어붙이기 위해서 날조한 겉치레에 불과한가.

래드포드 제독의 의견을 덜레스가 제공한 것인가, 아니면 덜레스의 의견을 래드포드가 제공한 것인가는 불확실하지만, 어느 쪽이든 그의 의견은 똑같은 과잉반응이었다. 덜레스는 이제 제네바회담이 베트민과의 한 치의 타협도 허용하지 않고 프랑스가 전쟁의 손을 늦추지 않도록 하는데, 그리고 이 회담에 내재하는 무서운 위험을 모든 국민들이 확실하게 이해하도록 하는데 온 신경을 집중했다. 그는 인도차이나에서의 미국의 이해관계에 대해서 상황설명을 하기 위해서 의원, 신문기자, 기업가, 그 밖의 명사들을 소집했다. 그리고 모두에게 공산주의의 영향이 붉은 파도가 되어 인도차이나에서 태국, 미얀마, 말레이시아, 인도네시아로 방사상으로 퍼져나가는 색채지도를 보여주었다.

그의 대변인은 소련과 중국은 손에 넣을 수 있지만 구미는 손에 넣을 수 없는 전략상의 요소를 열거했다. 둘은 입을 모아 만일 미국이 보루를 지켜내지 못할 경우 일본에서 인도까지 아시아를 석권할 공산주의라는 망령을 불러냈다. 어떤 참석자에 따르면, 덜레스는 만일 미국이 프랑스를 계속 버티게 하지 못하면 미국 자신이 군대를 전선에 보내야 한다는 인상을 주었다고 한다. 닉슨 부통령도 그런 인상을 받은 듯하다. 그는 대통령이 직접 지시하는 전쟁이 일어날 것 같다는 예감을 받았다. 덜레스는 오프 더 레코더를 전제로 다음과 같이 말했지만, 이 말은 물론 널리 보도되었다. "아시아와 인도차이나에서 더 이상 공산주의가 확대되는 것을 피하기 위해서 이제 우리의 자식들을 전선으로 보낼 위험을 무릅써야 한다면, 대통령은 정치적인 인기가 떨어지더라도 그것을 해야 한다고 나는 생각한다."

대통령은 1954년 4월 7일에 가진 기자회견에서 만일 인도차이나가 먼저 쓰러질 경우 그 결과는 '도미노 쓰러뜨리기'가 된다고 말했을 때, 그는 최면효과를 높이는 데 가장 중요한 역할을 했다. 동남아시아의 이웃국가들이 자연적인 불변의 법칙을 따라 차례로 굴복한다는 이론은 오랫동안 주장되어 왔던 것이다. 그러나 아이젠하워의 기자회견으로 공식명칭이 주어져, 문호개방정책(중국에 관한 존 헤이의 통상정책)과 똑같이 번개 같은 속도로 『아메리카나』(미국의 백과사전)에 기재되었다.

아이젠하워가 회고록에서 증언했듯이 해외에서는 다소 회의적으

독선과 아집의 역사 ───

로 받아들이기는 했지만, 이것이 현실적인 정책이냐 아니냐는 문제가 되지 않았다.

"우리의 주요한 노력은 동남아시아전쟁이 그 지역 전체를 예속시키려고 하는 공산주의자의 공격적인 행동에서 비롯되었다는 사실을 전 세계에 납득시키는 데 집중되었다. 인도차이나연방 세 나라의 국민과 똑같이 '미국사람도' 전쟁의 진정한 의미를 확신해야 했다."

요컨대 최면상태는 확대되어야 하고, 전쟁의 '진정한 의미'는 국외자에 의해 7년 동안이나 자국의 영토에서 전쟁이 치러지고 있는 민족에게 전달되어야 한다는 것이었다. 이토록 많은 설명과 정당화가 필요하다는 것은, 시간이 지남에 따라 점점 커져만 가는 내재적인 상처가 있었다는 증거이다.

제네바회담에 기대를 걸었던 베트민은 대대적인 힘의 과시를 위해서 군대를 모았다. 그들은 기습과 포격을 거듭하면서 디엔비엔푸를 포위했고, 1954년 3월에는 프랑스군의 가설활주로를 파괴하고 보급로를 차단했다. 그들은 이 전투가 벌어지는 동안 매달 4천 톤에 달하는 중국의 원조를 받으면서 요새를 절망적인 상황으로 몰아넣었다.

위기는 워싱턴에도 파문을 일으켰다. 프랑스의 참모총장 폴 펠리 장군이 디엔비엔푸를 구하기 위해서 미국의 폭격을 요청한다는 명백한 임무를 띠고서 도착했다. 래드포드 제독은 긴급사태에 마음이 초조해져서 마닐라의 클라크 필드 기지에서 발진시킨 B-29의 폭격을 요청했다. 또한 시험 삼아 국무부와 국방부의 극소수 요인에게 디엔비엔푸의 참상을 구하기 위해서 전술핵무기를 사용한다는 원칙의 승인을 프랑스에 요청하면 어떻겠느냐고 타진했다. 미국 국방부의 연구진은 전술핵무기 세 발을 정확하게 사용하면 '베트민의 전력을 분쇄하는 데' 충분하다는 결론을 내렸지만, 이 선택을 승인받지 못해 프랑스에게는 제시하지도 못했다."[3]

재래식 공군을 개입시키자는 래드포드의 제안은 '독수리작전'이라
는 역사적인 울림이 있는 암호명으로 불렸지만, 합동참모본부 전체의
찬성을 얻지 못했다. 이것은, 나중에 제독이 말한 바에 따르면 '개념을
제시하는' 것으로 끝난 듯하다. 엘리는 프랑스군이 사용할 폭격기 25
대를 추가로 지원한다는 약속을 빼고는 아무런 분명한 성과 없이 프
랑스로 돌아갔다.

동남아시아의 운명을 쥔 디엔비엔푸

같은 무렵 덜레스는 프랑스가 무너질 경우 미국이 군사적으로 개입
할 조건을 모색했다. 그는 여당과 야당의 상원 원내총무 윌리엄 놀런
드와 린든 존슨을 포함한 8명의 의원을 비공개회의에 초청해서 인도
차이나에 해군과 공군이 개입하는 것을 허가하는 상하 양원의 합동결
의를 요청했다. 함께 참석한 래드포드 제독이 긴급사태의 성격을 설
명하고, 남지나해의 항공모함에서 발진하는 2백 기로 폭격하고 싶다
고 제안했다. 덜레스 장관은 인도차이나를 잃으면 어떤 식으로 포위
되는가를 열심히 설명했다. 의원들은 래드포드의 계획이 합동참모본
부의 다른 위원들의 승인을 얻지 못했고 연합국은 행동통일을 이룰
만한 준비를 갖추지 못했다는 것을 알고 있었다. 그래서 그들은 만일
연합국의 협력을 얻고 프랑스가 전장에 머물면서 독립을 '촉진'하겠

---

3) 현지사령관인 루이스 마운트바텐 경은 1945년 1월 2일, 연합군의 참모부에게 영
국·인도 연합군을 말려들지 않게 하는 유일한 방법은 "법과 질서를 유지하기 위해
서 일본군을 계속 활용하는 것뿐이며, 그렇게 하려면 앞으로 3개월은 일본군의 무
장을 해제할 수 없다"라고 보고했다.

독선과 아집의 역사 ────

다고 약속한다면 아마 합동결의를 얻을 수 있을 것이라고 말하는 이상의 언질은 주지 않았다.

파리에서는 프랑스의 내각이 더글러스 딜론 대사를 일요일에 열린 긴급회의에 불러 '미국항공모함의 즉각적인 무력개입'을 요청했다. 그들은 동남아시아의 운명과 다가오는 제네바회담의 운명은 이제 '디엔비엔푸에 달려 있다'라고 말했다. 덜레스와 래드포드를 만난 아이젠하워 대통령은 개입조건에 대해서 확고한 견해를 밝혔다. 그는 두 가지 근거에 입각해서 강경한 자세를 취했다. 행정은 반드시 입헌절차를 밟아야 한다는 확고한 원칙과 해군과 공군의 전투는 지상군을 끌어들인다는 인식이었다.

그는 지상군의 투입에는 단호하게 반대했다. 그는 3월에 가진 기자회견에서 "의회에 포고할 책임이 있는 입법조치가 없으면 미국의 참전은 있을 수 없다. 자, 이 점을 분명하게 해두자. 그것이 답이다"라고 말했다. 나아가 지상군을 제외한 해군과 공군력만으로는 미국의 목적을 달성할 수 없다는 군부의 결론에 동의하고, 결정적인 성과를 거둘 수 있다는 확실한 전망이 없으면 한국전쟁의 경우와 같은 지상군의 투입을 두 번 다시 되풀이해서는 안 된다 고 생각했다.

군부의 토론에서 단호하게 지상전에 반대한 사람은 육군참모총장인 매쉬 B. 리지웨이 장군이었다. 그는 한국전쟁이 어려움에 봉착했을 때 난국을 타개한 인물이었다. 그는 맥아더 장군에게 전군의 지휘권을 넘겨받아 제8군을 혼란상태에서 수습하고, 남한을 점령하려고 하는 북한의 의도를 분쇄했다. 승리까지 얻지는 못했지만 적어도 이전 상태를 회복하여 공산주의를 봉쇄하는 성과를 올렸다. 리지웨이의 의견은 신중했고, 그 후에 미국의 개입이 긴급한 문제가 되었을 때 그가 6월에 인도차이나에 파견한 조사단의 보고가 그의 의견을 뒷받침했다. 계획개발담당 참모장 제임스 캐빈 장군이 이끈 이 조사단은 미국 군의 지상전은 '다수의 사상자'를 낼 것이고, 처음에는 5개 사단, 완전히 개입할 경우에는 10개 사단이 필요하다고 보고했다. "이 지역에는 우리 군과 같은 근대적인 군대가 전쟁을 수행하는 데 반드시 필요한 설비가 사실상 아무것도 없다. 전기통신시설, 고속도로, 철도가 없고, 지상에서 차량이 움직일 수 있는 시설도 거의 전혀 없다." 이러한 시설을 설치하려면 막대한 비용이 드는 '엄청난 토목, 병참작업'이 필요하고, 조사단의 견해에 따르면 '이것은 해서는 안 되는 작업이라고 생각한다'는 것이었다.

아이젠하워 대통령은 조사단의 견해에 동의했지만, 그것은 군사적인 이유 때문만은 아니었다. 그는 미국의 단독개입은 정치적으로 비참한 결과를 부른다고 생각했다. "어떤 일이 있어도 미국 혼자서 프랑스의 식민지주의를 지원해서는 안 된다. 미국이 단독으로 전쟁을 하면 파멸을 맛볼 것이다"라고 동료에게 말했다. 또한 중국이 공공연히 공격해 오는 경우에도 행동통일의 원칙을 적용해야 한다고 강조했다.

공산주의와 화해할 가능성이 커지자 당황한 덜레스는 혼신의 힘을 기울인 활동에 나섰다. 그의 목적은 연합국, 특히 영국을 행동통일에 나서게 하고 프랑스가 전쟁을 계속하도록 하고 핵전쟁을 암시하는 위협으로 중국의 개입을 방지하고, 합병, 분할, 휴전, 기타 호치민과의 타협이라면 그 무엇이든 방해하고, 전체적으로 제네바회담이 소집되는 전후에 거기에서 빠져나오는 것이었다.

잉크를 빨아들이는 종이처럼 워싱턴의 정책입안자들은 똑같은 주장을 되풀이했고, 그러는 동안에 옳든 그르든 공산주의에서 인도차이나를 구해야 한다는 필요성에 적극적으로 공감했다. 그 결과 그 필요성을 추호도 의심하지 않았을 뿐 아니라, 그것에 기초해서 행동할 각오까지 다졌다. 그것은 입에 발린 말에서 도그마가 되었다. 위기로 흥분이 고조되는 가운데, 인도차이나문제 담당 대통령특별위원회는 위에서 말한 필요성에 대한 확신에 기초해서 어리석은 오만이라는 점에서는 힐스버라경이 되살아난 것이 아닌가 여겨지는 제네바회담 대책을 권고했다. 국방성, 국무부와 C1A로 이루어진 이 위원회의 구성원 중에는 국방차관 로저 키스,래드포드 제독, 국무차관 월터 베델 스미스, 차관보들인 월터 로버트슨과 알렌 덜레스, CIA의 에드워드 란스달 소장이 끼여 있었다.

4월 5일, 위원회는 첫 번째 원칙으로 "인도차이나에서는 군사적인 승리 외에 다른 어떤 것도 용납하지 않는 것을 미국의 정책으로 삼아야 한다"라고 권고했다. 미국은 교전국이 아니었던 것을 생각하면 이 권고에는 환상의 요소가 들어 있었던 것으로 보인다.

두 번째로, 만일 앞의 원칙에 대해 프랑스의 지지를 얻지 못하면 미국은 프랑스가 동의하든 하지 않든 "인도차이나연방정부와 함께 미국의 적극적인 개입을 포함하는 인도차이나전쟁의 계속적인 감행을 추진하는 조치를 즉각 강구하기 시작해야 한다"라고 권고했다. 좀 더 알기 쉽게 말하면 미국은 인도차이나연방의 요청을 받아들여 전쟁을 대신 떠맡아야 한다는 의미였다. 나아가 승리가 "군사행동의 성공에 힘입은 것이든, 아니면 공산주의자의 패배에 따른 명백한 양보로 얻어지는 것이든, 어쨌든 인도차이나에서는 승리할 때까지 휴전해서는 안된다"라고 조언했다. 디엔비엔푸는 함락이 초읽기에 들어가 있고, 군사행동이 성공을 노리고 취해지고 있다고는 도저히 말할 수 없고, 베트민의 패배에 의한 양보는 분위기가 만들어낸 가설일 뿐이고, 미국은 휴전해야 하는가 그렇지 않은가를 결정할 입장에 있지 않았기 때문에 이 규정은 완전히 무의미했다. 마지막으로 미국의 방침을 제대로 따르지 않은 베트남인의 소극성을 깨기 위해, 위원회는 "동남아시아 각국에게 공산주의적 제국주의는 그 어떤 것보다 무서운 위협이라는 개념을 퍼뜨려야 한다"고 권고했다. 이를 위해서는 동남아시아 각국에서 '치열한' 노력을 해야 한다는 것이었다.

이 문서가 심의되었는지 배척되었는지 채택되었는지 기록되어 있지 않다. 그러나 그것은 아무래도 좋다. 그런 문서가 작성되었다는 사실 자체가 미국의 베트남 개입을 촉진한 발상을 반영하기 때문이다.

연합국의 행동통일을 이끌어내려고 한 덜레스 장관의 노력은 성과를 거두지 못했다. 영국은 완강하게 저항했다. 오스트레일리아, 뉴질랜드, 말레이시아도 도미노현상의 후보국이 되었다는 미국의 견해에 동조하지 않고, 제네바회담의 결과가 나오기 전에 어떤 군사행동을 취하는 것도 단호하게 거부했다. 프랑스는 자국이 위기에 빠져 폭격을 요청했음에도 불구하고 미국이 참전하는 것에는 반대했다. 드러내 놓고 협력체제를 갖추면 프랑스의 위신이 손상된다고 생각했기 때문이다.

프랑스만큼 위신을 심각하게 중시하는 민족도 없을 것이다. 그들은 인도차이나를 공산주의에 대항하는 공동전선의 일부가 아니라 자국만의 문제로 보고 싶어 했다. 어쨌든 덜레스가 직면한 반대는 부분적으로는 그 자신이 만들어낸 것이었다. 그 전해 1월에 '대대적인 보복전략'을 역설한 그의 연설이 불러일으킨 경계심이 연합국으로 하여금 미국이 핵전쟁을 시작하는 것이 아닌가 하는 우려를 갖게 했기 때문이다.

디엔비엔푸 함락과 갈라진 베트남

5월 7일, 마침내 디엔비엔푸가 함락되었다. 베트민은 제네바에서 강력한 주장을 펼칠 수 있는 압도적인 승리를 거두었다. 이 정도 타격에는 꿈쩍도 않는다는 모습을 보이려고 덜레스는 기자회견에서 "동남아시아는 베트남, 라오스, 캄보디아가 없어도 안전하게 지킬 수 있다"라고 보장했다. 바꿔 말하면 도미노는 예상했던 대로는 쓰러지지 않는다는 의미였다.

디엔비엔푸가 함락되었다는 소식이 도착한 다음날, 우울한 분위기 속에서 인도차이나문제를 다루는 회담이 제네바에서 시작되었다. 이회담에는 각국의 고위층이 참석했다. 프랑스를 대표하는 사람은 요세프 라니엘 총리였고, 다른 국가들은 외무장관이 참석했다. 합동의장은 앤소니 이든과 몰로토프 외무장관이 맡았고, 미국의 대표는 덜레스 국무장관과 베델 스미스 국무차관, 중국대표는 주은래 총리, 베트민대표는 팜반동 외무장관, 그 밖에 라오스, 캄보디아, 베트남연방의 대표들이 참석했다. 라니엘 총리는 정부를 구하기 위해 고국에 휴전소식을 알려야 하는 입장이었던 데 반해 미국의 대표는 휴전의 저지에 노력을 기울였기 때문에 긴장이 고조되었다. 프랑스대표는 협상을 서둘렀지만 양측이 받아들일 수 있는 조건을 찾아내기가 좀처럼 쉽지 않았다. 연립내각안이 폐기되고 분할안이 채택되었지만, 경계선과 철수지역을 둘러싸고 치열한 논쟁이 벌어져 감정이 격앙되었다.

협상이 몇 주일을 끄는 동안에 라니엘 내각이 넘어지고 피에르 망데스 프랑스가 이끄는 내각이 들어섰다. 망데스 프랑스는 '인도차이나전쟁의 속행은 아시아에서 공산주의자의 진출을 막는 데 큰 효과가 없을 뿐 아니라 프랑스에서는 오히려 공산주의자의 진출을 도와준다'

라고 믿었다. 그는 30일 이내(7월 21일까지)에 전쟁을 종식시키지 못하면 물러나겠다고 공언했다. 만일 제네바에서 휴전을 이끌어내지 못하면 인도차이나에 주둔 중인 정규군을 보충하기 위해서 의회는 징병제도를 승인할 필요가 있다고 국민에게 쌀쌀맞게 말했다. 또한 사직하기 전에 자신이 취할 마지막 행동은 이 목적을 위한 법안의 제출이 될 것이고, 국회는 같은 날에 이 법안을 채택해야 한다고 말했다. 의원들의 입장에서 인기 없는 전쟁을 위해서 징병제도를 실시하는 것은 생각하기도 싫었다. 망데스 프랑스는 국민과 의회를 이렇게 위협한 뒤에 자신이 설정한 최종기한을 지키기 위해서 제네바로 갔다.

회담은 끓어오르는 적의를 힘겹게 헤쳐 나가면서 진행되었다. 베트남의 분할이 교전국을 떼어놓는 유일한 수단으로 선택되었다. 베트민이 13도선, 나중에는 16도선을 주장한 데 반해 프랑스는 18도선을 고집했다. 16도선 아래로 밀리면 고도 후에가 베트민의 손으로 들어갈 판이었다. 인도차이나연방은 그저 협상을 방해하기만 했다. 덜레스는 공산주의자에 대한 어떤 양보에도 가담하는 것을 거부하고 제네바를 떠나 귀국했다. 그는 워싱턴으로 돌아오는 동안 중국의 개입에 대해서 다시 선전하기 시작했다. "그러한 노골적인 군사공격이 이루어지면 미국에 대한 고의적인 협박이라고 보아도 좋다"라고 공식연설에서 말했다. 이렇게 해서 그는 미국의 안전을 인도차이나의 발 위에 확실하게 올려놓았다.

망데스 프랑스 총리의 최종기한이 다가오는 가운데 제네바에서는 경계선과 궁극적인 재통합을 위한 선거시기를 둘러싸고 결렬의 조짐이 생겨났다. 무대 뒤에서는 거래와 좌우 양측의 회의가 열렸다. 소련은 스탈린의 사후에 조성된 긴장완화쪽에 무게를 두고 움직였기 때문에 화해하라고 호치민에게 압력을 가했다. 중국의 대표인 주은래

　독선과 아집의 역사 ──

국무장관 존 포스터 델레스. 제네바회담을 마치고 떠나고 있다. 1954년 4월

는 호치민에게 "프랑스를 몰아내고 미국을 멀리 떨어뜨리기 위해 빵을 반쪽만 받아들이는 편이 좋다. 최후에는 전부 손에 넣을 수 있기 때문이다"라고 말했다. 호치민은 17도선과 2년 후의 총선거를 조건으로 마지못해 타협했다. 회의는 기한 내에 간신히 합의에 도달했고, 7월 2일에 최종적인 성명이 발표되어 전쟁이 끝났음을 알렸다. 프랑스는 베트남의 반을 반란자에게 양보함으로써 패배를 인정해야 했다는 점에서는 애초에 자발적으로 양보한 경우보다 훨씬 위신이 손상되는 결과가 되었다. 미국은 나중에 이것까지도 그대로 답습했다.

제네바협정은 휴전을 선언하고, 국제적인 보호 아래 '군사적인 경계는 잠정적인 것이고, 어떤 경우에도 정치적, 또는 영토적 경계라고 해석해서는 안 된다'라는 특별한 규정을 붙여 라오스, 캄보디아와 북과 남으로 나뉜 베트남의 독립을 확인했다. 나아가 협정은 인도차이나연방이 철수를 요구할 때까지는 프랑스군의 주둔을 허용했고, 1956년 7월에 치러질 선거와 외국의 군사기지, 군비, 인사에 대한 제한과 규칙, 조항의 이행을 감시하기 위한 국제감시위원회의 설치를 규정했다. 하노이정부와 사이공정부는 협정에 서명하지 않았고, 미국도 서명을 거부했다. 미국은 협정을 위태롭게 하는 '군대의 사용과 위협'은 삼가하겠다고 마지못해 선언했다.

제네바협정은 전쟁을 종식시켜 중국, 또는 미국의 참전에 의한 더 이상의 확전을 막았다. 그러나 협정에 만족하고 그것을 지지할 후원자를 결여하고 오히려 그것을 역전시키고자 기회를 노리는 만족하지 못한 당사자를 포함했다는 점에서 처음부터 불안한 것이었다.

제네바는 덜레스 장관에게 인도차이나정책의 모든 면에 걸친 패배를 의미했다. 그는 북베트남에서 공산주의체제가 수립되는 것을 저지하는 데 실패했고, 영국, 또는 다른 국가들의 행동통일을 이끌어내지

독선과 아집의 역사 ─────

도 못했다. 프랑스를 적극적인 교전상태로 묶어두는 데도 실패했고, 미국의 군사개입에 대한 대통령의 승인도 얻지 못하고 유럽방위공동체조차 손에 넣지 못했다. 프랑스의회가 8월에 냉정하게 이것을 거부했기 때문이다. 그러나 이러한 결과들은 덜레스에게 아무런 영향도 주지 못했다. 그는 정책을 재검토할 이유가 있다고는 전혀 생각하지 않았다. 펠리페 2세의 경우처럼 '자신의 정책의 실패를 몸으로 경험해도 그 정책이 본질적으로 탁월하다는 그의 신념은 흔들리지 않았던' 것이다. 그는 제네바에서 기자회견을 했다. 그는 '과거를 아쉬워하지' 않고 '북베트남의 상실이 도화선이 되어 동남아시아와 남서태평양에 공산주의가 침투하는 것을 저지할 장래의 호기를 포착하겠다'는 결의를 밝혔다. 귀가 아프게 듣던 후렴구가 또다시 되풀이된 것이다. 그러나 그는 경험에서 배운 하나의 교훈을 덧붙였다. 다시 말해서 "공산주의에 저항하려면 국민의 지지가 필요하다…… 또한 국민들은 지금 조국의 국가기구를 지킨다는 자각을 할 필요가 있다"라고 말했다. 그것은 분명히 교훈이었다. 그리고 더 이상 정확한 표현은 없을 만큼 훌륭하게 말하기는 했지만 이윽고 분명해졌듯이 그것은 단지 말뿐이지 체화된 교훈은 아니었다.

시종일관 미국의 보호를 받은
디엠 정부
1954~1960

제네바협정을 준수할 생각이 없었던 미국

8년 동안이나 프랑스를 원조한 미국의 노력은 물거품으로 끝나고 프랑스는 프랑스연합군의 사망자 5만 명, 부상자 10만 명의 희생을 치르고도 패배한 이 단계에서, 미국은 인도차이나문제에서 손을 떼는 실마리를 잡을 수 있었다. 헛된 노력을 한 중국에서의 경험은 기억에도 새로웠다. 그곳에서는 새로운 운명을 향해서 나라를 이끌려고 했던 보다 치열하고 장기에 걸친 노력이 공산혁명에 의해 바람 앞에 흩어지는 모래처럼 속절없이 무너졌다. 중국에 서의 경험(구미의 바람은 현지실정과 일치하지 않을지도 모르고, 외교정책 또한 가능성을 조작하는 기술에 불과하다는 사실)에서는 아무런 교훈도 얻지 못했다. 미국 정부는 중국의 동란과 베트남의 민족주의 그 자체에는 반응을 보이지 않았다. 오히려 국내의 과격한 우파의 공갈과, 우파의 부추김을 받고 우파의 사고

독선과 아집의 역사 ──────

방식을 반영하는 국민의 공산주의에 대한 공포심에 반응했다. 이러한 공포의 사회심리적 원천은 이 책의 주제가 아니지만, 미국의 베트남 정책은 거기에 뿌리를 두었다.

미국은 베트남에서 손을 뗄 생각도, 제네바협정을 준수할 생각도 없었다. 덜레스의 직접적인 과제는 두 가지였다. 첫째는 동남아시아에서의 공산주의의 진출에 대항해서 미리 집단방위(또는 그 이미지)의 권한을 갖는 나토와 비슷한 비식민지적 동남아시아조약기구(SEATO)를 만드는 것, 두 번째는 북베트남과 확실하게 등을 돌리고 최종적으로는 이 나라 전체를 다시 수중에 넣을 수 있는 진정한 남베트남민족국가를 확실하게 다지는 것이었다. 국무장관은 제네바선언에 앞서서 이미 이 두 가지 노력에 힘을 기울였다.

덜레스는 5월에 제네바협정을 무력화시키는 조직적 활동의 일부로 동남아시아상호안전보호조약의 선전을 시작했다. 의식적인지 무의식적인지는 알 수 없지만 그는 미국을 식민지세력 대신에 현지상황을 통제하는 패자의 입장에 두기 위해 움직였다. 다시 말해서 유엔이 설정한 국경을 침범했다는 이유로 한국전쟁에 개입했듯이, 개입을 위한 국제적인 합법성을 획득하고자 했다. 그의 의도가 사람들에게 경계심을 심어주었다. 특히 『세인트루이스 포스트 디스패치』지는 제네바협정이 맺어지기 전에 일련의 사설에서 덜레스의 목적은 "미국이 인도차이나전쟁에 개입하기 위한 사전공작이 아닌가"라고 물었다. 미국 국민은 '인도차이나전쟁을 야기한 내란의 진압에 군대의 사용을 원한다고' 생각하는가. 『세인트루이스 포스트 디스패치』지는 "아니다"라고 답하고 "이것은 손을 대서는 안 되는 전쟁이다"라는 주장을 되풀이했다. 이 신문은, 미국이 개입하면 '제한전'에 말려들고 "제한을 벗어나지 못하면 그 전쟁에서 승리하지 못할 것이다"라고 예언했다. 나

〈또 하나의 실패는 어떤 도움이 될까?〉 피츠패트릭의 시사만화. 1954년 5월 8일

독선과 아집의 역사 ───

아가 이 점을 강조하려고 다니엘 피츠패트릭의 만화를 실었는데, 이 만화에서는 엉클 샘이 '인도차이나에서의 프랑스의 실정'이라는 문구가 씌어진 검은 늪지를 들여다보고 있다. 설명하는 글은 "또 하나의 실패는 어떤 도움이 될까"라고 묻고 있다. 이 만화가 퓰리처상을 받았다는 사실은 일찌감치 1954년에 이 그림에 담긴 메시지가 정곡을 찔렀다는 증거이다.

오류보다도 훨씬 뿌리 깊은 비극이 같은 해 미국과 아시아의 관계를 깊게 우려하던 관찰자의 눈에 들어왔다. 저서『아시아정책의 필요성』에서 에드윈 O. 라이샤워, 즉 극동문제전문가이자 나중에 주일대사로 일한 인물은 인도차이나인의 민족주의가 공산주의의 대의로 바뀌는 것을 서방측이 허용한 점에 비극의 원인이 있다고 말했다. 이 비극은 지극히 비능률적이고, 잘해야 현상유지'에 불과하다는 것을 알면서도 미국이 프랑스를 지지한 것에서 비롯되었다. 그 결과 미국은 아시아의 민족주의를 돕는 대신에 그것과 맞서 싸웠다. 미국은 교활하게 보일 만큼 그릇된 길을 걸었던 것이다.

덜레스의 냉혹할 만큼 유능한 솜씨 덕택에 동남아시아조약기구를 설립하기 위한 회의가 1954년 9월에 마닐라에서 열렸다. 이 회의에 참가한 아시아국가는 불과 3개국이었다. 더구나 동남아시아국가는 2개국뿐(태국과 필리핀, 나머지 한 나라는 파키스탄)이었다. 인도차이나와 이웃한 국가는 태국 하나뿐이었고, 인도차이나 자체에서는 단 한 나라도 참가하지 않았다. 동남아시아조약기구는 처음부터 정당성을 결여했다고 볼 수 있다. 다른 구성국은 영국, 프랑스, 오스트레일리아, 뉴질랜드, 미국이었다. 언제나 그렇듯이 전투적인 덜레스는 대표들에게 이 기구의 목적을 이렇게 설명했다. "조약국의 영토에 대한 모든 공격은 얻는 것보다 잃는 것이 많음을 깨닫게 할 만큼 통일적이고 강력하고 정확한 보복을 가하는 데 동의하는 것이다." 동남아시아조약기구에 참가한 아시아국가는 이렇다 할 무력을 지니지 못했고 다른 구성국은 지리적으로 무력을 전개할 만한 위치에 있지 않거나 이미 아시아에서 손을 뺀 상태였다. 게다가 미국도 동남아시아의 방위를 위해서 군대를 투입한다는 데 대해 합의를 보지 못한 상태였기 때문에 장관이 요구하는 것은 겉치레 실력행사에 불과했다. 조약의 운용에서 핵심이 되는 제4조를 통해 덜레스는 "각 구성국은 각국의 입법절차에 따라 공통의 위협에 대처한다"라는 약속을 얻어냈다. 그러나 이것은 정확하게 말해서 매서운 '아서왕의 마법의 칼'이 아니었다.

덜레스는 별개의 의정서를 통해 인도차이나연방을 그럭저럭 제4조의 보호 아래 두고, 제4조의 의무를 '서명국의 분명하고 확고한 동의사항'으로서 조약체결국 가운데 한 나라가 공격당하는 경우에는 그 나라를 지원하는 것이라고 규정했다. 현실적인 시각에서 보면 국방부의 대표 데이비스 해군중장이 말했듯이 조약이 체결되어도 '공산주의의 공격에 대처하기에 이전보다 적절한 준비가 갖춰지는 것은 아니었다.'

미국을 등에 걸머진 베트남총리, 디엠

그 사이에 남베트남에 새로운 총리가 등장했는데, 그는 처음부터 비극적인 죽음을 맞을 때까지 미국의 보호 아래 있었다. 국내에서가 아니라 국외에 있는 베트남 망명인집단에서 선택되어 미국과 프랑스의 후원으로 고위직까지 올랐지만, 프랑스는 마지못해 후원한 데 불과했다. 미국은 남베트남에 보다 큰 활력과 자신감을 불어넣으려면 프랑스의 그림자를 제거해야 한다고 마음먹었다. 물론 미국 장교

독선과 아집의 역사 ──

를 배치해서 훈련시킨, 신뢰할 수 있는 베트남군이 프랑스군을 대체할 때까지는 프랑스군을 묶어두어야 한다는 꺼림칙한 필요성은 인정했다. 제네바협정에 따르면 프랑스는 휴전과 최종적인 선거를 감시할 의무가 있었다. 따라서 프랑스가 과도기 동안 그 경제적·행정적·문화적 유대를 유지할 뿐 아니라 인도차이나가 자발적으로 프랑스연합에 참가하도록 방향을 트는 것도 얼마든지 가능했다.

미국은 그 반대를 바랐고, 고딘 디엠이라는 알맞은 대역을 찾아냈다. 디엠은 가톨릭을 믿는 유복한 가문 출신의 열렬한 민족주의자로, 아버지는 안남왕조의 대신이었다. 디엠은 프랑스의 식민지제도 아래서 지사로 일한 적이 있고 바오 다이 황제 아래서는 내무장관으로 근무한 적도 있었지만, 1933년에 프랑스의 지배와 약속되었던 개혁의 취소에 대한 항의로 사직했다. 그 후 은퇴해서 일본으로 갔고, 귀국 후에 언제든지 정권을 이어받을 수 있는 바 오 다이 아래서 내각을 구성하라는 일본의 요청을 거절했다. 민족주의 못지않게 철저한 반공을 신조로 삼았기 때문에 호치민이 하노이정부의 요직을 제공했을 때도 단호하게 거절했다. 그는 비협조적인 태도로 말미암아 베트민에 체포되어 6개월 동안 억류되었다. 반공과 민족주의의 지도적인 인물로 인정받은 디엠은 베트남의 주권이 보장되지 않는다는 이유로 엘리제협정 아래서 일하는 것도 거부하고 1949년에 다시 일본으로 건너갔다. 1950년에 미국으로 건너온 디엠은 가톨릭 사교로 일하던 형의 도움으로 뉴욕에서 스펠만 추기경과 친교를 맺었다.

디엠은 추기경의 소개로 유력자들을 소개받았고, 워싱턴에서 더글러스 판사도 만났다. 더글러스가 동남아시아의 '다섯 명사'를 발견한 직후였다. 더글러스는 독립과 사회개혁을 결합시킨 베트남의 장래에 대한 디엠의 비전에 큰 감명을 받았고, 프랑스의 꼭두각시 바오 다이와 공산주의자 호치민을 진정한 의미에서 대체할 인물을 찾아냈다고 생각했다. 그는 디엠의 발견을 CIA에 알렸고, 상원의원들인 맨스필드와 존 F. 케네디에게 소개했다. 둘은 모두 가톨릭교도였다. 이때부터 디엠은 출세가도를 달리기 시작했다.

여기에서 미국의 후보자가 마침내 등장했다. 디엠은 진정한 베트남 민족주의자로서 프랑스를 싫어한 덕택에 식민지주의의 어떠한 오점에서도 벗어나 있었고 스펠만 추기경의 승인으로 반공정신도 인정을 받았다. 그는 매카시 상원의원에게 공격받을 우려도 없는 안전한 인물이었다. 디엠은 1953년에 프랑스에 체류하는 베트남인에게 자신을 알리고 입후보를 지지받으려고 유럽으로 갔다. 제네바회담이 열리던 1954년에는 파리에서 적극적인 로비를 펼쳤다. 당시에는 유망한 지도자의 발견이 시급한 현안이었기 때문이었다. 디엠은 프랑스가 선택한 인물은 분명히 아니었지만, 프랑스의 입장에서는 휴전이 후보자에 대한 혐오감을 훨씬 능가하는 긴급한 사안이었다. 미국의 후원과 해외에 체류하는 다양한 파벌의 이면공작, 그리고 망데스 프랑스 총리가 설정한 최종기한이 다가온 데 힘입어 디엠은 프랑스에게도 인정을 받기에 이르렀다. 아직 국가원수이면서도 해외 휴양지에서 쾌적한 은둔 생활을 보내던 바오 다이는 제네바협정이 조인되기 직전에 그를 총리로 임명하라는 압력을 받았다.

다음 9년 동안 이 인물을 중심으로 장래성이 있고 자립한 남베트남의 민주국가를 건설하려는 노력이 집중되었지만 결국은 실패로 끝났다. 디엠은 자질이 없다는 사실이 드러났다. 이론과 고상한 원칙을 앞세워 살아오기는 했지만 독립된 민족정부를 다스릴 만한 경험이 없었다. 일반서민과 똑같이 프랑스에 대한 적의를 불태웠지만, 동시에 식민지주의에서 혜택을 받은 계급, 다시 말해서 그 자신이 속한 계급을

독선과 아집의 역사 ──────

통해서 식민지의 유산도 계승하고 있었다.

또한 대부분이 불교신도인 사회에서 그는 경건한 가톨릭교도였다. 그는 분열된 분파와 사병을 거느리고 마피아식으로 행동하는 파벌과 맞서야 했다. 그는 사고가 유연하지 못해 타협을 몰랐다. 민주주의를 어떻게 실천해야 하는가도 몰라서 분파나 반대파에게 명령을 내리거나 힘으로 대처하는 외에는 방법을 몰랐다. 디엠은 높은 지위로 떠밀려 올라가 본의 아니게 선량한 의도를 저버려야 했던 비극적인 인물의 하나였다. 그는 상황에 몰려 독재자의 철의 수단도 지니지 못한 채 독재자로 변신해야 했다.

디엠과 바오 다이 사이에서 망설이는 아이젠하워

이제 미국은 사이공에 완벽한 대사관을 설치했고, 군사원조 고문단뿐 아니라 점점 수가 늘어나는 각종 고문단과 정부기관까지 파견했다. 미국의 정책은 그 어느 때보다 과감하고 정력적으로 추진되었다. 무엇보다 우선, 유능하고 충성심과 의욕 넘치는 베트남군을 만들고자 훈련을 실시했다. 군사원조 고문단은 이 임무를 프랑스의 협력 없이 독자적으로 수행했다. 이런 방법으로 미국의 영향력을 프랑스의 영향력과 구별하고자 했기 때문이다. 미국이 어떤 나라이든 백인패거리에 대한 베트남인의 혐오감은 뿌리 깊다는 것은 고려에 넣지 않았다. 미국인은 자신들을 프랑스인과는 '다르다'고 생각했고, 베트남민족의 독립에 호의적인 사람들로 환영받을 것이라고 믿어 버렸다. 프랑스를 다시 부르고 그들의 전쟁에 재정지원을 한 것이 미국이라는 사실은 어느 틈엔가 잊고 있었다. 독립된 남베트남이 탄탄한 국가로 성장하는 것을 돕는다면 미국은 자신들의 선량의 의도를 증명할 수 있다고 생각했다.

훈련계획의 요건을 심의하는 동안, 더 이상 베트남에 얽혀 들어가는 것을 꺼리는 워싱턴의 군사정책입안자들의 속마음이 명확하게 드러났다. 그러나 업무를 위임받은 유능한 군인이 질문 하나 없이 계획안을 만들었다. 즉 군사원조 고문단의 단장 오다니엘 장군이 훈련계획의 순서와 요건에 대한 예정표를 만들어, 제네바회담이 추가인원을 감축하기 전에 증원요원의 파견을 요청했다.

베트남군의 철저하지 못한 충성심과 느슨한 분위기에 대해서는 많은 보고가 들어왔기 때문에 합동참모본부는 완전히 회의적이었다. 그들은 실패의 책임을 떠맡기 싫었고, 더욱이 남베트남군이 곤경에 처할 경우 부실한 군대를 구하기 위해서 미군을 투입하는 책임을 지기도 싫었다. 그래서 1954년 8월에 제출한 애매한 구석이라고는 한 군데도 없는 각서에서 '상당히 강력하고 안정된 문민정부가 지배하는' 것이 '반드시 필요하고' 당사국 스스로가 신병의 모집과 유지에 필요한 모든 역할을 효과적으로 수행하지 않으면 '미국의 훈련요원이 성공을 거두기를 바랄 수 없다'라는 결론을 내렸다. 그들은 프랑스군이 철수하면 '군사적으로 안전한 공백상태'가 빚어질 것이라고 예측했고, 미국이 프랑스군을 대체하면 어쩔 수 없이 '계획의 실패에 대한 모든 책임'을 져야 하므로 결론적으로 미국은 '개입해서는 안 된다'라고 판단했다. 그리고 지나치게 결정적인 표현을 써서는 안 된다는 정부고문관들의 주의 때문에 '만일 정치적 배려가 우선한다면 훈련요원의 임명에는 동의한다'라고 서둘러 덧붙였다. 공식적인 절차를 밟으면 선택의 자유가 막히는 것을 우려해서, 권고는 유연한 형태를 띠었다.

그 후 훈련시킬 군대의 규모, 프랑스군 주둔비용(1955년에는 1억 달러, 1956년에는 1억 9천3백만 달러)과 프랑스군의 단계적 철수시기를 둘러싸고

독선과 아집의 역사 ───

격렬한 논란이 빚어졌다. 그 사이에도 합동참모본부의 의구심은 깊어만 갔다. 1954년 11월, 베트남 국내의 정치상황이 혼란에 빠졌다. '베트남정부에 대한 충성스럽고 효과적인지지', 또는 '남베트남 내부의 정치군사적 안정을 확립…… 보장은 없다'라는 사실이 드러난 것이다. 베트남인 자신이 공산주의에 저항할 의지를 보이지 않으면 외부의 압력과 원조를 아무리 많이 퍼부어도 남베트남에서 공산주의가 완벽하게 승리하는 것을 장기간 늦출 수 없다는 것은 분명했다. 지금 와서 생각하면 '왜 미국정부는 스스로 자문을 구하려고 임명한 사람들의 권고를 무시했는가'라는 물음을 피할 수 없다.

디엠은 국내의 반대자와 적대자들, 자신의 무능과 아울러 분파행동과 부패에 시달렸다. 게다가 제네바협정으로 주민의 이동이 허용된 3백 일 동안 북에서 흘러내려온 약 1백만 명의 피난민도 새로운 골칫거리였다. '예수님은 남베트남으로 가셨다.' '성모마리아는 남베트남으로 가셨다'라는 말을 퍼뜨린 가톨릭의 선전에 따라, 민족의 대이동에 참가한 사람의 약 85퍼센트가 가톨릭교도였다. 어려운 상황이기는 했지만, 이 사람들은 공산주의의 지배하에서 살아가기를 거부하는 중요한 그룹을 대표했고 일관된 디엠의 지지단체가 되어 실제로 그의 지배체제를 강화하는 데 도움이 되었다. 그러나 디엠이 고마움의 표시로 그들에게 공식적인 지위를 너무 많이 주는 바람에 일반인들의 적의를 샀다. 미국은 피난민으로 빚어진 부담 가운데 절반을 떠맡았다. 해군은 30만 명의 피난민을 수송했고, 난민의 재정착 비용은 가톨릭교도의 자선사업이나 그 밖의 모금으로 모은 돈을 대대적으로 쏟아부어도 감당하기 힘들었다.

한 보고서에 따르면 '워싱턴에서 온 몇몇 고관'은 사이공을 방문한 뒤에 "아마 베트남은 청산해야 할 부채가 될 것이다"라는 결론을 몰래 내렸다고 한다. 그러나 그와는 반대되는 방향으로 흐른 미국의 정책은 디엠 정권을 강화하고 안정시키려면 어떻게 하면 좋을까, 프랑스의 이익을 배제하면서도 프랑스군을 계속 묶어 두려면 어떻게 하면 좋을까, 베트남군의 훈련과 관련해서는 무엇을 결정해야 하는가, 전반적으로 어느 정도 투자해야 하는가라는 문제에 시달렸다. 한 차례도 디엠에게 호의를 보인 적이 없는 프랑스는 포레 총리의 말을 빌리면 "그는 무능할 뿐 아니라 정신이 이상하다"라고 평가했다.

반면에 맨스필드 상원의원은 두 차례에 걸쳐 베트남을 시찰한 뒤에 디엠은 순수한 민족주의자이고 디엠 정권의 존속은 미국의 정책에 필수불가결하다고 보고했다. 그러나 맨스필드 상원의원의 보고는 전년도보다 훨씬 비관적이었다. 그는 모두가 베트민의 정치군사적 능력을 "일관되게 과소평가하기 때문에 정세는 우려될 만큼 악화되었다"라고 말했다. 디엠의 정책에 대한 불만이 쌓였기 때문에 "가까운 장래에 인도차이나에서 우리의 목적을 달성할 수 있다고 기대하기 힘들다"라고도 말했다. 만일 디엠 정권이 쓰러지면 후계자들은 그만큼 민주적이지 않을 것이고, 그 경우에는 미국은 "베트남과, 베트남에 주둔중인 프랑스연합군에 대한 모든 원조의 즉각적인 중단을 고려해야 한다"라고 맨스필드는 생각했다. 그는 냉정한 상식을 담아 다음과 같이 보고서를 마무리했다. "우리의 목적을 달성할 수 있다는 합리적인 가능성이 없다면 미국 국민의 재산을 계속해서 사용하는 것은 불법이고 허용할 수 없다."

아이젠하워는 망설였다. 그는 10월에 디엠에게 친서를 보내 '인위적인 군사적 분할로 일시적으로 분단되어 있는(그의 후계자들이 주장하고 싶어 하던 '국경'이라는 말은 쓰지 않았다) 국가의 장래에 대한 중대한 관심을 표명했다. 동시에 원조가 주어질 경우에 디엠 정권이 유지할 '시책의

독선과 아집의 역사 ───

수준'을 디엠이 보장한다면 '직접 귀국(貴國) 정부에 인도될 미국의 원조에 대한 현명한 계획'을 디엠과 함께 마련할 용의가 있다고 밝혔다. 그러나 대통령은 디엠의 약속에 그다지 자신감을 갖지 못했기 때문에 제2차 세계대전 이후 깊은 신뢰관계를 맺어온 동료 J. 로턴 콜린스 장군을 프랑스와의 관계 및 디엠에게 기대해도 좋은 '수준'의 실태를 조사할 특사로 파견했다.

콜린스의 보고는 부정적이었다. 그는 디엠에 대해서 '이 나라를 통일할 만한 지도력을 발휘할 수 없을 뿐 아니라, 호치민의 유능하고 가차 없고 통일적인 지배와 경쟁할 각오도 되어 있지 않다'라고 생각했다. 그가 생각하기에 미국의 정책이 선택할 수 있는 길은 깊게 얽히지 않으면서도 당분간 디엠을 지지하거나, 아니면 그가 기대한 만큼의 힘을 발휘하지 못하는 경우에 바오 다이를 다시 기용하는 것이었다. 그것이 불가능하다면 "특히 지난번 제안에 유의해서 우리의 동남아시아원조계획을 재검토하라고 권고한다"라고 말했다. 지난번 제안이란 '서서히 베트남에 대한 원조를 중단한다'라는 발상이다. 이것은 "가장 바람직하지 못한 제안이지만, 가장 솔직히 말하면 여기에서 내가 지금까지 관찰한 바에 따르면 그것이 유일한 해결방법일지도 모른다"라고 그는 보고했었다.

한동안 베트남에 머물며 프랑스의 사령관 엘리 장군과 함께 원조계획을 작성하라는 지시를 받은 콜린스는 5개월 뒤에 맨스필드와 비슷한 권고를 했다. 베트남인, 미국인, 프랑스인 사이의 성의 있는 협력에 기초한 건전한 정치적·경제적·군사적 개혁계획이 실시되지 않으면 베트남을 공산주의에서 구할 수 없을 것이고, 그리고 이것을 확보할 수 없다면 "내 판단으로는, 우리는 베트남에서 철수해야 한다"라고 그는 보고했다.

남베트남의 운명은 미군에 달려 있다

이러한 모든 회의와 부정적인 판단에도 불구하고 왜 미국은 철수기회를 잡지 못했을까. 철수하지 못한 이유는, 만일 미국이 원조를 끊으면 남베트남은 붕괴할 것이고, 그렇게 되면 때때로 다른 장소가 새로운 위협에 직면하는 이때에 공산주의에 대항하는 전선이 인도차이나에서 무너지는 결과가 된다는 주장이 제기되었기 때문이다. 마침 이무렵에 중국 본토 앞바다의 금문도와 마조도를 둘러싼 위기가 발발했고, 덜레스는 극단적인 편집증에 사로잡혀 '마침내 우리는 중국과 사생결단을 해야 하는 갈림길'에 섰다고 주장했다. 이 위기가, 현실적으로 베트남을 바라보고 콜린스가 제안한 대안을 생각하고자 하는 충동을 억눌렀다.

콜린스 자신은 디엠의 무능을 확신하기는 했지만, 디엠 정부가 미국의 지원을 받기에 적절한 보호정권으로서의 자격을 갖추도록 하는 데 정력을 쏟았다. 콜린스의 압력으로 디엠 정부는 토지개혁계획안을 만들고 헌법의 초안을 만들기 위한 임시회의를 소집했다. 워싱턴은 이러한 개선의 조짐을 환영했다. 또한 프랑스가 디엠의 정적을 부추기는 것을 억제하겠다는 의도로, 미국은 디엠 정권을 지지한다고 공식발표했다. 동시에 1955년 2월에 '완전하게 자주적인' 베트남군의 훈련을 맡는다는 결정을 내렸고, 이것을 고비로 베트남문제에 깊게 얽혀 들어갔다.

모든 개입과 은밀한 작전이 이미 슬그머니 전개되는 상황에서 미국이 프랑스의 대역을 맡으려 한다는 의혹이 커지는 것도 당연했다. 사이공군사사절단을 자처하는 전투팀이 오다니엘 장군의 지시와 란스달 소장의 지휘 아래 북베트남에서 활동을 시작했다. 란스달은 공군

　　　　　　　　　　　　독선과 아집의 역사 ——

장교로서 나중에 CIA에 들어갔지만, 필리핀에서 후크단에 대한 전투를 지휘한 경험이 있었다. 이 사절단은 제네바협정이 타결되기 전에 조직된 것으로, 제네바협정의 발효로 불법화된 뒤에도 1년 동안 활동을 계속했다. 원래의 임무는 '적에 대해서 준군사적인 행동을 하는' 것이었다(기술적으로 말하면 비교전국인 미국에게 '적'은 없었지만).

제네바협정이 맺어진 뒤에 사절단의 목적은 그러한 행동을 위한 '수단을 준비하는'것으로 수정되었다. 이 목적을 위해서 란스달 사절단은 트럭과 철도의 총파업에 관여하고, 두 개의 은밀한 남베트남 '준군사팀'의 모집과 훈련, 민간에의 침투작업을 수행했다. 그들은 자신들이 쓰기 위한 밀수품, 무기, 탄약 등의 저장소도 만들었다. 제네바협정은 1954년 7월 23일 이후 모든 전투요원과 전투물자의 도입을 금지했고, 미국은 이러한 규정을 '존중한다'라고 약속했기 때문에 이날 이후의 사절단의 활동은 약속위반이었다. 국가가 전쟁을 하는 경우 이러한 약속위반 자체는 그다지 극악한 행위가 아니고 오히려 지극히 당연한 행위일지도 모르지만, 이 약속위반은 점차 확대되어 마침내는 미국의 평판을 떨어뜨리고 자존심에 상처를 입히는 일련의 가식의 시작에 불과했다.

끝까지 디엠에게 매달린 미국

약한 보호정권을 옹립하지 않고 다른 길을 걷는 대안은 분명히 있었고, 실제로 프랑스는 이것을 시도했다. 하노이와의 화평이 이제 프랑스의 공공연한 목적이 되었는데, 이것은 남북베트남에 대한 프랑스의 투자와 경제적인 이익을 위해서뿐 아니라 평화공존이라는 밍떼스 프랑스의 정치철학을 검증하기 위한 것이기도 했다. 더글러스 딜론 대사가 파리에서 보고한 바에 따르면 프랑스 정부는 점점 '궁극적인 남북화해의 길을…… 찾고 고려하는 분위기'이고, 이 목적을 수행하기 위해서 거물인 장 상테니를 하노이로 보냈다고 한다. 그는 예전의 식민지 고관이고, 전쟁 중에는 '자유 프랑스'의 관리로 일했다. 호치민과도 연계가 있었고, 인도차이나전쟁이 벌어지는 동안에는 하노이주재 판무관으로 일했다. 하노이에서의 임무는 표면적으로는 프랑스 기업의 이익보호였지만, 딜론 대사가 들은 바에 따르면 상테니는 남베트남은 무너질 운명에 있기 때문에 "프랑스의 국익을 다소라도 지키는 유일한 수단은 베트민과 거래를 해서 프랑스에 협력할 뿐 아니라 어쩌면 프랑스연합에 가입할지도 모르는 티토식 베트남을 만들어 베트민과 공산당의 관계를 적절하게 끊어내는 것밖에 없다"라고 정부를 설득했다고 한다.

지금 와서 보면 티토식의 해결은 환상으로 보이지만, 당시에는 디엠 정권을 호치민을 대신할 수 있는 강력하고 유능한 민주주의정권으로 키울 수 있다고 믿었던 미국의 생각만큼이나 현실적으로 받아들여졌다. 이 시나리오는 그럴 마음만 있었으면 미국의 것과 똑같이 간단하게 시도해볼 수 있었을 것이다. 그러나 프랑스의 계획은 실행에 옮겨지지 않았다. 망데스 프랑스는 1955년 총리에서 물러났고, 프랑스의 기업가는 공산주의체제 아래에서는 이익을 올리기가 어려워 서서히 북베트남에서 철수한데다가 전반적인 프랑스의 지배는 미국에 의해 점차 제한되었기 때문이다.

그러나 실패했다고 해서 반드시 불가능한 목표를 세웠던 것은 아니다. 당시에 호치민이 내세운 첫째 목표는 마치 티토 원수의 목적이 소련에서 유고슬라비아를 독립시키는 것에 있었듯이 프랑스에서 베트남을 독립시키고 독립을 유지하는 것이었다. 미국은 티토는 원조하면

　　　　　　　　　　　　독선과 아집의 역사 ──

서 왜 호치민은 타도해야 하는가. 답은 자기최면이 작용했다는 것이다. 이미 공산주의자가 된 중국의 대군중과 함께 황화가 전진한다는 느낌을 떨칠 수 없었고, 이 황화에 대한 막연한 위기의식까지 겹쳐 아시아의 공산주의에는 이상할 만큼 불길한 예감이 따라다녔다. 그 앞잡이인 북베트남은 여전히 '적'일 수밖에 없었다.

보호정권은 제 역할을 하지 못했다. 1955년 4월에 디엠의 정적들이 일으킨 쿠데타, 내각의 위기, 참모총장의 사실상의 불복종이 미국의 마음을 쓰라리게 했다. 『뉴욕 타임스』의 특파원에 따르면 디엠 정권은 '결과적으로 무력하고 무능하고 인기가 없어 이 정부를 구할 가능성은 거의 없었고, 또한 내전의 조짐이 당장이라도 나라를 갈가리 찢으려고 했다.' 덜레스조차 콜린스 장군이 임지로 출발할 때 "우리가 그곳의 상황을 바로잡을 가능성은 10분의 1을 넘지 못한다"라고 말했다. 나아가 산적한 디엠의 난제를 보고는 '현재 우리가 아직 해결하지 못한 유일한 중대문제는 통솔력이 있는 현지인을 찾아내는 것이다'라는 결론을 내렸다. 이 놀라운 평가에 숨은 의미는 그의 마음에 떠오르지 않았던 듯하다.

워싱턴은 디엠을 대신할 인물을 찾았지만 헛수고로 끝났고, 비틀거리는 정부에 더 이상 원조를 쏟아 부을 것인가 말 것인가를 심각하게 고민하며 하루하루를 보냈다. 콜린스 장군이 불려 와서 상황을 설명했다. 기자회견에서 아이젠하워는 안타까울 만큼 주저하는 모습을 보였다. "베트남에서는 많은 어려운 문제가 일어나고 있다. 민심이 정부를 떠났다든지 그런 것이다…… 이것은 기묘하고 거의 설명하기 어려운 상황이다…… 우리의 장래정책이 정확하게 어떤 조건 아래 놓일지 말할 수 없다."

이때도 베트남에서 손을 뗄 기회가 있었다. 디엠 정권은 아이젠하워가 미국의 원조를 조건으로 삼은 '실시기준'을 만족시키지 못했다. 프랑스가 패배한 의미, 행동통일에 대한 영국의 거부, 나토국가들의 거리를 때는 동료의식, 아이젠하워 정부는 왜 이러한 모든 징후를 고려하고 국내에서 대통령에게 부여한 막대한 권한을 행사해서 무익한 계획에서 몸을 빼지 않았을까. 관료 중에는 분명히 모든 것을 고려한 사람은 없었다. 게다가 '공산주의에 호의적이다'라는 비난을 받을 우려도 여전히 존재했다.

디엠은 두둑한 미국의 원조물자에만 충성을 보이는 군대를 써서 쿠데타의 진압에 성공했고, 이것은 그의 연명책이 되었다. 그는 반대파를 몰아내고 세 명의 동생을 등용해서 정부를 강화함으로써 강력한 정치가의 겉모습을 갖췄다. 미국은 정책을 재검토하는 고역에서 벗어나 공식적으로 디엠에 대한 지지를 재확인했지만, 주요한 동기는 디엠이 쓰러졌을 경우 그 뒤의 상황이 두려웠기 때문이었다. 새로 사이공에 부임한 미국 대사 도널드 히스는 이 선택에 대해서 다음과 같이 말했다. 자유 베트남의 유지에 '국가의 위신과 3억 달러 이상의 원조'를 건 것은 도박이지만, 원조를 끊으면 공산주의의 정권탈취를 도와 더욱 나쁜 결과를 부른다. 그러나 이 선택은 결코 바람직하지 못했다.

이러한 선택을 강행한 배경에는 국내의 분노한 목소리에 대한 공포가 숨어 있었다. 영향력이 큰 상원의원 맨스필드는 '디엠을 믿는다'라고 여겨졌고, 디엠이 쫓겨났을 경우에 예상되는 추기경의 반응은 생각하기에도 끔찍했다. "가여워라! 또다시 배신당한 몇백만이나 되는 인도차이나의 주민들이여"라고 그는 제네바회담이 끝났을 때 탄식했다. '적색 러시아의 야만스러운 압제에 희생된 불행한 희생자들에게 가해진 고통과 치욕'이 그대로 되풀이될 것이고, '그들은 이제 피에 굶주린 공산주의 지배자들에게 노예제의 무서운 현실을 배울 것이다.'

독선과 아집의 역사 ──

공산주의는 '세계를 제패하려는 계획을 달성하기 위해 신중하게 결정한 시간표'에 따라 착착 행동하고 있다. 붉은 지배자들은 자신들이 무엇을 바라는가를 '놀라울 만큼 분명하게' 알고, 그것을 '맹렬하고 집요하게' 추구한다. 추기경은 이런 투로 연설을 해서 미국 재향군인회대회에 참가한 전원의 격분을 부추겼다. 1955년 중반에 아이젠하워 대통령은 두 번째 대통령선거를 준비 중이었기 때문에 이런 탄핵연설이 더 이상 계속되어서는 곤란한 입장이었다.

제네바협정이 1956년에 실시하기로 결정한 전국총선거를 디엠이 운명적으로 거부했을 때, 미국은 보호정권을 만든 업보 때문에 바람막이가 되어야 했다. 북베트남은 남베트남의 인구 1천2백만을 능가하는 1천5백만을 자랑했고 일반적으로 인정되는 바로는 베트민을 지지하는 사람이 많았기 때문에 베트남 전체의 주도권을 잡기 위해서 선거를 실시하고자 했다. 1955년 6월 북베트남이 선거 준비를 위한 대회를 시작하자고 남베트남을 유인하자 디엠은 이것을 거절했다. 하노이 정권 아래서는 자유선거가 불가능하고, 그 때문에 강요된 선거의 결과가 남쪽의 투표수를 압도할 것이며, 어쨌든 자신은 제네바협정에 얽매일 생각이 없다는 것이 이유였다.

그러나 3개월 후에 외국에 머무르는 바오 다이를 국가의 원수에서 폐위시키고 디엠을 대통령에 앉히기 위한 국민투표가 남쪽에서 실시되었다. 이 선거에서 바라는 결과를 효과적으로 얻기는 했지만, 그 때문에 오히려 북베트남의 선거를 거부할 명분을 상당히 잃었다. 외국인 관찰자에 따르면 선거는 '극악무도한' 방식으로 치러져 디엠이 98.8퍼센트의 표를 모았기 때문이다. 어느 쪽이든 선거민의 자유로운 의지표현을 기대할 수 없는 것은 분명했고, 또한 민주주의의 경험이 없는 나라에서는 그 이상의 결과를 기대할 수 없었을지도 모른다. 베트남의 내전을 해결하는 방법으로서의 선거(무력한 국제감시위원단이 관리할 예정이었다)는 처음부터 일시적인 분할과 휴전을 실시하기 위한 고육책으로 제네바회담에서 고안된 명분에 불과했다.

만일 선거가 실시된다면 어떤 관리가 보고했듯이 '베트남인의 압도적 다수가 공산당에 투표할 것'은 눈에 보이는 현실이었다. 공산주의 정권에 동등한 지위를 부여해서는 안 된다는 취지의 연설에서 존 F. 케네디 상원의원은 '인도차이나 전역에 걸친' 호치민당의 '신망과 우세'를 인정했다. 케네디는 실정이 이렇기 때문에 호치민의 당을 통일정부에 참가시켜서는 안 된다고 생각했던 듯하다. 아이젠하워는 호치민이 선거에 승리하는 것은 확실하다는 고문단의 보고를 받고 (리지웨이 장군에 따르면) 선거의 실시에 '반대'했다. 디엠은 선거와 관련해서 미국의 조언을 요구하지 않았지만, 거부함으로써 미국의 지지를 확실하게 했다. 1956년에 접어들자 중국의 전례를 따라 광범위하게 발생한 지주들의 살해를 포함한 북베트남의 가혹한 정책에 대한 많은 증거가 수집되었다. 선거가 실시되면 테러리스트적 전략이 추구되리라는 것은 쉽게 예상되었다. 1956년 6월, 국무부는 "협박과 강제를 배제할 수 없는 조건이 존재하는 한…… 자유로운 선거는 있을 수 없다는 디엠 대통령의 입장을 우리는 전면적으로 지지한다"라고 공식성명을 발표했다.

그 결과 선거를 통한 재통일을 기대할 수 없게 되자 북베트남은 다른 방법, 즉 폭동의 교사와 해방전쟁에 의존했다. 미국은 이 점과 관련해서 말도 안 되는 어리석은 행동을 저질렀다고 보기는 힘들다. 그러나 디엠의 결정에 대한 지지와 전쟁평론가들이 국민의지에 대한 뻔뻔스러운 억압이라고 주장한 것이 한데 어우러져 북측을 게릴라활동으로 내몬 것은 별개이다. 그것은 억압이 아니었다. 어떤 경우에도 국민의 의지는 자유로운 발언으로 표출되지 못했기 때문이다. 선거의 불이행은 새로운 전쟁의 구실이지 원인은 아니었다. "우리는 통일을 이룰 것이다"라고 북측의 수석대표 팜 반동은 제네바에서 경고했다. "국내외를 불문하고 세계의 어떤 세력도 우리를 우리의 진로에서 벗어나게 할 수 없다"

다음 5년 동안 군사비 전액을 포함해 예산의 60에서 75퍼센트를 미국이 충당했다. 거기에 미국 자금이 유입되어 무역적자를 메웠기 때문에 남베트남은 예상치 못한 질서와 번영을 향수했다. 프랑스 군대는 집요한 미국의 압력으로 단계적인 철수를 거듭하며 서서히 베트남을 떠났고, 마침내 1956년 2월에 프랑스군 최고사령부가 해체되었다. 가톨릭 자선사업단체와 국제구원위원회(원래 나치즘의 희생자를 구하기 위해서 결성되었고, 가장 존경할 만한 자유인들의 이름으로 빛났다)가 조직한 '미국의 베트남 친구의 모임'은 사이공 홍보대행사의 지원을 받아 월 3천 달러의 의뢰비를 지불하고 남베트남의 '기적'에 대한 정보를 흘렸다. 이 5년 동안 마치 진보가 이루어지고 도박이 성공한 듯이 보였다.

그러나 기적의 배후에서는 상황이 순조롭지 못하게 흘렀다. 계획이 엉성했던 토지개혁은 농민들을 돕기보다 소외시켰다. 이웃들에게 서로 밀고하도록 권고하는 '공산주의자 고발' 계획과 농민의 생활에 대한 부패한 관리들의 끝없는 간섭이 민심을 디엠에게서 이반시켰다. 비판자나 의견을 달리하는 사람들은 체포되어 '재교육캠프'로 보내지거나 다른 방법으로 침묵을 강요당했다. 미국이 대금을 치른 수입품의 유입은 소비물자를 넉넉하게 공급하며, 중산계급의 지지를 얻기 위한 정치도구로 쓰였다. 미국 정치학자들의 조사보고서는 남베트남은 외부에 의존하는 "지속적인 구걸상태에 놓여 있다"라고 밝히고, "미국의 원조는 모래성을 쌓았다"라고 결론을 내렸다.

농민의 불만은 게릴라활동에 알맞은 토양을 제공했다. 남북분단 후에도 남쪽에 머물렀던 베트민 게릴라들은 쉬지 않고 활동하면서 게릴라부대를 키웠고, 거기에 분단 때 북쪽으로 가서 훈련과 교화를 받고 다시 국경을 넘어 옛 땅으로 돌아온 게릴라들이 합류했다. 1959년에는 이미 게릴라가 남베트남의 대부분을 장악했다. "남쪽을 페인트 붓으로 한번 문지르면 붓에 달린 털 하나하나가 모두 베트민과 닿을 것이다"라고 어떤 정보국원은 맨스필드 상원의원에게 말했다.

같은 무렵에 북측도 인심의 이반에 고심했는데, 이것은 한편으로는 남쪽의 미작지대를 잃어 식량이 부족했기 때문이고, 또 한편으로는 공산주의적 압제 때문이었다. 당의 동지들에게 강요하는 공개적인 자아비판이 공포분위기를 조성했다. 지아프 장군은 1956년에 "우리는 너무나 많은 정직한 사람들을 처형했다…… 공포와…… 본보기 처벌과…… 고문에 지나치게 의존했다"라고 인정했다. 내적 긴장이 고조되자 하노이는 국내문제에 전력을 집중할 수밖에 없었다.

그들은 남측과 전쟁을 시작할 생각은 없었지만 여전히 재통일을 움직일 수 없는 목표로 내세웠다. 하노이는 1955년에서 60년에 걸쳐서 저항운동을 억누르고 지배권을 수립하는 동안에도 군대를 증강, 훈련하고 중국에서 무기를 받아들여 저장했으며, 서서히 남쪽의 게릴라들과 연계를 강화했다.

1960년에는 이미 사이공정부가 '남베트남 공산주의자'라는 의미에서 베트콩이라고 부른 5천에서 1만 명의 게릴라가 남쪽에서 활동했다. 베트남군이 미국의 조언으로 한국전쟁 때와 같은 전면 남침에 대비해서 주로 휴전선을 따라 주둔하는 사이에 게릴라들은 국내를 휘젓고 다녔다. 사이공의 발표에 따르면 그들은 1959년에 1천4백 명의 관리와 민간인을 살해하고, 7백 명을 유괴했다고 한다. 테러리스트, 파괴

독선과 아집의 역사 ─────

분자, '유언비어 유포자'에 내린 사형선고를 포함한 디엠의 극단적인 시책과 농민공동체를 성채로 둘러싼 전략촌으로 이주시키려는 계획은 결과적으로 효과가 없었다. 일반대중은 디엠에 대해서도, 또한 공산주의나 재통일의 대의에 대해서도 적극적인 충성심을 보이지 않았다. 그들이 바라는 것은 안전과 토지와 작물의 수확뿐이었다. 1960년 1월, 미국 대사관은 다음과 같이 보고했다. "정부는 국민을 의혹의 눈으로 보거나 위압하려는 경향이 있고, 국민들은 정부에 대해 무관심과 격분으로 보답한다. 이것이 현 상황을 요약한다."

같은 해, 10인의 전 각료를 포함하는 자유진보위원회가 제출한 18인 성명서는, 디엠의 퇴진과 대대적인 개혁을 요구했다. 디엠은 그들 전원을 체포했다. 6개월 후에 '공산주의에서 조국을 구할 수 없고, 국가의 통합도 유지할 수 없다는 것을 분명하게 드러냈다'는 이유로 군사쿠데타가 일어나 디엠 정부를 뒤집으려고 했다. 디엠은 시 외곽에서 진입한 군대의 도움으로 24시간도 지나지 않아 이 쿠데타를 제압했다. 워싱턴은 쿠데타의 진압을 환영했고, 강화된 권력을 이용하면 '근본적인 개혁의 급속한 실시'에 몰두할 수 있으리라는 희망을 표명했다. 이러한 미국의 희망은 단조로운 어투로 전달되었지만, 문맥을 잘 읽으면 원조의 계속은 디엠이 '실시기준'을 달성하는가 그렇지 않은가에 달려 있다는 속뜻이 숨어 있었다. 그러나 그 후에 개혁은 계속되지 않았는데도 미국의 원조는 끊기지 않았다. 원조를 끊으면 디엠 정부가 무너질 우려가 있었기 때문이다.

소련에 대한 미국의 자신감은 1957년에 소련이 스푸트니크호를 발사해서 시속 1만 8천 마일의 속도로 지구의 주위를 도는 고도 560마일의 궤도에 올렸을 때 다시 한 번 상처를 받았다. 이 역사적인 사건이 일어나기 전해에 소련군이 헝가리를 점령했지만, 그동안 미국은 덜레스의 큰소리에도 불구하고 수동적인 자세를 취하고 있었다. 스푸트니크호가 발사된 다음 해, 피델 카스트로가 이끄는 공산주의자들이 쿠바를 점령했지만, 쿠바는 미국에서 불과 90마일 떨어졌음에도 불구하고 미국은 손 한번 써보지 못하고 멀쩡히 쳐다보기만 했다. 그런데도 멀리 떨어진 베트남의 공산주의자들을 미국의 안전에 대한 직접적인 위협으로 보았던 것이다.

워싱턴과 사이공간의 논의로, 미국인 사절단과 베트남군을 조정하기 위한 반게릴라, 즉 반폭동대책이 추진되었다. 군사원조 고문단의 인원은 이 계획을 위해서 배로 늘어나 685명이 되었다. 신임 대사 엘브리지 더브로는 불안을 느꼈다. 그는 정치적 개선이 이루어지지 않는 한 이 계획이 요구하는 추가 군사원조를 실시해서는 안 되고, 더구나 효과도 없다고 생각했다. 그러나 디엠은 약자가 늘 그렇듯이 비굴한 권력을 휘둘렀다. 즉 자신이 안고 있는 골치 아픈 문제가 커지면 커질수록 그는 한층 많은 원조를 요구했다. 미국은 그것을 줄 수밖에 없었다. 의존관계에서는 항상 쓰러진다. 쓰러진다고 위협함으로써 피보호자가 보호자를 지배할 수 있다.

1960년 9월 하노이에서 열린 공산당대회는 디엠 정권과 '미제국주의의 지배'를 타도하겠다고 선언했다. 12월에는 남베트남민족해방전선(NLF)이 결성되었다. 이 조직은 명목상 남쪽에 뿌리를 둔 것이기는 했지만 디엠 정권과 함께 '미제국주의자의 위장된 식민지체제'를 타도하겠다는 구호를 되풀이해서 외치고, '민주주의', '평등', '평화', '중립'이라는 그럴듯한 옷을 입힌 마르크스주의적 사회개혁을 목표로 하는 10개 항목의 계획을 발표했다. 미국에서 새 대통령 존 F. 케네디가 취임한 바로 그때, 베트남에서는 공공연하게 내전이 선전포고되었던 것이다.

　　　　　　　　　　　독선과 아집의 역사 ──────

Part 5

처절한 패배의 씨앗,
세 대통령의 독선

계속되는 실패와 케네디의 선택
1960~1963

공산주의의 남진을 무조건 막아라

존 F. 케네디 정권은 뛰어난 브레인을 거느리고 이데올로기보다 실용주의를 내세웠지만, 선거에서는 0.5퍼센트의 차로 간신히 과반수를 넘었다. 20세기 초 이후 가장 근소한 차로 다수를 얻어 취임한 것이다. 대통령과 똑같이 보좌진에도 행동주의자들이 즐비했고, 위기 시에는 분연히 일어나 정력적으로 적극적인 정책을 펼쳤다. 기록을 보는 한, 그들은 베트남에서 이어받은 전쟁을 재검토하기 위한 회의를 한 차례도 연 적이 없었고, 또한 어느 정도까지 미국이 깊이 개입하고 있는가, 혹은 어느 정도의 국익이 그것과 얽혀 있는가를 자문한 적도 없었다. 또한 산더미 같은 각서에 나타나는 한에서는, 책상머리에서 진행된 숱한 논의와 선택 가운데 어느 하나도 장기계획에 대한 장기적 전망을 취한 것이 없었다. 오히려 특별한 문제에 대해서 입에서 입으로 전해지듯이 정책이 발전했다. 당시에 백악관에 근무했던 어떤 관리는 훗날에 동남아시아에서의 미국의 국익은 1961년 무렵에 어떤 식으로 정의되었는가 하는 질문을 받고 "그것은 이미 정해진 사항이어서 그냥 승계했을 뿐 어떤 의문도 제기한 적이 없다"라고 말했다. 정해진 사항이란 공산주의자가 출현하면 언제나 그 진출을 막아야 하고, 당시에는 베트남이 대결의 장이었다는 것이다. 거기에서 막지 못하면 다음에는 훨씬 강해진다는 것이었다.

케네디는 젊은 의원시절이었던 1951년, 단독으로 인도차이나를 방문한 적이 있다. 그리고 공산주의의 남진을 막으려면 '주민들 사이에 군건한 반공산주의적 정서를 쌓아올리는 것'이 반드시 필요하다는, 대부분의 미국인 관찰자의 눈에는 명확해 보이는 결론에 도달했다. '주민들이 집착하는 민족주의적 목표에서 벗어나거나 그것과 배치되는' 행동은 '처음부터 실패할 것이 뻔한 운명을 더듬는다'라고 그는 생각했다. 베트남을 둘러싼 오랜 착오를 통해서 미국인은 끊임없이 결과를 예측하면서도 자신의 예측과는 거리가 먼 행동을 취했다. 이것은 이해하기 힘들지만 틀림없는 사실이다.

1956년에 케네디는 이미 냉전주의자에 가깝게 소신을 바꾸어 '주민의 군건한 정서'에 대해서 말하는 일이 적어졌고, 다양한 비유로 도미노현상에 대해서 말하는 일이 많아졌다. 베트남은 '동남아시아에 자리 잡은 자유세계의 초석이고, 아치 꼭대기의 요석, 제방의 구멍을 틀어막은 손가락'이었다. 그는 '공산주의의 붉은 물결이 베트남을 덮치는 날'이면 잇달아 쓰러질 불쌍한 이웃국가의 명단에 인도와 일본을 덧붙였다. 말장난의 허구가 그를 덮쳐 2개의 덫에 빠뜨렸다. 베트남은 '아시아에서 민주주의를 시험하는 장이고', '아시아에서의 미국의 책임과 결의를 검증하는 곳'이라는 덫이었다.

케네디가 백악관에 들어가기 2주일 전, 소련의 총리 니키타 후르시 초프가 민족주의적 '해방전쟁'은 공산주의의 대의를 추진하는 매개물이라는 취지의 성명을 발표해서 미국에 정면으로 도전했다. 이러한 '정당한 전쟁'은 쿠바, 베트남, 알제리아 등 어디에서 일어나든 소련의 전면적인 지지를 받을 것이라고 그는 말했다. 케네디는 이것을 받아 취임연설에서 '이 가장 큰 위험에 직면한 시대'에 자유를 지키는 것이 얼마나 중요한가를 역설했다.

처절하게 실패한 쿠바침공

첫 번째 시련은 불행하게도 괴이쩍고도 굴욕적인 대실패로 결말이 났다. 1961년 4월 피그스만을 건너 쿠바를 침공해서 이 국가를 공산주의에서 해방시키려는 시도가 이루어졌다. 아이젠하워 정권 시대부터 시작된 이 시도는 쿠바인 망명자와 CIA의 공동사업이었고, 경솔할 만큼 불충분한 수단과 오만한 수순에 따라 진행되었다. 이것은 케네디가 세운 계획은 아니었지만, 그는 취임하기 전에 상황설명을 듣고 계속 진행하라는 지시를 내렸다. 취소하기보다 실시하는 쪽을 쉽게 택하는 착오의 탄력을 받은 것이다. 어쨌든 이 사건은 그에게 책임이 있었다. 쿠바침공은 상대를 과소평가했다는 점에서 베트남의 전조였다. 카스트로 체제는 국민이 한데 뭉쳐 빈틈이 없고 전투의욕에 불타 있었다. 망명자로 이루어진 부대는 상륙하자마자 곧바로 발견되어 맹렬한 반격을 받았다. 기대했던 동조반란은 적절하게 진압되었다. 혹은 전혀 일어나지 않았을지도 모른다. 사실 카스트로는 미국이 지원했던 망명자들보다 쿠바인들 사이에서 훨씬 인기가 있었다(베트남에서도 이 상황은 그대로 되풀이되었다). 케네디는 이를 악물고 공군과 해병대를 증파하지 않는다는 냉정한 결단을 내리고 많은 장병들이 죽어가는 모습을 뻔뻔스럽게 지켜보았다. 새 정부가 들어선 90일 동안 이렇듯 어리석은 혼란을 겪자, 정부요인들은 공산주의에 대항하는 싸움에서 자신들의 실력을 입증하겠다고 굳게 결심했다.

케네디그룹

케네디는 진보파도 보수파도 아니었고 빠른 두뇌회전과 강한 야심의 소유자였다. 그는 많은 고답적인 원칙을 정열적이고 설득력 있게 역설했지만, 반드시 말과 행동이 일치하지는 않았다. 그는 정부의 요직과 백악관의 보좌진에 뛰어난 지성과 증명된 능력, 그리고 될 수 있는 한 자신에게 필적하는 현실적인 태도를 가진 사람을 앉혔다. 대부분이 같은 연배, 즉 40대였고, 사회철학자나 개혁적인 뉴딜주의자, 이상주의자는 한 사람도 없었다. 케네디그룹은 이상주의자를 '꾀죄죄한 작자'라거나 '피투성이 심장'이라고 불렀다. 뉴딜은 옛날 이야기이고, 세계대전과 냉전은 현실이고, 극우파는 여전히 투덜거린다는 것이 그들의 현실인식이었다. 정부에 발탁되는 신인들은 로스장학금의 수령자이든 하버드와 브루킹스의 학자, 혹은 월가, 정계, 법조계 출신이든 현실적이고 세상을 잘 알고 실천적이고 저돌적이어야 했다. 어떤 성격과 능력을 갖고 있든 케네디그룹은 저돌적인 특성을 높이 샀다. 마치 군주를 에워싼 궁정과 힘 있는 보스에게 지명받은 작업그룹이 그랬던 것과 같다.

하버드 비즈니스 스쿨의 천재이고, 제2차 세계대전 중에는 공군의 '시스템 분석'의 귀재라고 불렸고, 나중에 순식간에 포드사의 사장으로 승진한 것으로 유명한 로버트 맥나마라를 국방장관에 앉힌 것은

독선과 아집의 역사 ──

너무나도 케네디다운 발군의 선택이었다. 매끄러운 머리카락을 단정하게 빗고 테 없는 안경을 걸친 맥나마라는 정확하고 적극적이었다. 공군과 포드사 재직시절에 보였듯이 그는 '통계분석'에 의한 관리의 전문가였다. 수량화할 수 있는 것은 뭐든지 그의 영역이었다. 구약성경의 예언자처럼 성실했지만, 그는 거침없이 성공한 자답게 무자비했다. 또한 통계를 중시하는 그의 특성상 인간의 다양성에 대해서는 거의 눈길을 주지 않았고, 예측할 수 없는 것은 무조건 무시했다. 자신이 활용할 수 있는 수단에 대한 자신감은 완전하고 완벽했다. "우리는 20세기에서 모든 악한 세력을 몰아낼 힘이 있다"라고 그는 일찍이 미국 국방성의 상황설명 때 말한 적이 있다. 두 대통령이 맥나마라를 대단히 존중하고 그를 전쟁의 시금석으로 삼으려 한 것은, 이러한 탁월한 확실성 때문이었다.

그에 못지않게 걸출했던 사람은 국무장관으로는 발탁되지 못했던 아들레이 스티븐슨이었다. 그는 워낙 사려가 깊어서 햄릿형으로 간주되었다. 다시 말해서 우유부단하고 '물렁하다'는 평판을 들었다. 당내의 엘리노 루스벨트측의 사람들이 강력하게 국무장관에 천거했지만 다른 사람들이 꺼리는 바람에 딘 러스크에게 밀리고 말았다. 러스크는 진지하고 신중하고 소극적이어서 케네디가 좋아하는 인물형은 아니었다. 그러나 그에게는 국무부에서의 경험과 록펠러재단의 이사장이라는 신분상의 이점이 있었다. 또한 스티븐슨이라면 그럴 가능성이 있었을지도 모르지만, 러스크는 결코 대통령에게 도전할 존재가 못되었다. 그는 제2차 세계대전이 한창일 때 중국과 미얀마와 인도를 잇는 전선에서 전략담당 참모로 일하며 중국과 아시아를 경험한 일이 있다. 그가 그 경험에서 주로 배운 것은 중국 공산주의에 대한 명백하고 흔들림 없는 적개심이었다. 한국전쟁 때 극동문제담당 국무차관보로 일하던 시절에는 중국이 개입하지 못할 거라고 확신에 찬 예언을 한 적도 있다. 따라서 나중에 입은 막대한 피해에 대해 깊은 책임감을 느꼈다.

백악관에 사무실을 둔 국가안전보장회의(NSC)를 지휘했던 인물은 보스턴 출신의 맥조지 번디였다. 냉정하고 자신감에 넘치고 결점이 없고 지적 능력을 대단히 효과적으로 발휘했기 때문에, 어린 시절의 친구들에 따르면 그는 열두 살 때부터 대학학장을 꿈꾸었다고 한다. 실제로 그는 서른네 살에 하버드대학의 단과대학장이 되었다. 번디는 정치적으로나 가족의 배경(그들은 두 차례나 스티븐슨을 배척하고 아이젠하워에게 투표했다)으로나 공화당원이었다. 그러나 이 점이 불리하게 작용하지 않았고, 오히려 케네디에게는 바람직하게 보였다. 케네디는 정통 우파와 손을 잡고 싶어 했기 때문이다. 그는 종이만큼이나 얇은 위임을 받았고 상원에서는 불과 여섯 표 차이로 다수결을 확보했기 때문에, 자신의 정부가 직면하는 난관이 주로 우파에서 온다고 생각하고 옳든 그르든 우파와 협상을 시작해야 한다고 느꼈다.

더욱 극단적인 인사는 CIA 국장으로 존 맥컨을 임명한 것이었다. 맥컨은 캘리포니아주 출신의 반동적인 공화당원 백만장자로서 대량보복전략의 신봉자였고 완고하고 천박한 상원의원이었다. 스트롬 서몬드의 말에 따르면 '미국을 위대하게 만든 것을 요약한 듯한' 인물이었다.

케네디와 똑같이 대다수 각료는 제2차 세계대전 때 싸운 고참병이었다. 그들은 해군장교와 조종사와 폭격수로 군대에 복무했다. 새로운 극동문제담당 국무차관보인 로저 힐스만의 경우에는 미얀마에 펼쳐진 대일전선의 배후에서 활약한 미국 전략정보국 부대의 대장이었다. 그들은 전쟁 때와 전쟁이 끝난 후에 항상 성공가도를 달렸기 때문에

독선과 아집의 역사 ────

위싱턴에서도 똑같은 기대를 했다. 요직을 차지한 새 얼굴들 가운데 선거에 당선된 경험이 있는 사람은 하나도 없었다. 권력과 지위가 이들과 그 동료들의 기분을 고양시켰다. 그들은 정부의 긴급사태를 즐기고, 피로에 지쳐 곤죽이 되는 것조차 즐겼다. 스스로를 '위기관리자'라고 불렀고, 모든 기술과 지력을 쥐어짜서 '가장 뛰어나고 가장 지성적인' 사람들이라는 평판을 얻었다. 그러나 나중에 그들 앞뒤 시대 사람들과 똑같이 자신들이 상황을 지배했다기보다는 오히려 상황에 지배당했다는 것을, 또한 그들 가운데 하나인 J. K. 갈브레이스가 말했듯이 통치란 대개의 경우 '비참한 것과 싫은 것' 사이에서의 선택에 불과하다는 것을 깨닫고 서글픔을 느꼈다.

계획으로 끝난 란스달의 개혁플랜

케네디가 취임한 최초의 열흘 동안 은밀한 작전이 시작되었다. 그때 그는, 베트콩에 대항하는 남베트남군의 전투를 활성화하기 위해서 국방부가 미리 기초했던 대게릴라계획을 승인했기 때문이다. 이 계획에 따라 대게릴라활동을 위해서 3만 2천 명의 베트남인 민병을 훈련·무장시키고 베트남군 2만 명을 증원하기 위해서 미국인 요원과 군비를 추가하는 것이 승인되었다. 대통령의 승인은, 베트콩의 활동격화에 대해 입장을 밝힌 란스달 장군의 보고에 대한 대응조치였다. 란스달은 디엠을 필요한 통치자라고 생각하기는 했지만, 디엠은 눈앞에서 벌어지고 있는 전투를 수행할 기력을 잃었고 권위를 잃는 것이 두려워 정치개혁을 거부하기 때문에 그를 내세워서는 승산이 없다고 생각했다. 디엠의 베트남인 고문과 미국인 고문은 모두, 게릴라전과 적의 선전선동에 대처하려면 단순한 군사대형 이외의 전략이 필요하다는 사실을 이해하지 못했다. 케네디는 보고서를 읽고, "이것은 우리가 경험한 최악의 상황이 아닌가." 하고 반문했다.

란스달은 고문의 역할을 철저하게 바꾸어야 한다고 주장했다. 그의 개혁안은 '아시아와 아시아인을 잘 알고 정말로 사랑하는' 경험이 풍부하고 헌신적인 미국인을 전장에 배치해서 베트남인과 함께 일하고 생활하게 함으로써, '그들에게 영향을 미쳐 미국의 정책목표 쪽으로 이끈다'라는 것이었다. 그는 개혁과정과 인원에 대한 계획안을 제출했다. 케네디는 큰 감명을 받아 란스달을 직접적인 책임자로 앉히거나, 아니면 워싱턴의 베트남특별작업반의 책임자로 이 계획을 수행하게 하려고 했지만 국무부와 국방성의 반대에 부딪혀 뜻을 이루지 못했다. 란스달의 계획은 빛을 보지 못했다. 그러나 설사 아무리 깊은 애정을 담아 성실하게 실시했다 하더라도 베트남인을 그들 자신의 목표가 아니라 '미국의 정책목표 쪽으로' 이끈다는 임무를 수행하기는 역부족이었을 것이다. 케네디가 다음과 같이 말했을 때 그는 란스달 계획의 결점과 그것에 포함된 의미를 알고 있었다. "이것이 어느 틈에 백인의 전쟁으로 바뀐다면 우리도 10년 전에 프랑스가 졌듯이 지고 말 것이다." 여기에 진실을 보면서 그 진실을 무시하고 행동하는 어리석음의 전형적인 사례가 있다.

외인부대를 포함한 프랑스의 직업적인 군대가 자그마하고 바싹 마른 데다가 복장조차 제대로 갖추지 못한 아시아인 게릴라에게 패배한 까닭은 무엇인지, 그 의미를 미국이 제대로 파악하지 못한 것은 당시의 커다란 수수께끼의 하나이다. 왜 디엔비엔푸는 그토록 무시되었을까. 베트남에서 프랑스가 치른 전쟁을 취재한 적이 있는 CBS의 특파원 데이비드 쇼엔브런이 이 전쟁의 실태와 해마다 프랑스 사관학교의 한 학급에 해당하는 프랑스인 장교를 잃은 사실에 대해서 대통령에게

독선과 아집의 역사 ──

납득할 만한 설명을 요구했을 때 케네디는 이렇게 대답했다. "당신 말이 맞다. 그러나 그것은 프랑스군이었다. 그들은 식민지를 위해서, 설득력이 없는 대의를 위해서 싸웠다. 그러나 우리는 자유를 위해서, 그들을 공산주의자와 중국에서 해방하기 위해서, 다시 말해서 그들의 독립을 위해서 싸우고 있다." 미국인은 자신들이 프랑스인과는 '다르다'고 믿는 바람에 자신들도 백인이라는 사실을 까맣게 잊었다.

란스달의 계획이 빛을 보지 못하자 훈련계획에 박차를 가하기 위해서 군사원조 고문단에 정규요원을 추가했고, 이로써 그 수는 3천 명을 넘었다. 또한 포트 브래그(특별전쟁훈련센터)에서 4백 명이 차출되어 대게릴라 공작에 투입되었다. 이것은 명백한 제네바협정 위반이었지만, 북베트남도 무기와 병력을 국경을 넘어 투입하고 있다는 이유로 정당화되었다.

개인적 테러에서 집단적 게릴라전투로

케네디 정권의 등장과 함께 군사이론과 전략은 큰 변화를 겪었다. 신속한 해결과 군비의 축소를 약속했기 때문에 아이젠하워 치하의 군부는 '대량보복전략'을 채택했지만, 이 전략에 기초한 계획에 깜짝 놀란 케네디와 맥나마라는 새로운 국방관련 지식인집단의 사고에 의존했다. 이 사고는 제한전쟁이라는 도그마로 표현되었다. 목적은 정복이 아니라 위압이었다. 무력은 합리적인 계산에 기초해서 '전쟁을 종결시키는 쪽이 계속하는 쪽보다 이점이 커질' 때까지 적의 의지와 능력을 꺾는 데 사용되었다. 전쟁은 마치 상대교전국에 메시지를 보내듯이 합리적으로 '관리'되었다. 그러면 상대국가는 자신들이 겪는 고통과 손해에 합리적으로 반응해서, 그것을 야기한 전쟁을 중단할 것이

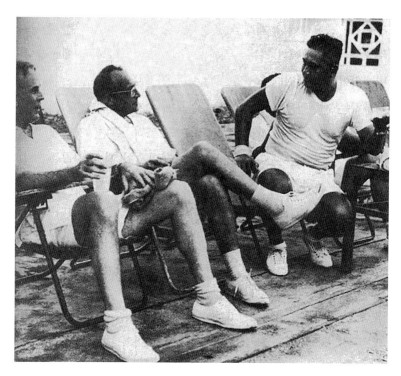

실태를 파악하기 위해 베트남에 온 특별군사 조사단. 테일러 장군과 로스토우가 베트남의 야전사령관 민 장군과 함께 앉아 있다. 1961년 10월

라는 계산이었다. "우리는 합리성이라는 의상을 걸치고 있다"라고 이 도그마의 입안자 윌리엄 카우프만은 말했다. 이것은 합리적 관리의 주창자인 맥나마라 장관에게 딱 들어맞는 조건이었다. 그러나 계산에서 어긋나는 것이 딱 한 가지 있었다. 상대방이었다. 전쟁에는 양국이 있다. 상대측이 위압적인 메시지에 대해서 합리적으로 대응하지 않으면 어떻게 할 것인가. 인간적인 요소의 평가는 맥나마라의 장기가 아니었다. 인류가 합리적이지 않을 수도 있다는 생각은 너무나도 기이하고 파괴적이기 때문에 그의 분석에 들어 있지 않았다.

해방전쟁이라는 후르시초프의 도발에 자극받아 제한전쟁이론의

독선과 아집의 역사

부산물이 탄생했다. 게릴라대책이었다. 케네디시대에 이 대책은 대통령이 몸소 사제를 맡는 대대적인 의식으로까지 발전했다. 멍청한 짓은 하지 않겠다고 마음을 굳힌 케네디 정권의 사나이들은 강한 열의를 담아 이 도그마를 채택했다. 그렇게 하면 그들이 전투의 새로운 조건을 깨달았다는 것이 세상에 알려지기 때문이었다. 이 도그마는 게릴라들을 게릴라 자신의 입장에서 생각하고, 개발도상국에서 게릴라가 발생하는 정치·사회적 원인에 대처한다는 것이었다. 말하자면 공산당원이 목욕 중일 때 그들의 옷을 빼앗는다는 전략이었다.

란스달의 보고에 자극받아 케네디는 게릴라전쟁에 대해서 말한 모택동과 체 게바라의 논문을 읽고 군대도 그것을 읽도록 지시했다. 그의 명령으로 '미국 정부의 구석구석까지 파괴적 폭동('해방전쟁')은 중요성에서 재래식 전쟁과 똑같은 정치·군사적 분쟁의 주요한 한 형식이다'라는 인식이 자리 잡았기 때문에 대게릴라특별계획이 작성되었다. 이 도그마는, 특히 베트남, 라오스, 태국을 괴롭히는 게릴라와 간접공격을 확실하게 저지 또는 타파하기 위해서 외국에 주둔중인 미군과 민간기관의 조직, 훈련, 장비에 반영되었다. 케네디는 포트 브래그의 입대자가 1천 명 이하라는 사실을 발견하고 이 센터의 임무를 확대하라고 명령했고, 대게릴라특수부대 '그린베레'를 새로운 계획의 상징으로 부활시켰다. 그의 특별 군사사절 맥스웰 테일러 장군은 다른 사절들과 똑같이 이 복음을 전파하러 다녔다. 사절 가운데는 법무장관으로서 전문지식을 높게 평가받던 로버트 케네디까지 들어 있었다.

국가안전보장회의의 2인자로서 말이 많은 것으로 유명한 매사추세츠 공과대학 교수 월트 로스토우는 도그마와 방법에 관한 서류를 쉬지 않고 작성해서 돌렸다. 1961년 6월, 포트 브래그의 졸업식 연설에서 그는 게릴라전에 대해서 언급하면서 미국의 비호 아래 있는 제3세계에서의 '혁명적 진보과정'이라는 발상을 제기했고, 그것을 '근대화'라고 불렀다. 미국은 현재 '각국은 자국의 문화와 야심에 기초해서 자기가 원하는 형태의 근대사회를 만들어야 한다'라는 명제에 큰 관심을 쏟고 있다고 그는 말했다. 미국은 '각 사회의 특성'을 존중하고, '자국의 독립을 지키기 위해서…… 우뚝 일어서려는' 국가를 찾아 "현재 진행 중인 혁명적 진보과정의 독립성을 지켜주고자 한다"라고도 말했다. 토머스 제퍼슨조차 미국의 진정한 원칙을 이 이상 훌륭하게 표현하지 못했을 것이다. 그러나 막상 실행에 들어가면 모순을 빚을 수밖에 없는 주장을 되풀이한 사람의 입에서 이런 말이 나왔다는 데 문제가 있었다.

이 도그마는 정치적 시책을 강조했지만 실행면에서의 대게릴라활동은 군사적이었다. 군부는 이 도그마를 탐탁치 않게 여겼기 때문에 실제로 운용된 대게릴라활동은 이론에 담긴 고결한 정열과는 거리가 멀었다. 군부는 엘리트들이 명령을 내리고 규칙적인 일상업무에 끼어드는 것을 환영하지 않았고, 이러한 개혁에 대한 강조 자체가 병사를 훈련시켜 작전하고 사격하게 한다는 본래의 임무를 방해한다고 생각했다. 논의 전체가 정부에 대한 국민의 '충성심을 확보하려면 어떻게 하면 좋은가'에 집중되었지만, 국외자의 힘으로 충성심을 확보해야 하는 정부가 유리한 발판을 확보할 리는 없었다.

실제로 미국과 디엠은 무관심하거나, 아니면 다른 쪽으로 마음이 가 있는 일반대중에게 무엇을 제공하면 좋았을까. 홍수의 통제, 농촌의 개발, 청년단, 빈민가의 일소, 연안수송의 개선, 교육원조 등이 미국의 원조계획에 들어 있기는 했다. 그러나 이것들은 실행할 가치가 있기는 했지만 본질적인 것은 아니었다. 게릴라활동가의 계획을 일관되게 좌절시키려면 대게릴라계획은 토지와 재산을 농민에게 재분배하고, 관리와 불법집단에게서 권력을 빼앗아 재분배하고, 사이공의 감옥을 가득 채우기 시작한 비밀경찰을 해체해야 했다. 요컨대 구체제를 무너뜨리고, 그것으로 '공산주의의 대의보다 국민에게 강한 호소력을 갖는' 대의를 뒷받침해야 했다. 디엠과 그의 가족, 특히 동생인 고딘 누와 그의 부인, 거기에 그들과 한패인 지배계급은 그런 의도를 털끝만큼도 갖지 못했다. 사실 후원자인 미국도 근본적인 개혁을 요구할 의사가 없었다.

미국은 여전히 미국이 제공하는 원조의 대가로 개혁을 요구했다. 마치 국민의 '충성심을 확보할' 의미 있는 개혁이 몇 달 만에 완성될 수 있다는 듯이 보챘다. 동양보다 훨씬 빠른 속도로 변화하는 서구에서 정부가 가난한 자의 이익을 위해서 행동할 때까지 약 25세기가 걸렸다. 디엠이 미국의 개혁요구에 한 번도 응하지 않았던 까닭은 자신의 이익에 반하기 때문이었다. 그는 르네상스시대의 교황들과 똑같은 이유에서 개혁에 저항했다. 개혁을 이루면 자신의 절대적인 권력이 축소되기 때문이었다. 디엠은 민중의 지지가 필요하다는 미국의 주장을 건성으로 흘려들었다.

사실 이런 충고 자체가 아시아의 상황에서는 부적절했다. 아시아는 정부에 복종하는 것이 시민의 의무라고 생각하는 사회였다. 반면에 서구민주주의는 정부를 시민의 대표로 간주했다. 양자 사이에 공통된 기반이 없었고, 앞으로 만들어질 가능성도 없어 보였다. 그러나 남베트남이 공산주의를 막는 방벽이었기 때문에 미국은 명백한 사실에 눈을 질끈 감고 디엠 정권을 미국의 기대에 맞춰 끌고 가려고 노력했다. 일찍이 에드먼드 버크는 "어리석은 행위를 참고 견디는 것이 유용하다고는 나로서는 도저히 생각할 수 없다"라고 말했다.

공산주의자들이 몰려올 통로, 라오스

라오스를 '상실'할 우려가 커지는 위기 속에서, 1961년 5월 합동참모본부는 동남아시아를 공산주의자에게서 지킬 생각이라면 북베트남과 중국의 활동을 방해하고 좀 더 적극적인 대게릴리활동을 할 수 있도록 남베트남군의 훈련을 강화하기 위해서 충분한 수의 미군을 전개해야 한다고 권고했다. 미국 국방성은 '미군이 베트남에 개입해야 하는 경우, 규모와 구성이 어떠해야 바람직한가'에 대한 토의를 시작했다. 이것은 비상계획이었다. 1951년 여름에 사람들의 주의는 베트남보다 오히려 라오스 쪽에 집중되었다.

라오스는 젖는 쥐였다. 베트남과 태국 사이에 길게 가로놓인 이 고원국가는 인구 약 2백만이었다. 이곳에 또 하나의 공산주의의 망령이 나타난 것이다. 즉 파테트 라오(라오스애국전선)로서, 베트민의 라오스판이라고도 할 수 있는 민족주의적 공산주의조직이었다. 라오스는 북쪽 국경에서 중국과 접하고 남쪽은 캄보디아로 열려 있었다. 그래서 외국인의 눈에는 붉은 세력이 진격할 장래의 무서운 날에 북베트남과 중국의 공산주의자들이 쏟아져 들어올 통로로서 특히 중요하게 보였다. 라오스인의 한가로운 생활을 크게 뒤흔들지도 않은 채 주권은 여러 대항자들 사이를 왔다 갔다 했다. 그 가운데 주도적인 인물은 합법적인 지배자이자 냉전 속에서 중립을 지킨 수바나 푸마와 그의 배다른 동생이자 파테트 라오의 지도자인 또 하나의 왕자였다. 제3의 주권 요구자는 미국의 피보호자로서 CIA의 조종으로 잠시 주권을 잡았다가 추방된 인물이었다.

배다른 형제는 라오스를 중립화해서 파테트 라오가 산악로를 지배하는 연립내각을 구성하고자 협상했기 때문에 아이젠하워와 덜레스

독선과 아집의 역사 ———

시대에 라오스는 갑자기 동양의 작은 루리타니아(호프가 지은 『젠다성의 포로』에 나오는 가상국가), '자유세계의 지극히 중요한 요소', '공산주의에 대한 교두보', '자유요새'가 되었다. 미국의 돈과 물자가 홍수처럼 퍼부어져 각 정파를 당황하게 했다. 아이젠하워는 취임 직전의 케네디에게 상황설명을 하면서 다음과 같이 말해서 라오스를 첫 번째 도미노로 승격시켰다. "만일 우리가 라오스를 잃는다면 이 지역 전체를 포기해야 할 것이다." 그는 동남아시아조약기구의 가맹국을 설득하여 행동통일에 나서도록 하기 위해서 모든 노력을 기울이라고 충고했지만, 만일 가맹국이 그것을 거부하면 '우리가 일방적으로 개입할' 가능성도 생각할 수 있다고 말했다. 라오스는 지세가 험하고 태평양을 기점으로 한 해군과 공군이 다가가기 어려운 위치에 있어서 효과적인 전투를 수행하기에 어울리는 장소가 아닌 것은 분명했다. 따라서 아이젠하워의 이 놀라운 발언과 좀 더 접근하기 쉬운 베트남에 대한 적극적인 개입을 그가 주저했다는 사실을 합쳐서 생각하면 라오스는 사람의 마음을 잡아끄는 기묘한 힘을 지니고 있었지 않나 하는 생각이 든다.

때때로 국제관계를 뒤죽박죽으로 만드는 흥분상태에 휩쓸려, 1961년에는 복잡한 음모에서 비롯된 위기가 발생했다. 라오스의 연립내각은 전쟁의 원인이 되었다. 영국과 프랑스가 제네바협정을 제창하여 14개국이 참가한 회의가 제네바에서 다시 소집되었다. 백악관에서는 아침부터 시작된 회의가 밤늦게까지 계속되었다. 케네디 대통령은 불과 며칠 전에 있었던 피그스만의 대실패에 아직도 마음이 짓눌려 있었다. 그는 공산주의에 정면으로 맞서겠다는 의지를 천명하고, 연립정권이 성공했을 경우 우파에서 쏟아질 시끄러운 항의를 피하기로 마음을 굳혔다. 그래서 제7함대의 남지나해 진출, 헬리콥터와 전투부대의 태국으로의 이동, 오키나와 주둔 미군에 대한 경계태세 명령을 허가했다.

새로운 합동참모본부 의장인 레이먼 K. 렘니처 장군이 만일 중국과 북베트남이 개입하면 핵무기로 봉쇄해야 한다는 조언을 듣고 충격을 받은 케네디는 라오스문제를 과장되게 다루려고 했다. 그래서 중립화와 수바나 푸마의 복귀를 받아들이기로 마음을 굳히고 노련한 외교관 아베렐 해리만을 제네바로 보내 대통령의 의중에 따라 협정을 맺도록 했다. 이 해결책은 실행 가능한 것이었다. 그것은 소련과 미국이 받아들이기 쉬운 것이었고, 라오스인은 싸우기보다 오히려 있는 그대로 살기를 원했기 때문이다. 중립화는 누구도 개입할 가능성을 막았지만, 부정적인 효과도 있었다. 파테트 라오를 그대로 놔두는 바람에 부근의 동남아시아조약기구 가맹국들은 아시아에서 공산주의에 맞서고자 하는 미국의 의지가 과연 확고한가 하는 의구심을 보였다. 동남아시아조약기구 가맹국들은 이 의구심을 목청 높여 제기했기 때문에 이곳을 방문한 린든 존슨 부통령은 강한 인상을 받았다.

존슨의 관심은 전쟁이 아닌 권력

존슨은 1961년 5월에 대만과 남베트남, 그리고 인근 동남아시아조약기구 가맹국에게 이 지역에 대한 미국의 지지를 재보장할 목적으로 파견되었다. 외교문제에 대한 부통령의 관심과 경험은 아주 미미했다. 상원의원, 더구나 원내총무로서 모처럼 이 문제에 주의를 기울여야 했을 때, 그는 흔해빠진 냉전의 통설에 맞도록 자신의 태도를 조정했다. 외교문제는 그의 주요한 관심사가 아니었기 (존슨의 주요한 관심사는 자신의 지위가 높아지는 것이었다) 때문에 그의 인상과 반응은 냉전의 도그마에 의해서 형성되었다. 그는 공식성명을 국민 가운데 가장 수준이 낮은 공통분모를 상정하고 발표했다. 예를 들면 사이공에서는 디엠을 가리켜 "아시아의 윈스턴 처칠이다"라고 치켜세웠다.

대통령에게 제출한 그의 보고서는 그렇게 어리석을 수가 없었지만 용감할 만큼 개입주의적인 색채가 농후했다. 그는 아시아에 대한 책임이라는 짐을 미국에 짊어지우려고 했다. "동남아시아의 자유를 지키는 데 아시아인이 얼마나 큰 업적을 올릴 수 있는가는 미국에 대한 신뢰감에 달려 있다. 동남아시아에서의 미국의 지도력을 대신할 것은 없다. 각국의 지도력은…… 미국의 힘과 의지와 이해력에 대한 지식과 신뢰감에 의존한다"라고 그는 말했다. 이 말은 아시아의 지도력이 무엇에 의존하고 있는가에 대한 멍청한 무지를 드러냄과 동시에, 제2차 세계대전 때부터 조장된 미국은 전능하다는 자만심을 적절하게 표현한 것이었다. 미국은 독일과 일본의 전쟁시설을 파괴했고, 이것을 해내기 위해서 대양을 건너 유럽을 부흥시키고 일본을 지배했다. 미국은 두 반구에 걸친 폴 버니언(미국의 전설에 나오는 적대할 자 없는 거인)이었다.

"나는," 하고 존슨은 확고하게 말을 이었다. "즉시 이 국가들의 자위를 돕기 위해서 최대의 노력을 기울이는 첫발을 내딛기를 권고한다…… 오늘날의 이 사명을 다른 수단, 다른 행동, 다른 노력(아마도 군사적 노력)으로 어디까지 밀고 나갈 것인가가 얼마나 중요한지 아무리 힘주어 말해도 지나치지 않다." 그는 제법 현실적인 판단을 내려, 이 결단은 "돈과 노력과 미국의 위신이라는 점에서 대단히 무겁고 지속적인 비용을 충분히 인식하고 지불하기를 요구한다"라고 말했다. 또한 "우리의 다른 노력이 실패할 경우에는 어떤 시점에서 미군의 주력을 이 지역에 투입해야 하는가, 아니면 우리의 손실을 줄이고 철수해야 하는가 하는 다음 결단을 강요당할지도 모른다"라고 조언했다.

그는 또한 다음과 같이 경고했다. "라오스에서 일어난 최근의 정세 변화가 미친 장기적인 영향은 명백하다…… 그것은 동남아시아 전체에 미국의 의도에 대한 의혹과 불안을 낳았다." 엄청난 의례의 덮개 아래 사물의 핵심(때로는 전혀 실체가 없는 것도 있다)을 숨기는 동양식 언어습관에 대해 몰랐던 존슨은 들은 내용을 액면 그대로 받아들여 그의 사명이 '즉시 결실을 맺는' 것이 '무엇보다 중요하다'고 주장했다. 그는 '미국의 과학적 능력과 기술적 능력을 최대한 활용해서' '진정한 적'(기아, 무지, 빈곤, 질병)과 싸우자고 제안했고, "동남아시아에서 공산주의와 맞서는 전쟁에는 필승의 각오와 힘으로 임해야 한다. 그렇지 않으면 미국은 필연적으로 태평양지역을 넘겨주고(여기에서 그는 오키나와, 괌, 미드웨이, 하와이와 함께 6천 마일에 걸친 대양을 내던지고 있다) 우리의 방위선을 샌프란시스코까지 축소해야 할 것이다"라고 결론지었다.

이것은 너무나도 미국인다운 사고의 집대성이었다. 공산주의자를 무릎 꿇릴 것인가 아니면 태평양을 넘겨줄 것인가 하는 도저히 절충할 수 없는 양자택일론은 아마 대통령에게 영향을 미치지 못했을 것이다. 대통령은 부통령에게 공감을 표하지 않았고, 부통령 역시 마찬가지였다. 그러나 그토록 존슨에게 큰 영향을 미친 미국의 일관성에 대한 의혹은 신뢰성의 문제를 제기했고, 그것은 점점 부풀어 올라 마침내는 미국이 싸워야 하는 유일한 이유로 보일 정도가 되었다.

남베트남에 관한 갖가지 보고서

같은 해 여름에 베를린 위기가 일어났을 때도 신뢰성의 문제가 얼굴을 내밀었다. 그때 케네디 대통령은 빈에서 거칠게 협박조로 나오

독선과 아집의 역사 ──

는 후르시초프와 회담을 마친 뒤 제임스 레스턴 기자에게 이렇게 말했다. "지금 우리에게는 우리의 힘을 신뢰하게 만들어야 한다는 문제가 있고, 베트남이 그것에 어울리는 장소로 보인다." 그러나 베트남은 결코 어울리는 장소가 아니었다. 사실 미국 정부 자신도 자신들이 하는 일을 전면적으로 믿었던 적은 한 차례도 없었기 때문이다. 베를린과의 대비는 너무나도 명백했다. "우리는 공산주의자들이 조금씩 파고드는 식으로, 또는 무력행사로 우리를 베를린에서 쫓아내는 것을 허용할 수 없고 허용할 생각도 없다"라고 케네디 대통령은 6월에 잘라 말했다. 그리고 그는 측근의 말에 따르면 마음속으로는 베를린 위기와 관련해서 전쟁까지, 심지어 핵전쟁조차 불사할 각오였다고 한다. 여전히 확고한 태도로 임했다는 반론이 제기될 수는 있겠지만, 베트남은 미국의 정책에서 베를린에 필적하는 지위를 얻은 적이 한 번도 없었다. 그렇다고 해서 기꺼이 베트남을 포기하려고 한 정권은 하나도 없었다. 케네디에서 시작된 이러한 노력 전체를 힘겹게 만든 것은 분열이었다.

베를린은 다음 사실에 대해서도 재차 교훈을 주었다. 즉 국무차관보 폴 니츠의 말에 따르면 '중요한 점은, 서방측에게 베를린방위가 가지는 가치는 소련이 베를린을 얻는 가치보다 훨씬 컸다는 것이다.' 그의 말은, 북베트남이 그토록 오래 싸워서 손에 넣으려고 했던 조국의 지배권이라는 가치는 미국이 그들을 무릎 꿇리는 가치보다 훨씬 크다는 것을 시사할지도 모른다. 그들은 자신의 국토에서 싸웠고, 최종적으로는 그 지배자가 되겠다고 굳게 결의했다. 좋은가 나쁜가는 별도로 치고, 확고하고 꺾일 줄 모르는 목적의식은 하노이측에 있었다. 그리고 꺾일 줄 몰랐기 때문에 승리할 가능성도 컸다. 니츠든 다른 사람이든 누구 하나 이 차이를 깨달은 자는 없었다.

남베트남에서는 '한주 한주가 다르게 정세가 점점 악화되고 있어서' 중경이 생각난다고 테오도어 화이트 특파원은 1961년 8월에 백악관에 보낸 편지에서 말했다. "지금은 게릴라가 남쪽의 삼각주지대를 거의 지배하고 있다. 이것이 너무나 확연해서 대낮에조차 군대의 호위 없이 자동차로 사이공 교외로 나가려는 미국인을 찾아볼 수 없다." 이 보고는 당시에 군사원조 고문단 단장이었던 라이오넬 맥거 장군의 '우울한 평가'와 부합했다. 그는 디엠이 지배하는 것은 남베트남의 불과 40퍼센트이고, 게릴라들이 남베트남 군대의 85퍼센트를 활동불능 상태에 빠뜨렸다고 평가했다.

　　나아가 화이트의 편지는 '위험수위를 넘어서는 정치적 붕괴'를 경고했고, '스무 살에서 스물다섯 살의 젊은이들은 사이공의 나이트클럽에서 춤을 추는데도' 20마일 떨어진 곳에서는 '공산당원이 대의를 위해서 기꺼이 목숨을 던지는' 까닭은 무엇인지 잘 모르겠다고 보고했다. 그것은 다른 관찰자들도 고민하기 시작한 모순이었다. 마지막으로 화이트는 만일 우리가 개입하기로 결정한다면 "우리에게는 개입을 성공으로 이끌 만한 적절한 인재, 적절한 도구, 적절하고 명백한 목표가 있을까"라고 물었다. '명백한 목표'란 어려운 질문이었다.

　　불안에 휩싸인 케네디 대통령은 베트남의 상황을 자세하게 파악하기 위해서 그 후 끊임없이 이어진 고위 공식사절단의 시초에 해당하는, 가장 잘 알려진 인물을 보냈다. 나중에 맥나마라 장관은 24개월 동안 다섯 차례나 베트남에 파견되었고, 다음 사절들도 벌집을 드나드는 꿀벌처럼 몇 차례나 사이공을 드나들었다. 대사관, 군사원조 고문단, 이미 현지에 머물면서 본국에 보고서를 보내던 정보국원, 원조사절이 있는데도 워싱턴이 끊임없이 새로운 평가를 필요로 했다는 사실은, 수도가 불안에 휩싸였다는 것을 증명한다.

1961년 10월에는 테일러 장군과 로스토우 대통령 보좌관이 주축을 이룬 시찰단이 파견되었다. 이들은 상호방위조약을 체결하고 그때까지 디엠이 거부했던 미국의 전투부대를 투입할 가능성을 모색하기 위해서 명목상으로는 디엠의 요청으로 베트남을 방문했다. 노도와 같은 베트콩의 공격과 라오스국경을 통한 침투에 대한 두려움이 디엠을 불안에 젖게 했다. 모순되기는 하지만 케네디는 베트남에서 주민들의 신뢰를 얻고 싶어 했기 때문에 지원폭을 늘리는 쪽으로 기울었고, 사절을 선택하는 방식에서도 나타나듯이 정보보다는 오히려 긍정적인 보고를 바랐다. 케네디가 군사적인 평가를 바라고 테일러를 선택한 것은 분명하다.

준수하고 좋은 인상을 주는 외모에 사람의 마음을 꿰뚫는 듯한 파란 눈을 가진 테일러는, 몇 개 국어를 구사하고 폴리비우스(그리스의 역사가)와 투기디데스(그리스의 역사가)를 인용할 수 있고, 책까지 쓴 적이 있는 '군인정치가'로서 널리 좋은 평가를 받았다. 제2차 세계대전 중에는 제101 공정사단을 지휘했고, 웨스트포인트(미국 육군사관학교)의 교장, 한국전쟁 때는 리지웨이 사령관의 후임자, 덜레스시대 말기에는 육군참모총장을 역임했다. 그는 대량보복전략에 공감했고, 1959년에 은퇴한 뒤에는 뉴욕에 있는 링컨 연주예술센터의 소장으로 일했다. 케네디는 당연히 교양 넘치는 테일러를 발탁했지만 단순한 고급장교가 아니라 지성파 장군이라는 평판에도 불구하고 그의 사고와 권고는 진부하게 흘렀다.

그와 동행한 월트 로스토우는 개발도상국을 지도, 발전시키는 미국의 힘을 열렬하게 옹호하는 신도였다. '매파'라는 말이 사용되지 않던 시대였지만 공산주의를 저지한다는 대의에서는 항상 매파의 입장에 섰고, 이미 2만 5천 명의 미군 전투부대의 투입이 필요하다는 계획을 제안한 바도 있었다. 유럽전쟁에서 사격수로 활약한 경험 탓인지 공군력을 크게 믿었다. 제2차 세계대전 후에 전략폭격을 조사한 보고서에 따르면 공군력이 준 타격은 결정적이지 않다는 결론이 나왔다는데도 그의 신념은 바뀌지 않았다. 로스토우는 실증주의자였고, 동료들의 인물평에 따르면 "맨해튼이 핵공격을 받으면 도시 재개발계획의 제1단계가 재무부의 예산지출 없이 완수되었다"라고 대통령에게 보고할 남자였다. 학생시절에 좌익운동을 한 탓에 그의 신원조회가 상당히 늦어지자 케네디는 이렇게 불평했다. "어째서 그들은 항상 월트를 만만한 동네북으로 삼을까. 그는 내 부하 중에서 가장 열렬한 냉전용사 아닌가." 로스토우가 베트남에 적극 개입할 이유를 찾아내는 것은 처음부터 뻔했다.

국무부와 국방성의 관료, 합동참모본부의 참모, CIA 국원과 함께, 이 시찰단은 10월 18일부터 25일까지 일주일 동안 남베트남을 돌아본 뒤에 필리핀으로 물러나 보고서를 작성했다. 테일러 장군이 대통령에게 보낸 '1급비밀' 전보와 시찰단 개개인이 작성한 부속서와 보론으로 이루어진 이 문서는, 산뜻하게 요약하기가 오늘날에도 쉽지 않다. 그것은 온갖 것에 대해서 조금씩 언급했고, 긍정평가와 부정평가, 비관주의와 낙관주의가 뒤섞여 있었다. 많은 제한을 붙이기는 했지만 전체적으로는 '남베트남을 구하는' 계획은 쌍방에게 미국의 진지한 태도를 납득시키기 위해 미군을 투입할 때만 효과를 볼 것이라고 주장했다. 또한 디엠 정권의 '붕괴추세를 막기 위해서' 즉시 8천 명의 군대를 전개시켜, "베트콩의 공세에 대처하기 위해서 대대적인 공동작전을 펼치라"고 권고했다. 이 보고서는 대단히 정확한 결과를 예측했다. 다시 말해서 미국의 위신은 이미 도박판에 던져진 꼴이지만 앞으로 점점 그 정도가 커질 것이고, 만일 궁극적인 목표가 남쪽의 게릴라활동을 배제하는 것이라면 "(하노이의 진원지를 공격하지 않는 한!) 우리는 끝없이 진흙탕에 빨려들어 갈 가능성이 있다"라고 말했다. 이 보고서는 역점 사항과 괄호로 묶은 문장으로 앞으로 일어날 군사적인 문제점을 분명하게 공식화했다.

이 보고서는 판단이 다소 낙관적이기는 하지만 또 다른 기본적인 공식화도 담고 있다. 테일러는 적지와 산업기반을 시찰하지도 않고, 북베트남은 "재래식 폭격에 대해서 지극히 취약하다"라고 보고했다. 군사적인 판단이 이렇게까지 상상력에 의존한 예는 드물다.

하노이의 역할을, '국경선'을 넘어 공격해 오는 침략자라고 규정함으로써, 이 보고서는 허구적인 표현을 썼고, 그 이후 이 표현은 베트남 문제가 계속되는 동안 특징을 이루었다. 제네바선언은 명확하게 분계선은 '잠정적'인 것이고, '정치적, 또는 영토적 경계'를 이룬다고 해석해서는 안 된다고 밝혔다. 아이젠하워는 명확하게 분계선은 그런 것이고 그 이상도 이하도 아니라고 인식했다. 그럼에도 불구하고 '지극히 중대한' 국익이 걸린 문제가 등장하면 항상 그렇듯이 '국경선'은 정책입안자들이 만들어낸 창작물의 하나로 자리 잡았다. 그들은 개입을 정당화하는 데 익숙했고, 혹은 정당화해야 하는 문제를 안고 있다고 확신하는 데 익숙했기 때문이다. 로스토우는 이미 포트 브래그에서 행한 연설에서 '국경선'이라는 말을 사용했다. 러스크는 테일러가이 말을 쓴 지 3개월 후에 공식연설에서 이 말을 썼다. 즉 누구보다 앞서서 '국경선'을 넘어 가해지는 '외부공격'에 대해 언급했다. 고위인사들이 반복해서 사용하다 보니 분계선이 국경선으로 변모하는 것은 지극히 당연했다.

남베트남의 군사행동을 "실망스럽다"라고 언급하고 "남베트남인만이 베트콩을 무찌를 수 있다"라는 틀에 박힌 인식을 털어놓은 뒤, 테일러는 "친구 겸 동료로서의 미국인은 일을 어떻게 처리해야 하는지를 그들에게 보여야 한다"라는 자신의 신념을 밝혔다. 이것은 미국의 노력 전체를 분명하게 규정짓는 초보적인 착각이었다.

그 뒤 군사적인 개입이 반복된 패턴은 이렇게 발탁한 고문의 손으로 만들어졌다. 옛날에 의문의 여지가 없을 만큼 분명하게 반대했던 리지웨이 장군처럼 반대의견을 밝히는 사람은 하나도 없었다. 시찰단에 참가했던 국무부의 관료는 부속문서에서 베트콩은 큰 성공을 거두고 있고 정세는 '악화되고 있다'라고 밝혔다. 그는 공산주의자는 사회의 최하층, 즉 농민에게 집중적인 노력을 기울인다는 점을 지적했다. 농촌이야말로 '전쟁의 승패를 가르는' 곳이었다. 외국군대는 원조는 할 수 있어도 그 전쟁에서 승리할 수는 없다는 사실을 생각하고, '베트콩의 위협을 배제하기 위한 미국의 전면개입안'은 배제해야 했다. 그러나 이 보고서의 집필자이자 베트남특별작업반의 반장이었던 스터링 코트넬은 테일러와 로스토우의 적극개입계획을 전폭적으로 지지했다. 중간관리들은 아직 문을 두드리고 있을 뿐 안으로 들어가지는 못한 추론을 인정하기보다는 상급관리들의 의견을 따르는 쪽을 일반적으로 좋아한다.

러스크 장관도 공산주의를 저지하기 위해 몸 바쳐 일했음에도 불구하고 '지는 해'를 위해서 미국의 위신을 지나치게 크게 거는 것은 적절하지 못하다고 생각했다. 보호국이 안고 있는 결함이 그를 괴롭혔다. 그는 어떤 기회에 상원외교위원회에서 비공개증언을 할 때, 미국은 왜 항상 구체제의 허약한 동맹자와만 손을 잡는가, 상황이 어떨 때 "마음속으로 그 정권에는 장래성이 없다는 것을 알면서 그것을 지원할 수 있는가, 또는 지원해야 하는가"라고 문제를 제기하면서 이것을 결정할 필요에 대해 역설했다. 미국의 외교정책에 더 이상 의미 있는 문제제기를 하는 사람은 하나도 없었다. 그러나 문제제기는 예상대로 아무런 반향도 얻지 못하고 덮어졌다.

맥나마라를 비롯해서 테일러의 보고에 대한 각 부처의 반응은 혼란스러웠다. 맥나마라는 필요한 자원과 장비와 관련요소의 정확한 통계 분석만 있으면 무슨 일이든 완수할 수 있다는 맹목적인 신념의 소유자로 굳어갔다. 보고서를 분석한 그와 합동참모본부는, 군사개입을 위해서는 목표에 대한 명확한 책무가 필요하고, 이 경우에는 남베트남이 공산주의에 굴복하는 것을 저지하는 것이라고 밝혀 기본사항을 명확하게 했다. 그들은 생각할 수 있는 소련과 중국의 반응을 고려에 넣으면 필요한 병력은 아마 6개 사단, 즉 20만 5천 명에 달할 것이라고 추정했다. 그리고 이 병력의 위력을 극대화하기 위해 하노이에 대해서 남베트남의 게릴라활동을 계속해서 지원하면 "북베트남에 대한 보복이 불가피하다"라고 경고해야 한다고 주장했다.

케네디 대통령은 군부의 선택에 경계심을 느끼고 구두로 권고의 수정을 요구했을지도 모른다. 맥나마라는 순순히 계획을 바꿔서 러스크와 합동으로 제2의 각서를 제출했다. 이 각서는 당분간 전투부대의 전개를 늦춰도 좋지만, 언제라도 투입할 수 있도록 준비해야 한다고 제안했다. 두 장관은 생각이 같지는 않았지만 군부에 대한 경고로서 '남베트남측의 진지한 노력이 없으면 무관심하거나, 혹은 적의를 지닌 주민의 한가운데서 미군은 사명을 다하지 못할 수 있다'라고 말했다. 한편 남베트남이 함락되면 '다른 지역에서 미국이 한 약속이 신뢰를 잃고', '국내의 논쟁을 야기할' 것이라고 했다. 모든 문제에 대해서 조금씩 언급하면서 확실한 긍정판단이나 부정판단을 피한 이 권고는, 케네디의 우유부단한 태도와 정확하게 맞아떨어졌다. '백인의 전쟁'이 과연 실효가 있는가 하는 의문을 품은 상태에서 병력의 증강을 피할 수 없다는 테일러의 경고를 받은 케네디는, 베트남이라는 아득히 멀고 장래성도 없는 나라의 복잡한 책임을 자신의 정부가 지는 것이 끔찍하게 싫었다. 그러나 철수라는 대안은 그것보다 나쁜 상황(미국의 방패에 대해 각국이 신뢰를 잃는 것, 공산주의에 대해 허약하다는 국내의 비난)을 초래한다는 이유로 항상 배제했다.

케네디의 대국민 거짓말

케네디는 베트남의 상황에 본능적으로 경계심을 보였지만, 그 때문에 이중가치로 흐르기 쉬웠다. 처음에 그는 우파가 들고 일어날지도 몰라 분명한 부정적인 표현은 주의 깊게 피하면서 전투부대의 파견연기를 받아들였다. 그리고 디엠에게 '외부에서 아무리 많은 원조를 쏟아 부어도 결코 대신할 수 없는' 베트남인의 노력을 '활기차게 전개해 줄' 것을 희망하면서 추가고문단과 기술부대를 파견한다고 통고했다. 전투부대의 선택은 당분간 유보하는 형태가 되었다. 케네디는 늘 그랬듯이 정치·행정적 개혁을 언급하면서 진보의 상황을 '구체적으로 명시하라'고 요구했고, 고문의 임무는 '베트남인 속에 숨은 베트콩 요원을 색출하는 것이다…… 그것은 외국부대가 맡아야 훨씬 적절하기 때문'이라는 조언을 덧붙였다. 이것은 진실이었지만 불성실한 말이었다. 그것이야말로 대게릴라특수부대의 임무였기 때문이다. 케네디는 막연하기는 했지만 뜻을 알 수 없을 만큼 막연하지는 않은 말로 "우리는 베트남공화국이 국민을 보호하고, 독립을 유지하는 것을 도울 용의가 있다"라고 디엠에게 보장함으로써 스스로 막다른 골목으로 접어들었다. 요컨대 그는 아무런 행동도 취하지 않고 목표에 집착했던 것이다.

디엠은 격한 반응을 보였다. 미국 대사에 따르면 디엠은 '미국이 라오스에서 그랬듯이 베트남에서도 손을 떼려고 한다'고 의심하는 듯했다. 신뢰를 유지하고 악화를 막아야 했다. 그래서 명확한 결정도 내리지 않고 사절단도 보내지 않은 채 군대를 파견하기 시작했다. 미국의 고문단은 엄호할 전투부대가 시급했고, 공중정찰에는 전투기의 호위와 헬리콥터가 필요했다. 대게릴라활동은 베트콩에 대한 전투에 대비해서 베트남군을 훈련시킬 6백 명의 그린베레대원을 필요로 했다. 장비도 그것에 보조를 맞춰야 했다. 전투함, 해군의 초계정, 장갑수송선, 단거리 이륙식 수송기, 트럭, 레이더시설, 반원형 막사, 공항 따위였다. 남베트남군의 전투를 지원하기 위해서 이 모든 장비에 미국 요원이 탑승할 필요가 있었고, 그들은 좋든 싫든 총격전에 말려들었다. 특수부대는 게릴라의 습격에 대비해서 남베트남군을 지도하는 도중에 사격을 받으면 응전했다. 헬리콥터를 탑재한 포함도 공격을 받으면 역시 응전했다.

전투횟수가 늘어났기 때문에 훈련사령부의 수준을 넘는 조직이 필요해졌다. 1962년 2월에는 MACV(미국 남베트남 군사원조사령부)의 머리글자를 딴 완벽한 전투사령부가 군사원조 고문단 대신에 들어섰고, 한국전쟁 때 맥스웰 테일러의 참모장으로 일했던 중장 폴 D. 허킨스가 지휘를 맡았다. 베트남에서 미국이 전쟁을 시작한 날짜를 꼽으라면 MACV라고 알려진 미국 남베트남군사원조사령부가 창설된 날을 기억하면 될 것이다.

1962년 중반에 이르자 베트남의 미군 수는 8천 명에 달했고, 이해 말에는 1만 1천 명을 넘었다. 다시 10개월이 지난 뒤에는 1만 7천 명에 달했다. 미군 병사는 보병대대에서 사단과 참모본부에 이르는 모든 수준에서 남베트남 군부대와 긴밀하게 결합해서 활동했다. 그들은 작전을 수행하기 위해 한 번에 6주에서 8주 동안 베트남인 부대와 함께 전장으로 나갔다. 또한 군대와 보급품을 공수하고 밀림에 가설활주로를 만들고, 구조를 위해 헬리콥터와 의료지원반을 보내고, 베트남인 조종사를 훈련시키고 포격과 공군의 지원을 조정하고, 사이공의 북쪽에서 고엽제 작전을 실시했다. 미군 중에도 사상자가 나왔다. 1961년에는 사상자 14명, 1962년에는 109명, 1963년에는 489명으로 늘어났다.

이것은 의회의 승인도 받지 않은 대통령의 전쟁이었다. 세상에 알려지지 않은 것은 아니었지만, 대통령의 부정과 발뺌으로 사실상 세상에 알려지지 않은 채 수행된 전쟁이었다. 공화당 전국위원회가 베트남 개입과 관련해서 '미국 국민에 대한 솔직성을 결여했다'라고 비난하면서 이제 '고문'의 '가면을 벗겨도 좋을' 때가 되지 않았느냐고 물었을 때, 케네디는 딱 잡아뗐다.

그는 1962년 2월에 가진 기자회견에서도 이렇게 대답했다. "우리는 그곳에(일반적으로 이해되는 의미에서) 전투부대를 보내지 않았다. 훈련사절과 병참지원단을 증원했다." 그는 절대적으로 안전한 구실인 '어떤 지역에서든 우리의 안전보장을 확보할 필요성'과 모순되지 않는 범위에서 '가능한 한 솔직하게' 말했던 것이다.

이 답변은 기자들을 만족시키지 못했다. "미국은 지금 남베트남에서 선전포고 없는 전쟁에 휘말려 있다"라고 같은 날 레스턴 기자는 썼다. "이 사실은 러시아인도, 중국의 공산주의자들도, 다시 말해서 미국 국민을 제외한 모든 관계자들이 잘 알고 있다."

갈브레이스의 디엠 정부 비판

미국의 지원은 한참 동안 남베트남군의 노력을 강화하는 데 성공했다. 전투가 성과를 올리기 시작했다. 디엠의 동생 누가 책임을 맡은 '전략촌' 계획은 미국의 높은 평가를 받았는데, 농민들을 디엠 정부쪽으로 끌어들이지는 못했지만 실제 많은 곳에서 베트콩을 몰아내는 데 성공했다. 게릴라를 일반대중에게서 고립시키고 식량과 신병의 공급을 차단하기 위해서 고안된 이 계획은 마을 사람들을 강제로 공동체에서 끌어내 약 3백 가구를 수용할 수 있는 견고한 '아그로빌(농업도시)'로 이주시키는 것으로, 농민들은 종종 거의 입었던 옷만 그대로 입은 채 아그로빌로 이송되었다. 그들이 살던 마을은 베트콩의 은신처가 되지 않도록 불태워졌다. 이 계획은 조상이 물려준 땅에 집착하는 농민의 정서를 무시한데다 '아그로빌'의 건설을 위해서 강제노동까지 부과했다. 적지 않은 노력을 기울이고 많은 기대를 모았음에도 불구하고 '전략촌' 계획은 안전성을 확보한 만큼이나 민심의 이반을 샀다.

남베트남군이 사절단을 늘린 미국의 지도하에 들어가고, 베트콩의 탈당률이 높아져 많은 베트콩기지를 접수함에 따라 자신감이 되살아났다. 1962년은 사이공의 해였다. 그러나 그것으로 끝났다고 예상하는 사람은 아무도 없었다. 미국의 낙관주의가 고개를 쳐들었다. 군부와 대사관의 대변인은 자신감에 찬 성명을 발표했다. 전쟁은 '고비를 넘겼다'는 것이다. 남베트남군과 베트콩의 사망자 비율은 3대 5로 추정되었다. 허킨스 장군은 일관되게 강경한 기조를 유지했다. 맥나마라 장관은 6월에 베트남을 시찰할 때 너무나도 그답게 "우리의 수중에 있는 모든 수량적 통계는 우리가 이 전쟁에서 승리하고 있음을 보여 준다"라고 자신 있게 말했다. 그는 귀로에 호놀룰루의 미국 태평양

군사령부에서 열린 회의에서, 1965년부터 시작되는 미군의 점진적인 철수계획을 제안했다.

전투현장에 있는 영관급 군인과 하사관과 신문기자들은 보다 회의적이었다. 가장 설득력 있는 의혹을 제기한 것은 J. K. 갈브레이스로, 그는 1961년 11월에 테일러가 보고서를 제출했을 때 인도 대사로 부임하는 도중에 사이공에 들러 상황을 조사하라는 케네디의 부탁을 받았다. 갈브레이스는 케네디가 부정적인 보고를 원한다는 인상을 받았고, 거리낌 없이 보고했다. 그가 올린 보고서의 요지는 다음과 같았다.

정세는 '한마디로 판도라의 상자'이다. 디엠의 보병대대는 '전투의 욕이 없는 허깨비'에 불과하다. 지상군 장교는 군사명령을 지방정치와 정치부패에 활용한다. 게릴라활동에 대한 첩보활동은 '존재하지 않는다.' 정치발전은 베트콩에게서 나라를 지키기보다 쿠데타에서 자신의 몸을 지키는 것이 디엠에게는 더 필요하기 때문에, '완전히 정지된 정지상태'이다. 디엠 정권의 무능과 낮은 인기가 미국의 원조효과를 제한하는 결과를 낳았다. 사이공거리를 차로 달리는 디엠의 행렬은 일본 천황 뺨치듯이 "길가에 있는 모든 세탁물을 걷어내고 창문을 닫고 도로를 청소하라고 요구하고, 사람들에게 머리를 내밀지 말라고 명령한다. 이어서 오토바이를 탄 엄청난 수의 호위병이 당당한 위엄을 보이는 그를 경호한다." 원조약속을 개혁과 바꾸려고 한 노력은 헛수고로 끝났다. 디엠은 "행정과 정치 양면에서 어떠한 효과적인 개혁도 하지 않으려 하기 때문이다. 개혁하지 않는 것은 할 수 없기 때문이다. 그것을 기대하는 것은 정치적인 의미에서 너무 무지한 탓이다. 그는 권력을 늦춰서는 안 된다고 생각한다. 일단 늦추면 자신이 당한다고 생각하기 때문이다."

갈브레이스는 미군의 투입을 요구하는 어떠한 압력에도 굴복하지 말라고 권고했다. "우리 장병은 치명적으로 악화된 상황에 대처할 수 없기 때문이다." 그는 디엠을 대신할 수 있는 인물은 없는가 하는 논의를 논박했고, "현재 우리가 들어선 막다른 골목에서 벗어날 수 있는 해결책은 아무것도 없다"고 말했다. 또한 변화와 새로운 출발이 반드시 필요하다고 생각했고, 안전한 이행을 약속할 수 있는 사람도 없지만 '이대로 가면 실패할 것이 뻔하다'라고 말했다.

1962년 3월, 그는 다시 편지를 보내 미국은 하노이의 어떤 정치적 타협안에도 문호를 크게 열어야 하고, 어떤 기회가 모습을 드러내도 '즉시 달려들어 잡아야 한다'라고 강력하게 권고했다. 그는 자와하랄 네루(인도의 총리)가 도움을 주리라고 믿었고, 미군철수의 대가로 하노이가 베트콩에서 손을 뗄 수 있는지 없는지, 또한 궁극적인 통일에 대해 대화를 하겠다는 동의를 얻을 수 있는지 없는지 해리만을 시켜 소련의 의중을 떠보면 좋겠다고 생각했다. 4월에 귀국했을 때 갈브레이스는 케네디 대통령에게 라오스식의 비동맹중립내각을 만들기 위한 국제평화협상에 의한 해결책을 제안했다. 그는 이렇게 예언했다. "무기력한 정부를 계속해서 지지하면 우리는 프랑스를 대신하는 식민세력이 될 것이고, 결국 프랑스처럼 피를 흘릴 것이다." 그는 미군 병사를 전투에 참가시키려는 모든 수단에 저항해야 하고, 고엽작전이나 '전략촌'과 같은 인기 없는 행동에서 손을 떼는 쪽이 좋다고 충고했다.

문서형식을 띤 갈브레이스의 제안은 합동참모본부의 반발을 샀다. 그들은 그것을 '동남아시아의 공산주의에 대해서 단호한 태도를 보인다는 이미 세상에 널리 공표된 약속'에서 손을 빼겠다는 의사로 보았기 때문이다. 그 증거로 케네디가 베트남공화국이 독립을 유지하도록 돕겠다고 디엠에게 한 무분별한 약속을 인용했다. 그들은 미국의 정책을 바꿔서는 안 되고, 오히려 "빛나는 결말에 이를 때까지 정력적으로 추구해야 한다"라고 주장했다. 이것이 여론의 대세였다. 케네디는 그것에 반대하지 않았다. 갈브레이스의 제안은 휴지통에 던져졌다.

그러나 빛나는 결말은 이미 기대하기 어려웠다. 불만이 습지에 피어오르는 아지랑이처럼 디엠의 주변에서 솟구쳤다. 전에는 의무복무가 6개월이었기 때문에 남자들은 집으로 돌아가 농경에 종사할 수 있었지만, 이제는 사이공 정부가 의무기한을 1년으로 연장한 징병제를 실시하는 바람에 농민들이 더욱더 디엠을 외면했다. 1962년 2월, 디엠에게 반대하는 공군장교 두 사람이 대통령궁에 맹폭격을 가해 디엠을 암살하려 했지만 실패로 끝났다. 미국의 기자들은 덮어놓고 낙관적인 전망만을 내놓는 공식상황설명의 빈틈을 깊게 파고들어 부족한 부분과 허위를 들추어냈다. 그들은 점점 커지는 좌절감 때문에 더욱더 냉소적인 기사를 썼다. 그들 가운데 한 사람이 나중에 썼듯이, '디엠의 사령관들이 말한 내용을 사절단이 그대로 믿고 워싱턴에 보고한 것은 대부분 거짓말'이었다. 미국의 정보국원이 베트남에 득실거렸기 때문에 디엠의 사령관들이 한 말을 그대로 믿었다는 것은 거의 변명이 되지 않지만, 옛날 장개석의 경우와 똑같이 미국의 정책을 디엠에 걸었기 때문에 관료들은 디엠의 무능을 인정하고 싶지 않았을 것이다.

결과는 보도전이었다. 기자들이 화가 나면 날수록 더욱더 '바람직하지 않은 기사'를 써댔다. 정부는 신문기자 출신으로 홍보담당 국무차관보였던 로버트 머닝을 사이공으로 보내, 이 태풍을 잠재우려고 했다. 머닝의 각서에 따르면 '미국이 베트남에 개입한 것을 최소한으로 보이고, 할 수만 있다면 실제보다 작게 보이고 싶다'는 바람 때문이었다. 국민들은 거의 주의를 기울이지 않았지만, 몇 사람인가는 이 아득하게 먼 나라에서 벌어지는 활동에 몇 가지 문제점이 있다는 것을 깨달았다. 아직 규모가 작고 산발적이어서 크게 부각되지는 않았지만,

반대운동이 곳곳에서 분출되기 시작했다. 전체적으로 국민들은 아시아의 어딘가에서 공산주의와의 싸움이 전개되는 것을 막연하게 알았고, 대개 그 노력을 인정했다. 베트남은 눈에 보이지 않는 아득한 곳에 불과했고, 신문에 나오는 이름 이상의 의미가 없었다.

재선 후 미군 완전철수를 선언한 케네디

지식과 지위라는 측면에서 가장 유력한 비평가가 있었다. 원내총무이자 아시아에 대해 누구보다 깊은 관심을 기울이던 상원의원 마이크 맨스필드였다. 미국은 옛날의 선교사 전통이 살아 있어서 아시아의 상황을 개선하려는 열정에 이끌려 반공산주의 십자군에 의해 다시금 정열을 불태우려고 하지만, 그 노력은 미국이나 아시아를 위해서 도움이 되지 않을 것이라고 그는 느꼈다. 1962년 12월 대통령의 요청으로 베트남을 시찰하고(1955년 이후 첫 방문이었다) 돌아온 뒤, 그는 상원에서 "7년 동안 12억 달러에 달하는 원조를 퍼부었지만 남베트남은 처음보다 안정되기는커녕 오히려 악화된 듯이 보였다"라고 말했다. 그는 낙관주의자에게 타격을 주고자 '전략촌'도 방문했다. '전략촌'에 관한 '중앙정부의 지금까지의 시책은 안심할 수 없는 것이기' 때문이었다.

케네디와 개인적으로 만났을 때는 더욱 솔직하게 "미군의 투입은 미국과는 관계가 없는 내전을 좌우하게 된다"라고 말했다. 내전에 개입하면 "아시아에서의 미국의 위신을 손상시키고, 남베트남이 자신의 발로 일어서는 데 도움도 되지 않을 것이다." 맨스필드가 비관적인 평가를 쏟아내자 케네디는 점점 불안해져서 얼굴을 붉히며 쌀쌀맞게 말했다. "당신은 내가 그런 말을 액면 그대로 받아들이리라고 생각하는가." 모든 지배자와 똑같이 그도 자신의 정책을 인정받고 싶어 했기 때문이다. 나중에 측근에게 털어놓은 말에 따르면 그토록 비관적인 견해를 밝힌 맨스필드에 대해서 분노했고, '자신도 그에게 동의한다는 것을 알기 때문에 자신에 대해서도 화가 났다'고 한다.

아무것도 바뀐 것은 없었다. 대통령은 다른 사절단을 보냈다. 즉 국무부 정보부의 부장 로저 힐스만과 번디의 참모인 마이클 포레스탈이었다. 이 사절단은 테일러와 로스토우보다 맨스필드 쪽에 가까운 견해를 내놓았다. 그들은 이 전쟁은 예상보다 오래 끌고 보다 많은 돈과 인명을 요구할 것이다, 그리고 '수지타산은 현재 보다 더욱 악화될 것이다'라고 보고했지만, 맨스필드처럼 독자적인 기반이 없는 관료였기 때문에 실시 중인 정책을 비난하지는 않았다.

힐스만의 신랄하고 상세한 보고에는 부정적인 판단이 많이 포함되었지만, 시찰단이 가지고 돌아온 정보에 정책을 맞추고자 하는 노력은 전혀 이루어지지 않았다. 지배자는 일단 정책을 실시하면 그 안에 안주해야 편안한 법이다. 또한 관료들은 자신의 지위를 생각할 때 평지풍파를 일으키거나 우두머리가 받아들이기 어려운 증거를 들이밀지 않는 쪽이 유리하다. 심리학자들은 조화를 이루지 못하는 정보를 덮어버리는 과정을 '인지적 불화'라고 부른다. 인지적 불화란 '어떤 조직체 속에서 갈등이나 심리적 고통을 낳는 문제를 억압하고 속이고 희석시키고 다른 것과 뒤섞어버리는 경향을 말한다.' 그것은 몇 가지 대안을 '그것에 대해서 생각하는 것만으로도 갈등을 부르기 때문에 배제한다.' 정부 내의 상급자와 부하의 관계에서는 누구도 당황시키지 않고 정책을 발전시키는 것이 목적이 된다. 그것은 '개연성의 평가에서 무의식의 변형'이라고 정의되는 희망 섞인 관측으로 발전해서 지배자를 돕는다.

독선과 아집의 역사 ———

케네디는 바보가 아니었다. 그는 부정적인 요인을 깨닫고 그것에 신경을 곤두세웠지만 아무런 조정도 하지 않았다. 그의 수석보좌관 가운데 조정을 제안하는 사람도 없었다. 행정부에서 철수를 주장한 사람은 아무도 없었다. 부분적으로는 공산주의자를 용기백배하게 하고 미국의 위신을 손상시키지 않을까 하는 두려움 때문이었고, 또 부분적으로는 어리석은 자들의 역사에서 가장 끈질기게 등장하는 것, 즉 개인적인 이익 때문이었다. 이 경우는 대통령의 재선이었다. 케네디는 명민했기 때문에 실패할 조짐을 읽어 내고 베트남에서 대참사가 진행 중인 것을 눈치 챘다. 그는 베트남문제로 고민하고 덫에 걸린 것에 분노하면서도 자신의 재선이 그것 때문에 물거품이 되지 않기를 간절히 바랐다. 할 수만 있다면 이기고 싶었다. 혹은 그럴듯한 거짓승리를 손에 넣어 손실을 줄이고 탈출하고 싶었다.

케네디의 생각은 1963년 3월에 백악관에서 의원들과 아침을 같이 드는 자리에서 맨스필드가 지론을 다시 펼쳤을 때 분명하게 드러났다. 대통령은 그를 옆으로 데려와 군대의 완전철수에 동의한다고 말했다.

어쩌면 그것이야말로 영향력이 큰 맨스필드가 듣고 싶어 하는 이야기임을 알았을지도 모른다. "그러나 1965년까지, 내가 재선될 때까지는 그렇게 할 수 없소." 케네디는 재선되기 전에 철수하면 보수파가 격렬하게 들고 일어날 것을 걱정했다. 측근인 케네스 오도넬을 향해서 케네디는 되풀이했다. "지금 완전하게 군대를 철수하면 우리는 다시 한 번 존 매카시의 공포를 경험할 것이다." 철수는 재선 뒤에나 기능하다는 것이었다. 그는 날카롭게 덧붙였다. "따라서 우리는 내가 재선되도록 확실하게 다질 필요가 있다." 다른 친구들에게도 그는 의혹을 털어놓았지만 베트남을 공산주의자에게 넘겨주고 미국의 유권자에게 자신을 재선시켜 달라고 부탁할 수는 없다고 주장했다.

그의 입장이 확고하지는 않았다 해도 현실적이었다. 재선은 1년 반 이상이나 지난 뒤의 이야기였다. 그동안 자신의 재선을 위험에 빠뜨리기보다는 오히려 크게 신뢰하지도 않는 대의를 위해서 미국의 자원과 인명을 계속해서 투자하는 쪽을 택한다는 것은 자신의 이익을 위한 결단이지 국익을 위해서가 아니었다. 아주 드문 지배자만이 그 반대를 택했다.

확대경을 끼고 본 중국

그동안 쿠바 미사일위기를 둘러싼 일촉즉발의 대결이 멋지게 극복되었다. 그 결과 후르시초프가 패배하고 미국은 더 바랄 나위 없이 좋은 결과를 얻어 정부의 자신감과 위신이 되살아났다. 소련의 후퇴는 베를린과 똑같은 교훈을 제공했다. 즉 쿠바에 미사일을 설치하는 것은 대담한 도박이고 소련에게는 지극히 중대한 이익이 아니었다. 반면에 미국으로서는 미국의 해안에서 그토록 가까운 거리에 미사일기지가 설치되는 것을 저지하는 일은 지극히 중대한 국익이 걸린 문제였다. 지극히 중대한 이익이라는 법칙에 입각해서 말하면 미국이 베트남에서 궁극적으로 철수하고 북쪽이 지배자로 등장하는 것은 예상이 가능한 일이었다.

쿠바의 공산주의자에게 타격을 주고 미국의 위신을 높인 덕택에 국내의 비판쯤은 무시할 수 있는 조건이 갖추어졌기 때문에 베트남에서 철수하기에는 더없이 좋은 기회가 조성되었다. 그러나 정부 안에는 낙관주의가 가득 차서 철수를 주장하는 흐름이 형성되지 않았다. 확실히 이 무렵에 케네디 대통령은 의회와 아시아, 그리고 유럽의 동맹

독선과 아집의 역사 ──

국이 받아들이려면 1년이 걸린다면서, 선거 후에 실시할 철수계획을 준비해두라고 마이클 포레스탈에게 지시했다. 이 지시는 결국 실행에 옮겨지지 않았지만, 미국의 위신을 손상시키지 않고 어떤 식으로 철수하면 좋겠느냐고 개인적으로 묻자 케네디는 이렇게 대답했다. "간단하다. 우리에게 돌아가라고 부탁하는 정부를 그곳에 만들면 된다." 그러나 공식적으로는 미국이 철수하면 "남베트남뿐 아니라 동남아시아 전체가 붕괴할 것이다. 따라서 우리는 그곳에 머물러야 한다"라고 말했다. 그는 이중적인 사고를 했고, 결코 이 이중성을 해결하려고 하지 않았다.

정책을 입안하는 단계에서 항상 영향을 미쳤던 또 하나의 요소는 중국이 어떻게 나오는가에 대한 두려움이었다. 이때는 이미 중국과 소련의 대립이 노골화되고 데탕트시대에 접어들어 소련의 위협은 줄어든 듯이 보였다. 반면에 찢어진 관계를 덮은 커튼의 배후에서 중국이 전보다 훨씬 위협적인 그림자를 드리웠다. 금문도와 마조도를 둘러싼 호전적인 시위, 티벳의 병합, 인도와의 국경에서의 작은 충돌 등을 모두 합하면 무한한 재해를 일으킬 듯한 그림이 그려졌다. 케네디는 텔레비전과의 인터뷰에서 도미노이론의 진실성을 의심할 이유는 없는가라는 질문을 받았을 때 "아니, 나는 그것을 믿는다. 믿고 있다…… 국경 바로 너머에서 중국이 너무나도 크게 떠오르기 때문에 만일 남베트남이 무너지면 그것은 말레이시아에 게릴라공격을 가하기에 알맞은 발판을 제공할 뿐 아니라 동남아시아에 미칠 장래의 물결은 중국과 공산주의자 쪽으로 흐른다는 인상을 줄 것이다"라고 말했다.

사실 미국이 지나칠 만큼 민족주의적인 북베트남의 특성을 알았다면, 틀림없이 공산주의국가이든 아니든 생명력이 넘치고 독립적이고 반중국적인 색채가 강한 국가를 택해 중국의 무서운 확대를 막는 튼튼한 방벽으로 삼았을 것이다. 그쪽이 허점투성이의 분열된 교전국보다는 국경을 넘어 간섭하고 싶다는 충동을 억제해 주기 때문이다. 그러나 가장 뛰어나고 가장 지성적인 사람들도 이 점을 생각하지 못했다. 중국은 당시에 대약진운동 때문에 경제적인 수렁에 빠져 외국에서 모험을 할 수 있는 체제가 아니었다. '적을 안다'라는 것은 모든 적대관계에서의 가장 중요한 지침이지만, 공산주의자의 위협이 문제가 될 때는 여러 관계를 고려하지 않고 무지에 입각해서 행동하려는 것이 미국인의 기묘한 버릇이다.

무너진 디엠 정부와 누 부부 암살계획

군부는 호놀룰루에서 맥나마라가 내린 명령을 수행하고자 포괄적인 계획안을 작성하느라 바빴다. 몇 마일에 걸칠 만큼 긴 각서와 몇 개월에 걸쳐 쌓인 문서를 정리해서 작성한 이 계획안은, 1963년 말까지 그리 큰 수치는 아니지만 총 1천 명을 철수시키고 훈련 정도와 인원수에서 전쟁을 떠맡을 수 있는 남베트남군을 육성하도록 재정적으로 원조한다는 것이었다. 미국 남베트남 군사원조사령부, 미국 태평양 군사령부와 국방부가 숫자와 머리글자로 이루어진 명칭과 문서를 교환하느라 진땀을 흘리는 동안 남베트남의 상황은 악화되었다. 이로써 디엠의 와해와 죽음으로 이어진 위기가 닥쳤고, 미국은 윤리적인 책임까지 지게 되었다.

베트남의 사회 각 분야와 종교와 계급의 혼합체는 디엠의 통치권을 한 번도 전면적으로 받아들인 적이 없지만, 마침내 1963년 여름에 일어난 불교도의 저항운동이 디엠을 무릎 꿇게 했다. 프랑스가 실시

사이공의 반전시위

하고 디엠이 계승했던 가톨릭교도 우대정책에 대해 오랫동안 쌓였던
분노가 불교도의 대의에 불을 붙여 민족주의적 호소를 제기할 근거
를 마련하였다. 5월, 사이공 정부가 석가탄신일 행사를 금지하자 폭동
이 일어났고, 정부군이 시위대에 발포해서 여러 명이 목숨을 잃었다.
재차 폭동이 일어났고 계엄령이 선포되었다. 한 승려가 사이공광장에
서 분신자살로 항의함으로써 이 사건은 널리 알려졌다. 디엠 체제에
반대하는 모든 사람들이 결집해서 항의운동을 확산시켰다. 반가톨릭
주의자, 반서구주의자, 하층계급, 중산계급의 반대자들이 들고 일어난
것이다. 디엠의 동생 누가 지휘한 탄압과 폭력사태가 일어났다. 누가
주요 사찰을 습격해서 몇백 명이나 되는 승려를 체포하자 이 사건은
절정에 달했다. 외무장관과 주미대사가 항의의 표시로 사직했다. 디엠
정부는 금이 가기 시작했다.
 미국의 첩보활동은 민중의 감정을 고려하지 않았는지 이 폭동을 예

측하지 못했다. 폭동이 발발하기 2주일 전, 러스크 장관은 미국 남베트남 군사원조사령부에서 퍼부은 낙관주의적 탄막에 속아 "민중의 동의에 기초한 입헌체제를 향해서 남베트남이 착실한 발걸음을 계속하고 있다"라고 말했다. 이어서 그는 사람들이 '성공을 향한 도정'에 있기 때문에 사기가 높아졌다는 증거가 눈길을 끈다고 말했다.

디엠의 적은 군부에도 있었다. 장군들의 쿠데타가 당장이라도 폭발하려고 했다. 정부가 음모와 책략의 봉쇄에 혈안이 되었기 때문에 전쟁을 수행하려는 노력은 미약해졌다. 누와 음험한 누의 부인은 적과 내통했다. 재산을 지키려는 목적에서 프랑스의 중재로 '중립주의적'인 타협책을 받아들이려 한다는 정보가 정보국의 보고에 등장하기 시작했다. 미국의 모든 투자가 물거품이 되는 듯이 보였다. 이것이 국가를 지키기에 알맞은 피보호자, 불굴의 동기를 지닌 북쪽으로 기우는 흐름을 막기에 적절한 후보자였단 말인가.

무엇을 해야 하는가를 둘러싸고 워싱턴의 논의는 뜨거워졌다. 사실 정부가 어떤 길을 택해야 하는가를 몰랐기 때문에 논의는 한층 뜨거웠다. 디엠을 대신할 인물은 없는가. 만일 그가 권좌에 머무른다면 디엠 정권 아래에서 폭동을 억누를 수 있는가. 논의는 디엠에 대한 찬반과 어떤 식으로 누 부부를 몰아낼 것인가 하는 점에 집중되었고, 이 난국에 미국은 무엇을 하고 있는가에 대한 재고에는 집중되지 않았다. 누 부부의 제거는 그들이 불교도를 탄압했기 때문이라기보다는 오히려 중립주의적인 타결책을 모색했기 때문이었다. 가장 바람직한 해결책은 원조의 현명한 중단으로 디엠이 누 부부를 추방하도록 몰아가는 것이었지만, 디엠은 미국의 반공노선에 자신감이 있어서 이러한 위협에는 꿈쩍도 하지 않았다.

국무부의 관리들은 모두 신경이 날카로워져서, 디엠이 자신과 누

부부를 반대하는 행동을 당장이라도 일으킬 듯한 국무부의 분위기를 간파하고 '무언가 기상천외한 짓을 하지는' 않을까, '예를 들면 북베트남에 도움을 요청하여 미국인을 몰아내려 하는' 것은 아닌가 하는 걱정까지 했다. 이 흥미로운 사고는 베트남에서 하고 있는 역할에 대한 워싱턴의 자각에 얼마나 자신감이 없었는가를 보여준다.

정책입안자들은 서서히 결론에 도달했다. 공산주의에 대한 방벽으로서의 남베트남은 승산이 없는 계획이라는 결론이 아니라 디엠이 사태를 망치므로 미국의 힘으로 그를 퇴진시켜야 한다는 결론이었다. 요컨대 워싱턴이 군부의 쿠데타계획을 지원해야 한다는 것이었다. 경영자가 망설임 없이 자회사에 투자한 돈을 지키려는 것은 권리(혹은 권리가 아니라면 실천적인 규범)의 주장이었다.

우수한 CIA 비밀정보원인 루 코네인 대령이 쿠데타음모를 획책 중인 장군들과 연락을 취했고, 새로 부임한 미국 대사 헨리 카봇로지가 정력적으로 지휘했다. '거리라는 거리마다 총검이 겨누고 있는 이 억압적인 체제'와 미국이 협력하는 것을 중단해야 한다고 마음 깊이 확신했기 때문이다. 워싱턴은 로지의 권고에 응답해서 만일 디엠이 누부부를 몰아내지 못한다면 "우리는 더 이상 디엠을 지지할 수 없다는 명백한 의사를 밝힐 용의가 있다"라고 그에게 지시했고, "적당한 군사령관에게 중앙정부기구가 무너진 과도기간 동안 미국은 당신을 직접 지지하겠다"라고 알릴 권한을 주었다. 아울러 백악관은 로지에게 '쿠데타의 은밀하고 적극적 권장과 관련해서 '주도권'을 쥐어서는 안 되지만, 한편으로 '대신 지도자가 될 만한 인물과 접촉하도록 은밀하고 긴급한 노력'을 하라는 명령을 받았다. 이러한 노력은 물론 '완벽하게 안전하고 충분히 부정할 수 있는' 것이어야 했다.

케네디는 로지가 가까운 장래에 공화당 부통령 후보로 나설 예정임을 알면서도 대사에 임명했는데, 그것은 그의 정치능력과 유창한 프랑스어 실력뿐 아니라 공화당을 베트남과 얽어두기 위해서였다. 그는 쉽게 속아 넘어가는 사람은 아니었기 때문에 나중에 부인하지 못하도록 케네디 정부와 협상한 내용을 주의 깊게 기록으로 남겼다. "우리는 이제 되돌아갈 수 없는 길로 접어들었다. 즉 디엠 정부의 전복이다"라고 그는 전보를 쳤다. 그리고 코네인 대령이 쿠데타의 주모자 민 장군과 바람직한 접촉을 했다고 국무부에 알렸다. 민은 세 가지 가능한 실시계획의 윤곽을 제시했는데 제1안은 디엠을 현직에 남기고 누 부부를 '암살'하는 안으로, 이것은 가장 실행하기 쉬운 계획이었다고 한다.

장군들의 쿠데타

워싱턴에서 잇달아 열린 회의에서 디엠과 누 부부의 운명보다 큰 문제가 차례로 머리를 쳐들었다. 예를 들면 로버트 케네디가 "정부가 어떻든 공산주의자의 정권탈취를 적절하게 막아 내는가 그렇지 못하는가가 가장 중요하다. 그것이 불가능하다면 지금은 더 이상 기다리지 말고 베트남에서 완전하게 철수할 때다"라고 말했을 때가 그랬다. 정부를 바꿔서 그것을 해낼 수 있다면 정권교체를 위한 계획을 추진해야 한다는 것이었다. 그러나 그는 이 근본 적인 의문에 "답변을 듣지 못했다"라고 느꼈다.

답변을 하려고 한 사람은 몇 사람인가 있었다. 남베트남군과 함께 전투에 참가하는 과정에서 미국의 무기와 훈련은 그들에게 전투의욕을 주지 못한다는 사실을 쓰디쓰게 깨달은 영관장교들은 부정적인 보고를 억누르는 허킨스 장군의 의표를 찌르려고 최선을 다했다. 그들은 국방부에서 귀임보고를 할 때 실전이 어떻게 돌아가는지를 가차 없이 폭로했다. 특히 1963년 1월에 벌어진 아프바크 전투는 대포와 장갑차로 무장한 2천 명의 남베트남군 보병대대가 출동해서 새롭게 확보한 화력과 공격력을 의기양양하게 과시하려는 전투였다. 그러나 베트콩 게릴라 2백 명의 습격을 받자 남베트남군은 착륙해 있던 헬리콥터 뒤에 머리를 처박고 일어나 사격하기를 거부했고 반격명령에도 따르지 않았다.

민병대를 지휘하던 지방장관은 자신의 부대를 참전시키기를 거부했다. 대학살이 벌어졌고 미국인 고문관도 셋이나 죽었다. 아프바크는 누구도 분명하게 입에 담는 것이 허락되지 않았지만 남베트남군이 얼마나 무능하고 미국의 원조계획이 얼마나 무익한가, 그리고 본부의 낙관주의가 얼마나 공허한가를 적나라하게 보여주었다. 아프바크 전투에 참가했던 미군장교 존 반 대령은 1963년 여름에 국방부로 돌아와 일반참모에게 진상을 폭로했다. 그러나 테일러 장군이 허킨스 장군의 든든한 후원자가 되어 허킨스의 의견을 지지했기 때문에 반의 폭로는 아무런 효과도 얻지 못했다. 국방성 대변인은 "고비를 넘어 승리를 향하고 있다"라고 발표했고, 미국 태평양 군사령관은 베트콩의 '피하기 힘든' 패배를 예견했다.

대외원조담당관들도 실망을 토로했다. 농촌평정계획 담당인 루퍼스 필립스는 '전략촌' 계획은 '형편없는 실패로 돌아갔다'고 보고했다. 그리고 이 전쟁은 본래 군사적인 것이 아니라 국민의 충성심을 확보하려는 정치적인 갈등이고 디엠 정권은 충성심을 잃고 있다고 지적했다. 미국 해외정보국장 존 맥크린은 1962년에 휴가를 얻어 『타임』지의 특파원으로서 베트남민족이 베트콩을 등지도록 공작하다가 21개월 후에 '절망' 속에서 임무를 끝내고 사직했다. 베트남 특별작업반의 반장이자 국무부 소속인 폴 카텐버그는 디엠이 동생과 손을 끊지 않고 점점 국민의 지지를 잃어 '비탈길을 사정없이 미끄러질 것이 분명하다면' 미국은 이제 철수를 결정하는 쪽이 좋겠다고 권고해서, 러스크, 맥나마라, 테일러, 번디, 존슨 부통령과 그 밖의 사람들이 참석한 회의장을 깜짝 놀라게 했다. 참석자 가운데 동의한 사람은 없었고, 러스크는 일언지하에 이 제안을 묵살했다. 러스크는 '전쟁에 승리할 때까지 우리는 철수하지 않는다'는 전제에 기초해서 정책을 추진해야 한다고 말했다. 그 후 카텐버그는 특별작업반에서 물러나 다른 업무를 맡았다. 그는 특별작업반을 떠나면서 이 전쟁은 50만 명의 미군을 동원해야 하는 5년에서 10년이 걸리는 장기전이 될지도 모른다고 예언했다.

이때 델포이의 신탁과도 같은 목소리가 울려 퍼졌다. 샤를 드골이 중립적인 해결안을 제안한 것이다. 프랑스 각의의 동의하에 명백하게 해외를 향해 발표한 이 담화문은 진의가 베일에 싸인 표현을 썼지만, 드골은 베트남민족이 통일과 '외부의 영향력에서의 독립'을 달성하기 위한 '국민적인 노력'을 하도록 촉구했다. 드골은 베트남에 대한 프랑스의 관심을 유령처럼 슬며시 제기하는 표현을 써서, 프랑스는 이 목적을 위한 어떤 노력에도 협력할 용의가 있다고 말했다. 그의 표현을 자세하게 검토한 외교관들은, 이 신정책은 공산중국과 미국 양쪽에서 독립한 라오스식의 '중립적' 해결을 의미한다고 해석했다. '권위 있는 소식통'들은 북베트남이 받아들일 용의를 보였다고 시사했고, 프랑스 관리들이 하노이의 진의를 다른 수도로 전달하고 있다고 지적했다.

이것은 협상을 통한 해결책을 제시한 제안으로, 갈브레이스가 일찍이 조언한 '움켜잡아야 할 기회'였다. 워싱턴이 출구를 원할 만큼 현명했다면 드골은 그 출구를 마련해줄 생각이었던 것이다. 그러나 미국 정부의 관리들은 너나 할 것 없이 곤혹스러워했다고 한다. 드골의 지나친 거드름에 대해서 항상 보이는 반응이었다. 그렇다 해도 남베트남의 정치적 붕괴와 군부의 역량부족, 정치진보의 결여로 어려운 상황에서 하노이측이 타협의 실마리를 제공했다면, 미국 정부는 이윽고 다가올 디엠의 붕괴와 드골이 암시한 조정기회를 이용해서 "우리는 할 만큼 원조했다. 더 이상은 불가능하다. 앞으로의 일은 베트남 국민이 스스로 결정해야 한다"라고 말할 수 있었다. 그러나 이러한 태도는 늦든 빠르든 공산주의자의 정권탈취로 연결된다고 보았다. 어쨌든 미래의 일은 알 수 없었고, 1963년 당시의 미국은 자신의 힘에 자신감이 있었기 때문에 타협을 거부했다.

사태는 쿠데타 쪽으로 기울었다. 그것이 외교관계의 기본원칙을 침해하는 선택이었는데도 케네디 정권의 현실주의자들은 별다른 고뇌를 하지 않았다. 그것이 베트남의 분쟁은 '그들의' 전쟁이라고 되풀이해서 말해 온 미국의 주장을 무의미하게 만든다는 것도 고려하지 않은 듯하다. '그들의' 전쟁은 끝없이 되풀이되는 개념이었다. 덜레스가 말하고, 아이젠하워가 말하고, 러스크가 말하고, 테일러가 말하고, 모든 대사가 말하고, 케네디 자신도 그것을 몇 차례나 되풀이했다. "그것은 그들의 전쟁이다. 이겨야 하는 것도 그들이고, 지는 것도 그들이다." 그것이 그들의 전쟁이라면 그것은 또한 그들의 정부이고, 그들의 정책이어야 했다. 아무리 설득력 있는 이유가 있더라도 민주주의의 옹호자가 쿠데타의 주모자들과 음모를 꾸민다는 것은 역사책에서 환영받을 행위가 아니었다. 그것은 스스로를 배반하는 어리석음을 향한 한걸음이었다.

케네디는 자신의 역할과 이제 막 빨려들어 가려는 늪지의 냄새에 고뇌하다가 다시 또 실태조사단을 파견했다. 빅터 크룰락 장군과 국무부의 조제프 멘덴홀이 나흘에 걸쳐 서둘러 베트남을 시찰했다. 크룰락 장군은 지금은 참모장 겸 합동참모본부의장이 된 맥스웰 테일러의 고문이고, 멘덴홀은 베트남에 많은 지인을 가진 베트남의 후원자였다.

그들이 귀국해서 백악관에 제출한 보고서는 서로 큰 차이가 났다. 한 사람은 군에서 정보를 얻었기 때문에 밝고 유망한 보고서를 제출했고, 다른 한 사람은 조심스럽고 어두운 보고서를 제출했다. 이렇게 차이가 나는 보고서를 받은 대통령은 당혹스러워서 "두 사람이 같은 나라를 방문한 것이 확실하오?" 하고 물을 정도였다. 두 사람의 뒤를 이어 최고위층의 사절단, 즉 테일러 장군과 맥나마라 장관이 정치적 혼란이 어느 정도 군사노력에 영향을 미치는가를 파악하라는 특명을 띠고 파견되었다. 10월 2일에 그들이 제출한 보고서는 군사적 전망은 긍정적이었던 데 반해 그들의 희망을 저버리는 정치적인 불안요인으로 가득 차 있었다. 그러나 대통령의 허가를 얻어 맥나마라 장관이 발표한 공식성명은 모든 모순을 은폐했다. 즉 맥나마라는 그해 말까지 1천 명의 병력을 철수시키고 "1965년 말까지 미국의 주요한 군사임무를 달성할 수 있다"라고 발표했다. 실태조사에서 빚어진 혼란과 모순은 정책을 명확하게 하는 아무런 도움도 되지 못했다.

11월 1일, 장군들의 쿠데타가 성공했다. 미국인들은 깜짝 놀라서 어쩔 줄을 몰랐다. 뜻밖에도 디엠과 누 부부가 암살당했던 것이다. 한 달도 못되어 케네디 대통령도 저세상 사람이 되었다.

독선과 아집의 역사 ———

전쟁의 광기에 휩싸인 존슨

1964~1968

허공을 떠도는 유령, 도미노이론

린든 존슨을 잘 아는 사람에 따르면, 그는 대통령직을 이어받은 순간부터 남베트남을 '잃는' 것은 꿈도 꿀 수 없다고 결심했다고 한다. 1961년에 부통령으로서 강경한 제안을 한 것을 생각하면 이 태도는 충분히 예상 가능했다. 이 태도는 냉전의 산물이기는 했지만, 그 자신이 바람직하다고 생각한 이미지와 훨씬 큰 관련이 있었다. 케네디가 암살된 지 48시간도 되지 않아 디엠 사후에 전개될 정세를 보고하기 위해서 귀국해 있던 로지 대사는 존슨을 만나 생각대로 돌아가지 않는 상황에 대해 설명했다. 디엠의 후계자 밑으로는 정치정세가 개선될 전망이 보이지 않고, 지금 이상으로 내분이 격화될 것 같다고 그는 보고했다. 군사방면에서는 육군이 무너질 우려가 있고, 미국이 전투에서 보다 적극적인 역할을 하지 않으면 남베트남을 잃을지도 모르고,

확고한 결단을 내려야 할 때라고 로지는 대통령에게 직언했다. 존슨이 즉각 보인 반응은 개인적인 색채가 농후했다. "나는 전쟁에서 패배하는 최초의 미국 대통령이 될 생각이 없다." 다른 보도에 따르면 "나는 베트남을 잃고 싶지 않다. 동남아시아가 중국과 같은 길을 걷는 것을 눈뜨고 보는 대통령이 되지 않을 생각이다"라고 말했다고 한다.

존슨은 갑작스럽게 대통령이 되어 신경이 곤두섰기 때문에 강경한 입장을 취했다. 그는 통솔력을 보여야 한다, 특히 이승과 저승에 있는 케네디 형제가 미치는 영향력을 능가해야 한다는 강박관념을 느꼈다. 케네디처럼 현명해지고 싶다는 강한 충동은 느끼지 못했고, 말하기 전에 몇 가지 선택지를 음미하지도 않았다. 또한 일정 수준의 역사감각과 적어도 다소의 반성능력에서 비롯되었던 케네디의 이중가치도 결여했다. 강경하고 지배적이고 자기도취적인 남자였던 존슨이 베트남문제를 다룰 때면 항상 그가 지닌 성격의 세 요소가 영향을 미쳤다. 즉 탐욕스럽고 결코 안정되지 못한 자아, 거리낌 없이 직권을 남용하는 무한한 능력, 일단 나아갈 길을 결정하면 반대의 조짐을 보이는 모든 것에 대한 혐오감이었다.

디엠이 암살된 후 중립적 해결책을 모색하려는 기운이 남베트남에 떠돌았고, 미국이라는 존재가 없었으면 이 시점에서 사이공 정부가 게릴라들과 어떤 타협을 했을지도 모른다. 그것은 있을 수 있는 이야기였다. 베트콩의 지하방송이 휴전협상을 암시했다. 두 번째 방송은 디엠을 무너뜨린 쿠데타의 지도자이자 사이공 정부의 새로운 대통령인 동반민 장군에게 미국과 손을 끊을 생각이 있으면 그와 평화협상을 하겠다고 암시했다. CIA의 해외방송팀은 이 방송을 청취해서 워싱턴에 보고했다. 이것은 확실한 제안이 아니라 아마 단순히 사이공 정부의 정치혼란을 더욱 심화시킬 의도로 흘린 방송일 것이다. 워싱턴

독선과 아집의 역사 ──

은 이 방송을 무시했지만 사이공은 귀를 기울였다. 불교도이자 농민 출신인 신장 6피트의 민 대통령은 사람이 선하고 인망이 있었지만 정적에 대한 지배력이 없었다. 그가 베트콩과 접촉하려 한다는 소문도 떠돌았다. 대통령직에 오른 지 불과 3개월 만에 이번에는 그가 쿠데타의 희생양이 되었다. 이어지는 몇 달 동안 쿠데타와 역쿠데타로 정권을 뺏고 빼앗긴 계승자들도 똑같은 소문에 시달렸다. 대사관과 정보기관은 미국은 그러한 시도에 반대한다는 입장을 적극적으로 보였다.

이 사이 유엔 사무총장 우탄트는 베트남에 중립주의적 연립정부가 수립될 수 있는지 조사했다. 숙적끼리의 연립정부는 환상에 불과하지만 잠정적인 화해에는 이용할 수 있었다. 이것은 워싱턴의 흥미를 끌지 못했다. 남베트남을 사이공 정부와 베트콩으로 나누어 미국이 철수하는 길을 연다는 맨스필드가 1월에 제안했던 다소 자포자기적인 안도 마찬가지였다. 이러한 공산주의와의 타협안은 그가 마음속에 그렸던 것과는 거리가 멀었기 때문에 존슨 대통령은 보좌관들에게 '해결안'을 제출하라고 요구했다.

긴박한 결단의 순간이 임박했다. 12월에 실태조사를 마치고 귀국한 맥나마라는 '이어지는 2, 3개월' 이내에 현재의 정세가 역전되지 않으면 "잘해야 중립상태로, 오히려 이쪽 가능성이 크겠지만 공산주의자가 지배하는 나라가 될 것이다"라고 보고했다. 남쪽을 비공산주의국가로 유지한다는 도박은 워낙 위험이 크기 때문에 "내 판단으로는 우리는 이기기 위해서 모든 노력을 기울여야 한다고 생각한다"라고 맥나마라는 대통령에게 말했다.

막대한 도박이란 새로운 자기최면이었다. 맥나마라는 북베트남이 승리하면 전 세계의 공산주의자가 끝 모를 용기를 얻을 것이고, 미국은 자신감을 잃어 국내의 우파가 정치적 대학살을 감행하는 계기가 될 가능성이 있다고 경고했다. 『뉴욕타임스』지의 무서운 재앙의 조짐을 묘사한 사설에서 그것을 긍정했다. '만일 남베트남이 함락된다면 동남아시아의 목록에 올라 있는 나라들, 다시 말해서 라오스, 캄보디아, 미얀마, 태국, 말레이시아, 인도네시아가 위험에 처할 것이다.' '서태평양동맹국의 전반적인 지위가 긴박한 위험에 처할 것이다.' 인도는 '제 갈 길을 가고' 패권을 잡으려고 하는 공산중국의 추진력은 '엄청나게 커질' 것이다. 공산주의의 압력에 맞서서 다른 국가들을 방위하는 미국의 능력에 대한 회의가 전 세계적으로 확산될 것이다. 혁명주의에 미치는 영향력은 커지고 중립주의가 확산될 것이고, 그것과 함께 장래의 조류는 공산주의 쪽으로 향하리라는 인식이 커질 것이다.

그러나 지금 와서 돌아보면 '불행하게도' 베트남은 상당한 기간 동안 공산주의의 통제하에 있지만 라오스와 캄보디아를 제외하면 이러한 공포 가운데 어느 것 하나 현실화된 것은 없다.

십 년을 베트남이라는 수렁에서 헤맨 미국

1964년은 제네바협정 이후 미국이 남베트남을 떠맡은 지 10년이 되는 해였다. 정세는 크게 바뀌어 있었다. 소련은 베를린 위기와 쿠바의 미사일위기로 체면을 잃었다. 유럽의 공산당에 대한 소련의 영향력은 훨씬 줄어들었다. 나토는 튼튼하게 뿌리를 내렸다. 그런데도 왜 아득하게 멀고 중요성도 없는 베트남에 대한 도박이 그토록 중시되었을까. 공산주의는 유럽에서 전진했지만 아시아에서 미국으로 감염된 히스테리를 야기하지는 않았다. 어디에서든 공산주의의 진출을 그토록 무서워해야 한다면 왜 미국은 쿠바의 변덕스러운 위협은 그냥 놔두고 베트남에서는 저항을 했을까. 아마 그곳이 아시아였기 때문일

독선과 아집의 역사 ─────

〈뭐가 그렇게 재미있죠, 프랑스 아저씨? 내 갈 길을 찾으려 하고 있네〉. 몰딘의 시사만화. 1964년 11월 23일

것이다. 그곳에서는 미국의 의지력과 자원의 위력을 코네티컷주 출신의 토머스 도드 상원의원이 얕보듯이 '수천 명의 원시적인 게릴라'라고 말한 것 위에 퍼부을 수 있다고 생각했기 때문이다. 아시아에서 좌절한다는 것은 용납하기 힘든 일이었다. 도박은 힘의 행사와 '신뢰성'의 과시로 표출되었다. 아시아에서의 지상전은 승산이 없다는 옛날부터의 조언과 중국과 한반도에서 겪은 환멸스러운 경험, 미국인이 현재 서 있는 바로 그 자리에서 프랑스가 겪은 경험에도 불구하고 미국은 힘과 신뢰성을 앞세워 밀어붙일 수 있다고 착각했다.

베트남을 잃으면 엄청난 일이 벌어질 것이라는 허풍스러운 예언이 판돈을 늘리는 역할을 했다. 존슨은 샌프란시스코까지 후퇴하리라는 시나리오로 과민반응을 이미 보인 바 있다. 러스크가 1965년에 "철수는 우리의 파멸을 부르고, 거의 확실하게 파멸적인 전쟁을 초래할 것이다"라고 대통령에게 권고했을 때, 또한 1967년에 다시 기자회견 석상에서 '핵무기로 무장한 10억의 중국인'을 떠벌렸을 때, 그것 역시 과민반응이었다. 『뉴욕타임스』지의 종군기자 핸슨 볼드윈도 1966년에 베트남에서의 철수는 '정치적·심리적·군사적 대참사'를 야기할 것이다, 미국은 "강대국으로서의 지위를 포기할 결심을 하고 아시아와 서태평양에서의 철수에 동의했다"라고 비칠 것이라고 썼는데, 이것 역시 과민반응이었다. 공포도 환상을 낳았다. 조제프 클라크 상원의원은 상원외교위원회에서 "우리가 제3차 세계핵전쟁으로 연결되는 길을 걷고 있는 것은 아닌지 나는 항상 두렵다"라고 말했다.

화제에 오른 핵무기문제

북베트남은 이제 남베트남의 붕괴를 이용하고자 분계선 너머로 정규군을 침투시켰다. 존슨 대통령과 고문단과 합동참모본부는 보호국의 와해를 막기 위해서 위압적인 전쟁으로 들어가야 할 때가 왔다는 결론에 도달했다. 이것은 공군력의 투입을 의미했고, 그렇게 되면 필연적으로 지상군을 끌어들여야 했다. 고위관리들이 작전계획을 수립하기 시작했다. 그러나 사이공의 정세가 하루가 다르게 불안해지는데도 아직 행동에 나설 수가 없었다. 존슨이 1964년의 선거를 눈앞에 두었기 때문이다. 상대는 호전적인 배리 골드워터 상원의원이었기 때문에 존슨은 평화를 옹호하는 후보자인 척할 필요가 있었다. 그래서 '그들의' 전쟁이라는 구호를 외치기 시작했다. "우리는…… 그들 자신의 병력을 써서 그들 자신의 자유를 그들에게 안겨 주려 하고 있다." "우리는 아시아의 청년들이 스스로의 힘으로 이루어야 하는 것을 대신하기 위해서 미국의 청년을 고국에서 9천 마일 내지 1만 마일이나 떨어진 곳으로 보낼 생각은 없다." "우리는 아시아의 청년을 대신해서 미국의 청년에게 전쟁을 시키고 싶지는 않다."

6개월 후에 상황이 극적으로 바뀌지 않았는데도 미국의 청년들을 전장으로 보냈을 때, 국민들은 존슨의 말을 떠올리며 그의 신뢰성을 의심하기 시작했다. 존슨은 오랫동안 정치적인 식언에 익숙해져 있었기 때문에 일단 대통령직에 오르면 사정이 달라진다는 것, 백악관의 환한 조명등 아래서는 식언이 반드시 명백하게 밝혀진다는 것을 몰랐다. 그리고 식언이 백일하에 드러났을 때 피해를 입은 것은 대통령직과 국민의 신뢰감이라는 사실도 잊었다.

'승리 없는' 정책을 비난하는 매파인 골드워터 대 조정자인 존슨이라는 선거운동의 양상에 대해 대중의 반응은 꾸준히 한쪽으로 흘렀다. 제2차 세계대전과 한국전쟁을 겪은 뒤에 원자폭탄의 그림자에 위협을 느끼던 미국 국민은 반공이 아무리 중요하더라도 전쟁을 바라지는 않았다. 특히 여성들은 일방적으로 존슨에게 투표했고, 이것은 반전기운이 얼마나 넓게 퍼졌는가를 증명했다. 정부는 그럴 마음만 있었으면 이 현상에 주의를 기울일 수 있었을 텐데도 기울이지 않았다. 분쟁의 씨앗은 우파에서 온다고 굳게 믿고 한 번도 의심하지 않았기 때문이다.

유권자들에게 방향을 제시하는 한편으로, 존슨은 적어도 선거가 끝날 때까지는 도전을 억누르고자 전보다 훨씬 강경한 의도를 담은 통첩을 하노이에 보냈다. 머지않아 악명 높아진 구축함 '머독스호'를 포함한 통킹만의 해군부대는 정보수집 차원을 넘어 해안에서 '파괴'활동을 시작했고, 이것은 하노이를 향해 '공격적인 정책을 단념하라'고 보내는 메시지였다. 그러나 진짜 메시지는 미국의 폭격이었고, 이때는 사실상 모두가 폭격이 필요하다고 믿었다.

존슨, 러스크, 맥나마라, 테일러 장군은 6월에 호놀룰루로 날아가 미국의 항공작전과 다음 단계로 일어날 수 있는 지상전에 대해서 논의했다. 로지 대사와 미국 태평양 군사령관도 호놀룰루로 와서 이 회의에 참석했다. 폭격의 이론적 근거는 3분의 2가 정치적이었다. 이것은 로지가 강력하게 주장한 것이지만, 남베트남의 사기저하를 막고 북베트남의 전투의욕을 꺾는 동시에, 베트콩의 게릴라활동을 지원하지 못하도록 하여 궁극적으로 협상에 응하도록 하는 것이 폭격의 정치적 목적이었다. 군사적인 목적은 침투와 보급을 저지하는 것이었다. 무수한 제안이 이루어졌고, 참석자들은 이러한 제안을 철저하게 음미하고 논의했다. 정책입안자들은 아시아의 내분을 '외부공격'이라고 간주하면서도 그것에 말려들어 전쟁을 벌이기를 꺼렸기 때문이다. 밑바닥에는, 남쪽이 급속하게 쇠퇴하는 것을 막아 군사적인 균형을 되찾고 미국이 허약하기 때문에 협상에 응했다는 인상을 주지 않겠다는 기류가 흘렀다. 그것이 달성될 때까지는 협상을 향한 어떤 움직임도 보여서는 안 된다는 결정이 내려졌다. 그것은 승부가 났다는 것을 인정하는 꼴이기 때문이었다.

누가 나서서 꺼내지도 않았는데 예상대로 민감한 핵무기문제가 화제에 올랐다. 이론적으로 그 사용을 고려할 수 있는 유일한 경우는 중국이 참전해서 긴급한 위험을 초래할 때였다. 중국의 참전이 화제에 오르면 언제나 아드레날린의 분비가 높아지는 러스크 장관은 중국의 인구를 생각하면 '그들과 재래식 무기로 싸우느라 마지막 피 한 방울까지 쥐어짜서 흘릴 수는 없다'라고 생각했다. 이것은 만일 확전이 중국의 주력공격을 부른다면 '그것은 동시에 핵무기의 사용을 초래할 것이다'라는 의미였다. 그러나 그는 아시아의 지도자들이 이 전술에서 인종차별('아시아인에게는 사용할 수 있지만 구미인에게는 사용할 수 없는 무기')의 그림자를 보고 반대한다는 것도 깨달았다. 어떤 상황에서 핵무기의 전략적 사용이 고려되어야 하는가에 대해서 간단한 논의가 진행되었다. 새롭게 합동참모본부의장이 된 얼 윌러 장군은 어떤 상황에서도 핵무기의 사용을 내켜하지 않았다. 맥나마라 장관은 "핵무기의 사용이 고려되는 상황은 상상할 수 없다"라고 말해 핵무기에 관한 논의를 매듭지었다.

폭격을 위한 작전계획이 수립되었지만 실시명령은 연기되었다. 아직 선거를 앞둔 동안은 존슨의 평화 이미지를 지켜야 하기 때문이었다. 보다 중대한 지상군의 투입은 사이공의 정치적 붕괴를 극복하고 신뢰할 수 있는 정부가 수립될 때까지 중단하기로 했다. 게다가 테일러 장군이 지적했듯이 미국 국민을 교육해서 동남아시아에 대한 미국의 이익을 정당하게 평가해야 한다는 문제가 있었다. 맥나마라는 특유의 정확성을 발휘해서 국민을 교육하려면 "적어도 30일이 걸릴 것이다”라고 생각했다. 마치 신형 자동차를 국민에게 팔아먹는 문제를 생각하는 듯했다.

존슨 대통령은 중국의 개입을 부르는 것이 아닐까 우려하여 미국의 교전상태를 확대하는 문제에 대해서는 상당히 예민한 반응을 보였다. 도저히 전쟁의 확대를 피할 수 없다면 의회의 결의가 필요했다. 호놀룰루에 모인 참석자들은 결의안을 작성해서 검토했다. 노련한 음모가인 존슨은 귀국하자마자 의회의 결의를 얻어낼 준비에 들어갔다.

선전포고의 구실, 통킹만사건

1964년 8월 7일에 이루어진 통킹만결의는 너무나도 잘 알려졌기 때문에 여기서는 간단하게 취급하고자 한다. 이 결의안의 중요성은 대통령에게 그가 바라던 권한을 주고, 그 결과 의회는 갑자기 할 일을 잃은 채 조금 분개하면서 자신들의 텅 빈 두 손을 바라보는 신세가 되었다는 데 있다. 통킹만은 섬터요새(남군의 포격으로 남북전쟁이 시작된 요새)나 진주만에 못지않게 중요했다. 그것은 불명확한 국익을 대의로 내세워 싸우고자 하는 대통령의 전쟁에 대한 백지위임장과도 같았다.

미국은 구축함 ‘매독스호’와 다른 해군부대가 미국이 인정했던 3마일 영해 밖에서 한밤중에 북베트남의 초계어뢰정의 포격을 받았다고 주장했다. 두 번째 충돌이 다음날 애매한 조건 아래서 일어났다. 이 상황은 한 번도 명확하게 밝혀지지 않았고, 그 결과 1967년에 재조사가 이루어졌을 때 상상이거나 조작으로 판명되었다.

백악관이 사이공으로 보낸 전신은 위기를 머금은 쇳소리를 냈다. 존슨은 즉시 ‘무력공격을 격퇴하기 위해서 필요한 모든 조치’를 취할 권한을 대통령에게 위임하는 의회의 결의를 요청했다. 상원 외교위원장 J. 윌리엄 풀브라이트 상원의원은 이 결의안이 상원을 통과하도록 기를 쓰고 노력했다. 풀브라이트는 의회의 입법권을 정면으로 내세울 생각은 없었지만, 전쟁을 확대할 의지는 없다는 존슨의 진지한 보장을 믿었다. 그래서 이 결의안이 하늘에서 공격하라고 역설하는 골드워터의 요구에 대통령이 저항하는 데 도움이 되고, 또한 민주당이 공산주의자에게 강한 태도를 보이면 당의 이익이 될 것이라고 생각했다.

의회의 전쟁결의를 끌어내려는 음모

풀브라이트가 선거 후에 러스크의 후임으로 국무장관직을 노린다는 소문이 떠돌자, 이 건과 관련해서 종종 정책입안의 동기가 되는 개인적인 야심이 작용했다고 여기는 사람이 있다. 존슨의 호의를 살 수 있는가가 걸린 문제였기 때문이다. 소문이 사실이었는가는 별도로 칠 때, 풀브라이트가 이 결의안의 목적 가운데 하나가 힘의 과시를 통해 우파를 자기편으로 끌어들이는 것이라고 상상한 것은 옳았다.

위스콘신주 출신인 게일로드 넬슨 상원의원은 '분쟁의 확대'를 금지하는 수정조항으로 결의안을 제한하려고 했지만, 풀브라이트의 반대로 실패했다. 풀브라이트는 대통령에게 그럴 의지가 없으므로 수정조항은 필요 없다고 말했다. 노스캐롤라이나주 출신인 사무엘 어빈 상원의원이 유명한 눈썹을 날리며 다음과 같이 물었다. 그는 전면적 개입에 대해 몇몇 상원의원이 몰래 느꼈던 불안을 암시했던 것이다. "우리의 체면도 잃지 않고, 혹은 옷이라도 제대로 걸치고 탈출할 수 있는 합리적이고 명예로운 방법은 없는가." 가장 솔직하게 반대한 사람은 언제나 그랬듯이 웨인 모스 상원이었다. 그는 이 결의안을 '시대에 뒤처진 선전포고'라고 탄핵했다. 그는 국무부 관리에게 전화로 비밀정보를 얻었기 때문에 통킹만에서 벌어진 의심스러운 해전에 대해서 꼬치꼬치 맥나마라에게 물었다. 맥나마라는 정색을 하고 "어떤 전투와도 전혀 관계가 없고 알지도 못 한다"라고 부정했다. 모스의 주장은 옳을 때가 많았지만 너무나도 규칙적이었고 너무나도 많은 부정에 대해서 일일이 큰소리로 따졌기 때문에 그의 말에는 무게가 실리지 않았다.

상원의원의 3분의 1이 재선을 앞두고 있었기 때문에 상원은 총선거를 두 달 앞두고 대통령을 곤경에 빠뜨리지 않으려 했고, 또한 미국인의 생명을 지킨다는 데 시비를 걸 생각도 없었다. 청문회가 한 차례 열린 뒤 외교위원회는 '필요한 모든 조치'를 취할 권한을 대통령에게 부여하는 결의안을 14대 1로 채택했고, 그 후에 상하 양원도 승인했다. 이 결의안은 미국이 "국제적인 이익과 세계 평화, 국제적인 평화와 안전의 유지에 지극히 중대하다"라고 간주하는 경우라는 다소 애매한 논거에 입각해서 전쟁권한의 부여를 정당화했다. 그것은 형식과 내용 어느 쪽을 보아도 설득력이 별로 없었다. 상원은 예전에는 그토록 선전포고와 관련된 입헌적 대권을 부르짖었는데도 이제 와서는 그것을 호락호락하게 대통령에게 넘겨주는 서명을 한 것이었다. 그 사이 두 번째 충돌 때 레이더와 소나(음파를 이용한 수중장해물 탐지장치) 기술자가 착각을 일으켰다는 증거가 착착 쌓이는 것을 보고 "저렇게 답답하고 멍청한 수병들은 날치를 써서도 공격할 수 있었겠다"라고 존슨은 탄식했다. 전쟁의 원인은 고작 이런 것이었다.

중립주의에 대한 새로운 모색

이 시기에 제네바회담을 다시 소집하자는 우탄트의 제안과 드골이 두 번째로 호소한 협상을 통한 타협안이 미국에게 대안을 제공했다. 드골은 미국, 프랑스, 소련, 중국이 참가하는 회의를 열고, 이어서 인도차이나 전역에서 모든 외국군대가 철수한 뒤에 강대국이 라오스, 캄보디아, 남북베트남의 중립을 보장하자는 평화안을 제출했다. 이것은 실행 가능한(아마 당시라면 달성할 수 있었을 것이다) 대안이었다. 유일한 장해는 그것이 공산화되지 않은 남베트남을 보장하지 못한다는 점뿐이었는데, 바로 그 점을 들어 미국은 평화안을 무시했다.

조지 볼 국무장관이 몇 주일 전에 미국의 사절로 프랑스에 파견되었다. 그는 드골을 만나 현재와 같이 위태로운 상황 아래서는 어떠한 협상제안도 남쪽의 사기를 저하시킬 우려가 있고 붕괴시킬 가능성조차 있기 때문에 미국은 "전장에서 우리의 입장이 강해져서 상대방이 필요한 양보를 할 때까지 협상에 임할 생각이 없다"라고 설명했다. 드골은 이 논거를 즉각 반박했다. "바로 그런 환상이 프랑스를 그토록 심한 곤경에 빠뜨렸다"라고 그는 볼에게 말했다. "베트남은 전쟁을 해서 이길 가능성이 없는 곳이고 부패한 국가이다. 미국은 그곳에 아무리 막대한 자원을 쏟아 부어도 이기지 못한다. 힘이 아니라 협상만이 유일한 해결책이다."

드골은 미국이 프랑스와 똑같이 패주하는 꼴을 보고 빙긋이 웃고 싶었을 것이 틀림없지만, 보다 큰 분별력을 발휘했다. 그와 다른 유럽인들이 그 뒤에도 많은 노력을 기울이며 미국에게 베트남에서 손을 떼라고 촉구한 이유는, 미국의 관심과 자원이 유럽이 아니라 아시아의 촌구석에 퍼부어지는 것을 두려워했기 때문이었다.

그 사이에 우탄트는 소련을 통해 하노이가 미국과의 회담에 관심을 보이는 것을 확인하고, 미국의 유엔대사 아들레이 스티븐슨에게 그것을 전했다. 우탄트는 남북베트남과 라오스에 걸친 휴전을 제안하고,

미국이 적당하다고 생각하는 조건을 써 주면 그대로 발표하겠다고 말했다. 스티븐슨은 이 메시지를 워싱턴에 전달했다. 그러나 워싱턴은 시간끌기로 일관하다가 선거가 끝나자, 미국은 다른 경로로 하노이가 진심으로 관심을 보이지 않는다는 사실을 확인했다면서 부정적인 답변을 했다. 게다가 러스크는 회담장소인 랭군으로 우탄트가 약속한 대표를 파견할 수 없다고 말했다.

미국이 협상에 나서려 한다는 움직임이 새 나가면 사이공은 공포에 휩싸이기 때문이라는 것이었다. 바꿔 말하면 미국이 마음 깊이 두려워하여 입 밖에 꺼내지 못한 것, 즉 중립주의에 대한 새로운 모색이 겁났기 때문이다.

우탄트는 미국의 거부에 대한 불쾌감을 숨기려 하지 않았다. 그는 2월에 가진 기자회견에서 신랄한 어조로, 동남아시아에서 더 이상 피를 흘리는 것은 불필요하고 협상만이 "세계의 모든 지역에서 미국이 품위 있게 철수하는 것을 가능하게 한다"라고 말했다. 이때는 이미 '롤링 선더'라 불리는 미국의 북폭작전이 시작된 상태였다. 미국의 폭격으로 참혹한 파괴와 살육이 빚어지는 상황에서 품위 있게 물러날 기회는 두 번 다시 찾아올 수 없었다.

자아도취에 빠진 존슨

존슨 대통령은 재선에 성공하여 베트남에서 보다 확실하게 손 뗄 기회를 잡았지만 이것도 흘려보냈다. 그는 미국 역사상 가장 많은 국민의 지지를 얻어 골드워터를 무찔렀고, 상원에서는 68대 32, 하원에서는 294대 130이라는 압도적인 다수로 의회에도 난공불락의 요새를 구축했다. 이렇게 압도적인 득표는 주로 공화당 내의 온건파(록펠러 일

〈전쟁의 포로〉. 허블럭의 시사만화. 1964년 6월 21일

파)와 과격파(골드워터 일파)의 분열과 골드워터의 호전적인 의도에 대
한 광범위한 공포에 힘입은 것이었고, 그 결과 존슨은 마음만 먹으면
무엇이든 할 수 있는 위치를 확보했다.

　존슨의 관심은 주로 빈곤과 압제에서 해방된 '위대한 사회'를 창조
하는 복지계획과 시민권에 있었다. 그는 F. D. 루스벨트보다 위대하고
링컨에 필적하는 자선가로 역사에 이름을 남기고 싶어 했다. 그 혼자

의 실책은 아니었다고 해도 이 순간에 전망이 없는 외국의 내분에서 손을 뗄 기회를 놓친 것은 돌이킬 수 없는 과오였다. 정부의 수석보좌관들은 그와 똑같이 철수로 말미암아 우파에게 받을 압력이 전쟁의 속행으로 좌파에게 받을 압력보다 크다고 믿었다. 존슨은 자신의 힘을 과신하고 국내외 양쪽의 목적을 동시에 달성할 수 있다고 확신했다.

사이공에서 들어오는 보고는 붕괴의 진행, 반란, 부패, 반미감정, 불교도의 중립주의운동 등 암울하기만 했다. 사이공에 체류하던 미국 관리는 "마치 타이타닉호의 갑판 위에 있는 듯한 느낌이 든다"라고 말했다. 워싱턴은 이러한 징후를 눈앞에서 보면서도 노력이 헛되게 끝났으니 손해를 줄이고 떠날 시기가 되었다고 생각하기는커녕, 오히려 균형을 바로잡고 우위를 확보하기 위해서 보다 적극적으로 개입해야 한다고 생각했다. 고위관리들은 북쪽이 정복을 단념하도록 폭격의 형태로 개입해야 한다는 데 동의했다. 미국이 우세한 힘으로 목적을 달성할 수 있다는 것을 의심하는 사람은 하나도 없었다.

케네디와 똑같이 존슨은 남베트남을 잃으면 백악관의 주인자리도 잃는다고 믿었다. 그는 "남베트남을 잃으면 걷잡을 수 없는 논쟁이 일어나고, 그것이 대통령의 지위를 위태롭게 하고 정부의 숨통을 막아 미국의 민주주의에 피해를 줄 것이다"라고 말했다. 중국의 상실이 조 메카시의 대두를 불렀지만 '베트남을 잃었을 경우에 일어날 사태에 비하면 새 발의 피에 불과한' 것이었다. 로버트 케네디가 가두시위의 선두에 서서 '존슨은 겁쟁이이고 남자답지 못한 사람, 줏대도 없는 남자'라고 떠들어댈 것이다. 그보다 더욱 나쁜 상황도 예견할 수 있다. 미국의 허약성이 모스크바와 북경에 알려지자마자 그들은 '미국이 떠난 뒤의 힘의 공백상태를 자신들의 힘으로 메우려고' 달려들 것이고,

독선과 아집의 역사 ———

…… '그것은 결국 제3차 세계대전을 부를 것이다.' 존슨은 '인간이 할 수 있는 최대한의 확신을 갖고' 이런 것을 믿었다.

선거를 통해 확실한 위임을 받은 상태에서 실행할 수 있는 대안은, 하노이와의 협상을 시작한 우탄트의 제안을 받아들여(케네디가 암시했듯이) 철수하고, 베트남 자신의 힘으로 문제를 해결하겠다고 미국에게 요구하는 정부를 그의 영향력을 발휘해서 사이공에 수립하는 것이었을지도 모른다. 그러나 이것은 틀림없이 공산주의자의 정권탈취로 연결되기 때문에 집요한 악몽을 떨쳐버리는 데 도움이 됨에도 불구하고 미국은 고려하지 않았다.

곰곰이 따져보면 미국이 개입할 이유가 상당히 사라졌다는 것을 알 수 있었다. 대통령에게 만일 라오스와 남베트남이 공산주의의 지배하에 들어가면 동남아시아 전체가 반드시 그 뒤를 따를 것인지 아닌지를 조사하라는 상당히 어려운 명령을 받은 CIA는 '그렇지 않다'라고 보고했다. 다시 말해서 캄보디아를 제외하면 '라오스와 베트남이 함락됨에 따라 이 지역의 다른 국가들이 곧바로 공산주의에 굴복할 가능성은 적다'라는 것이었다. 태평양의 섬에 산재한 미군 기지들은 '지금까지와 똑같이 하노이와 북경을 제어하기에 충분한 지역적 군사력을 행사하도록 할 것이다.' 결국 미국은 샌프란시스코까지 후퇴할 필요가 없다는 뜻이었다.

무시된 특별작업반의 경고

베트남특별작업반은 또 하나의 조언을 내놓았다. 이 조직은 국무부, 국방성, 합동참모본부, CIA의 대표로 구성되었고, 선거 후인 11월에 '우리의 전체적인 목적과 도박은 무엇인지 현실적으로 생각하는'

롤링 선더 작전. 국방장관 맥나마라가 합동참모회의 의장 얼 장군과 함께 항공모함 인디펜던스호에서 폭격기가 이륙하는 장면을 지켜보고 있다. 1965년 7월 18일

임무를 떠맡았다. 전례가 없는 임무를 맡은 베트남특별작업반은 장기에 걸쳐 의미심장한 재검토를 한 뒤에 중대한 경고를 했다. 즉 미국은 '북베트남과 공산중국을 굴복시키는 데 필요한 군사행동을 규모가 어떻든 모두 떠맡을 각오를 하지 않으면' 공산화되지 않은 남베트남을 보장할 수 없다는 것이었다. 그러나 그러한 군사행동은 대규모 전쟁으로 발전할 우려가 있고, '아마 그 시점에서 핵무기의 사용으로까지 확대될 가능성이 크다'고 보였다.

같은 무렵, 유럽우선주의의 신봉자이자 경제문제전문가로서 베트남문제 전반에 대해 비판적이었던 조지 폴 국무차관은 전쟁결의를 방해하려고 동분서주했다. 그는 장문의 각서에서 북폭은 북베트남에게 목표를 포기하도록 설득하기는커녕 오히려 하노이를 자극해서 그들의 가장 큰 자원인 지상군을 더욱 대대적으로 내려 보내도록 할 가능성이 크고, 그렇게 되면 이번에는 그것에 대응하기 위해서 더욱 많은

독선과 아집의 역사

미군이 필요해진다고 주장했다. 이미 동맹국들은 미국이 "베트남에서 무익한 전쟁에 말려들어 있고, 만일 지상전으로까지 확대된다면 미국의 관심은 유럽에서 떠날 것이다"라고 믿고 있고, "미국이 가장 두려워해야 하는 것은 각국이 미국의 판단에 대한 신뢰를 잃는 것이다"라고 볼은 말했다. 그의 권고는 사이공 정부에게 전쟁노력을 게을리한다면 미국은 철수할지도 모른다고 경고하라는 것이었다. 그렇게 한다면 어쩌면 게릴라들과의 거래를 촉진할지도 모르지만, 그것이야말로 미국이 노릴 수 있는 최상의 결과라고 그는 몰래 생각했다.

볼은 심의과정에서 세 사람의 고관 맥조지 번디, 맥나마라, 러스크가 그의 의견에 정면으로 반대하고 '북베트남이 전쟁을 포기할 각오를 할 때까지 어떤 식으로 전쟁을 확대시킬 것인가'라는 문제에만 관심이 있다는 것을 깨달았다. 그의 각서가 대통령에게 전달되었을 때도 결과는 마찬가지였다. 존슨은 각서를 한번 훑어보더니 한 항목씩 잘 검토하라고 볼에게 말하고는 한마디의 비평도 없이 되돌려주었다.

왜 CIA, 남베트남특별작업반, 국무차관이 다급하게 외친 충고의 목소리는 그렇게 작은 반향밖에 얻지 못했을까. 수집한 정보에 입각해서 보고하는 것이 CIA, 특히 남베트남특별작업반의 임무였다. 존슨은 보고서를 읽는다 해도(정부의 각 기관은 벽지가 무색할 만큼 많은 보고서를 쓴 듯하다) 보고서가 제안하는 것은 인정하려 들지 않았다. 볼은 '조직 내에 존재하는 악마의 주장으로 주목을 받을 수 있었고, 또한 백악관이 반대자에 대해서도 열려 있음을 보이는 데도 도움이 되었다. 그러나 최상층부의 마음은 1954년에 형성된 고정관념으로 굳게 닫혀 있었다. 즉 호치민은 세계 공산주의의 앞잡이이고, 그동안의 유화정책은 어떤 시점에서의 양보도 배제해야 한다고 가르치고 있다. 또한 전국을 통치하고자 하는 북베트남의 야망을 꺾으려는 미국의 목적은 정당하고 반드시 실현되어야 한다는 고정관념이었다. 그렇다면 미국은 왜 '비루먹은 당나귀 같은 4류 국가'에서 성공하지 못했을까. 특별작업반의 경고에도 불구하고, 대통령과 장관들과 합동참모본부는 미국이 주의 깊게 중국과의 충돌을 피하는 동안 북베트남을 힘으로 밀어붙여 전쟁을 포기하도록 할 수 있다고 확신했던 것이다.

하노이 또한 무분별했을지도 모른다. 미국에서 선거가 실시되기 이틀 전, 마치 전투의식을 높이라고 부추기듯이 베트콩이 미국의 시설에 대해서 최초의 공격(비엔호아 공항에 대한 박격포 공격)을 가했다. 이곳은 미국의 훈련기지로, 얼마 전에 B-52 비행중대가 훈련을 목적으로 필리핀에서 이동해 옴으로써 절호의 목표가 되었다. 항공기 6대가 파괴되고 5명의 미국인이 죽었으며 부상자는 76명에 달했다. 이 공격이 하노이의 교사를 받은 것이라고 확신한 당시의 미국 대사 테일러 장군은 워싱턴에 전화를 걸어 즉각적인 보복을 허락해 달라고 요청했다. 수도의 수석보좌관들은 전원이 찬성했다. 그러나 선거를 앞둔 존슨이 만류했다. 중국이 참전하지 않을까 하는 우려 때문에 사이공의 붕괴가 빨라지고 있다는 보고에도 불구하고 그는 그 뒤에도 3개월이나 보복을 억제했다.

망설이던 존슨은 맥조지 번디와 국무차관보 존 맥노턴을 남베트남을 구하기 위해서 공중폭격이 정말로 필요한지를 조사하도록 파견했다. 두 사람이 남베트남에 머무르는 동안 베트콩이 다시 공격을 가했다. 이번에는 플레이쿠에 있는 미군막사로, 8명의 병사가 죽고 108명이 부상을 입었다. 파괴된 현장을 조사한 번디는 고의적인 도발이라고 격분해서 대통령에게 전화를 걸어 강경한 보복을 요청했다고 한다. 소문이 진실인가는 알 수 없지만, 감정이 정책 결정의 요인은 될 수 없었다. 귀국하는 도중에 테일러 및 윌리엄 C. 웨스트모랜드(허킨스

독선과 아집의 역사 ———

의 후임 사령관)와 함께 초안을 작성한 번디의 각서는 차갑고 강경했다. "미국이 새로운 군사행동에 나서지 않으면 남베트남의 패배는 피할 수 없다…… 남베트남에 대한 도박은 이미 판이 대단히 커졌다…… 미국의 국제위신이 위협받고 있다…… 현재 남베트남을 진지하게 보장할 수 있는 협상을 통해서 우리가 베트남에서 탈출할 길은 없다." 따라서 계획대로 추진하는 '단계적이고 지속적인 보복정책'이 가장 바람직한 진로이고, 베트콩의 폭력을 중단시키는 것이 전제가 되지 않는 한 지금으로서는 어떤 협상도 받아들여서는 안 된다고 각서에 밝혔다.

이 각서에는 미국의 정책을 확실하게 포착한 주안점이 있었다. 도박판이 커졌다는 것, 실패하지 않고 미국의 위신을 지키는 것이 무엇보다 우선시된다는 것, 채택해야 할 전략은 북폭의 단계적인 확대이고, 응징의 정도를 강화해서 북베트남의 결의를 무너뜨릴 때까지 협상은 바람직하지 않다는 것 등이다. 나중에 맥스웰 테일러는 단계적 전략을 설명할 때 이렇게 말했다. "우리는 호치민과 그의 고문들에게 파괴된 고국의 장래에 대해서 시간을 두고 곰곰이 생각하고 싶다." 견실한 분석에 익숙해 있던 전 법학교수 존 맥노턴은 어려운 상황의 원인을 간파했다. 그는 마음이 무겁기는 했지만 통찰력을 발휘해서, 전쟁의 목적을 열거한 표에 '사용수단과 관련해서 받아들이기 어려운 오점을 남기지 않고 위기를 극복하기 위한' 항목을 덧붙였다.

플레이쿠가 공격받은 지 몇 시간도 지나지 않아 즉각적인 보복이 가해졌다. 이때 원내총무와 하원의장이 결정에 입회하기 위해 백악관을 방문했다. 이어지는 3주일 동안 논란을 거듭한 끝에 3월 2일에 '롤링 선더'라는 3개월 동안의 북폭작전이 시작되었다.

북폭작전에 대한 국민들의 반대운동

북폭이 소련, 또는 중국이 발휘할 수 있는 인내심의 한계를 넘어서는 곤란하다는 존슨의 우려 때문에 '롤링 선더'작전은 백악관이 직접 관리를 맡았다. 매주마다 미국 태평양 군사령관이 다음 일주일 동안의 계획을 합동참모본부에 제출하면 합동참모본부는 그것을 맥나마라에게 보고하고, 이어서 그가 직접 백악관에 제출했다. 계획에는 탄약저장고, 창고, 연료저장고, 수리공장, 기타 폭격목표의 장소와 특징, 추정출격 횟수가 기입되어 있었다. 이 계획은 대통령을 비롯해서 국방장관, 국무장관, 국가안전보장회의 의장이 참가한 모임, 다시 말해서 정부의 최고위층에서 신중하게 검토했다.

이들은 매주 화요일 점심시간에 모여 이 일을 했다. 현장에서 9천 마일이나 떨어진 곳에서 다른 바쁜 일에도 정신없이 쫓기는 사람들이 내린 결정은 똑같은 경로를 거쳐 전장으로 보내졌다. 그러면 조종사 개개인이 각 기지사령관에게 보고한 출격결과를 모아 다시 워싱턴으로 전달했다. 항상 실태를 가장 잘 알았던 사람은 맥나마라였다. 그는 국방부에서 차로 출발했기 때문에 다른 사람보다 보고서를 검토할 시간이 8분가량 많았기 때문이라고 한다.

화요일에 열리는 오찬모임의 주인공은 2층 식당의 벽지였다. 벽지에는 혁명전쟁 당시에 사라토가와 요크타운의 승리를 묘사한 정경이 그려져 있었다. 역사에 이름을 남기기를 늘 갈망했던 존슨은 몇 차례나 콜럼비아대학의 역사학교수 헨리 그라프를 초청해서 참석자들과 대담을 나누게 했다. 그러나 대담의 결과를 서술해 봐야 그가 바라던 기념비가 세워질 리는 없었다. 아마 효과를 생각해서 꾸민 부분이 있겠지만 대통령의 설명에 따르면 그는 밤이면 북폭의 개시가 북베트남

독선과 아집의 역사

백악관의 화요일 오찬 모임. 1967년 10월

과 그 동맹국 사이의 '비밀조약'을 발동시킬지도 모른다는 우려에 잠을 이루지 못해 때때로 새벽 세시에 잠옷을 입고 서성거렸고, 공습의 성과가 벽지 위에 그려진 지도에 가득 찼다고 한다.

중국보다 큰 위협이 국내에서 가해졌다. 국민감정은 전체적으로는 전쟁을 지지했지만 북폭작전은 각 대학에 폭발적인 반대운동을 야기시켰다. 3월에 미시건대학에서 교수단과 학생이 개최한 제1차 '토론회'에서는 예상을 뒤엎고 3천 명이나 되는 청중이 참가했고, 이 흐름은 곧바로 전국의 대학으로 퍼져 나갔다. 워싱턴에서 열린 한 모임은 전화를 통해 122개 대학과 연결되었다. 이 운동은 갑자기 번져 나가 아시아 문제에 관심을 기울이게 되었다기보다는 60년대 초반에 활발하게 일어났던 시민권운동과 언론자유의 요구, 그 밖에 학생들이 급진적인 열정을 기울인 문제의 연장이었다. 이렇게 지속적으로 사회문제에 관심을 기울였던 세력이 새로운 대의를 앞세워 조직적인 에너지를 쏟았던 것이다. 버클리대학에서는 '미국 정부는 베트남에서 큰 죄를 짓고 있다'로 시작해서 '이 대량학살이 우리 이름으로 저질러지는 것'에 대한 수치와 분노를 표명한 편지에 36명의 교수들이 서명을 했다. 항의운동은 적대적인 파벌 간의 대립으로 인해 극심한 어려움을 겪었고, 대부분 분별력을 결여하기는 했지만, 어쨌든 무서운 에너지가 반대운동에 퍼부어진 것은 확실하다.

정책입안자들은 군사행동과 함께 '국민을 납득시키기 위한 홍보활동'을 펼칠 필요가 있다는 것을 미리 알았지만, 그 노력은 거의 성공을 거두지 못했다. 대학의 논의에 참가하기 위해서 파견된 정부연설단은 예상보다 격렬한 규탄을 받았다. 국무부가 발간한『북베트남의 침략』이라는 백서는, 북베트남이 병력과 무기를 침투시키는 것을 '침략전쟁'으로 몰아붙이려 했지만 별다른 효과를 보지 못했다. 공식적인 정당화의 모든 과정에서 대통령, 국무장관, 그 밖의 대변인들은 항상 '침략', '군사침략', '무력침략'이라고 되풀이해서 말했다. 제2차 세계대전도 침략에서 비롯되었다는 경험과 비교하려고 베트남문제도 외국의 침략이라는 의미를 강조했던 것이다. 그들은 아주 집요하고도 노골적으로 이 점을 강조했다. 예를 들어 1966년에 맥나마라는 남베트남의 상황이 '외부공격의 가장 전형적인 사례'라고 말했다. 미국의 남북전쟁 때 남과 북의 분열이 그랬듯이 베트남의 이데올로기적 분열은 분명히 존재했고 극복하기 힘들었을지도 모르지만, 미국의 경우에는 분할된 남을 되찾으려던 북의 전쟁을 '외부공격'이라고 간주하는 사람은 없다.

4월이 되자 '롤링 선더'작전이 적의 전투의지를 꺾는 데 아무런 효과가 없다는 것이 명백해졌다. 라오스의 보급로를 습격해도 침투를

독선과 아집의 역사 ———

저지할 수는 없었다. 베트콩의 공격도 잦아질 낌새가 보이지 않았다. 지상군의 투입은 피할 수 없는 듯이 보였고, 합동참모본부도 그렇게 권고했다. 그러나 이 문제는 워낙 미묘해서 철저한 검토가 이루어졌다. 몇몇 사람이 보이는 자신만만한 태도는 다른 사람들의 의혹에 차고 이중가치로 분열된 태도와 대조를 이루었다. 4월과 5월에 "폭을 속행하는 전략을 지상전으로 보조한다'라는 점진적인 결론이 내려졌다. '적의 승리를 효과적으로 막음으로써 북베트남과 베트콩의 의지를 꺾고 적을 무력화해서 협상테이블로 끌어내는 것'이 목적이었다. 적의 무력화는 소모전으로 달성할 수 있다고 보았다. 다시 말해서 베트콩을 단순히 패배시키는 것이 아니라 '말살한다'는 방침을 세우고 8만 2천 명의 병력을 증강했다.

하노이와 존슨의 말장난

전쟁의 승자와 평화의 사도를 동시에 원했던 존슨은 4월 7일에 존스 홉킨스 대학에서 연설을 했다. 그는 이 연설에서 10억 달러의 자금을 원조해서 메콩강 하류의 하천통제계획과 방대한 규모의 농촌복구계획을 추진하겠다고 말했다. 강화만 맺어진다면 북베트남도 이런 계획을 마다할 까닭이 없었다. 존슨은 '미국은 평화적 해결책의 모색에 누구보다 적극적이다'라고 밝히고, 당장이라도 '무조건 대화'에 응할 용의가 있다고 말했다. 존슨의 말은 얼핏 듣기에 공평하고 관대한 듯이 들렸지만, 미국의 사고에서 '무조건'이 의미하는 것은 북측이 어쩔 수 없이 양보할 만큼 짓부숴진 뒤의 협상을 뜻했다. 몇 가지 필수조건을 고집하는 상대방의 융통성 없는 태도와 뒤엉켜, 뒤이은 3년 동안 어떤 협상도 시작조차 되지 못했다.

북베트남은 10억 달러라는 당근을 덥석 물지 않았다. 하노이는 존 슨의 제안을 거부하고 다음달에 4개 항목의 필수조건을 발표했다. (1) 미군은 철수한다. (2) 남북베트남은 외국과 동맹을 맺거나 외국군을 끌어들이지 않는다. (3) 남베트남은 민족해방전선을 인정한다. (4) 외부의 간섭을 배제하고 베트남인의 손으로 국가를 통일한다. 제3항은 바로 그것에 반대하기 때문에 남베트남과 미국이 손잡고 싸운 문제였으므로 명백하게 협상을 무산시키기 위한 조건이었다. 전투를 그치게 하려는 국제적 노력이 벽에 부딪히고 말았다.

티토 원수가 소집한 17개 비당사국회의는 협상을 호소했지만 아무도 귀 기울이지 않았다. 국제감시위원회의 구성원이자 캐나다 사람인 J. 블레어 시본이 하노이와 접촉하려고 했지만 소용이 없었다. 전쟁 당사국의 수도로 가서 협상을 촉구하는 사명을 띤 영연방 4개국의 총리들은 모스크바, 북경, 하노이에서 입국을 거부당했다. 같은 사명을 띤 영국의 사절단은 몇 달 뒤에 하노이를 방문할 수 있었지만 대답은 여전히 'No'였다.

1965년 5월, 미국은 독자적으로 북폭의 중단을 결정했다. 그렇게 하면 하노이가 대화에 응하지 않을까 하는 기대에서였다. 같은 무렵에 서로 '군사행동'을 축소하지 않겠느냐는 러스크 장관의 편지가 모스크바의 북베트남 대사관에 전달되었다. 그러나 이 편지는 답변도 없이 반송되었다. 며칠 후에 미국은 북폭을 재개했다.

선전포고 없는 제한전

6월 9일, 백악관은 운명적인 결단을 내렸다. 미국의 지상군이 남베트남의 '전투를 지원하는 것'을 허가했다고 공식적으로 발표한 것이

독선과 아집의 역사 ──────

전화를 피해서 피난가는 민간인들. 미군 탱크가 베트공 거점을 공격하기 위해 달려가고 있다.

다. 이 발표는 완곡한 표현을 써서 정책이 기본적으로 바뀐 것이 아니라 단순히 노력을 증대시킨 것에 불과하다는 것을 보이려고 했다. 최초로 '적을 색출해서 섬멸하는' 임무가 수행된 것은 6월 28일이었다. 7월에 접어들자 존슨은 배트남의 전력을 12만 5천 명으로 강화하기 위해서 5만 명의 미군을 증강한다는 방침과 함께, 징병률을 높이겠다고 발표했다. 미군은 그 후에도 몇 차례나 증강되어 1965년 말에는 총 20만 명에 달했다.

테일러 장군이 나중에 상원에서 설명한 것에 따르면 이러한 확전의 목적은 '베트콩 게릴라가 손실을 메우지 못하도록 더욱 많은 피해를 계속적으로' 입히는 것이라고 말했다. 이러한 피해로 인해 북측이 남쪽에서는 군사적인 승리를 얻을 전망이 없다고 깨닫게 하겠다는 것이었다. '이론적으로 말하면 그들은 1966년 말에는 사실상 정규군이 소진될 것'이고, 이 시점에서는 협상한다기보다는 오히려 전쟁노력을 단

넘하고 사라져야 할 판이었다.

이러한 과정에서 사망자수의 확인이라는 대단히 꺼림칙한 작업이 전쟁의 특징으로 자리 잡았다. 40만 명 이상의 정규군을 지닌 북베트남이 베트콩의 손실을 메우는 데 얼마든지 투입될 수 있다는 사실은 무슨 까닭인지 국방부의 세련된 통계분석에는 들어 있지 않았다.

이제 교전은 사실이 되었다. 미군 병사들은 죽고 죽였고, 미군 조종사들은 고사포를 맞고 추락하는 경우에는 전쟁포로가 되었다. 전쟁은 패배를 인정하지 않는 한 되돌아갈 수 없는 외길이었다. 이것은 미국이 스스로 판 덫이었다.

무익한 전쟁의 진흙 밭에 빠져든 교전자들이 늘 깨달았듯이, 타협을 위해서 전쟁을 종식시키는 것은 더할 나위 없이 어려운 작업이고 성공하는 경우도 극히 드물다. 전쟁은 궁극적으로 파괴와 죽음에 의존하기 때문에 예로부터 엄숙하게 정당화하는 성명이 뒤를 따랐다. 중세의 '정당한 전쟁'의 선언과 현대의 선전포고가 그것이다(일본인은 제외한다. 그들은 기습공격으로 전쟁을 시작했기 때문이다). 정당화가 아무리 눈 가리고 아웅 하는 식이거나 앞뒤가 뒤바뀐 것이든(그것이 보통이지만) 간에 이런 율법주의는 상황을 설명하는 역할을 했고, 자동적으로 정부에게 확대된 권한을 주었다.

존슨은 선전포고 없이 전쟁을 벌일 결심을 했는데 부분적으로는 국가방위의 견지에서 보아 전쟁을 하기에 족할 만큼 명확한 대의와 목적이 없었기 때문이고, 또 부분적으로는 선전포고가 소련과 중국을 자극해서 똑같은 보복에 나서도록 하는 것이 두려웠기 때문이었다. 또한 역사에 이름을 남길 생각으로 힘을 쏟고 있던 국내계획에서 사람들의 주의와 자원을 돌리는 것이 두려웠기 때문이기도 했다. 만일 남베트남의 한심스러운 상황이 알려지면 북베트남으로 밀고 가서 무

독선과 아집의 역사 ───

제한 폭격을 가하라는 우파의 대공세가 시작될 듯한 기색이 있었고, 이것도 미국이 얽혀 들어간 정도를 숨기고 애매하게 하려는 또 하나의 이유였다. 존슨은 국민에게 상황을 알리지 않고 전쟁을 계속할 수 있다고 생각했다. 그는 의회에 선전포고를 요구하지 않았다. 의회가 거부할지도 모른다고 걱정했거나, 아니면 그럴 필요가 없다는 조언을 들었기 때문이었다. 또한 다수파의 표가 줄어들지도 몰랐기 때문에 통킹만결의에 대한 재투표도 요구하지 않았다.

그러나 사태가 이렇게 악화된 상황에서는 전쟁돌입의 책임을 의회에 지우는 쪽이 현명했을 것이다. 또한 존슨은 전비와 인플레이션의 어려움을 극복하기 위해서 증세를 요구해야 했다. 그러나 그는 항의가 들끓는 것이 싫어서 이것을 피했다. 그 결과 베트남에서 치른 그의 전쟁은 한 번도 합법화되지 않았다. 선전포고 없이 전쟁을 추진하는 바람에 반대파에게 더욱 큰 공격의 빌미를 제공하고 민중의 지지라는 기반을 확보하지 못했다는 점에서 대통령으로서 치명적인 잘못을 저지른 것이다.

선전포고를 피한 것은 케네디 정권 시절에 제한전쟁이라는 개념이 발달했기 때문이었다. 당시에 맥나마라는 놀라운 연설에서 이렇게 말한 적이 있다.[4] "베트남의 가장 큰 공헌은······ 미국에게 제한전을 수행하는 능력을, 다시 말해서 국민의 분노를 사지 않고 전쟁을 수행하는 능력을 발휘하게 한 것이다." 그는 이것이 '우리의 역사에서 정말로 필요한 일이 되었다'라고 생각했다. 앞으로 50년 동안 미국이 직면

---

4) 전에 두 사람의 학술서적에서 인용한 이 말을(맥나마라는 기억하지 못한다고 말했다) 문헌상의 1차 자료에서 찾으려고 온갖 노력을 기울였지만 성공하지 못했다. 여기에 그것을 포함한 것은 진실일 것이라는 심증이 가고, 그때 당시나 지금이나 의미가 크기 때문이다.

할 것은 이런 전쟁이기 때문이라는 것이다.

제한전이란 기본적으로 대통령이 결정한 전쟁이라는 뜻이고, '국민의 분노를 사지 않고'(즉 국민에게 알리지 않고)는 국민과 거리를 떼는 것, 다시 말해서 대의정부의 원칙을 포기하는 것을 말했다. 제한전은 그것을 주장하는 사람들이 옹호하는 만큼 전면전보다 선하지도 않고 정당하지도 않다. 그것은 전면전과 거의 똑같이 용서 없이 죽고 죽인다. 게다가 한쪽은 제한전으로 인식하더라도 적은 전면전으로 받아들일 수 있기 때문에 '제한에' 성공하지 못 할 가능성이 보다 크다. 1959년 시리아와 요르단에게 이스라엘을 상대로 제한전을 시작하자는 제안을 받은 이집트의 나세르 대통령은 "이스라엘도 제한전을 하겠다고 확실히 약속한다면" 기꺼이 응하겠다고 대답했다. '전쟁이 제한전이 될 것인가 전면전이 될 것인가는 상대편에 달려 있기 때문이다.'

미군과는 눈도 마주치지 않는 베트남 농민

존슨은 선거가 끝나자마자 전쟁에 나섰고 폴 콘라드는 만화로 적절하게 비평했다. 이 만화는 존슨이 거울을 들여다보자 골드워터의 얼굴이 비치는 모습을 묘사하고 있다. 이때 이후 반대운동은 아직 주로 학생, 과격파, 평화주의자들에 한정되기는 했지만 점차로 목소리가 높아지고 지속성도 강해졌다. '베트남전쟁을 종식시키기 위한 국민연락회의'가 결성되었고, 이 단체가 조직한 항의집회에는 4만 명의 군중이 참가해서 백악관 주변에서 분노의 함성을 질렀다. 데이비드 밀러가 시작한 징병통지서 불태우기가 퍼져 나갔다. 밀러는 연방정부의 감독관이 보는 앞에서 보란 듯이 자신의 징병통지서를 불태우고 체포되어 2년 동안 복역했다. 1965년 11월 2일에는 볼티모어의 퀘이커교도가

독선과 아집의 역사 ──

베트남의 승려에 뒤질세라 국방부의 계단에서 분신자살을 했다. 일주일 후에는 유엔건물 앞에서 두 번째 분신자살이 일어났다. 이러한 행위는 너무나 극단적이어서 미국 국민에게 영향을 미치지는 못했다. 아마 반전운동가는 정서가 불안한 사람들이라는 인상을 주어 부정적인 효과를 미쳤을지도 모른다.

반대운동은 이성보다 감정을 앞세웠기 때문에 일반대중은 거리감을 느꼈다. 미국의 조직노동자들은 외국의 노동자들과 상당히 다른 정서를 보이지만, 미국의 건설노동자들은 미국 노동총동맹산별조합회의를 통해 그들의 입장을 밝혔다. 산별조합회의는 1966년 중간선거 때 의원들에게 보내는 솔직한 경고로써 다음과 같이 결의했다. "우리의 군대에 무조건적인 지지를 보내지 않는 사람들은 결과적으로 미국의 적인 공산주의자를 돕고 있다." 노동계의 일반조합원들도 똑같이 생각했다. 포드사의 거물이자 미시건주 디어본시의 진취적인 시장이 1966년 선거 때 '베트남민족이 스스로 자신들의 문제를 해결할 수 있도록' 미군이 철수한 뒤 휴전을 요구하는 청원서를 시의 투표에 부쳤을 때도 압도적인 다수가 반대표를 던졌다.

그러나 영향력이 큰 인물도 반대 입장에 서기 시작했다. 월터 립맨조차 공들여 키워온 역대 대통령과의 끈끈한 우정을 진리를 위해서 희생했다. 그는 '외부침략'을 주장하는 논의를 거부하고 결코 2개의 베트남이 존재하는 것이 아니라 '한 국가의 두 지역'이 있을 뿐이라는 자명한 논리를 펼쳤다. 또한 미국을 세계의 경찰로서 '끝없는 해방전쟁'에 말려들게 하는 세계주의정책에 경멸을 퍼부었다. 립맨과 이때 이르러서는 깊은 개입에 반대를 표명한 『뉴욕 타임스』지의 입장전환이 반대파에게 힘을 실어주었다. 한편 정부 내에서도 이 전쟁을 과연 군사적으로 해결할 수 있는지 의문을 제기하는 사람이 나타나기 시작했다. 존슨이 신뢰하던 측근비서 빌 모이어스가 하급관리, 정보국원, 관찰자들의 환멸감을 보고 함으로써 정부 상층부의 매파를 꾸준히 압박했다. 모이어스의 정보망은 원래 반대의견을 수집하기 위해서 존슨의 지시로 만들어졌지만, 이제는 존슨에게 거북한 존재가 되었다. 존슨은 '불협화음'이나 복수의 선택에 직면해야 하는 사태를 싫어했기 때문이다. 자책을 느끼는가 하는 순간에 이미 진리에 귀 기울이지 않고 '종국에는 듣기를 싫어하게 되었을 때', 존슨은 교황 알렉산드르 6세와 같은 길을 걷기 시작했다. 존슨은 자신의 정책이 의문의 여지없이 비준되기를 바랐고, 문제가 심각해짐에 따라 모이어스의 보고에 귀 기울이기를 피했다.

전투가 필연적으로 확대되는 것을 우려한 보좌관들이 대안을 제출하기 시작했다. 테일러 장군은 초기에 전쟁을 주도한 책임이 있었지만 전쟁확대론자는 아니었다. 그의 지휘 아래 있던 사이공 대사관은 1965년 초에 '우리의 개입을 끝낼' 계획을 제안했다. 골자는 제네바협정으로 돌아가자는 것이었고, 미군의 단계적 축소와 베트콩의 '사면과 시민권', 그리고 인도차이나 전역의 경제발전을 꾀하는 미군의 후원계획을 협상용 비장의 카드로 사용한다는 안이었다. 계획의 초안을 작성한 사람은 테일러의 부관이자 오랫동안 외교담당관으로 일한 U. 알렉시스 존슨이었다. 테일러는 존슨 홉킨스 대학에서 한 연설에서 이 계획의 일부를 발표했지만 그것으로 끝이었다. 조지 볼은 더 큰 재앙이 일어나 선택의 여지가 없어지기 전에 미국의 이익을 사이공의 이익에서 분리시키라고 권고하는 각서를 되풀이해서 제출했다. 갈브레이스는 존슨과의 의사소통상의 문제점을 이렇게 말했다. "그는 각서를 결코 읽지 않았기 때문에 그와의 의사소통은 항상 압도적으로 불리했다."

독선과 아집의 역사 ──

존슨이 깊이 존경하던 두 사람인 조지아주 출신의 리처드 러셀 상원의원과 예전의 트루먼이 백악관의 주인일 때 법률고문관을 지냈던 클라크 클리포드는 존슨을 그가 막 선택하려던 진로에서 벗어나게 하려고 애썼다. 러셀은 존슨의 상원시절 내내 동료로 지냈고, 1969년까지 막강한 세출예산위원회와 군사위원회의 위원장을 겸임했다. 우연으로 인해 존슨이 그의 앞을 가로지르지 않았다면 최초의 남부 출신 대통령이 되었을 것이라고 많은 사람이 믿는 인물이었다. 일반적으로는 매파로 여겨졌지만 1964년에 개인적으로 아시아에서 벌어지는 전쟁에는 가까이 다가가지 말라고 존슨에게 충고한 적이 있다. 러셀은 보기 드문 창조적 사고를 발휘해서, 미국의 원조를 바라는지 여부에 대해 여론조사를 했다. 만일 부정적인 결과가 나오면 미국은 철수해야 한다고 제안했다. 미국이 '그들'의 전쟁을 독점하고 있는 상황에 대해서 베트남인의 의견을 묻는다는 것은 아무도 생각하지 못했던 독창적인 발상이었다. 물론 이 탁월한 인물의 제안은 받아들여지지 않았다.

사실 베트남 농민의 눈빛만 봐도 실마리를 잡을 수 있었다. 유럽의 전쟁을 취재한 경험이 있는 종군기자는 미군이 이탈리아의 해방지역에 도착했을 때 보여주었던 사람들의 미소와 포옹과 밝은 행동을 기억했다. 그러나 베트남의 농민은 거리나 마을에서 미군과 마주치면 눈을 내리깔거나 다른 곳을 보면서 한마디의 인사도 건네지 않았다. '그들은 미군이 귀국하기만을 바랐다.' 미국은 이곳에서 '국가를 만들어주겠다는' 오만을 부렸다. 지금까지 외부에서 만들어준 국가가 있었는가.

싸우면서 협상하겠다

워싱턴의 중요한 법률가로서 존슨의 친구였던 클리포드는 개인적으로 보낸 편지에서 CIA의 평가를 근거로 더 이상 지상군을 강화하는 것은 "……궁극적인 승리를 거둘 수 있다는 현실적인 희망도 없이 무한정 말려든다"라고 경고했다. 오히려 대통령은 화해로 향하는 길 하나하나를 진지하게 모색해야 한다고 그는 충고했다. "결과는 우리가 바란 모습이 아닐지도 모르지만, 그것으로 손을 뗄 수 있을 것이다." 그와 다른 사람들이 한 충고의 요지를 뒷받침 한 사람은 외국인 관찰자이자 저명한 스웨덴의 경제학자였던 군나 뮈르달이었다. 그는 1965년 7월에 『뉴욕 타임스』지에 "미국을 제외한 모든 나라는 공통적으로 이 정책이 실패로 끝나리라고 확신한다"라고 썼다.

미국의 보좌관들은 공개석상에서 의구심을 털어놓지 않았다. 볼의 즉시철수안만이 유일한 예외였다. 보좌관들은 오히려 전쟁이 확대되는 것을 피하고 현상을 고수하면서 협상을 통한 해결책을 찾으라고 조언했다. 그러나 협상은 어떻게 손 써 볼 수 없는 막다른 골목에 몰려 있었다. 필수적인 전제조건은 별도로 치더라도 하노이는 연립정부를 만들거나 남쪽의 병합을 통해 어떤 형태로 타협을 하지 않는 한 전혀 화해를 받아들이려고 하지 않았다. 그러한 타협은 미국이 패배를 인정하는 꼴이었기 때문에 존슨 정권은 받아들이려 하지 않았다. 스스로 군부의 인질이 된 상황에서는 더욱 그랬다. 정부는 신뢰성에 먹칠을 하지 않고 철수하기 위해서 공산화되지 않은 남베트남의 확보라는 목표에 집착했다. 목표는 공산주의의 저지에서 체면의 유지로 미묘하게 바뀌었다. 자기기만에 빠지지 않으려고 항상 노력했던 고위관리 맥노턴은 미국의 전쟁목적을 열거한 표의 첫머리에 '보호자로서의

독선과 아집의 역사 ────

우리의 평판을 해치는 굴욕적인 패배를 피하는 것, 70퍼센트'라고 적어 넣어 미국의 사정을 통렬하게 비꼬았다.

이 단계에서 미국 정부는 '승리할' 가능성을 검토하기 시작했다. 군사적인 임무를 부여받은 군부는 그 임무를 수행할 수 있다고 믿어야 했고, 그 결과 당연히 더 많은 병력을 요구했다. 그들의 말은 항상 확신에 차고 요구는 컸다.

전쟁을 확대할 시기에 직면했을 때 맥나마라 장관은 합동참모본부의 의장인 윌러 장군에게 "만일 우리가 할 수 있는 모든 것을 한다면 남베트남에서 승리할 수 있다"고 보장할 수 있느냐고 물었다. 만일 '승리'의 의미가 모든 게릴라활동을 진입하고 남베트남에서 공산주의자를 배제하는 것이라면 75만에서 1백만의 병력과 7년 정도의 시간이 필요하다고 윌러는 대답했다. 그는 만일 '승리'가 베트콩에게 승산이 없다는 것을 보여주는 것이라면 조금 적은 군대로 충분하다고 덧붙였다. 많든 적든 어떤 국익 때문에 그런 대군을 투입해야 하는가 하는 의문은 아무도 제기하지 않았다. 정부는 오로지 전진할 뿐이었다. 다른 길을 찾지 못했기 때문이었다. 모든 선택이 실패한 듯이 보였을 때 정책입안자는 '전쟁을 확대시키는 것'에 의존한다.

존슨은 싸우면서 협상하겠다는 생각이었다. 그러나 난점이 있었다. 그것은 북베트남에게 남베트남에서 손을 떼게 한다는 제한전의 목적은 제한전으로 달성할 수 없다는 것이었다. 북베트남은 양보해서 공산화되지 않은 남베트남을 온존시킬 생각을 한 번도 하지 않았고, 그러한 양보를 강제로 얻어내는 길은 군사적인 승리뿐이고, 그러한 승리는 전면전과 침략을 통해서만 달성할 수 있었다. 그러나 미국은 그것을 꺼렸기 때문에 미국의 전쟁목적은 처음부터 달성이 불가능했다.

만일 누군가가 이 사실을 인식했다고 해도 그것에 기초한 행동을 택하지 못했을 것이다. 누구도 미국의 실패를 인정할 생각이 없었기 때문이다. 행동주의자들은 북폭이 성공할지도 모른다고 믿었고, 회의주의자들은 어떻게든 해결책이 생기겠지 하고 막연하게 믿었다.

존슨에게는 불행하게도 이들레이 스티븐슨이 런던에서 갑자기 죽는 바람에 미국이 우탄트의 중개를 거부했던 사정이 분명하게 드러났다. 에릭 세바레이드가 죽기 직전에 스티븐슨이 말한 내용을 보고하면서 하노이가 사실은 우탄트가 제안한 회담에 동의했다는 것을 처음으로 밝혔다. 그러나 존슨은 기자회견에서 상대방은 '손톱만큼의 관심'도 보이지 않았다고 거듭 말했다. 그러자 『세인트루이스 포스트』지가 미국의 적극적인 참전이 시작되기 1년 전에 존슨과 백악관 대변인은 일곱 차례나 미국은 전쟁을 확대할 의도가 없다고 밝혔던 것을 지적했다. 그 결과 존슨의 개인적인 신뢰성이 상처를 입었다.

스티븐슨의 노력과 아울러 또 하나의 평화안이 실패로 끝났다는 것이 폭로되었다. 미국의 요청으로, 당시에 유엔의 대표였던 이탈리아의 외무장관 아민토레 판파니는 이탈리아대학의 두 교수가 하노이를 방문하도록 손을 썼다.

교수 가운데 한 사람은 예전에 호치민과 알고 지내던 사람이었다. 판파니가 존슨에게 보낸 편지에 따르면 '평화적 해결책을 찾으려는 강한 희망'을 표명하기는 했지만 호치민이 내건 조건은 앞에서 발표했던 4개항과 아울러 북베트남과 남베트남 전역에 걸친 휴전을 포함했다.

그러나 호치민은 미군의 철수를 요구하지 않고 회담을 시작하는 데 동의했다. 현 상황에서 휴전하면 남베트남의 내부에 북베트남군대가 남기 때문에 미국으로서는 받아들일 수 없는 안이었다. 그러나 러스크는 미국의 거부가 하노이측에 '무조건적인 협상에 진지하게 응할 생각이 없기' 때문이라고 전했다. 그러나 진실은 기자단에 새 나갔다. 진실은 누군가가 그것을 세상에 알리고 싶어 할 때 새 나가는 법이다.

평화에 관심이 없는 듯하다는 폭로로 궁지에 몰린 존슨은 크리스마스에 폭격중지를 명령하고 마치 에어쇼를 하듯이 현란한 외교공세를 펼쳤다. 고위관리들은 마치 전언을 물고 나르는 비둘기처럼 각국 수도로 파견되었다. 해리먼은 바르샤바, 델리, 테헤란, 카이로, 방콕, 오스트레일리아, 라오스, 사이공을 방문하러 세계일주여행을 떠났다.

스티븐슨의 후임인 유엔대사 아서 골드버그는 로마와 파리와 런던을 방문했다. 맥조지 번디는 오타와, 휴버트 험프리 부통령은 도쿄로, 두 사람의 국무차관보는 멕시코시티와 아프리카 각국으로 날아갔다. 존슨은 북폭의 연장을 요구하는 여론의 압력 외에 이 외교공세로 아무것도 얻지 못했다. 북폭 중지는 하노이가 대화에 응할 마음이 있는가를 떠보는 것이 목적이라고 공표되었고 37일 동안 계속되었지만 아무런 소득이 없었다. 하노이는 궁극적인 목표의 달성을 노렸기 때문에 협상에서는 거의 아무것도 기대하지 않았다.

전쟁무기가 된 제초제

북폭이 재개되고 전쟁이 더욱 치열해지는 동안에도 해결책은 계속 모색되었다. 1966년 중반에 폴란드의 중개자와 마주앉은 바르샤바회담이 진전되는 듯이 보였지만 미묘한 문제를 다루기 시작했을 때 처음으로 하노이 시내와 주변의 목표를 노린 미국의 폭격이 실시되었기 때문에 북베트남이 연락을 끊었다. 이 일화는 어느 쪽도 기본적으로 협상의 성공을 바라지 않았다는 사실을 보여준다. 맥노턴은 그다운 조심성 없는 태도로 미국의 딜레머에 대해서 언급했다. "승리를 노리면 협상으로 끝낼 수 있지만 타협을 노리면 종국에는 반드시 패배한다. 승리에서 타협으로 목표를 끌어내린 것을 알면 북베트남은 피 냄새를 맡기 때문이다."

네이팜탄에 그을린 사체, 고엽작전으로 폐허가 된 전답, 고문당한 포로, 늘어나는 사체 등 전쟁은 갈수록 처절한 양상을 띠었다. 또한 전비도 기하급수적으로 늘어 이제는 한 달에 20억 달러가 필요했다. 1966년 4월에 병력을 24만 5천 명까지 증강한 단계적인 전쟁확대는 120억 달러의 추가전비를 의회에 요구하도록 만들었다. 전장에는 미국의 전투부대가 투입되었기 때문에 지배권의 획득을 향해서 전진하던 베트콩이 처음으로 좌절을 맛보았다. 소문에 따르면 게릴라들은 해방구를 잃고 끊임없이 이동해야 하기 때문에 전열의 재편성이 어렵게 되었고, 그 결과 사기가 저하되고 탈영이 시작되었다고 한다.

미국의 계산에 따르면 베트콩과 북베트남 부대의 사상자수는 명백하게 늘어났다. 포로를 심문한 결과 현저하게 사기가 떨어졌음이 드러났다는 보고가 꼬리를 물었다. 미국의 목표달성이 눈앞에 다가온 듯이 보였다.

그러나 그 대가는 '썩은 전쟁'에 대한 프랑스의 견해를 확인시킨 것이었다. 웨스트모랜드는 소모전을 실시하는 방법으로, 적의 공격을 유인하는 미끼로서 전투부대를 전개한 뒤에 미국의 포병대와 공군이 적을 포위해서 철저하게 살육하는 전술을 썼다.

전차와 포병대의 맹공격, 하늘에서의 고엽작전 등을 사용하는 살육작전은 파괴된 마을들, 재로 변한 작물, 기아에 허덕이는 난민을 남겼다. 난민들은 해안을 따라 설치된 비참한 난민촌에서 살면서 미국인에 대한 분노로 이를 갈았다. 폭격전략도 제방과 저수지 등 농업시설을 파괴해서 민중들이 기아에 허덕이며 탈진하게 하는 데 목적이 있

독선과 아집의 역사 ───

었다. 고엽작전은 사흘에서 닷새 이내에 3백 에이커의 논을 파괴하고 같은 면적의 밀림을 5주에서 6주 이내에 벌거벗게 만들었다. 네이팜탄은 사용자를 타락시킨다는 점에서 정치적 목적의 테러와 똑같았다. 사용자는 그저 발사단추를 누르기만 하면 '몇 채의 오두막집이 솟구치는 오렌지색 화염으로 변해 사라지는' 광경을 볼 수 있었기 때문이다.

군부에 대해 억누를 수 없는 적의를 가진 특파원이 미국의 전쟁수단을 묘사한 보고가 고국으로 보내졌다. 지금까지 한 번도 전쟁을 경험해본 적이 없는 미국인들은 자국인의 공격으로 신음하는 부상자, 가족을 잃은 사람들, 불에 탄 어린이들의 녹아내린 살덩어리를 보고 경악했다. 『레디스 홈 저널』지까지 사진을 곁들여 네이팜탄의 희생자를 다룬 기사를 실었을 때 '오점을 남기지 않고' 베트남에서 손을 떼고 싶다는 맥노턴의 희망은 사라졌다.

잔혹한 보복이 악순환의 소용돌이에 가담했다. 로켓탄, 촌락의 포격, 교묘하게 장치된 폭탄, 납치, 대학살 등의 수단을 활용한 베트콩의 테러가 고의적이고 무차별적으로 가해졌다. 테러는 불안을 조성하고 사이공 정부가 얼마나 주민보호 의무를 게을리 하는가를 드러내기 위해서 계획된 것이었다.

미국의 무력개입은 게릴라의 승리를 막았지만 그들을 패배의 늪으로 밀어 넣은 것은 아니었다. 사태가 바람직하게 진전된다는 분석은 허구였다. 피아의 균형이 무너지자 중국과 소련은 많은 보급물자를 북베트남에 보내 힘을 회복하게 했다.

포로의 태도에서 추정한 사기저하는 동양의 스토이시즘과 운명관을 잘못 읽어낸 것이었다. 미군은 불만이 일어나는 것을 막기 위해서 단기 1년의 교대근무를 실시했기 때문에 변화무쌍한 밀림전에 적응하지 못해 사상자수가 늘어났다. 사상자의 비율은 임무에 처음 투입된 지 2개월에서 3개월 사이에 가장 높았다. 적응성과 상황이 정확하게 일치한 적은 한 차례도 없었다. 미국의 전투기술은 기동성을 이용한 대부대편성과 공군력을 활용한 공업지대의 공격이라는 관점에서 고안된 것이었다. 일단 가동하기 시작한 미국의 군사기구를 이러한 요소가 존재하지 않는 전쟁용으로 재조직할 수는 없었다. 미국인은 우수한 군사력에 의존했지만 전차로 말벌을 잡을 수는 없는 노릇이었다.

군사문제 이외의 필요성에도 큰 관심을 기울여야 했다. '평정'계획은 민주주의를 위해서 남베트남의 사회정치조직을 강화하려는 미국의 치열한 노력이었다. 그것은 사이공 정부에 대한 신뢰를 높여 기반을 안정시키려는 계획이었다. 그러나 칸, 키, 추 장군 등이 연속해서 담당한 정부는 쓸만한 협력자가 못 되었다. 세 사람 모두 자신들이 의존하던 미국의 보호를 귀찮아했기 때문이다. 또한 엄청난 물자로 장비한 백인의 군대도 사람들의 '머리와 가슴'을 끌어당기는 요인은 되지 못했다.

전장의 미군 병사들에게는 WHAM으로 알려진 이 계획은 워싱턴이 쏟아 부은 막대한 에너지에도 불구하고 목적을 달성하지 못했다. 오히려 어떤 지구에서는 사이공 정부와 미국에 대한 반감조차 일어났다. 문민정부와 헌법제정에 대한 요구가 높아졌고 장군들의 군사정권에 대한 반대가 점차로 노골화되었다. 불교도의 반정부운동이 다시 머리를 쳐들어 사이공 정부와 충돌하는 공공연한 투쟁으로 발전했다. 고도인 후에에서는 시위대가 미국 영사관과 문화원을 약탈하고 불을 질렀다.

엿새 동안의 TV 공청회

미국인의 정서도 바뀌기 시작했다. 크리스마스 휴전 뒤에 북폭이 재개되자 반전감정이 눈에 띄게 높아졌다. 미국 대사인 테일러 장군이 귀국해서 상황을 설명할 때는 '놀랍도록 참을성 있게 비평을 삼가던' 의원들이 여기저기에서 반대파의 소집단을 만들기 시작했다. 북폭을 중지한 기간 동안 대부분이 민주당원이기는 했지만 77명의 하원의원이 대통령에게 중지기간을 연장하고 이 분쟁을 유엔에 위임하라고 진언했다. 북폭이 재개되자 민주당원의 전원인 15명의 상원의원이 대통령에게 보낸 북폭에 반대하는 서한을 공개했다. 모스 상원 의원이 베트남 특별회계지출예산안의 수정사항으로 '통킹만결의안'의 철폐를 제안하자 세 명의 상원의원, 즉 풀브라이트, 미네소타주 출신의 유진 매카시, 오하이오주 출신의 스티븐 영이 한 번도 입장을 바꾸지 않은 모스와 그루닝에게 동조했다. 이 제안은 92대 5로 부결되었다.

아주 대담하다고 하기는 어려웠지만 이러한 움직임은 존슨에 대한 당내에서의 반대가 다가왔다는 징조였다. 그것은 베트남을 둘러싸고 민주당을 양분한 평화파의원단의 단초였지만, 상하 양원 양쪽에 확신과 결의에 불타고 다수파에게 반대할 만한 각오를 다진 지도자가 없었다.

인심의 이반은 의회의 투표결과보다 훨씬 심각했다. 의회는 얌전하게 특별회계지출예산에 찬성표를 계속해서 던졌다. 대안이 미국의 패배를 자인하는 것뿐인 이상 대부분의 의원들은 정부의 정책을 거부할 명분이 없었다. 게다가 그들 대부분은 아이젠하워가 군산복합체라고 부른 거인에게 스스로 뒷덜미를 잡힌 사람들이었다. 군산복합체의 통화는 방위계약이고, 캐피털빌딩의 펜타곤(펜타곤은 워싱턴시와 강을 끼고

심각한 고민에 빠진 요인들. 풀브라이트 상원의원. 스파크맨. 모스가 풀브라이트 청문회에서 테일러 장군의 말을 듣고 있다.

마주보는 엘링턴시에 있고, 캐피털빌딩은 워싱턴시의 연방의회가 있는 곳이다. 여기에 서는 의회 내의 국방관련 일파를 의미하고 있다)에서 기른 3백 명이 넘는 로비 스트가 활동했다.

　군부가 VIP 여행과 만찬회, 영화, 연설자, 비행기, 주말 스포츠 등 온 갖 방법으로 의원들을 접대했다. 특히 상하 양원의 각종 위원회의 위 원장들은 집중적인 표적이었다. 의원의 4분의 1이 어떤 형태로든 다 른 위원회에 소속되어 있었다. 군부의 막대한 예산을 비판하기라도 하면 그 의원은 국가안전보장을 밑에서부터 갉아먹는다는 비난을 받 았다. 1965년에 제89차 의회가 소집되었을 때 대담하기로 유명한 휴 버트 험프리 부통령은 이렇게 초선의원에게 충고했다. "베트남정책을 공격하는 연설을 하고 싶어도 참도록 하시오. 여러분은 재선이나 삼

　　　　　　　　　　　　　　독선과 아집의 역사 ────

선을 한 뒤에 독립할 수도 있겠지만 1967년에 의회에 돌아오고 싶으면 지금 그것을 하는 것을 삼가시오."

모스의 수정제안에 풀브라이트가 찬성표를 던진 것은 존슨에게 공공연하게 결별을 선언한 것과 같았다. 그는 존슨의 보장과는 완전히 거꾸로 미국이 실전에 투입된 것에 배신감을 느끼고, 지금까지 자신이 했던 어떤 행위보다 통킹만결의가 한 역할을 후회한다고 고백했다. 그는 이어서 1966년 1월부터 2월에 걸쳐서 상원 외교위원회에서 6일 동안 TV 공청회를 열었다. 이것은 미국의 베트남 개입에 대해서 공식차원에서 조직한 최초의 진지한 청문회였다. 당시에 사람들이 이해했던 것 이상으로 중요한 문제가 차례로 제기되었다. 진위가 의심스러운 '공약', 국익, 이익과 노력의 불균형, 미국의 자기배신 등이었다. 러스크 장관과 테일러 장군이 정부를 대변했고 조지 케난 대사, 제임스 M. 가빈 장군, 풀브라이트 본인과 몇몇 동료가 반대하는 논진을 펼쳤다.

러스크 장관은 그때까지와 똑같이 미국은 남베트남을 '외부공격'에서 지킨다는, SEATO 조약과 디엠에게 보낸 아이젠하워의 서한에서 유래하는 '명백하고 직접적인 공약'을 지고 있고, 이것이 개입할 '의무'의 근거라고 주장했다. 또한 무언가를 마음 깊이 믿는 사람에게 보이는 독선적인 표현을 써서 "우리가 공약을 성실하게 지키는 것이 세계평화의 유지를 위해서 절대적으로 필요하다"라고 말했다. 모스 상원의원이 '본인은 남베트남 정부에게 일방적인 공약을 준' 기억이 없다는 아이젠하워의 말을 인용해서 날카롭게 추궁하자 러스크는 SEATO 조약에 의해서 미국은 개입할 '자격을 부여받고' 있고, 공약은 역대 대통령의 정책설명과 의회가 찬성표를 던진 특별회계지출예산에서 파생한다는 입장까지 후퇴했다. 논쟁과정에서 궁지에 몰린 테일러 장군도, 지상군의 사용에 관한 한 공약은 '얼마 전인 1965년 봄에 이루어졌다'는 것을 인정했다.

테일러는 국익의 내용을 정의하지 않은 채 미국은 이 전쟁에 '지극히 중대한 이해관계'가 있다고 주장했다. 그에 따르면 공산주의지도자들은 남베트남을 정복하려는 야망에 불타고 있고 아시아에서의 미국의 지위를 서서히 깎아 내려 민족해방전쟁의 유효성을 증명하려 하고 있고, 미국으로서는 그 전쟁이 '패배할 운명에 있다'는 것을 분명하게 보일 의무가 있다는 것이었다. 풀브라이트 상원의원은 이 말을 듣고 미국혁명은 '민족해방전쟁'이 아니었느냐고 묻지 않을 수 없었다.

가빈 장군은 미국의 다른 모든 대외책무를 고려했을 때 베트남에 그렇게 투자할 가치가 있느냐고 물었다. 또한 우리는 '최면술에 걸려' 있고, 다른 모든 지역의 병력을 줄여서 50만의 군대를 베트남에 파견한다는 발상을 하는 현 정부는 균형감각을 완전히 상실했다고 말했다. 남베트남은 실제로 그다지 중요하지 않기 때문이었다.

테일러 장군이 프랑스국민의 반전은 '허약함'의 발로라고 말했을 때, 국민의 반전은 '허약함'과 의지의 결여를 나타낸다는 상투적인 비난이 얼굴을 살짝 내밀었다. 모스 상원의원은 마치 프랑스인이 프랑스의 전쟁을 거부했듯이 '미국 국민이 동남아시아에서의 전쟁을 거부하는 것은 먼 장래'의 일이 아닐 것이라고 반박하고, 국민이 거부한다면 그것은 '허약함'의 발로냐고 물었다.

케난 대사는 침통한 어투로 자기배신의 문제를 제기했다. 이 전쟁은 설사 성공한다 해도 공허한 성공이 될 것이라고 그는 말했다. 그 이유는 미국이 '애처롭고 힘없는 사람들, 특히 피부색과 민족을 달리하는 사람들의 생명에 막대한 피해'를 입히는 광경이 미국의 신뢰를 갉아먹기 때문이고, '……이 광경은 전 세계의 몇백만에 달하는 사람들

독선과 아집의 역사 ───

에게 미국의 이미지를 실추시키는 일이기 때문'이라는 것이었다. 케넌은 이 전쟁을 고집스럽게 계속하기보다 '건강하지 못한 입장을 결연하게 청산하는' 쪽이 보다 많은 존경을 받을 것이라고 말했다. 그는 전 세계의 어디든 자유의 기준이 지켜지는 곳에는 "미국의 마음이 있다…… 하지만 미국은 타도해야 할 괴물을 찾아 외국으로 나가지는 않는다"라는 존 퀸시 애덤스의 격언을 인용했다. 괴물의 추구란 '(미국의) 정책의 기본원리가 자기도 모르는 사이에 자유에서 무력으로 바뀌어 가는' 끝없는 전쟁을 말한다. 공청회에서 이렇게 엄숙한 진리가 인용된 예는 일찍이 없었다.

이렇게 해서 갖가지 진실이 드러났음에도 불구하고 풀브라이트의 공청회는 미국의 정책을 검토하는 데 있어 지성의 행사라고 간주할 수 있는 유일한 행위, 즉 특별회계지출예산에 대한 반대투표의 서곡이 되지는 못했다. 출간된 공청회기록에서 풀브라이트가 쓴 서문에 따르면 가장 길게 꼬리를 끈 문제, 대통령의 전쟁이 명확하게 모습을 드러낸 것은 공청회가 열린 뒤였다. 대통령의 전쟁이 묵인된 것은 정부는 정책의 결정에 있어 특별한 식견을 가질 만한 내밀한 정보를 갖고 있음에 틀림없다는 믿음 때문이었다고 그는 말했다. 그러나 그것뿐이 아니다. 주요한 정책은 '사실에 대한 정보가 아니라 판단으로' 결정한다. 또한 정책입안자가 지적 시민보다 뛰어난 판단력을 가지고 있는 것도 아니다. 의회나 국민은 '엄청난 군대와 부를 배치하는 것이 국가로서의 전체 이익에 도움이 되는지' 판단할 수 있다.

풀브라이트는 중대한 문제제기는 할 수 있었지만 교사일 뿐 지도자가 아니었다. 그는 자기가 옳다고 믿는 것에 투표할 용의도 없었다. 공청회가 있은 지 한 달 후에 상원이 베트남전쟁을 위한 긴급자금으로 48억 달러를 승인했을 때 이 법안은 모스와 그루닝이 던진 충실한 두

표의 반대표만 받았을 뿐 무사통과했다. 풀브라이트는 다수파에 동조했다.

정부가 사정을 가장 잘 안다는 믿음은 넬슨 록펠러 지사의 발언에 잘 나타나 있다. 그는 북폭이 재개되었을 때 "우리는 모두 대통령을 지지해야 한다. 그는 우리가 직면한 상황에 대해서 모든 지식과 정보를 가진 사람이기 때문이다"라고 말했다. 이것은 사람들을 책임 있는 입장에서 해방시켜 주는 마음 편한 발상이다. 그러나 대개는 도움이 되지 않는다. 특히 외교문제에서는 "외교정책의 결정은 일반적으로 국내정책의 경우보다 불합리한 동기에 좌우되는 일이 많다"라고 군나 뮈르달은 20년 동안 연구한 결과 결론을 내렸다.

북폭의 결과보고와 또 다른 북폭계획

제2차 세계대전 뒤에 과학자, 경제학자, 그 밖의 전문가들이 실시한 '전략폭격조사'는 유럽전선에서의 전략폭격(지상전과 관련된 전술폭격과는 구별된다)은 결정적인 효과를 올리지 못했다는 결론을 내렸다. 그것은 독일의 물리적 전투능력을 이렇다 하게 위축시키지도 못했고, 서둘러 협상에 응해야겠다는 태도를 불러일으키지도 못했다. 이 조사가 발견한 것은 수리가 특이할 만큼 빨랐다는 것과 사기는 전혀 떨어지지 않았다는 것이었다. 실제로 폭격은 적의 사기를 높이기조차 했다. 1966년 3월에 '롤링 선더'에 할당된 3개월이 눈에 띌 만한 '의지의 파괴'를 이루지 못한 채 1년 이상 연장되었을 때 지난번 조사에 참가했던 몇 사람을 포함한 매사추세츠공과대학과 하버드대학의 저명한 과학자들은 베트남에서의 폭격성과 역시 형편없다는 결론을 내렸다.

제이슨(JASON)이라는 암호명이 붙은 이 계획은 국방분석국의 의뢰

독선과 아집의 역사 ─────

로 시작되었다. 다양한 연구분야를 가진 47명의 전문가들은 국방성, 국무부, CIA, 백악관에서 열흘 동안 상황설명을 들은 뒤 두 달 동안 전문적인 조사를 실시했다. 전문가들은 북베트남의 전의와 하노이의 전쟁비용에 미친 영향은 '인정할 수 있는 범위 내에서는 전혀 나타나지 않았다'라는 결론을 내렸다. 북폭은 수송, 경제, 또는 사기면에서 심각한 피해를 주지 못했던 것이다. 조사단은 '북폭의 간접적인 응징효과가 결정적으로 작용할 것이다'라고 결론을 내릴 만한 근거를 전혀 발견하지 못했다.

폭격이 비교적 무익하게 끝난 주요한 이유는 '효과가 별로 없는 목표'를 노렸기 때문이라고 전문가들은 밝혔다. 조사단은 '사회에 대한 직접적인 정면공격'은 구조를 강화하고 국민의 결의를 굳혀 방어물을 고안하는 능력과 수리능력을 키워주는 경향이 있다는 결론을 내렸다. 이러한 사회적 영향은 어느 정도 예상된 것이었다. 이것은 독일에서, 그리고 실제로 영국에서 이미 발견된 현상과 같았다. 1940년에서 41년에 걸쳐 독일이 테러폭격을 가한 결과 영국의 사기가 높아지고 결의가 굳어졌다는 것은 잘 알려진 사실이다.

북폭의 대안으로 약 160마일에 걸쳐서 베트남과 라오스를 가로지르는 '침투저지띠'를 구축하면 어떻겠느냐고 조사단은 권고했다. 조사보고서 속에 자세한 설치계획이 기록된 이 설비는 지뢰밭, 방어벽, 웅덩이와 전기철조망이 둘러쳐지고 양끝이 낙엽지대와 접한 방어거점을 형성하며, 8억 달러의 비용이 든다고 예상되었다. 그것이 효과가 있는지는 알 수 없었다. 자신들의 역할을 대신하는 것이라면 무엇이든 거부하는 미국 태평양군사령부의 공군 사령관들이 비웃으며 한 번도 시도하지 않았기 때문이다.

다른 모든 '불협화음을 낳는 충고'와 똑같이 조사단은 바위벽에 부딪혔다. 전략은 바뀌지 않았다. 공군이 자신들의 역할이 축소되는 것을 우려해서 공군력이 효과가 없다는 견해를 인정하지 않았기 때문이다. 미국 태평양군사령부는 인간행동에 대한 '스트레스이론'에 따라 폭격의 응징수준을 높여갔다. 이론대로 라면 하노이는 '스트레스'에 반응을 보여야 했다. "우리는 그들이 이성 있는 사람처럼 반응하리라고 예상했다"라고 나중에 국방부의 관리가 말했다. 1966년 말에는 투하된 폭탄이 연간 50만 톤에 달했다. 이것은 제2차 세계대전 중에 일본에 1년간 투하된 양보다 많다. 하노이는 이성적으로가 아니라 감정적으로 반응했다. 그들은 분노에 휩싸여 훨씬 도전적으로 바뀌었다. 그것은 독일의 전격폭격을 받은 영국인이 보였던 반응과 똑같았고, 미국인도 폭격을 받았다면 필시 똑같은 반응을 보였을 것이다. 공습은 적을 혼비백산하게 해서 협상테이블로 끌어내기는커녕 더욱 강경하게 만들었다. 그들은 협상을 위한 움직일 수 없는 전제조건으로 폭격의 중지를 주장했다.

캐나다의 체스터 로닝과 다른 중재자들이 거듭해서 새로운 제안을 했다. 이 무렵에는 모든 당사국들이 전쟁의 종결을 환영하는 기색을 보였기 때문이다. 그러나 제각기 자국의 조건에 따른 종결을 원했기 때문에 절충이 이루어지지 않았다. 북폭을 중지하면 대화에 응할 용의가 있다는 하노이의 메시지를 전달받은 워싱턴은 북폭이 상대에게 타격을 주기 때문에 원하는 결과를 얻으려면 더욱 강화해야 한다는 결론을 내렸다. 당연히 하노이는 비타협적인 태도를 더욱 강화했다.

조사단은 바위벽에 중요한 구멍 하나를 뚫는 데 성공했다. 맥나마라 장관을 괴롭히기 시작했던 의혹을 확인한 것이다. 맥나마라는 시스템 분석을 통해서 군사적인 이익은 경제적 경비를 메울 만한 가치가 없다는 결론을 내렸다. 그는 공식석상에서는 전혀 티를 내지 않았지만 개인적인 만남에서는 점차 불안감을 드러낸 듯하다. 그는 대통령에게 보낸 서한에서 '만족할 만한 해결'을 이룰 전망이 어둡기 때문에 북폭과 지상군의 증강 대신에 침투방지띠를 설치하는 것에 찬성한다고 말했다. 그러나 그 주장을 관철시키지는 못했다.

정부의 다른 부서에도 무익한 전쟁이라는 인식이 퍼졌고 떠나는 사람이 늘어났다. 그러나 사직자는 거의 없고 대개가 존슨의 교묘한 배척으로 임무에서 제외된 것이었다. 존슨은 스스로 불안감을 느꼈음에도 불구하고 남들이 솔직하게 불안을 털어 놓는 것을 들으려고 하지 않았다. 힐스만은 1964년에 국무부를 떠났고, 포레스탈은 1965년에 백악관을, 맥조지 번디는 1966년 초에 국가안전보장회의를 떠났다. 그리고 1966년 9월과 12월에는 조지 볼과 빌 모이어스가 자진 사퇴했다. 그들은 한결같이 조용히 떠났다. 경고와 의견의 불일치를 외치기는커녕 말 한마디 없는 숨죽인 라오콘들이었다.

구성원이 떠날 때는 말이 없는 것이 정부기관의 중요한 특성이다. 직책을 떠난 뒤에도 솔직한 의견을 밝히는 것은 가시밭길을 자초하는 짓이다. 불신감을 분명하게 털어놓으면 그 세계로 다시 돌아가는 길이 막히기 때문이다. 사임을 꺼리는 것도 같은 이유에서이다. 관리들은 항상 정책을 바꾸려면 내부에 있는 쪽이 유리하다고 스스로를 타이르고, 그런 다음에는 권력과의 연계가 끊어져서는 곤란하다는 이유로 입을 다문다. 행정부의 임명권을 쥔 미국 대통령은 절대적인 영향력을 행사한다. 보좌관들은 대통령의 의견에 반대하거나 정책에 의문을 제기하기 어렵다는 것을 잘 안다. 그들의 지위와 다음 번 백악관모임에 참석할 수 있는가는 대통령에게 동조하는가 그렇지 않은가에 달려 있기 때문이다. 미국의 제도 아래에서는 각료는 돌아갈 의석도 없고 정책에 대한 발언권도 없다.

러스크는 바위 같은 태도를 무너뜨리지 않았다. 혹시 의구심을 품었다고 해도 미국의 정책은 옳다고 스스로를 타일렀을 것이다. 그는 다른 모든 정세에 관계없이 공산화되지 않은 남베트남을 지켜야 한다는 당초의 목표를 유지해야 한다고 일관되게 주장했다. 그의 바위 같은 자세를 보고 국무부 내의 누군가가 전화박스 안에 '딘 러스크는 녹음테이프'라고 낙서를 했다. 번디의 후임인 월트 로스토우는 1965년 이후 베트콩의 게릴라활동은 소멸이 멀지 않았다고 계속해서 예언했고, 이때도 전혀 태도를 바꾸지 않았다. 꼭대기에 있는 존슨은 그 정도는 아니었다. 언젠가 전쟁이 어느 정도 계속될 것 같으냐는 질문을 받고 이렇게 대답했다. "얼마나 걸릴지 누가 알겠는가. 중요한 것은 우리는 옳은가 그른가이다." 이런 의문을 품은 채 살육과 파괴를 계속한 것은 국민 앞에서, 그 자신과 역사 앞에서 현명한 짓이었다고는 말하기 어렵다.

미국을 휘감은 반전시위

전선이 계속 확대되어 징병이 필요해지자 이제 전쟁은 국민에게 직접적인 영향을 미치기 시작했다. 1966년 중반에 국방부는 같은 해 말까지 베트남의 병력은 37만 5천 명에 달할 것이고, 그 뒤 6개월 동안 5만 명을 더 증원할 예정이라고 발표했다. 1967년 중반에 이르자 병력은 46만 3천 명에 달했고, 웨스트모랜드는 '반드시 필요한 최소한의 병력'이 52만 5천 명이라고 주장하며 7만 명을 더 요구했다. 그 말을 들은 존슨은 "사령관의 필요와 요구는 충족될 것이다"라고 발표했다.

징병에 응해야 하는 젊은이들에게 이 전쟁은 아무런 호소력도 없었다. 특히 베트남전쟁이 비굴하고 수치스러운 일이라고 생각하는 청년

독선과 아집의 역사 ─────

미국 국방성 앞에서 벌어진 반베트남전 시위

에게는 더욱 그랬다. 대학에 재학 중인 사람은 징병이 면제되었기 때문에 이 특권을 얻을 수 있는 자들은 모두 그것을 이용했고, 그다지 혜택 받지 못한 계층의 젊은이들만이 군대에 입대했다. 이렇게 불평등한 징병제도, 다시 말해서 불만을 줄일 의도로 실시되었지만 국내 전선에도 베트남전쟁의 추악성을 그대로 드러낸 이 징병제도는, 국론의 분열과 아울러 미국 사회에 깊은 상처를 남겼다.

대중항의집회에 청중이 들끓었고, 대학시위대와 반전시위 행진은 하노이의 깃발을 흔들고 호치민을 상징하는 슬로건을 외쳐댔다. 시위는 점점 요란하고 폭력적으로 변해 갔다. 대규모 시위대가 국방부의 계단 위에서 전투복 차림으로 대기하던 군대와 충돌했다. 군대는 남녀를 가리지 않고 두들겨 패면서 시위대를 체포했다. 일반대중은 항의운동을 마약과 장발과 반체제문화와 연결시켜 받아들였기 때문에 동참하기를 꺼렸을지도 모른다. 여론조사에 따르면 일반대중은 전체적으로 반전시위가 "공산주의자들이 더욱 비정하게 싸우도록 용기를 준다"고 간주했다. 징병기피와 국기의 소각이 애국자들을 격분시켰다.

그럼에도 베트남전쟁을 잔인하고 부도덕한 전쟁으로 보는 시각이 퍼져 나갔다. 공산주의자든 아니든 아시아의 작은 농업국을 폭격하는 것이 반드시 필요하다고 생각할 수는 없었다. 하노이의 주민 거주지를 폭격하는 광경을 목격한 해리슨 솔즈베리가 『뉴욕 타임스』지에 쓴 기사(공군은 처음에 부정하다가 나중에는 인정했다)는 격렬한 비난을 불러일으켰다. 여론조사에 따르면 존슨에 대한 지지도가 크게 떨어졌다. 전쟁에 대한 졸렬한 대응이 원인이었고, 이후 존슨의 지지도가 과반수를 넘은 적은 단 한 차례도 없었다. 헬리콥터에서 포로를 난폭하게 내던졌다는 이야기나 잔인성을 폭로하는 다른 사건들이 미국에도 잔혹행위에 대한 책임이 있다는 것을 미국인에게 일깨웠다. 외국의 비난과 가장 가까운 동맹국들인 영국, 캐나다. 프랑스의 불신감도 무시하기 어려웠다.

전쟁은 대체로 민족을 일치단결시키지만, 1900년의 필리핀전쟁과 영국의 보어전쟁처럼 비난을 야기하는 전쟁은 평상시의 분열 이상으로 나라를 깊게 분열시킨다. 신좌익과 다른 과격파들이 점차 공격성을 드러냄에 따라 신중한 중산층과 괴리가 커졌고, 노동조합원과 근로자들은 또 다른 폭력으로 과격파에게 앙갚음을 했다. 1967년에 라이샤워는 『베트남을 넘어서』라는 책에서 도대체 얼마나 오랫동안 우리는 이 '정신적 혼란'을 견뎌야 하느냐고 물었다. 조국을 부정적으로 생각하는 사람도 나오기 시작했다. 전국교회협의회는 "이제 미국은 강한 힘을 더욱 많은 아시아인을 죽이는 데 사용하는 백인우월주의 국가로 보인다"고 주장했다. 마틴 루터 킹 2세는 '세계 최대의 폭력공급자, 즉 우리 자신의 정부'를 큰소리로 탄핵하지 않고는 동포의 폭력행위를 비난할 수 없다고 말했다.

이 말은 무서운 인식을 담고 있다. 세계의 대립 속에서 스스로를 갑자기 '악당'으로 바라보고 그 원흉이 '우리 자신의 정부'임을 깨닫는 것은 중대한 결과를 부르는 사태였다. 정부에 대한 불신과 혐오감은 선거를 비아냥거리는 가장 심각한 결과를 낳았다. "당신은 1964년에 투표해서 존슨을 뽑았다. 왜 이리 소란스러운가." 뉴욕의 반전집회에 등장한 플래카드에는 이렇게 씌어 있었다. 험프리 부통령은 스탠포드 대학에서 무자비한 야유를 받았다. "모든 정부의 타락은 그것이 근거해 있는 원칙의 쇠퇴에서 시작된다"라고 18세기에 몽테스키외는 『법의 정신』에서 말했다. 정부의 전쟁보고는 국내에서의 신뢰를 손상시켰는데, 대부분의 책임은 군부에 있었다.

적을 속일 목적으로 기만술을 훈련받았기 때문에 군부는 사람을 속이는 데 익숙했다. 군부의 각 부문과 주요한 사령부가 '국가의 안전보장을 위해서, 보고 자체를 멋지게 보이게 하기 위해서, 부문 간의 경쟁에서 주도권을 잡기 위해서, 혹은 실수를 호도하거나 사령관을 매력적으로 보이게 하기 위해서 뉴스를 조작했다. 분노한 신문들이 열심히 폭로했기 때문에 국민은 번드르르한 발표 뒤에 숨은 기만에 무작정 속지는 않았다.

반대는 체제 내부로까지 확산되었다. 월터 립맨은 1966년에 그때까지 매파에서 견고한 위치를 차지했던 『워싱턴 포스트』지의 발행인 캐서린 그래함을 하룻밤에 걸쳐 "진지한 사람이라면 더 이상 전쟁을 지지할 수 없다"라고 설득했다. 장래를 저당 잡히고 적자지출을 계속하고, 인플레이션과 국제수지의 악화를 부르는 몇십억 달러에 달하는 경이적인 경비가 재계 인사들을 근심에 빠뜨렸다. 실업가들이 몇 개의 반대조직을 만들었다. 이러한 조직은 재계 전체에서 보면 규모는 작았지만, 연방준비이사회의 전 의장이자 거물인 마리너 엑클스가 갈 브레이스와 아서 M. 슐레진거 2세가 만든 '지금 협상을'이라는 조직에 공공연히 찬성했을 때 큰 힘을 얻었다. 때때로 전 정부 고위관리들이 침묵을 깨고 입을 열었다. 1966년에 국무부의 극동문제담당관의 자리를 떠났던 제임스 톰슨이 『뉴욕 타임스』지에 투고를 해서 항상 '건설적인 대안'은 있었다고 털어 놓았다. 그는 버크의 어투를 흉내 내서 지상 최대의 패권국인 미국은 '체면을 잃을 힘, 잘못을 인정할 힘, 품위 있는 행위를 할 힘'을 갖추고 있다고 말했다.

리지웨이 장군은 베트남전쟁을 혐오한 것으로 유명했다. 퇴역해서 꺼릴 것이 없어진 또 하나의 걸물인 데이비드 M. 샤우프 장군이 그에게 가담했다. 샤우프 장군은 태평양전쟁의 영웅으로, 해병대사령관직을 사직한 지 얼마 되지 않았다. 베트남은 미국의 이익에 '지극히 중요하다'라는 정부의 주장은 '잠꼬대'이고, 설사 동남아시아 전체라 해도 "단 한 사람이라도 미국인의 생명을 걸 만한 가치가 없다……왜 우리는 그들이 자신들의 삶을 결정하도록 하지 못하는가"라고 그는 말했다.

대통령의 강력한 정적, 혹은 그렇게 간주되었던 로버트 케네디 상원의원은 북폭은 무익하기 때문에 중지해야 한다고 말했다. 그는 백악관을 격분시킨 연설에서 어떤 협상에서도 민족해방전선의 발언권을 인정해야 한다고 제안했다. 단 한 사람이기는 했지만 위스콘신주 출신의 게일로드 넬슨 상원의원이 모스와 그루닝의 고독한 2인조에 동조해서 베트남전쟁에 다시 120억 달러를 요구하는 새로운 특별회계지출예산안에 반대표를 던졌다.

하원에서는 캘리포니아주 출신의 조지 브라운 의원이 승인된 자금은 단 1센트도 '북베트남 내에, 또는 북베트남과 관련된 군사행동'에

독선과 아집의 역사 ———

사용되도록 하지 않는 것이 '의회의 양식'이라고 주장하면서 이 법안에 부가하는 결의안을 제안했다. 그러나 이것은 단순한 결의안일 뿐이지 대통령의 의무가 아니었는데도 372대 18이라는 압도적인 표차로 부결되었다.

여론을 노린 전쟁축소

트루먼 이후 20년 동안 미국 정부는 미국에 대한 동남아시아의 '지극히 중대한' 이해관계와 공산주의를 저지한다는 긴급한 현안에 대해 역설했음에도 불구하고 일반국민에게는 전쟁의 목적이 여전히 애매했다. 1967년 5월, 갤럽여론조사가 대상자에게 "왜 미국은 베트남에서 싸우는지 아는가"를 물었을 때 48퍼센트가 "알고 있다"라고 대답했고, 역시 48퍼센트의 사람들이 "모른다"라고 대답했다. 선전포고 없는 전쟁이 이런 결과를 낳았는지도 모른다.

전쟁의 목적은 이해관계도 국가의 방위도 아니었다. 둘 중의 하나였다면 사정은 간단했을 것이다. 영토를 정복하고 적의 군대와 자원을 파괴해서 전쟁을 끝내는 쪽이, 힘의 우위에 의해서 하나의 원칙을 세우고 그것을 승리라고 부르는 것보다 훨씬 쉽기 때문이다. 미국의 목적은 공산주의를 저지하겠다는 각오와 능력을 보이는 것이었지만, 목적을 인위적으로 만든 탓인지 동기가 불충분했다. 또한 장래성이 별로 없는 국가의 유지라는 틀 속에서 목적을 이루어야 한다는 한계까지 있었다. 미국이 지지하는 남베트남사회의 체질에는 고유한 결함이 있었기 때문에 '국가의 건설'을 위한 온갖 노력에도 불구하고 그 체질이 본질적으로 바뀌지 않았다.

그러면 어떻게 해야 이렇듯 전망 없고 무익하고 잠재적으로 위험한 전쟁에 미국의 힘을 더 이상 낭비하지 않을 수 있었을까. 미국 정부는 북베트남은 악전고투하고 있음에 틀림없고, 따라서 미국의 목적에 맞춰 타협하도록 할 수 있다고 자신했기 때문에 1966년에서 67년까지 몇 차례나 하노이를 대화의 자리로 끌어내려고 했다. 그러나 미국은 항상 자신의 조건을 고집했다. 이 조건은 얼핏 순수한 '무(無)조건'으로 보였지만, 하노이가 북폭의 중지라는 한 가지 조건을 고집하는 사실은 무시했다. 미국의 제안은 북폭을 중단하기 위한 여러 가지 약속을 포함했고, 북베트남이 남쪽에서 군대를 철수하고 폭력의 사용을 중지한 뒤에 '가능한 한 빨리, 6개월 이내에' 미군의 증강을 중지하겠다고 약속했다. 모든 제안은 상호적이어서 하노이도 전투를 축소하기를 요구했다. 하노이는 먼저 북폭을 중단하면 아무런 상호조건도 내걸지 않겠다고 말했다.

열강들도 제각각 노력을 거듭했다. 교황 바오로 6세도 양자에게 협상을 전제로 한 휴전을 호소했다. 우탄트는 워싱턴측에게 직무에 어울리는 역할을 수행하라는 부탁을 받고 미국과 남북베트남에게 영국령에서 만나서 협상을 하면 어떻겠느냐고 권했다. 하노이는 모든 제안에 대해서 호치민과 그 밖의 관리들의 공식성명이나 방문 중인 신문기자와의 인터뷰를 통해 협상의 필요조건으로 북폭의 '무조건' 중지, 미국이 수행하는 모든 전투행위의 중지, 미군의 철수와 4자회담의 수락을 끈덕지게 되풀이했다. 때때로 다른 조건을 수정하기도 했지만 북폭의 중지는 근본적인 요구여서 한 번도 변경된 적이 없었다.

팜반동 총리가 4자회담이 필요조건이라기보다 오히려 '해결의 기초'라고 말했을 때 미국은 실마리를 찾았다고 생각했다. 만일 미국이 폭격을 중지하면 하노이는 협상을 위한 '제안을 검토하고 연구하겠다'라는 성명에서도 다시 가능성을 발견했다. 이때 모스크바의 각 대

　　　　　　　　독선과 아집의 역사 ─────

사관에 참석한 미국과 북베트남의 대표는 실제로 회담을 열었지만, 미국의 진지한 자세를 상징하는 북폭의 중지가 동반되지 않았기 때문에 아무런 성과도 얻지 못했다.

다른 기회에, 하노이를 잘 아는 미국인 두 사람이 국무부가 초안을 만든 메시지를 개인적으로 전달했다. 이 메시지는 '상호억제'에 기초한 비밀논의를 제안했다. 논조가 훨씬 신중해지고 항공기는 지상에 머무르지는 않았지만 하노이지역에는 다가가지 않았다. 그러나 답변이 없자 항공기가 다시 돌아와 처음으로 하이퐁의 시가지와 수도의 철도공작창과 그 밖의 목표를 폭격했다. 우탄트는 모든 책략에 우선하는 명확한 조치를 제안했다. 다시 말해서 북폭의 중지라는 '계산된 위험을 저지르라'고 미국에게 권했다. 그것이 '몇 주일을 거치면' 평화회담으로 연결된다고 믿었기 때문이다. 그러나 미국은 그 조치를 취하지 않았다.

존슨은 국내의 여론을 노리고 '미국은 어떤 휴전이나 정전협정, 또는 평화회담의 협상을 위해 북베트남에 다가가고자 하는 우리의 역할 이상의 것'을 할 용의가 있다고 밝혔지만, '우리의 역할 이상의 것'에는 B-52의 이륙금지는 포함되어 있지 않았다. 직접 호치민에게 보낸 존슨 대통령의 편지는 상호억제의 공식을 되풀이했다. 즉 북폭과 미군의 증강은 '바다와 육지 양쪽에서의 남베트남에 대한 침투가 중단된 것을 우리가 확인하면 즉각' 중단하겠다고 말했다.

북베트남의 회답을 분석한 결과, 하노이측은 '전비가 엄청나게 늘어나 미국의 결심이 흔들리고 있다'라고 굳게 확신한다는 사실이 드러났다. 이 분석은 옳았다. 하노이의 비타협적인 태도는 실제로 비용 탓이든 높아가는 반대운동 탓이든 미국이 지쳐가고 있다는 신념에 기초했다.

러스크 장관이 분연히 28개 항목에 걸친 미국의 평화제안을 추가했을 때 그는 반은 옳았다. 하노이는 자신들의 조건에 따라 평화를 손에 넣을 때까지는 평화를 원하지 않았기 때문이다. 미국의 제안은 그들이 요구한 조건을 하나도 만족시키지 않았을 뿐 아니라 최종적인 정치적 해결의 범위와 성격을 한 번도 제시하지 않았기 때문에 하노이는 관심을 보이지 않았다.

어떤 시점에서, 즉 소련의 코시긴 총리가 영국의 월슨 총리를 방문했을 때 진지한 움직임이 엿보였다. 두 총리는 미국과 베트남 양국의 의향을 전달하는 중재자로 행동했고, 조금만 더 노력하면 대화의 기초가 될 합의를 이끌어낼 것으로 보였다. 그러나 코시긴 총리가 이미 런던을 떠난 마지막 순간에 존슨 대통령이 무슨 변덕에서인지 최종 코뮤니케의 어구를 바꾸었다. 다시 상의하기에는 이미 늦었기 때문에 이 기회는 허공으로 뜨고 말았다. "평화가 우리 손안에 들어온 것과 같았는데"라고 월슨 총리는 안타까워했다. 그러나 과연 그랬는지는 의심스러웠다. 존슨은 국내외의 비난을 잠재우려고 대안마련에 참여하기는 했지만, 그와 그에게 조언하는 보좌관들의 노림은 여전히 군사적 우위를 배경으로 한 협상이었다는 인상을 피하기 어려웠기 때문이다.

국방장관도 인정한 무의미한 전쟁

국내의 지평선에는 먹구름이 드리우기 시작했다. 먹으면 먹을수록 늘어나는 식욕처럼 막연하게밖에 이해할 수 없는 전쟁을 위해서 모든 것이 무한정 끌려들어가는 이 상황이 의심도 없이 받아들여질 리는 없었다. 병력을 일시에 7만에서 8만 명을 증강하겠다는 식의 웨스트모랜드의 일처리는 예비군의 소집문제를 뒤로 미루게 했지만, 맥노턴이 상관에게 경고했듯이 '이 무섭고 성가신' 문제를 더 나쁜 시기, 다시 말해서 선거가 벌어지는 1968년까지 늦추는 데 불과했다. 맥노턴은 미군의 사상자(1967년에는 전사자 9천 명, 부상자 6만 명에 이르렀다)와 전쟁이 확대되지 않을까 하는 국민들의 공포, 남북베트남의 민족에게 '가해지는 막대한 고통에 대한 동정'에서 비롯되는 반대의견의 고조에 관심을 기울였다. "(정부)는 머리가 돌았다…… 이 전쟁을 어리석은 범위까지 밀고 나가고 있다는 감정이 사람들 사이에 퍼지고 있다…… 대부분의 미국인은 왜 우리가 이런 상황에 처해야 하는지를 모르고 있다…… 모두가 전쟁이 끝나기를 바라고 있고 대통령이 종식시키기를 기대한다. 성공리에, 그렇지 않으면……."

'그렇지 않으면'의 내용이 '그렇지 않으면 버려야 한다'를 의미한다 해도 그러한 선택의 여지가 남았다고는 상상하기 어려웠다. 존슨 대통령은 자신에게 유리하도록 베트남의 갈등을 종식시킬 길이 없다는 것을 서서히 깨닫기 시작했다. 남은 18개월의 재임기간 동안에 군사적인 성공을 거두어 전쟁을 종결하겠다는 바람도 지니지 못했고, 선거를 앞둔 상태에서 철수해서 베트남을 '잃는' 짓도 할 수 없었다. 예비군, 사상자, 대중항의가 앞길을 가로막았다. 그는 덫에 빠졌고 모이어스의 의견에 따르면 이렇다. "그것을 알았다. 베트남전쟁이 정치적으로 자신을 파멸시키고 대통령으로서의 임무도 엉망으로 만들었다는 것을 느꼈다. 그는 비참한 남자였다."

존슨은 우파와 군부의 압력에 시달렸다. 군부와 그 대변인들은 그들을 견제하려는 억제책에 점차 분노를 터뜨렸다. 1967년 8월, 군사위원회는 존 스테니스 상원의원이 의장을 맡은 소위원회 청문회에서 분노를 공공연한 비판으로 바꾸었다. 스테니스 의원은 증언이 이루어지기 전부터 북폭을 중지하거나 제한하는 것은 '치명적인 잘못'이라는 의견을 밝혔다.

미국 태평양군사령부의 공군사령관 율리시스 그란트 샤프 장군은 이 논점을 한 단계 발전시켜서 공군력을 열심히 옹호했다. 그는 막사, 탄약저장고, 발전소, 철도공작창, 제철소, 철강공장, 시멘트공장, 공항, 해군기지, 다리에 피해를 주어 전반적으로 교통과 '경제활동의 광범위한 붕괴'를 이끌어 내고, 수확에 피해를 주어 식량부족을 심화시킨 B-52의 혁혁한 전과를 자랑했다. 북폭을 하지 않았다면 북베트남은 남쪽으로 2배나 많은 병력을 투입했을 것이고, 미국은 주둔비용 750억 달러에 80만 명의 보충부대를 쏟아 부어야 했을 것이라고 그는 말했다. 또한 폭격의 중지는 적의 보급로를 회복시켜 남쪽으로 침투한 군대에게 보급을 재개하게 하는 한편, 가공할 방공망을 건설하게 한다는 이유로 북폭의 중지를 요구하는 모든 제안을 비난했다. 샤프 장군은 문관에 의한 폭격목표의 선택은 어리석고 너무나도 실상을 모른다고 노골적으로 경멸했다. 그리고는 화요일에 백악관에서 열리는 점심모임을 가리킨다는 것을 누구나 알 수 있도록 빈정거리면서, 만일 문민정부가 군부의 충고에 귀를 기울여 가장 중요한 하노이와 하이퐁 지역의 '절호의' 목표에 대한 제한을 풀고 폭격목표의 승인에 걸리는 긴 시간을 줄여준다면 폭격은 훨씬 뛰어난 효과를 거둘 것이라고 보장했다. 그는 북폭을 중단하면 전쟁이 무한하게 늘어져 '대패'로 연결될 것이라고 덧붙였다.

맥나마라 장관의 증언은 이러한 모든 주장에 의문을 제기했다. 그는 인상적인 연설에서 북폭계획이 병력과 보급물자의 유입을 눈에 띌 만큼 감소시키지 못한다는 증거를 인용하면서 제한을 풀고 폭격범위를 넓히자는 군부의 권고를 반박했다. "우리에게는 북폭이 북베트남

민족의 의지를 꺾거나 그들의 지도자의 목적을 흔들리게 한다고 믿을 증거가 없다…… 혹은 그들이 폭격 때문에 협상테이블에 나오리라고 자신할 근거도 없다.”이렇게 해서 미국의 전략목적 전체가 무익하다고 국방장관이 인정한 것이다. 이 증언은 문관과 군부 사이의 커다란 의견 차이를 드러냄으로써 큰 반향을 불러 일으켰다.

스테니스 상원의원은 청문회에 대한 보고서에서 문관의 간섭에 대해 거침없는 공격을 퍼부었다. 그는 문관의 판단이 군부의 판단을 지배함으로써 “공군의 진정한 능력이 구속을 받았다”라고 말했다. 지금 필요한 것은 ‘무릅써야 할 위험은 무릅쓰고, 임무를 수행하는 데 필요한 힘을 쓰겠다’는 굳은 결의라고 그는 말했다.

한편 존슨 대통령은 위에서 말한 위험을 무릅쓰지 않겠다는 결심을 굳혔다. 여전히 그러한 위험에 대한 두려움에 시달렸기 때문에 북베트남 항구에 정박 중인 소련의 상선을 이따금 폭격한 건으로 크렘린에 정중하게 사과하기도 했다. 그는 또한 강화에 이르는 수단으로 폭격을 중단하지도 못했다. 군사고문관이 이것만이 북베트남을 굴복시키는 유일한 방법이라고 보장했기 때문이다. 그는 스테니스 소위원회의 청문회가 끝나자 기자회견을 열어 정부 내의 분열을 부정하고 폭격목표의 선택에 관한 결정권은 포기하지 않겠지만 북폭계획은 지지한다고 발표했다. 그는 군부에 경의를 표했고, 합동참모본부의 의장인 윌러 장군은 그 후 화요일 점심모임의 정식 구성원이 되었다. 맥나마라 장관은 압력을 받았고, 폭격범위도 점차 북쪽으로 올라갔다. 특히 하이퐁은 집중적인 목표가 되었다.

맥나마라의 증언으로 존슨 정권에는 균열이 생겼다. 이 시점까지 가장 강한 버팀목 노릇을 했던 맥나마라가 전쟁에 대한 신념을 잃었던 것이다. 그는 케네디에게 물려받은 팀에서 가장 확실한 원칙주의자였고 전쟁의 주요한 관리자였기 때문에 충격이 더욱 컸다. 각의에서 그가 폭격은 북에서의 침투를 저지할 수 없는데다가 "남쪽의 농촌을 파괴해서 영원한 적을 만들고 있다"라고 말했을 때, 동료들은 기분 나쁜 눈초리로 그를 묵묵히 바라보기만 했다. 전쟁을 반대하는 일반국민은 그가 전쟁을 부인하기를 목을 빼고 기다렸지만 그것은 실현되지 않았다. 맥나마라는 1917년에 독일의 베트만 홀베크가 그랬듯이 정부의 방침에 충실하게 따르면서 무익하고 그릇되었다고 믿는 전략을 변함없이 다루었다. 다른 태도를 취하면 불신으로 비쳐 적을 기쁘게 한다는 것이 일치된 의견이었다. 그러나 이루어야 할 임무는 어디에 있는가 하는 의문은 남았다. 충성을 바칠 것인가, 진실을 따를 것인가. 중간입장을 취했던 맥나마라는 오래 가지 못했다. 스테니스 소위원회의 청문회가 열린 지 3개월 뒤에 존슨은 본인과 상의도 하지 않고 맥나마라가 세계은행총재에 임명되었다고 발표했다. 떠날 무렵의 국방장관은 신중하고 예의바른 사람이었다.

베트남에 투하된 폭탄은 150만 톤

이 무렵에는 정부의 입장이 국내에서 수세로 돌아 있었다. 존슨 대통령은 자신의 정치적 입장에 버팀목을 세워 국민의 신뢰를 되찾기 위해서 웨스트모랜드 장군, 로지의 후임자인 엘스워스 번커 대사, 그 밖의 중요인물을 귀국시켜서 낙관적인 예상을 하고 '공산주의자의 공격을 막고 승리한다'는 임무에 대한 그들의 굳은 신념을 표명하게 했다. 밖에서 들어오는 증거는 국민에게 알리지 않았지만 그다지 유망하다고는 말하기 어려웠다.

CIA는 어떤 수준의 해군과 공군의 작전이든 '너무나 견디기 어려워서 전쟁을 중단해야겠다'고 하노이가 받아들일 정도는 아니라는 결론을 내렸다. 냉혹하게도 달러의 가치라는 관점에서 계산한 CIA의 폭격에 관한 조사는, 북베트남에 준 피해 1달러당 미국측의 비용은 9.60달러라는 사실을 밝혀냈다. 국방부의 시스템분석이 발견한 사실에 따르면, 적은 '우리가 보급로의 숨통을 끊는 것보다 빠르게' 다른 루트를 건설했다고 한다. 또한 이 분석은 미군의 증강은 필요 이상의 해를 주고, 특히 남베트남 경제에 악영향을 미친다는 결론을 내렸다. 국방분석국은 제이슨 조사단의 조사를 재개했지만, 지난번 결론을 수정해야 할 새로운 데이터를 발견하지 못했다. 게다가 공군의 주장과는 반대로 "우리는 북쪽에서 침투하는 병력을 축소시킬 수 있는 효과적인 폭격작전을 전개할 수 없다"라고 솔직하게 밝혔다.

강한 신념과 대립해서 객관적인 증거가 반대를 외치는 경우에 일어나는 현상은 '인지부조화' 이론에 따르면 신념의 포기가 아니라 경직이고, 반증을 아전인수 격으로 해석하려는 시도라고 한다. 그 결과는 '인식의 경직'이다. 쉬운 말로 하면 아둔함의 매듭이 한층 단단해지는 것이다. 북폭의 경우에도 마찬가지였다. 북폭이 하노이를 절박한 상황으로 몰아가면 갈수록 협상으로 전쟁에서 벗어난다는 미국 정부의 바람은 그만큼 방해받았다. 1967년 말에 국방부는 남북베트남에 투하된 폭탄의 총톤수가 150만 톤에 달해 제2차 세계대전 중에 육군항공대가 유럽에 투하한 총량보다 7만 5천 톤이 많다고 발표했다. 반을 약간 넘는 양이 북베트남에 투하되었고, 이것은 태평양전선에 투하된 총량을 능가했다.

한 가지 제한이 설정되었다. 7월에 존슨 대통령은 지상군의 상한을 52만 5천 명으로 정했다. 이것은 21년 전에 르크레르 장군이 필요하다고 선언했던 숫자를 조금 넘었고, 그때 그는 "그 병력으로도 성공하지 못할 수도 있다"라고 말했다. 같은 무렵에 미국은 상호주의를 살짝 완화한 새로운 제안을 했다. 레이몽 오보라크와 허버트 마르코비치리는 두 프랑스인이 퍼그워쉬회담이 열렸을 때 키신저와 대화를 나누고 하노이와 미국을 연결하는 사자로 일하고 싶다고 제안했다.

레이몽 오보라크는 호치민의 옛 친구였고, 둘 모두 전쟁의 종결을 거들고 싶어 했다. 그들은 국무부와 상의를 한 뒤에 만일 북폭을 중지하면 협상에 응하겠다는 보장을 하노이가 하면, 그리고 북베트남도 상호적으로 남쪽으로의 침투를 축소한다고 '상정'할 수 있으면 미국은 폭격을 중지하겠다는 메시지를 가지고 하노이로 떠났다. 하노이는 위의 조건으로 대화를 하겠다는 뉘앙스를 풍기는 회담을 보냈지만, 샤프 장군이 하노이와 하이퐁을 분리시키고 보급로도 끊는 대대적인 폭격작전을 시작하는 바람에 하노이는 분통을 터뜨리며 더 이상의 논의를 거부했다. 화요일의 점심모임은 그날의 폭격목표를 선택할 때 졸고 있었음에 틀림없다. 하기야 이것도 부주의가 고의적인 것이 아니라는 가정하에서의 이야기이다.

누가 더 오래 버티나 두고 보자

한 달 후에 성가신 반대의 목소리가 드높아지고 당내에서 존슨에 대한 정치적 도발계획이 수립되었다는 증거가 발견되었을 때, 존슨은 나름대로 힘겨운 노력을 했다. 그는 9월 29일에 샌 안토니오에서 한 연설에서 공공연히 오브라크와 마르코비치의 임무에 포함된 공식을 되풀이해서 언급했다. "오늘밤이라도 우리와 남베트남의 동맹자는 협상에 임할 준비가 완벽하게 되어 있다…… 이것이 조속히 생산적인 논의로 발전한다면 미국은 기꺼이…… 북베트남에 대한 모든 폭격을 중지하겠다"라고 말했다. 미국은 대화가 진행되는 동안 북베트남이 북폭 중지를 이용하지 않으리라고 '당연히 상정하고' 있었다. 하노이는 이 제안을 '사이비 강화' '완전한 기만'이라며 쌀쌀맞게 거부했다. 공산주의 동조자로서 하노이에 거주하면서 북베트남 측의 중재자로서 일했던 오스트레일리아의 저널리스트 윌프레드 버쳇은 워싱턴측의 의도에 '깊은 회의'를 표명했다. "존슨 대통령은 베트남인이 자신들의 문제를 자유롭게 해결하는 것을 조건으로 진심으로 전쟁의 종결을 바란다고 말한다. 그러나 그것을 곧이곧대로 믿는 북베트남의 지도자는 한 사람도 없다."

이번에는 하노이측이 호기를 놓치는 어리석음을 저질렀다. 북베트남은 존슨의 공개제안을 일단 받아들인 뒤에 그에게 그것을 지키게 하면서 결과를 시험할 수 있었다. 만일 이 아수라장 속에서 강화의 실마리를 잡아챘다면 그들의 국가는 고난에서 조금이라도 빨리 벗어났을 것이다. 그러나 그들은 북폭 때문에 편집증에 사로잡혀 적의 태도가 약간 누그러지는 것에는 만족하지 못했다. 그들은 힘을 배경으로 협상할 수 있을 때까지 적보다 오래 버티겠다는 결심을 굳혔다.

여전히 승리에 대한 미련을 버리지 못하는 존슨

며칠도 지나지 않아 미국의 반전운동을 단순한 반대에서 정치적 도전으로 뒤바꾸는 사건이 일어났다. 존슨과 맞서는 대통령 후보가 당내에서 출현한 것이다. 반전운동의 조직자들은 정치적 도전을 하지 않으면 운동이 거의 전진하지 못한다는 것을 알았기 때문에 적극적으로 후보를 물색하고 있었다. 로버트 케네디는 동료들의 부추김을 받았지만 입후보하려고 하지 않았다. 그러나 10월 7일에 미네소타주 출신의 유진 매카시 상원의원이 미네소타가 배출 한 수많은 무소속의원들 속에서 등장하여 입후보를 발표함으로써 물꼬를 텄다. 반전조직의 열기가 그를 감쌌다. 과격파, 중간파, 정치와는 관계없이 전쟁을 종결시키고 싶어 하는 사람들이 그의 주변에 모였다. 학생들은 그의 선거운동을 하려고 대학에서 몰려들었다. 최초의 대통령후보 예비선거가 닥칠 때까지 존슨과 그의 골수 지지자들은 매카시의 신봉자를 시정배라고 경멸하면서 도전을 심각하게 생각하지 않았다. 사실은 그것이 몰락의 시작이었다. 한 달 후에 미국의 중도기관지 『새터데이 이브닝 포스트』지가 다음과 같은 명쾌한 시설로 미국의 개입을 총괄했다. "베트남전쟁은 존슨의 오류이고, 그는 대통령의 권한을 행사해서 그것을 국가의 오류로 만들었다."

1968년 말, 베트남에서 적의 구정공세가 폭발했을 때 미국의 여론은 전쟁과 대통령에 반대하는 쪽으로 급속하게 기울었다. 전에는 베트콩의 공세가 주로 시골마을들에 한정되었지만, 이번에는 서로 연대해서 일시에 1백 개가 넘는 남베트남의 도시와 마을을 습격하는 대대적인 공세에 나섰다. 전에는 대개 게릴라의 모습을 볼 수 없었는데, 이번에는 사이공 미국대사관의 안뜰에까지 기세 좋게 돌입할 정도의 맹렬한 공격을 가했다. 미국의 텔레비전 시청자들은 시가전과 미국의 지배지역에서 작렬하는 포화와 사망자의 모습을 보고 두려운 인상을 받았다. 공격이 시작되면 몇 주일 동안 베트콩에게 포위되어, 포위망이 풀릴 때까지 몇천 명이나 되는 주민이 학살당했다. 전투는 한 달이나 계속되었고 많은 도시가 포위되어 위험한 상황에 빠졌다. 결과는 어느 쪽에 유리한지 분명치 않았다. 그러나 기진맥진해서 비실대고 있어야 할 적이 적어도 그 정도의 공격력을 동원할 수 있다는 사실은 모든 자신감 넘치는 평가를 날려 보냈다. 웨스트모랜드는 신뢰를 잃

독선과 아집의 역사 ──

었고 미국의 국민과 정부는 경악했다.

구정공세의 목적은 봉기를 촉구하기 위해서일 수도, 주요한 거점을 만들기 위해서일 수도, 또는 협상의 예비행위로서 힘이 강력하다는 인상을 주기 위해서일 수도 있었다. 구정공세는 남베트남을 분쇄하지 못했고, 베트콩과 북베트남은 3만에서 4만 5천 명으로 추산되는 사상자를 대가로 치렀지만 상대편에게 충격을 주었다는 점에서는 성공했다. 미국 전역으로 패배감이 퍼져나갔고, 이 전쟁을 묘사한 다음과 같은 말이 사람들을 더욱 착잡하게 만들었다. "마을을 구하려면 그것을 파괴할 필요가 있다." 이 말은 가장 널리 인용되었다. 이렇게 말한 미국의 소령은 베트콩을 패주시키려면 마을을 송두리째 파괴해야 한다는 의미로 말했지만, 그의 말은 미국이 힘을 행사하는 방식(보호국을 공산주의에서 지키기 위하여 파괴한다)을 상징하는 듯이 들렸다. 전쟁이 막바지를 향할 때 『월 스트리트 저널』지는 다음과 같이 냉정하게 선언했다. "우리가 생각하기에 미국 국민은 베트남에서의 모든 노력이 불길한 숙명을 안을 듯하다는 전망을 받아들일 각오를 해야 한다."

웨스트모랜드는 즉시 1만 5백 명의 병력을 긴급 공수해달라고 요구했고, 이어서 20만 6천 명에 달하는 추가병력을 요청했다. 이 요청에는 윌러 장군과 합동참모본부도 동의했지만, 존슨이 7월에 설정한 상한을 훨씬 넘는 숫자였다. 이 시점에서 베트남의 병력은 50만 명을 약간 밑돌았다. 존슨은 분명히 국내의 항의운동을 고조시킬 대대적인 병력증강에 직면해야 했고, 전쟁의 격화와 군사행동에 의존하지 않는 해결 가운데 어느 쪽을 택할 것인지 결단을 내릴 순간을 맞았다. 선거운동이 본격적으로 시작되려던 이때, 웨스트모랜드의 요청을 받아들이는 것은 대담한 행위였다. 존슨은 심리적으로 군대가 우위에 서면 승리할 것이 틀림없다는 신념에 사로잡혀 있었기 때문에 협상을 시작할 마음도 없었다면 '패배'로 해석될 조건 아래서 군대를 철수시킬 마음도 없었다.

그는 20만 병력을 추가로 동원했을 경우의 비용과 효과를 검토하기 위해서 아직 취임하지 않은 국방장관 클라크 클리포드가 이끄는 특별작업반을 임명했다. 20만 명을 추가하면 궁지에 몰린 상황을 타개하고 승리를 얻을 수 있느냐는 질문을 받은 합동참모본부는 그렇게 된다는 아무런 보장도 하지 못했다. 특별작업반은 임무의 범위를 제한하려고 노력했지만 '기본적인 의문'이 끊임없이 부각되는 것을 막을 수 없었다. 즉 국내에서는 예비군의 소집, 징병제도의 연장, 복무기간의 연장과 몇십억 달러가 넘는 추가경비, 세금의 증가, 임금과 물가의 통제가 어려운 문제였다. 전선에서는 1967년에 9만 명의 북베트남 병력이 남쪽에 침투했다는 피할 수 없는 사실, 또한 현재의 침투율은 전년도보다 세 배 내지 네 배나 높아졌고 적은 매회 미국 이상으로 병력을 증강할 수 있다는 사실이 절망감을 주었다.

북폭은 명백히 그들의 침투를 저지할 수 없고 적의 병력이 아무리 소모되어도 '견디기 어려울' 정도는 아니라는 사실도 드러났다. 그토록 맹렬하고 어떤 지역에서는 자살과도 같은 테러공격을 감행하느라 적은 주저 없이 인명을 대대적으로 희생시켰고 사상자율이 50퍼센트에 달하는 경우도 있었다. 그렇다면 소모율이 어디에 달해야 적은 '견디기 어렵다'고 느끼겠는가.

긴밀하게 움직이는 합동참모본부와 대통령 보좌관들(그중에서 러스크, 로스토우, 월러 장군과 테일러 장군은 특별작업반의 구성원이었다)은 위와 같은 사실에서 아무런 추론도 이끌어내지 못한 듯이 보인다. 그들은 과거 3년 동안의 자세에서 한 발짝도 벗어나지 못한 채 전쟁을 계속하고 웨스트모랜드에게 그가 바라는 것을 주기로 마음을 굳혔다. 조지 케

독선과 아집의 역사 ──────

난의 말에 따르면 그들은 '꿈을 꾸는 사람처럼', '자신들의 행위의 결과를 실제적으로 평가하지' 못했다. 클리포드와 그의 추종자들은 회의적이어서 전쟁노력을 제한하면서 해결책을 협상하자고 주장했다. 그러나 그들도 철수는 고려에 넣지 않았다. 3년에 걸쳐 온갖 것을 잿더미로 만든 파괴의 뒤끝인 만큼 북베트남의 보복은 가혹할 것으로 보였고, 이런 시점에서 손을 떼서 남베트남 사람들이 적에게 살육되도록 내버려둘 수는 없었기 때문이다. 의견의 일치에까지 이르지는 못했지만 특별작업반은 3월 4일에 당장의 요구를 만족시키기 위해서 1만 3천5백 명의 증강을 권고했다. 보고서의 나머지 내용은 '대통령의 주의를 환기해서 보다 폭넓은 문제에 관심을 집중하도록 하기 위한 노력'이었다.

클리포드는 맥나마라가 잃은 지지를 회복하기 위해서 존슨 대통령이 선택한 인물이지만, 역설적이게도 그는 새로운 지위를 차지하자마자 맥나마라의 환멸을 그대로 맛보았다. 그는 이미 그 전해 여름에 좀 더 많은 병력의 파견을 요청하려고 SEATO 각국을 순방할 때 그의 임무에 대한 각국의 무관심한 태도에 충격을 받았다.

'도미노'에 헤딩하는 소위 동맹국들은 이 문제를 진지하게 대하지 않았다. 위협과 바로 이웃한 태국은 3천만 명의 인구 중에서 고작 2천5백 명의 병력을 베트남에 파견했다. SEATO 국가들은 미국의 노력을 높이 평가하고 격려하기는 했지만 군대를 증강하겠다는 의지나 진지한 관심을 보이지 않았다. 동남아시아 내부에서 동남아시아 자신의 상황을 바라보면 미국은 도대체 무엇을 지키고 있는가 하는 심각한 의문이 솟구쳤던 것이다.

국방부에 들어간 클리포드는 군사적 승리를 얻기 위한 계획이 아니라 승리를 배제하는 일련의 제한, 즉 북베트남으로의 침입금지, 라오스와 캄보디아 영내로의 추격금지, 하이퐁항의 기뢰부설금지 따위에 직면했다. 민간인인 차관과 차관보는 타운젠드 후프의 '군사적 승리의 불가능성'을 밝힌 각서에서부터 상원에 대해서 정부의 전쟁정책을 변호하기보다 오히려 사직하고 싶다는 의견을 밝힌 폴 니츠의 사직원에 이르기까지 갖가지 환멸감을 드러냈다. 또한 시스템 분석을 통한 보고서는 "50만 명이라는 엄청난 미군의 투입, 연간 150만 톤의 폭탄, 연간 40만 회의 출격, 3년 동안 적 사살 20만과 미군 전사 2만에도 불구하고 농촌과 도시지역에 대한 우리의 지배는 현재 본질적으로 1958년 8월 이전의 단계와 똑같다"라고 밝혔다.

나아가 클리포드는 새로운 병력증강이 여론에 미칠 영향에 대한 우려 섞인 평가와 1968년 25억 달러, 1969년 1백억 달러 하는 식으로 기하급수적으로 늘어가는 예산예측에 직면했다. 또한 베트남에 대한 전국가적 투자 때문에 유럽과 중동에 충분한 원조를 할 수 없다는 것, 나아가 미국이 이 전쟁에 깊게 개입하면 할수록 남베트남은 자구노력을 게을리 한다는 것도 깨달았다. 그는 '현재 우리가 걷는 길은 끝이 없을 뿐 아니라 바람직하지도 않다'고 확신했다. 전쟁은 막다른 골목에 몰려 있었다. 클리포드는 뛰어난 재능과 어렵게 쌓은 평판을 실패할 것이 뻔한 대의에 쏟아 부을 사람이 아니었기 때문에 대통령을 현재의 얼어붙은 자세에서 벗어나게 해야겠다고 결심했다. '꿈속을 헤매는 사람들'인 대통령의 측근들과 맞서 싸우기에는 8대 1이라는 수적 열세가 힘겨웠지만 현실은 그의 편이었다.

정치정세가 클리포드를 도왔다. 민주당과 전쟁에 반대하는 감정이 고조되고 있었다. 민주당은 존슨이 소속한 당이었기 때문이다. 베트남전쟁은 덩치가 엄청나게 큰 신천옹(코린즈 작 『늙은 어부의 노래』에서 비유적으로 인용)이 되었기 때문에 "지금 당장 선거가 벌어진다면 진지한 공

독선과 아집의 역사 ────

화당원이라면 누구라도 나를 압도적으로 누를 수 있을 것이다"라고 메릴랜드주 출신의 상원의원 밀라드 타이딩스는 존슨의 연설초안자에게 말했다. 타이딩스의 고문들은 살아남을 수 있는 길은 대통령을 공격하는 것 단 한 가지뿐이고, 그것을 할 수 없다면 '목소리를 높여 반전을 부르짖어야 한다'고 그에게 충고했다. "이 전쟁은 미국을 덫에 빠뜨리고 민주당도 함께 빠뜨렸기 때문이다." 그는 자신들의 선거구에서 똑같은 상황에 직면했다고 보고한 몇 사람의 다른 상원의원들의 이름을 거론했다.

이러한 상황은 캘리포니아주 민주당위원회에 의해서 확인되었다. 이 위원회는 3백 명의 서명을 받아, 그들의 판단에 따르면 "1968년 캘리포니아주 선거에서 민주당이 대패를 피하는 유일한 길은 베트남전쟁의 비군사적 해결을 실현하기 위해서 즉각적으로 전력을 다한 노력을 기울이는 것뿐이다"라는 취지의 전보를 대통령에게 보냈다. 이 시기에 실시된 여론조사는 공화당에서 경합 중인 6명의 후보 가운데 누가 나와도 다음 선거에서 현직 대통령을 누를 것으로 예상했다.

그보다 더욱 큰 실마리가 된 것은 구정공세의 여진이 아직 남아 있는 '불타고 말라 죽고 진이 빠질 때로 빠진 나라'에서 돌아온 월터 크론카이트가 2월 27일에 한 방송이었다. 그는 '믿을 수 없을 만큼 더러운' 오두막과 땅굴에서 살아가는 47만으로 추정되는 새로운 난민들의 모습을 보고했다. 이미 공식명단에 오른 80만 명의 난민에 더해진 사람들이었다. 정치 분야에서는 "과거의 실태로 미루어보건대 베트남 정부는 제반 문제에 대처할 수 있다는 자신감을 전혀 갖고 있지 못하다"라고 그는 말했다. 또한 우리는 구정공세를 보고, 협상은 '강화조건을 유리하게 이끌기 위해서'가 아니라 협상 자체를 목적으로 한 것이어야 한다는 인식을 '항상 지녀야 한다'고도 말했다. '베트남의 피어린 경험은 승패 없이 마감될 수밖에 없다는 것이 어느 때보다 분명해졌기' 때문이다. 유일한 '합리적인 탈출방법'은 협상에 의존한 탈출밖에 없고, '승자로서 손을 떼는 것은 불가능하다'라고 그는 다시 경고했다.

국가의 '어른'인 월터가 내린 판단의 '충격파'는 '회오리바람처럼 정부를 휘젓고' 최상층부까지 도달했다고 대통령의 공보비서 조지 크리스찬은 말했다. "월터를 잃으면 미국 중부를 잃는다"라고 존슨은 의견을 밝혔다.

조작된 통킹만사건

일주일 후, 풀브라이트 상원의원은 상원에서 통킹만사건을 재조사한 결과, 의회의 결의는 '잘못 전달된 정보'에 의한 것임이 밝혀졌기 때문에 당연히 '무효'라고 발표했다. 대통령은 웨스트모랜드가 요청한 20만 명의 병력증강을 고려 중에 있고, 전략적 지원을 위해 5만 명의 예비군을 소집하는 문제에 대해서 이미 합동참모본부에 동의했다는 뉴스가 신문기자들에게 누설되자 예상했던 대로 항의가 빗발쳤다. 국민들은 상황이 신문의 논조대로 돌아간다면 정부보다 먼저 동남아시아에서 손 뗄 각오가 되어 있었다. 『타임』지에 따르면 국민들은 '미국이 아무리 세계 최대의 패권국이라 하더라도 베트남에서는 승리할 수 없다(혹은 유리한 해결조차 불가능하다)'라는 사실을 인식하기 시작했다. 이러한 인식은 베트남시대의 통과의례를 상징하는 것이었다.

상원 외교위원회는 그다지 열성적이지는 않았지만 그런대로 수동적인 입장에서 벗어나서 청문회를 열었다. 풀브라이트는 청문회의 개회연설에서 지금 우리는 젊은이들이 '전통적인 미국의 가치와 어긋난다고 생각하는' 것에 '정신적으로 반항'하는 광경을 목격하고 있다고 말했다.

풀브라이트는 다른 상원의원들의 지지를 얻어 '의회의 승인 없이 전쟁을 확대하는' 대통령의 권한에 대해 의문을 제기했다. 이 위원회의 위원들은 은밀하게 클리포드와 윌러 장군에게 "우리는 베트남 주둔군의 수가 대대적으로 증가하는 것을 도저히 지지할 수 없었다. 그러나 우리가 지지하지 않는다면 도대체 누가 지지하겠는가"라고 통고했다. 청문회에 증인으로 불려나온 러스크는 덜레스 이후 앵무새처럼 되풀이된 목적을 주장했지만, 정부가 베트남정책을 'A에서 Z까지' 재검토해서 대안을 생각 중이라는 사실을 인정했다.

다음날 뉴햄프셔주에서 열린 대통령후보 예비선거에서 매카시 상원의원이 놀랍게도 42퍼센트의 표를 얻었고, 그 뒤에도 사태는 더욱 나쁜 방향으로 흘렀다. 로버트 케네디가 누군가가 수심을 확인할 때까지 기다리다가 안전한 것을 확인하고는 입후보하겠다는 성명을 낸 것이다.

마침내 가장 두려운 정적이 링에 올라온 것이다. 케네디의 인기를 생각하면 매카시 상원의원보다 훨씬 현실적인 정치적 위협이 눈앞에 닥친 것이다. 두 사람 모두 평화를 외치는 후보자로서 전국을 누비고 다녔기 때문에, 이제 와서 존슨이 골드워터의 굳은 확신도 지니지 못한 채 골드워터가 되어야 했다. 그의 앞에 놓인 것은 민주당을 분열시키는 선거운동, 현직 대통령인 자신이 성공할 희망이 전혀 없는 전쟁정책을 정당화하려고 처음부터 끝까지 수세에 몰려야 하는 선거운동이었다. 존슨 대통령은 제이슨 조사단의 경고, 맥나마라의 변절, 소모전술의 실패, 구정공세에도 불구하고 정책을 재고하려 하지 않았고, 누군가 새로운 정치적 전망을 제시하면 '경직된 인식'을 더욱 굳힐 뿐이었다.

정치정세는 전쟁에 대한 존슨의 결심을 흔들지 못했지만(이 단계에 서는 지나치게 경직되어서 바뀔 수가 없었다), 선거에서 패배하리라는 굴욕적 인 예상을 피할 수는 없었다. 케네디가 입후보를 발표한 것과 때를 같 이해서, 존슨이 구정공세 이후에 개인적으로 전쟁 노력의 재검토를 부탁했던 딘 애치슨이 결론을 가지고 돌아왔다. 애치슨은 '진부한 상 황설명'은 배제한 채 국무부, CIA, 합동참모본부에서 직접 선택한 정 보원과 만나 내린 결론이라고 하면서 "군부는 달성할 수 없는 목적을 추구하고 있다. 군대를 무한정하게 투입하지 않는 한 승리할 수 없다 (1964년에 특별작업반이 말했던 것과 똑같이). 존슨의 연설은 현실과 너무 동 떨어져 국민은 이제 그의 말을 믿지 않고 전쟁도 더 이상 지지하지 않 는다"라고 말했다.

이것은 존슨이 위협하거나 무시할 수 없을 뿐더러 실제로 그가 존 경하는 사람의 의견이었다. 그렇다 해도 존슨은 당신은 틀렸다는 말 을 듣기 싫어했다. 같은 주에 존슨은 전국농업조합에서 호전적인 연 설을 했다. 그는 연단을 치고 청중에게 손가락질을 하면서 전쟁에 승 리하기 위한 '거국일치의 노력'과 평화를 요구했다. 그는 공산주의자 들이 군사적인 성공을 거두었다고 해서 베트남정책을 바꿀 생각은 없 다고 하면서 '꼬리를 내리고 우리의 약속을 깨려고 하는' 비판자들을 비난했다. 그것은 전쟁에 패배한 첫 대통령이 되지 않겠다는 취임 초 의 맹세가 집권 말기에 분노의 메아리로 허망하게 울려 퍼진 것일 뿐, 누구의 박수도 받지 못했다.

오랫동안 대통령의 친구 겸 고문으로 지낸 제임스 로우는 연설이 끝난 뒤에 '전쟁에게 승리하겠다'라고 역설한 웅변에 감동을 받은 것 이 아니라 존슨에게 애국심이 없다는 비난을 받아 '엄청나게 분노한' 사람들이 수없이 전화를 걸어왔다고 보고했다.

"사실 지금에 이르러 전쟁에 승리하는 것에 관심을 가진 사람은 거의 없다. 모두 전쟁에서 벗어나고 싶어 하고 있고, 유일하게 남은 문제는 어떻게 벗어나는가 하는 방법뿐이다"라는 것이 로우의 냉정한 요약이었다.

사흘 후에 존슨은 갑자기 웨스트모랜드를 소환했다고 발표했고, 합동참모본부와의 의견조정을 위해서 부사령관 크레이턴 에이브람스 장군을 미국으로 호출했다. 의견을 조정한 결과 20만 명의 증원군을 보내지 않기로 결정했지만, 정책을 명확하게 바꾸지는 않았다. 합동참모본부가 얻은 것은 전략상의 예비군으로 6만 명을 소집하는 안에 존슨이 동의한 것뿐이었다.

클리포드는 베트남의 상황을 도저히 타개할 수 없다는 것을 대통령에게 분명하게 납득시키기 위해서 선배격인 원로정치인들의 회의를 열어 그들의 의견을 듣자고 제안했다. 나중에 '현인회'라는 별명으로 불린 이 모임의 구성원에는 세 사람의 걸출한 군인 리지웨이, 오마 브레들리, 맥스웰 테일러 장군, 애치슨 전 국무장관, 더글러스 딜론 전 재무장관, 로지 전 대사, 전 독일주재 고등판무관 존 맥클로이, 한국전쟁의 휴전을 실현한 협상전문가 아서 딘, 원로외교관 로버트 머피, 조지 볼, 사이러스 밴스, 아서 골드버그와 아서 골드버그의 후임으로 대법원에서 일하던 존슨의 친구 에이브 포타스 판사가 포함되어 있었다. 그들은 법률, 재정, 행정을 연결하는 권력의 중심에 있었고, 단순한 반대자, 평화론자, 장발의 급진주의자가 아니라 체제측의 기득권을 유지하는 일에 종사하는 사람들이었다. 게다가 백악관에 고립된 현직 대통령보다 훨씬 광범위한 연계를 외부세계와 갖고 있었다.

그들의 토의는 미국이 입고 있는 막대한 경제적 손실과 고조되는 국민의 불만에 큰 주의를 기울였다. 변함없이 북폭을 지지하는 사람도 있었지만, 대부분은 반대했다. 군사적인 승리를 고집했기 때문에 미국은 어려운 상황으로 끌려들어갔고, 국익과 일치되지 않는 입장에 빠졌다는 인식에 대다수가 동의했다. 리지웨이 장군은 베트남 지도자의 힘을 키울 수 있다는 가정이 진실이라면 미국의 지지 아래서 그것을 2년이면 달성할 수 있을 테니 사이공에 2년이라는 제한기간을 통고하고, 그 뒤에 '우리 군의 단계적 철수를 시작하는' 것이 좋다고 주장했다. 확실한 의견일치를 이루지는 못했지만, 대통령은 논의를 지켜보면서 정책의 변경을 피할 수 없다는 것을 깨달았다. 무언의 충고가 협상을 통해 손을 떼라고 말했기 때문이다.

존슨의 불출마 선언

구정공세를 설명하는 대통령의 텔레비전 연설이 3월 31일에 실시될 예정이었다. 클리포드는 '꿈속을 헤매는' 사람들 가운데 몇 명, 즉 러스크, 로스토우, 윌리엄 번디와, 자신과 마찬가지고 환멸을 느끼던 대통령의 연설초안자 핸리 맥퍼슨을 만나 이번 연설은 과거의 정책과 명확하게 다른 내용을 피력해야 한다고 강력하게 주장했다. 그는 이렇게 말했다.

"누구나 인정하겠지만 이대로 가면 '대패'로 연결된다. 현재 대통령 보좌관들이 이해하지 못하는 것은 영향력이 큰 사람들이 대통령에 대한 지지를 빠르게 거둬들이고 있다는 사실이다. 어쩌면 구정공세에 대한 반작용일지도 모르고, 우리가 바라지 않는 늪으로 빠져 들어갔다는 감정에서 온 것일지도 모른다. 그들은 늪으로 점점 깊게 빠져 들어가는 것은 미친 짓이라고 생각한다." 클리포드는 엄숙하게 말을 이어나갔다. "국민생활에 영향을 미치는 주요한 인시들, 즉 재계, 언론

독선과 아집의 역사 ────

계, 종교계, 다양한 직업의 대표자들, 대학의 학장과 학생들, 지적 사회의 대다수가 전쟁을 반대하고 있다."

대통령의 연설은 일반국민용으로 방향이 전환되었고, 대화를 통한 강화와 일방적인 폭격의 중지를 진지하게 제안했다. 그러나 배후에 숨긴 의도는 수정하지 않은 채였다. 군부는 존슨에게 우기에 접어들어 작전을 축소해야 하므로 북폭이 중지되어도 아무런 피해도 입지 않을 것이라고 보장했다. 백악관 주변과 합동참모본부는 강화를 위해서 대회를 하자고 제안해도 무력을 통한 목표의 추구가 금지되지는 않을 것이다, 왜냐하면 하노이는 분명히 그 제안을 거부할 것이기 때문이다라고 생각했다. 이러한 생각은 연설 예정일의 전날 동남아시아 조약기구 각국에 주재하는 미국 대사들에게 새로운 제안에 대해서 통고하는 중요한 전보에 분명하게 드러나 있었다.

대사들은 주재국의 정부에 통지할 때 '하노이는 십중팔구 이 제안을 거부할 것이므로 얼마 뒤에는 우리가 다시 자유롭게 행동할 것임을 분명하게 알리라는' 지시를 받았다. 분명히 존슨 대통령과 측근인사들은 전쟁수행방침의 변경을 전혀 생각하지 않았다. 문제는 다가오는 선거를 대비해서 국내여론에 어떻게 대처할 것인가 뿐이었다. 미국 태평양군사령부와 사이공의 사령관들도 대사들에게 경고한 것과 똑같은 취지의 통지를 받았다. '대통령이 이 결정을 내린 원인'인 다양한 요소 중에는 구정공세 이후 국민과 의회의 지지가 '급격하게 감소했다는 사정이 있고', 이 경향이 계속되면 "동남아시아에서의 우리의 목적에 대한 국민의 지지가 너무 약해져서 전쟁을 계속할 수 없을 것이다"라고 윌러 장군은 사령관들에게 말했다. 그러나 그는 북폭의 중지를 제안하는 대통령의 결정이 "반대파의 증가를 역전시키리라고 생각한다"라는 희망을 밝히고 말을 끝맺었다.

존슨 대통령의 공식연설은 고결하고 관대했다. "우리는 즉시 협상을 통한 강화를 향해서 움직일 용의가 있다. 따라서 오늘밤, 이 행동이 조기회담으로 연결되기를 희망하면서 나는 전쟁축소를 향한 첫걸음을 내딛는다…… 우리의 발걸음은 즉각적이고 일방적이다." 본인은 항공기와 함선에게 비무장지대 부근의 위험한 전장을 제외하고 20도선 이북의 북베트남을 공격하지 말라고 명령했다. '비무장지대 부근은 끊임없는 적군의 증강이 동맹군의 전방을 직접적으로 위협하고 있기' 때문이다. 폭격을 면할 예정인 지역은 북베트남 인구의 90퍼센트를 포함하는 주요 거주지역과 식량생산 지역이다. "만일 우리의 억제에 하노이측이 똑같은 조치로 응해 준다면 북폭은 완전히 중지될 가능성이 있다"라고 대통령은 말했다.

또한 '아시아에서의 진정한 평화를' 위해서 일방적으로 전선의 축소를 제안하는 터이니 제네바회담의 의장국인 영국과 소련이 지지해주기를 바란다고 요청했고, "적극적으로 호의를 갖고 응해 주기를 바란다"라고 호치민 대통령에게 호소했다. 하노이는 거부할 것이라는 예상과 거부한다면 미국은 전쟁을 재개할 예정이라는 점에 대해서는 전혀 언급하지 않고 '1954년의 제네바협정에 기초해서' 남베트남을 '어떠한 외국의 지배에서도 미국, 또는 다른 국가의 간섭에서도 해방시킬' 강화를 기대한다고 발표했다. 20만 병력의 추가요청에 대해서도 전혀 언급하지 않았다. 앞으로 전쟁이 확대될 가능성은 얼마든지 남아 있었다.

존슨 대통령은 분열과 통일에 대해서 사람들의 마음을 사로잡는 웅변을 토한 뒤에 미국과 세계를 경악시킨 뜻하지 않은 성명을 발표했다. 즉 그는 "이 정치의 해에 곳곳에서 벌어지는 파벌적인 분열에 본인은 휘말리고 싶지 않다"라고 말하고, 따라서 "본인은 여러분의 대통

독선과 아집의 역사 ────

령으로서 또 한 차례의 임기를 위한 우리 당의 지명을 요구하지도 않고 지명을 받아들일 생각도 없다"라고 말했다.

이것은 막다른 골목에 몰린 전쟁상황을 인식했기 때문이거나 전투를 포기했기 때문이 아니라 정치현실을 인식했기 때문에 나온 불출마 선언이었다. 존슨은 골수까지 정치적인 인간이었다. 이제 그의 인기가 땅에 떨어졌다는 것은 흔들림 없는 사실이고, 그와 함께 민주당까지 인기가 곤두박질치고 있었다. 존슨은 현직 대통령으로서 재지명권을 얻으려고 악전고투를 하고, 그 끝에 가서(그렇게 될 가능성이 컸지만) 재지명조차 받지 못하는 신세가 되고 싶지 않았다. 그런 굴욕을 견딜 수는 없었던 것이다. 학생들의 항의구호가 떠들썩한 위스콘신주의 대통령 후보 예비선거는 이틀 후인 4월 2일로 예정되어 있었다. 그리고 여론조사 담당관이 전화로 존슨이 유진 매카시나 로버트 케네디에게 뒤질 것이라는 가혹한 예상을 전달했다. 그래서 존슨은 '오늘밤 우리 모두에게 존재하는 분열'과 상처를 매만져서 우리의 역사를 치유하고, 미국의 약속을 지켜 다른 존경받을 만한 부흥사업을 실시해야 하는 그의 임무에 대해서 공정하게 밝히고, 알맞은 때에 극적으로 정쟁에서 몸을 뺐던 것이다.

사흘 후인 4월 3일, 하노이는 '대화를 시작하기 위해서' 폭격과 그 밖의 모든 전쟁행위의 '무조건 중지'를 결정할 목적으로 미국의 대표와 연락을 취할 용의가 있다고 발표해서 미국을 놀라게 했다.

22년에 걸친 독선이 완결되다

미국의 병력수송선이 프랑스군을 인도차이나로 날라다 준 이후 22년에 걸친 독선이 (종결된 것은 아니었지만) 이제 완결되었다. 미국은 위신을 잃지 않고 손을 떼기 위한 노력을 5년이나 더 기울여야 했다. 존슨 정권이 시작하고 수행한 전쟁은 대의를 결여하고 쓸데없는 인내심을 강요하고 궁극적으로는 자국에 피해를 주었고 바람직한 구석이라고 는 단 한 군데도 없었다는 점에서는 희귀한 독선이었다. 결과는 모두 해로웠다. '국민의 분노'를 불렀다는 한 점을 제외하고는 그랬다. 너무 나도 많은 미국인들이 베트남전쟁은 악이고, 국익과 어긋나고, 게다가 실패로 끝났다는 것을 깨달았다. 인민당원(19세기에 대토지 소유자, 부유계급에 반대해서 T. W. 달러가 결성했던 중하층민의 반대운동)들은 '민중의 지혜' 라고 말하고 싶을 것이다. 그러나 미국 국민은 현명했다기보다 신물 을 냈던 것이다. 어떤 경우에는 그것도 일종의 지혜이기는 하겠지만 말이다. 국민들은 대통령에게 등을 돌림으로써, 민주주의에 기초한 국 민의 총의를 얻지 못해도 제한전을 수행할 수 있다고 생각한 대통령 의 타락을 호되게 추궁했다.

독선과 아집의 역사 ───

아집과 독선으로 끌어온 전쟁
1969~1973

1968년에만 1만 4천 명의 미군이 죽었다

제1차 세계대전 중에는 독가스를 살포하면 사용한 쪽으로 되돌아오는 변덕을 일으키기도 했기 때문에 결국 사용을 중지할 수밖에 없었다. 베트남전쟁은 최종단계에 이르자 미국을 역습해서 정부에 대한 불평과 불신을 심화시켰고, 그 반대작용으로 이번에는 정부 안에 국민에 대한 적의를 키워 그것이 중대한 결과를 낳게 했다. 존슨 대통령이 보인 교훈은 명백함에도 불구하고 독선의 유산이 그의 후계자를 또다시 사로잡았던 것이다.

새 정권은 미국이 수락할 수 있는 조건 아래 적과의 강화를 이루려고 오로지 군사적 위압에만 의존했다는 점에서는 옛 정권과 조금도 다르지 않았다. 그 결과 이미 대다수의 미국 국민이 거부하던 전쟁이, 국내적인 손실의 모든 가능성을 질질 끌면서 다음 대통령의 임기 내내 계속되었다.

존슨은 대통령으로 재직한 마지막 해에도, 북폭 중지와 대화에 대한 하노이의 동의에도 불구하고 전쟁을 조금도 종결을 향해서 끌고 가지 못했다. 회담은 개최장소, 의전, 남베트남과 민족해방전선의 참가문제, 또한 좌석의 배치와 탁자의 모양에 이르기까지 사사건건 의견충돌만 일으켰다. 북베트남은 협상의 전제조건이었던 북폭의 '무조건 중지'에 대한 당초의 요구를 고집했고, 회담순서에 대한 논의에서 실질적인 내용의 검토로 이행하려고 하지 않았다.

미국은 20도선 이북에 대한 폭격중지는 지켰지만 20도선에서 남쪽으로 이어지는 침투로에 대한 공격은 세 배나 강화했다. 또한 회담의 타결에 대비해서 사이공 정부의 입장을 강화하려고 게릴라를 색출해서 섬멸하는 작전을 최고 강도로 실시했다. 이러한 전략으로 매주 2백 명의 미군병사가 죽어 나가 1968년의 미군 전사자는 1만 4천 명에 달했다.

1968년은 로버트 케네디와 마틴 루터 킹 2세의 암살, 킹의 암살에 뒤이은 폭동, 과격파 학생의 무정부적인 폭력행위, 악의를 담은 반동과 시카고 민주당대회에서의 경찰의 만행 등으로 상징되는 국내의 폭력과 증오가 불타오른 해이기도 했다. 국내의 비밀정보국은 잠재적인 파괴활동분자로까지 활동범위를 넓혔다. 그들은 개인 편지를 개봉하고, 도발하는 역할을 맡은 프락치를 잠입시키고, 무언가 수상쩍은 교우관계 때문에 국가에 대한 위험인물로 간주되는 시민들에 대해서 조서를 작성했다.

미국의 대표인 해리먼 대사와 사이러스 밴스는 베트남회담을 진척시키기 위해서 전면적인 북폭 중지를 선언하라고 대통령에게 권고했다. 존슨은 하노이도 상호주의에 따라 군사행동을 축소해야 한다는 이유로 거부했고, 이번에는 하노이가 먼저 북폭이 중지되지 않으면 군사행동을 축소할 수 없다고 버텼다. 선거가 다가오자 민주당은 북폭 중지를 필사적으로 탄원했고, 존슨은 11월 1일에 전면적인 북폭 중지를 선언했다. 그러자 이번에는 남베트남의 추 대통령이 회담의 진전을 저지했다. 추는 미국의 공화당이 승리하면 보다 많은 원조를 얻을 수 있을 것이라고 기대하고 대화에 참가하기를 거부하면서 방해를 했다. 1969년 1월에 마침내 실질적인 협상이 시작되었을 때 이 임무를 맡은 것은 리처드 닉슨 대통령과 그의 외교정책 고문인 헨리 키신저가 이끄는 새로운 팀이었다.

존슨을 닮은 닉슨

인기 없는 전쟁을 끝내기 위해서 "한국을 방문하겠다"라고 말한 아이젠하워의 선거공약을 떠올리게 하듯이, 닉슨은 대통령 선거운동 중에 "우리가 이 전쟁을 끝내고 강화를 이루겠다"라고 유권자에게 약속했다. 그러나 수단에 대해서는 말하지 않았다. 섣불리 입을 열면 파리에서 벌어지는 존슨의 협상을 뒤집을 수도 있고, '나중에 발목을 잡힐 수도 있었기' 때문에 말을 아꼈던 것이다. 그러나 '전쟁을 끝내고 강화를 이루겠다'라는 주제를 강조함으로써 무언가 좋은 계획을 갖고 있다는 인상을 주는 데는 성공했다. 사람들은 닉슨이 현실적인 사고를 한다고 생각했다. "대통령이 된 뒤에도 6개월 동안 전쟁이 계속되면 그것은 나의 전쟁이 된다"라고 그는 개인적으로 어떤 신문기자에게 말했다. 또한 'LBJ(린든 B. 존슨의 약자)처럼 백악관에 들어갔다가 나중에는 거리에 얼굴을 내미는 것도 무서워하는 꼴이 되고 싶지 않다'라고 마음을 굳히고, "나는 이 전쟁을 서둘러 끝낼 생각이다"라고 말했

"...AND, VOILA, WE HAUL OUT A DOVE...A DOVE...I'LL
HAVE TO ASK YOU TO IMAGINE THIS IS A DOVE!"

〈이봐, 비둘기를 꺼냈잖아. 이게 비둘기라고 상상하기를 바래〉. 올리펀트의 시사만화.1969년 3월 7일

다. 그러나 일단 대통령의 지위를 손에 넣자 전쟁을 끝내겠다는 공약
을 완전히 저버리고 오히려 질질 끄는 결과가 되었다. 새 대통령은 전
임자와 똑같이 전쟁목적의 실패를 인정하기 싫어했고, 군대를 증강하
면 적을 타협에 나서게 할 수 있다는 고정관념을 가진 것이 분명했다.

귀찮은 일을 빼고는 좋은 구석이라고는 하나도 없는 나쁜 상황을
이어받은 닉슨 대통령에게 국가안전보장회의를 이끄는 임무를 부여
받은 키신저는 '이미 실패한 일을 되풀이하지 마라'라는 교훈을 벽
에라도 써 붙이고 이 문제를 곰곰이 되새겼으면 좋았을 뻔했다. 그렇
게 했다면 디엔비엔푸를 흘끗 돌아보고 적의 이해관계와 그것을 위해
서 싸우고자 하는 적의 의지와 능력을 올바르게 평가했을 것이고, 협
상으로 끌고 가고자 했던 존슨의 모든 노력이 일관되게 실패한 까닭
은 무엇인지 자세하게 따져보았을지도 모른다. 그런 식으로 숙고하다
보면 남베트남의 독립정부를 강화하기 위해서 전쟁을 계속하는 것은

독선과 아집의 역사

무익하고 미국의 안전과 별다른 관계도 없으며, 적이 넘겨주지 않겠다고 마음을 굳힌 결과를 협상을 통해서 얻으려고 하는 것은(군대를 기꺼이 무한정하게 투입할 마음이 없다면) 시간낭비라는 결론에 도달했을지도 모른다. 비록 군사적 압력 아래서 협상을 통해 원하는 결과를 얻었다고 해도 1967년에 라이샤워가 지적했듯이 10년이나 20년 뒤에 '남베트남의 정치적 지배체제는 미국이 한 번도 개입하지 않았다고 가정했을 때의 상태에 가까웠을' 지도 모른다.

합리적인 진로는 손실을 막고 공산화되지 않은 남베트남의 존속을 보장한다는 발상을 포기하겠다는 전제 아래 적과 협상하지 않고 철수하는 것이었다. 단 약속된 기한 내에 미군을 철수하는 대가로 미군 전쟁포로를 돌려받는다는 유일한 조건에 대해 합의하는 것은 별개의 문제이다. 실제로 정부의 요청을 받은 랜드연구소(캘리포니아주 산타모니카에 있는 미국 정부계열의 싱크탱크)의 전문가들이 제출한 몇 가지 제안 중에 이것과 똑같은 것이 포함되어 있었다. 그러나 가장 군사색이 엷은 이 안은, 다른 안들이 대통령에게 제출되기 전에 싱크탱크와 군사고문에 의해 목록에서 제외되었다. 그러나 설사 대통령이 그 안을 보았다고 해도 마음이 움직이지 않았을 것이다. 전쟁의 목적은 허구적인 안전보장에서 이제는 미국의(그리고 닉슨도 이 발상에서 벗어나지 못했지만 대통령 개인의) 위신과 평판을 시험하는 것으로 변질되고 말았다. 닉슨도 패배의 주인공역을 맡을 생각은 털끝만큼도 없었다.

그는 분명히 하나의 계획을 갖고 있었고, 그것은 어떤 점에서는 존슨이 걸었던 길을 근본적으로 뒤집는 것이었다. 그 계획의 의도는 징병제를 중단하고 미국 지상군을 조국으로 복귀시킴으로써 국내의 항의를 해소하려는 데 있었다. 이것은 전쟁목적의 포기를 의미하는 것은 아니었다. 미군의 폭격을 강화하여 필요하다면 북쪽의 보급로와 캄보디아의 기지로까지 확대할 예정이었다. 미군의 철수를 메우기 위해서 미국 공군의 지원은 계속하면서 원조, 무기 보급, 훈련을 크게 늘려서 베트남군이 전쟁을 대신 떠맡을 수 있도록 강화한다는 계획이었다. '베트남화'로 알려진 이 정책은, 베트남전쟁을 가리켜 항상 '그들의' 전쟁이라고 소리 높여 외쳐왔던 것을 생각하면 정식으로 다루어지는 것이 지나치게 뒤늦은 감이 있었다. 그러나 물자를 홍수처럼 퍼붓고도 과거 25년 동안 달성하지 못했던 것(적어도 '만족할 수 있는 기간 동안' 공산화되지 않은 국가의 자립을 유지할 수 있는 의욕적인 군대의 창설)을 어떻게든 달성하겠다는 의욕은 높이 살 만했다.

북베트남을 이길 수 있는 건 남베트남뿐

미군이 일방적으로 철수한 배경에는, 미국 국민을 달래는 한편 하노이에 "우리는 외교적인 해결을 진지하게 모색하고 있다"고 알림으로써 미국이 수락할 수 있는 조건에 기초한 협상으로 적을 유인하려는 의도가 숨어 있었다. 그러나 북베트남이 고분고분하게 나오지 않으면 그들이 승리를 거머쥐는 것은 불가능하다는 것을 깨달아 부득이 전쟁을 포기하거나 흐지부지 전쟁을 끝낼 때까지 폭격의 강도를 높일 예정이었다. 미국은 하노이를 설득하기 위해서 소련을 통해서 항만봉쇄와 기뢰부설, 나아가 보급로와 캄보디아와 라오스 내의 성역에 대해서 더욱 강력한 공격을 생각하고 있다는 것을 알렸다. 미국은 공격의지를 과시하는 시위로서 1969년 3월에 캄보디아에 대해서 처음으로 비밀폭격을 감행했다. 닉슨이 대통령의 자리에 오른 지 불과 두 달밖에 안 되었을 때의 일이었다. 4월에 제2차 폭격이 이어졌고, 5월이 되자 폭격은 빈번하게 정기적으로 이루어졌다.

독선과 아집의 역사 ──

미국의 후원 아래 실시했던 15년 동안의 무장강화와 훈련이 눈에 띄는 성과를 전혀 올리지 못했던 것을 생각하면, 다시금 이런 수단으로 전쟁을 훌륭하게 떠맡도록 남베트남군을 강화할 수 있다고 기대하는 것은 우둔한 발상이었다. 남베트남군에 배치되었던 한 미군 중사는 1970년의 상황을 떠올리면서 이렇게 말했다. "남베트남군은 언제나 50퍼센트가 무단결근을 했고, 보병중대와 소대의 지휘관들은 대부분 슬그머니 모습을 감추곤 했다." 병사들은 '도둑질과 마약매매를 하면서 시간을 보내는' 장교 밑에서 전쟁의욕을 잃었다. 전쟁행위를 어중간하게 계속하는 것은, 다시 말해서 공중폭격으로 압력을 증대시키는 전략(이것은 '부정적 강화'라고 불렸다)을 계속하면서 미군을 철수시키는 것은 더욱 큰 독선이었다. 국내문제에 대한 대처를 별도로 하면, 지상군의 철수는 달성하고자 했던 목적을 단념하는 경우에만 의미를 갖기 때문이었다.

　전투부대의 철수는 전쟁에 승리한다는 목적을 위해서, 또는 있는 힘을 다해 유리한 해결책을 끌어낸다는 목적을 위해서는 이례적인 방책이었다. 당연한 이야기지만 군부는 분노했고, 이 정책이 미리 승리를 배제한 것, 또한 남베트남화에 별로 자신이 없기 때문에 합리적인 해결조차 어렵게 만드는 것이라고 생각했다. 그러나 국민의 분노를 사지 않고 전쟁을 계속한다는 것은 환상에 불과하다는 것을 깨달았기 때문에 이런 방법이 나왔던 것이다. 닉슨과 키신저는 그들의 장기인 실제적인 타산에도 불구하고 명백히 또 하나의 환상의 희생양이 되었다. 이미 저하된 남베트남의 사기를 약화시키지 않고 북베트남의 결의를 더욱 굳게 만들지도 않으면서 미국 지상군을 철수할 수 있다고 생각한 듯이 보이기 때문이다. 물론 철수는 남베트남의 사기를 저하시키고 북베트남의 결의를 굳게 만들 것이 불을 보듯 뻔했다.

전쟁노력의 축소는 미국의 결연한 자세를 적에게 과시하는 결과가 되지 않고 하우 장군의 필라델피아 철수와 똑같이 오히려 반대효과를 낳았다. 일찍이 아메리카의 식민지인들은 하우 장군의 출발에서 영국군이 철수한다는 낌새를 채고 칼라일 강화사절단과 타협할 필요가 없다는 것을 깨달았다. 하노이가 받아들인 것도 똑같은 메시지였다. 닉슨 대통령이 1969년 6월에 철수계획을 발표하고 8월에 2만 5천 명의 미군이 처음으로 배를 타고 고국으로 향했을 때 북베트남은 이 전쟁이 자신들에게 유리하게 끝나리라는 것을 깨달았다. 어떤 대가를 치르더라도 버티기만 하면 되는 것이었다. 마치 이제는 마음을 놓아도 된다고 선언하듯이 호치민이 반세기의 투쟁 끝에 9월에 숨을 거두었다.

말이 안 통하면 힘으로 밀어붙이자

닉슨의 계획은 미국 내에서 터지는 전쟁반대의 외침은 사상자에 대한 슬픔 이상의 의미를 담고 있다는 사실을 간과했다. 많은 사람들이 이 전쟁이 불법이라고 생각했다. 그들은 이 전쟁이 마음에 새겼던 조국의 모습을 무너뜨린다고 느꼈다. 군대의 귀환에 따라 항의운동은 잠시 수그러들었지만 마음 깊은 곳에는 전쟁이 야기한 결과 그 자체에 대한 감정이 숨어 있었다. 그 감정은 교전상태가 계속됨에 따라 점점 강해져 갔다.

하노이는 미국은 프랑스와 똑같이 국내전선에서 패배했다고 확신하고 타협하지 않았다. 미국은 좌절감에 휩싸인 채 격분해서 '부정적 강화책'에 의존했다. '야만스러운 타격', '결정적인 타격', 또는 '11월의 선택' 등 갖가지 명칭으로 불린 공격계획이 수립되었다. 항만을 봉쇄하고 항구와 하천과 해안의 수역에는 기뢰를 부설하고 제방까지 파괴했다. 하노이는 융단폭격을 받았다. "북베트남과 같은 작은 4류 국가가 인내의 한계점 따위는 지니지 않았다니 믿을 수 없다"라고 키신저는 '11월의 선택'을 실시하는 도중에 말했다. 모든 것에는 인내의 한계점이 있다는 의미에서 그는 옳았다. 그러나 이런 말을 할 수 있는 것은 필요한 힘의 정도를 실험할 때뿐이다. 제안된 정책을 실시해도 남쪽에서 싸우는 북베트남의 능력을 현저하게 저하시킬 수 없다고 주장하는 문관분석관의 반대와 키신저의 표현에 따르면 '국민의 항의라는 잠자는 맹수'를 깨우지 않을까 하는 우려에 직면해서 '11월의 선택'은 취소되었다.

남베트남군의 수를 배로 늘리고 무기, 선박, 항공기, 헬리콥터, 1백만 정이 넘는 M-16, 4만 기의 척탄통, 2천 문의 박격포와 곡사포를 쏟아 부으며 정신 나간 듯한 베트남화가 시작되었다. 그러나 1만 명의 남베트남군 장교, 조종사, 고도의 기술훈련을 받기 위해서 외국에 파견된 기계공과 정보분석가를 동원한다 해도 때는 이미 늦어 있었다. 어쨌든 이 과정 덕택에 잠시 남베트남에 전보다 강한 발판이 마련되었다. 이것은 주로 구정공세 때 입은 손실을 베트콩이 메우지 못했기 때문이었다. 그러나 1970년에 15만 명의 미군이 철수할 예정이고 그 뒤에도 더욱 많은 철수가 이어질 것을 생각하면 베트남화와 철수가 경쟁하는 듯한 양상이었다.

항의운동은 잠잠해지기는커녕 더 거세졌다. 1969년 10월에 '지금 강화를' 요구하는 베트남반전데이가 조직되었다. 이때 전국적인 시위가 벌어져 사람들의 주의를 끌었다. 보스턴공원에는 10만 명의 군중이 모여 에드워드 케네디 상원의원이 모든 지상군은 1년 내에, 모든 공군과 지원부대는 3년 내에, 즉 1972년 말까지 철수하라고 외치는 모습을 지켜보았다. 샌프란시스코의 시위대 한 사람이 치켜든 플래카드에는 "베트남전쟁에 져라. 청년들을 고국으로 돌려보내라"라고 씌어 있었다. 닉슨 대통령은 반전데이에 대한 계획된 응답으로, 자신을 지지하는 '소리 없는 다수'에게 전국적인 연설을 했다. 그는 이 연설에서 공표는 할 수 없지만 정해진 예정표에 따라 철수를 완료하고 "강화를 쟁취하는 방법으로 전쟁을 종식시키겠다"라고 약속했다.

소리 없는 다수가 있다고 해도 그들은 주로 무관심하고 침묵했지만, 반면에 항의운동에 참가하는 쪽은 적극적이고 소리 높여 발언했다. 11월에 개최된 제2회 베트남반전데이에는 워싱턴에서만 25만 명의 시위대가 참가했다. 닉슨이 법률사무소에서 일할 때의 동료이자 법무장관인 존 미첼은 발코니에서 그것을 바라보면서 '마치 러시아혁명 같다'라고 생각했다. 그의 말에는 반전운동이 정부의 눈에 어떻게 비쳤는가가 드러나 있다. 대다수의 사람들이 포기하기를 바라는 국가의 시책에 대한 시민의 정당한 반대의견의 표명이 아니라 악의와 파괴활동의 위협으로 보였던 것이다. '정적 명단'은 이러한 견해의 산물이었다.

신문도 반대의견을 퍼붓고 체제측의 걸출한 사람들도 그것에 동조했기 때문에 닉슨 대통령은 그러한 움직임을 '진보적인 패거리'가 자신의 정치적 입지에 반대해서 벌이는 음모라고 생각했다. 진보적인 패거리는 '알저 히스(미국의 전 국무부 관리. 소련측 간첩에게 비밀정보를 흘린 것을 부인해서 위증죄로 처벌받았다) 사건 이후 나를 파멸시키려 하고 있다'라고 생각했기 때문이다. 키신저는 회고록이 증언하는 바에 따르면 항의운동에 마음이 심란해지고 종종 분노도 느꼈지만, 그것을 외교문제의 실행에 대한 간섭이자 민주주의에 따라붙는 필요악이라고 간주했다. 그래서 그것을 참아야 하지만 진지한 정치가는 그런 것에 영향

독선과 아집의 역사 ──

을 받아서는 안 된다고 생각했다. 키신저는 하버드대학 교수단에서 선출한 동료가 항의의 목소리를 높일 때조차도 전혀 귀를 기울이지 않았다. 대통령도 마찬가지였다. 그들이 아무리 떠들어봐야 그가 대표하는 유권자들이 귀담아들을 만한 것은 한마디도 없다고 생각했기 때문이다. 두 사람 모두 반대운동에서 단 한 가지도 유익한 교훈을 얻지 못했다. 르네상스시대 교황들의 귀를 두들겼던 개혁의 외침과 똑같이, 통치자 자신의 이익이라는 점에서는 적극적으로 반응을 보여야 할 필요를 전혀 느끼지 못했기 때문이다.

협상은 키신저와 하노이의 사자 레둑토 사이의 비밀회담이든 파리에서의 4자회담이든 전혀 진전되지 않았다. 양쪽이 변함없이 상대편이 받아들이기 어려운 조건을 고집했기 때문이다. 북베트남은 추와 키 정권을 추방하고 민족해방전선을 포함하는 명목상의 '연립내각'을 세워야 한다고 주장했다. 이것은 보호정권을 포기하라는 이야기였기 때문에 당연히 미국은 거절했고, 그 대신 북쪽의 모든 군대를 남쪽 지역에서 철수하라고 요구했다. 이 요구는 북베트남이 단호하게 거절했다. 그들은 시종일관 국가는 하나라고 생각했기 때문에 어느 지역에 머무르든 미국이 그들의 거주권에 개입하지 말리는 식으로 나왔다. 그들의 생각은 국가의 통합을 고집 했던 에이브러햄 링컨의 주장과 같았지만, 미국은 그것을 전혀 고려하지 않았다. 아마 하노이는 힘으로 양보하게 해야 한다고 믿었을 것이다.

'강화를 쟁취하는 방법으로 전쟁을 종식시킨다,' 다시 말해서 공산화되지 않은 남베트남을 온존시킨다는 방침이 협상에 나서는 미국의 발목을 잡았다. 이때는 이것이 '명예로운 강화'라고 불렸고, 닉슨과 키신저가 끝없이 주장한 신뢰성과 같은 개념이었다. '명예로운 강화'는 베트남에서 미국이 손을 빼는 데 '지긋지긋한 훼방꾼'이 되었다. "여러분의 주장이 이성에 토대를 두었다는 것을 증명해 보여라"라고 버크는 말했었다. "그것이 상식을 따르고 유익한 목적을 달성하는 수단임을 증명해보라. 그렇게 하면 나는 만족해서 여러분의 마음에 들 만큼 그것의 위신을 인정할 것이다." 그러기는커녕 미국이 주장했던 것은, 장 상테니가 베트남에서 오랜 경험을 한 프랑스인으로서 키신저에게 한 말에 따르면 '터무니없는 기도'였다. 키신저가 탈레랑(프랑스의 정치가. 1754~1838)보다 버크를 많이 읽었다면 그의 정책방향은 달라졌을 지도 모른다.

대안은 미국이 사용하기를 꺼렸던 힘으로 북베트남을 분쇄해서 무릎 꿇게 하거나, 아니면 미국의 조건을 포기하고 키신저 자신이 생각했듯이 '하노이와의 합의 없이 개입을 끝내는' 것이었다. 후자의 경우에는 남베트남화에 의해서 충분히 강화되는 시기를 가늠해서 남베트남이 자력으로 국가를 지키도록 했다.

주요한 장해가 되었던 것은 미국인 전쟁포로였다. 하노이는 조건에 대해서 합의를 이루지 못하면 포로를 인도하지 않겠다고 했지만, 모든 육군과 공군의 실전부대의 최종적인 철수시한을 약속하면 그들의 석방이 힘든 것도 아니었다. 이 대안은 조기타결을 위해서도 미국 국민의 정신건강을 위해서도 실행 가능한 안이었고, 실제로 그것을 요구했던 사람도 있었다. 그러나 미국의 평판을 해친다는 이유로 채택되지 않았다. 손실을 없애고 국가의 본디 임무로 돌아가면 미국의 평판에 해를 입히기보다 그것을 높일 것이라는 사실은 정책입안의 균형상 중시되지 않았다. 분쇄와 포기 사이에서, 닉슨과 키신저는 단계적인 힘을 행사해서 '하노이가 전쟁의 연속보다 평화에 매력을 느끼도록' 한다는 대책 없는 절충의 길을 택했다. 이 계획은 실제로 몇 년 동안 실시되고 있었다.

캄보디아 침공작전 개시

절충의 선택은 이제 북베트남의 영토가 아니라 캄보디아 내의 보급로, 기지, 성역을 대상으로 한 폭격의 강화로 표현되었다. 출격 횟수는 캄보디아의 중립과 관계있는 복잡한 이유 때문에 군사기록상 조직적으로 조작했다. 그러나 적이 캄보디아의 중립을 침해한다는 알맞은 구실을 내세울 수 있었음에도 불구하고 조작한 것을 보면 아마 이 비밀은 전쟁의 확대를 미국 국민에게 숨기려는 의도와 관계가 있었을 것이다. 신문의 논조와 많은 정부요인의 반전감정을 생각하면 공중폭격을 비밀로 한다는 발상은 정부 상층부의 수상쩍은 기만행위의 하나였다. 『뉴욕 타임스』지의 국방성 출입기자가 그 증거를 발견하고 특종기사를 썼다. 이 이야기는 여론의 주의를 끌지 못했지만, 머지않아 이것이 실마리가 되어 캄보디아는 닉슨의 네메시스(벌을 주는 여신)가 되었다. 비밀폭격의 '누설'로 격분한 닉슨은 FBI를 불러 키신저의 지휘 아래 그 자신의 참모 가운데 하나인 모턴 할페린의 사무실에 도청장치를 했다. 할페린은 분류된 보고서에 접근할 수 있었기 때문이다. 미국의 역사상 처음으로 대통령의 사임으로 막을 내린 불상사가 여기에서 시작되었다.

닉슨 대통령의 비밀작전은 여전히 안개에 싸여 있었지만, 1970년 4월 미국의 지상군이 남베트남군과 함께 캄보디아를 침공하자 국민의 맹렬한 분노가 폭발했다. 미국 내의 목소리가 전쟁을 확대하지 말고 축소하라고 외치는데도 명목상으로는 중립국이었던 다른 국가로까지 전쟁을 확대한 것은 이스라엘인을 진압하기 위해서 강제노동감독관을 불렀던 레호보암과 똑같이 이 상황에서는 최대의 도발적인 선택이었다. 이것은 일종의 부메랑효과를 부르는 행위였고, 마치 신들을 즐

캄보디아의 시아누크

겁게 하기 위한 짓궂은 운명에 조종되듯이 비틀거리는 정부가 저지른 독선이었다.

군사적인 침공이유는 겉으로는 설득력이 있었다. 다시 말해서 북베트남은 캄보디아를 지배하여 미군이 철수한 뒤에 남베트남을 위협하는 거점으로 했다. 따라서 이 공격계획의 의표를 찔러 베트남화의 시간을 벌고, 캄보디아의 시아누크빌항에서 연결되는 주요 보급로를 차단하는 한편, 공산주의로 기운 시아누크공을 몰아낸 프놈펜의 우호적인 새 정권을 지지하기 위해서였다. 그러나 전쟁을 종식시키는 것이 닉슨과 키신저의 이익으로 연결된다면, 정부는 똑같이 설득력이 있는 침공반대 쪽으로 지혜를 쏟았어야 했다.

닉슨은 1970년 내에 15만 명의 미군을 철수시키겠다는 안이 항의 운동을 가라앉힐 것이라고 생각했다. 아니면 베트남에서 온건하게 나

　　　　　　　　　　　　　　　　독선과 아집의 역사 ──────

가든 강경하게 나가든 '저 빌어먹을 진보주의자들'이 기를 쓰고 소란을 일으킬 것이라고 생각했을지도 모른다. 그는 북베트남의 '공격'에 대응해서 투쟁적인 연설로 침공에 나서겠다고 선언하고, 미국의 패배를 뒤집어쓰는 대통령이 되지 않겠다는 귀에 익은 후렴구를 자꾸만 되풀이했다.

침공의 목적은 COSVN(베트남 노동당 남부위원회)이라는 실체도 확실치 않은 적의 본부, 즉 '중추신경'의 파괴였다. 전략적으로 말하면 침공은 성공했다. 상당한 양의 북베트남 무기를 압수하고 엄폐호와 성역을 파괴하고 2백 명이 넘는 적을 사살해서 적이 예정했던 공격을 1년 늦추게 하는 등 적에게 막대한 피해를 주었다.

그러나 당당한 전과에도 불구하고 실체가 있는지 의심스러웠던 적의 '중추신경'은 발견되지 않았다. 전체적인 결과는 부정적이었다. 프놈펜의 허약한 정권은 보호가 필요했고, 촌락과 국토는 파괴되었다. 인구의 3분의 1은 집 없는 난민으로 전락했고, 공산주의 계열인 크메르 루즈는 신병을 모집해서 크게 강화되었다. 북베트남군은 곧바로 돌아와서 광대한 지역에 침입했고, 게릴라들에게 무기를 공급하고 훈련시켰다. 이로써 인도차이나의 또 한 국가가 아수라장이 되고 말았다.

캄보디아 침공에 대한 미국 내의 반응은 폭발적이었다. 정치적으로 양극단에 위치한 사람들이 서로 대립했고, 격렬한 논쟁이 불을 뿜었다. 반대파들은 정부를 증오했고, 그것은 다시 정부측의 증오에 불을 질렀다.

여론조사는 때때로 닉슨의 공격적인 정책에 일시적으로 높은 지지율을 보이기도 했지만, 반전감정쪽이 훨씬 목소리가 컸고 신문은 노골적으로 적의를 드러냈다. 『뉴욕 타임스』지는 닉슨의 캄보디아 침공을 '또 하나의 군사적 환상'이라고 부르고 "지루한 세월과 쓰라린 경험으로 미국 국민의 신뢰가 고갈되었다"라고 단언했다. 몇 개월 전에 밀라이마을의 학살이 폭로되었을 때 국민들은 이미 온몸에 소름이 솟구치는 경험을 했었다. 이 마을에서는 미군 병사들이 피에 굶주린 짐승처럼 노인, 여자들, 울부짖는 어린이들을 포함한 2백 명의 힘없는 마을사람들을 살육했다.

캄보디아 침공 뒤에 미국인끼리 서로 죽이는 사건이 일어났을 때 충격은 더욱 컸다. 5월 4일, 오하이오주의 켄트 주립대학에서 위험한 학원폭력을 진입해 달라는 지사의 요청을 받은 군대가 시위대에 발포해서 4명의 학생을 학살했다. 여학생이 믿을 수 없다는 한스런 표정으로 죽은 동료 위에 엎드리듯이 무릎 꿇은 사진은 유황도에 성조기가 게양되었을 때 이후 가장 유명한 기념사진이 되었다. 이제 베트남전쟁의 바람은 미국의 하늘 위로 역류했던 것이다.

켄트 주립대학 사건 이후 항의운동이 불을 뿜었다. 학생들의 수업거부와 시위행진이 끊이지 않았고, 캠퍼스의 밤은 화롯불로 이글거렸다. 10만 가까운 분노한 군중이 백악관을 마주한 공원에 운집했고, 경찰을 태운 60대의 버스가 인디언에 대항하는 짐마차처럼 둥그렇게 그 주변을 에워쌌다.

의사당이 자리 잡은 캐피틀 힐에서는 베트남에서 귀환한 군인들이 집회를 열었다. 그들은 귀환군인에게 수여한 기념패를 내팽개쳐 사람들의 이목을 끌었다. 국무부에서는 250명의 직원이 전쟁확대에 반대하는 성명서에 서명했다. 정부는 이러한 사건들이 적의 지구전을 격려하는 이적행위이자 반애국적인 행위라고 탄핵했다. 이것은 사실이었다. 슬프게도 젊은이들이 애국심이라는 소중한 감정을 잃고, 그것을 비웃었기 때문이다.

독선과 아집의 역사 ——

베트남전쟁과 관련된 비밀일지 누설

항의운동은 냉소적인 말투와 법을 무시하는 파괴 등 미치광이 같은 부산물을 낳았다. 이것이 신중한 사람들을 분노케 했는데, 반드시 그들이 매파였기 때문이 아니라 그러한 행위가 진지한 삶과 법률과 질서를 훼손한다고 생각했기 때문이었다. 이러한 대립이 전형적으로 드러난 사건이 일어났다. 월가에서 헬멧을 쓴 건설인부들이 학생들의 시위행진을 습격했다. 그들은 손에 들고 있던 연장을 무기로 휘둘러서 학생들을 구타했다.

이러한 충돌은 닉슨 대통령이 10월에 1970년 중간선거의 선거운동을 하러 산호세에 갔을 때 절정에 달했다. 그를 맞은 것은 욕설과 비열한 야유를 쇳소리로 질러대는 군중이었다. 그들은 닉슨이 홀을 빠져나오려 하자 계란과 돌멩이를 던졌다. 닉슨은 자칫하면 계란세례를 받을 뻔했다. 이것은 미국 역사상 최초의 대통령에 대한 군중의 공격이었다. "우리는 그들의 얼굴에서 증오를 보았고…… 그들의 목소리에서 증오를 들었다"라고 닉슨은 나중에 폭도들을 '미국에서 가장 천박한 패거리'를 대표하는 '폭력적인 무리'라고 탄핵한 성명에서 말했다.

산호세사건이 일어나기 전에도 캄보디아 침공에 대한 메뚜기떼 같은 비판이 대통령을 격분시켜, 그렇지 않아도 지겹도록 느끼던 피해의식을 증폭시켰다. 보좌관이었던 찰스 콜슨에 따르면 '포위당했다는 심리'가 백악관에 가득 찼었다고 한다. '이제는 (그들) 대 (우리)의 문제가 되었다'고 느꼈다는 것이다. 다른 관찰자에 따르면 대통령관저의 수비병들은 '좌익혁명이 머지않아 반드시 일어날 것이라고 진심으로 믿었다'고 한다. '적들'에 대한 은밀한 감시, 비밀리에 이루어지는 도발과 첩자행위, 수색영장 없는 가택수색과 도청기 설치가 예삿일이 되었다. 급진적인 테러리스트 집단의 감시를 맡았던 백악관의 보좌관 한 사람은 법의 집행수단으로써 무제한적인 경찰력과 영장 없는 가택수색을 위한 청사진을 만들었다. 대통령은 이 계획에 서명했고, FBI가 아마 자신들의 권력이 침해된다고 생각했기 때문이겠지만 조언해서 폐기시킬 때까지 닷새 동안 정책으로 존재했다. 비밀폭격을 누설한 사람에 대한 색출작업도 확대되어, 마침내는 국가안전보장회의의 위원들과 몇 사람의 신문기자에게 17개의 도청기를 설치하기에 이르렀다. 진위가 의심스러웠던 COSVN과 마찬가지로 누설사실은 발견되지 않았다. 닉슨은 결국 신문의 날조보도라고 몰아붙였다.

반대할 권리는 미국의 정치제도에서 '절대적 권리'였다. 국가의 원수에 의해, 혹은 원수를 위해서 기꺼이 그 권리를 억압하고, 불법적인 수단을 쓰거나 허용하는 태도는 워터게이트로 향하는 길을 열었다. 여전히 지지부진한 협상 때문에 전쟁이 다음 해까지 이어짐에 따라 이러한 수단이 더욱 거리낌 없이 사용되었고, 1971년 6월에 국방부의 비밀서류를 공표하는 극단적인 지경에까지 이르렀다. 원래 미국이 베트남에 개입한 근원을 밝히려고 맥나마라가 허가한 것으로 대부분 정리가 끝난 정부서류의 수집기록이었는데, 이 서류를 한때 국방부의 관리였고 지금은 반전사상의 이론가가 된 다니엘 엘스버그가 입수하여 신문사와 상하 양원의 몇몇 의원들에게 건넸다. 기록은 1968년까지로 한정되었지만, 누설에 대한 닉슨과 키신저의 반응은 극단적이었다. 특히 그들은 은밀하게 중국과의 국교정상화와 모스크바와의 정상회담을 성사시키려고 노력 중이었고, 워싱턴은 비밀관계 하나 지키지 못한다는 평가를 들을 판이어서 더욱 그랬다. 누설자를 찾기 위한 '보일러공들'이 백악관에 인접한 지하사무실에 자리 잡았다. 엘스버그에게 모종의 조치를 강구하라는 명령은 '대통령의 집무실에서 직접' 내렸다. 엘스버그를 소련의 첩자로 날조할 목적으로 그가 운영하는 정신과병원사무실에 침입하는 일까지 있었다.

이것은 효과가 의심스러운 기도였다. 설사 성공한다고 해도 닉슨이 강력하게 바라던 소련과의 정상회담이 무산될 공산이 컸기 때문이다. '보일러공들'의 고용주에게는 다행스럽게도 그들은 빈손으로 나왔다. 그러나 그들이 엘스버그에 대해서 어떤 사실을 발견했다고 해도 그것으로 14권의 복사된 정부서류를 부인할 수는 없었을 것이다. 상층부의 독선이 밑으로 침투한 것은 분명했다. 불법행위에 대한 분별력을 결여했다는 점에서 르네상스시대의 교황들의 윤리의식이 다시 고개를 쳐들었을 뿐이다.

의회도 까다롭게 굴기 시작했다. 의회는 그때까지 국가를 괴롭히는 이 문제에 대해서 방관자와 똑같은 태도를 취하는 데 만족했었다. 의회는 "추종자의 집단이지 지도자의 집단이 아니다"라고 어떤 의원은 말했다. 의회는 그저 여론의 추세를 따라다녔다. 캄보디아 침공이 이루어지기 전까지는 아마 소리 없는 다수가 사실은 대다수였다는 증거일 것이다. 그러나 닉슨이 취임한 지 6개월이 지나도 공약대로 휴전이 실현되지 않자 반전파 상원의원인 맨스필드, 케네디, 게일로드 넬슨, 찰스 구델 등이 공공연히 전쟁의 종결을 위한 정책을 요구하기 시작했다.

의회의 승인을 받지 않은 캄보디아 침공을 계기로 해서, 상원에서는 자신들이 흐리멍텅해서 이 꼴로 타락한 대통령에 대항하여 의회의 대권을 재확인하려는 움직임이 활발하게 일어났다. 국방부의 서류에서 분명하게 드러난 사실은, 어떤 논의나 서류를 보아도 방위와 외교정책을 결정할 때 의회의 역할에 대해서 별다른 배려를 하지 않는다는 것이었다. 캄보디아 침공이 사실로 드러난 뒤, 닉슨은 상하 양원의 몇몇 의원에게 미군은 의회의 승인을 요구하지 않고(그는 '받지 않고'라고 말하지 않았다) 30마일에서 35마일을 넘어 깊숙한 곳까지 침입하지 않을 것이고, 모든 부대는 3주에서 7주 이내에 철수하겠다고 약속했다.

그러나 상원의원들은 약속을 받아들이지 않았다. 특별회계지출예산안에 대한 수정안, 즉 군비를 줄이고 여러 수단으로 군사개입을 억제하거나 기한을 설정하려는 수정안들이 제안되어 위원회에서 승인을 받았다. 관심을 모은 상원 본회의에서의 심의도 압도적인 다수에 의해서 채택되었다. 그러나 언제나 하원의 초강경파 위원들의 독단적인 의회운영으로 인해 수정안은 심의과정에서 알맹이가 빠지거나 부결되거나 심의를 중단시키려는 의회운영 전술로 보류되었다.

통킹만결의는 마침내 철폐되었는데, 이는 정부가 반대파보다 선수를 쳐서 전쟁의 권한은 총사령관인 대통령이 지닌 입헌상의 권력에 있다는 이유로 정부 자신이 철폐를 제안했기 때문이었다. 그 근거는 수상쩍었지만(대통령은 선전포고도 하지 않고 정말로 총사령관이 될 수 있는가), 대법원은 몇 가지 해결하기 어려운 난제가 있다는 이유로 신중하게 그 주변을 맴돌 뿐이었다.

그렇다 해도 하원에서의 반전표는 계속 늘어났다. 그때까지로는 가장 많은 153명의 의원이 살육에 반대표를 던졌고, 7월 이후에 캄보디아에서의 작전예산을 줄이라고 요구하는 쿠퍼-처치 합동수정안이 제출되었을 때도 정부를 비난하는 목소리가 드높았다. 다음 해에 맨스필드 수정안에 찬성하는 반대표는 177표에 달했다. 맨스필드안은 전쟁포로의 석방을 현안으로 삼아 철수에 9개월의 최종기한을 설정하자는 안이었다(이것은 하원에서 '가능한 한 빨리'로 수정되었다). 완만하게 늘기는 했지만 표수의 증가는 반대파가 늘어난다는 것을 나타냈고, 입법

독선과 아집의 역사 ────

부가 행정부에게 '이제 그만' 요구하는 상상을 뛰어넘는 순간이 닥칠 가능성조차 포함했다.

상사에게 수류탄을 던진 사건

1971년, 미국의 지상군은 출동하지 않았지만 미국 공군의 지원을 받은 남베트남군이 캄보디아작전의 전철을 밟아 라오스를 침공했다. 남베트남군은 '베트남화'의 대가로 50퍼센트의 사상자율을 기록했고, 그들은 이제 미군을 고국으로 돌려보내기 위해서 싸우다가 죽어야 한다는 불만을 토로했다. 이 불만은 모든 작전을 '미국인의 생명을 구하기 위해서' 계획된 것으로 예고하고 싶어 했던 워싱턴의 경향으로 인해 더욱 강해졌다. 반미감정이 확산되기 시작했고, 이에 따라 민족해방전선에 몰래 협력하는 자와 노골적으로 정치적 타협을 요구하는 자도 나타났다. 항의운동이 다시 머리를 쳐들었다. 이번에는 디엠 대신에 추에 반대하는 운동이었다. 아직 베트남에 잔류한 미군의 사기도 떨어져 전투를 회피하거나 거부하는 부대도 나왔다. 마약이 나돌고, 미군에서는 처음 있는 일이었지만 장교와 하사관을 '살상하는' 사건, 즉 상관에게 수류탄을 던진 사건까지 일어났다.

국내의 여론조사에 따르면 대다수의 사람들이 비록 공산주의자가 남베트남을 지배하더라도 연말까지는 전군을 철수하는 쪽이 좋다고 생각했다. 처음으로 대다수가 '베트남에서 미국이 전쟁을 하는 것은 윤리에 어긋나는 행위'이고, 애초에 개입한 것이 '잘못'이라고 인정한 것이다. 대중은 변덕스럽다. 여론조사는 결과가 쉽게 뒤바뀌고 응답은 어떻게 질문하느냐에 따라 달라지기도 한다. 미국 국민들은 베트남전쟁이 윤리에 어긋난다는 사실을 깨달았다. 노스경이 전쟁에 대해서 말했듯이 '실패 덕분에 마침내 인기를 잃어 국민들이 큰소리로 평화를 요구하게 된' 것이다.

북베트남의 대공세

1972년에 접어들자 베트남전쟁은 미국이 자국 밖에서 치른 어떤 전쟁보다 길어졌다. 닉슨이 예정했던 6개월의 유예도 3년으로 늘어났다. 1만 5천 명의 미군 사상자가 추가로 발생했고, 그러고도 아직 끝이 보이지 않았다.

파리회담과 키신저의 비밀협상은 모두 성과 없이 끝났다. 본질적으로 미국이 협상을 통해 승산이 없는 전쟁에서 발을 빼려고 하면서도 체면을 지키려 했기 때문이었다. 전쟁을 오래 끈 책임은 북베트남에도 있었지만, 이해관계는 같지 않았다. 그들에게는 국토와 장래가 걸린 문제였다. 1972년 3월, 대부분의 미군전투부대가 철수하자 북베트남은 마침내 전쟁종결로 연결된 대공세를 펼쳤다.

소련제 탱크와 야포를 앞세운 12만 북베트남군이 비무장지대를 넘어 침입했다. 그들은 남베트남군의 방위선을 돌파하여 사이공 부근의 인구밀집지대를 향해 진격했다. 지상에서는 응전할 수 없었기 때문에 미국은 1969년에 실행했던 '야만스러운 타격'의 제1단계를 부활시켜서 하노이와 하이퐁의 연료저장고와 교통목표에 대해서 맹폭격을 가했다. 북폭에는 B-52가 동원되었다. 닉슨 대통령은 이 전투를 '전쟁을 끝내기 위한 결정적인 군사행동'이라고 발표했다. 한 달 후, 키신저는 현 상태에 따른 휴전을 제안했다. 이 안은 처음으로 북베트남은 남쪽에서 철수해야 한다는 조건을 제외했고, 미국은 포로가 석방된 후 4개월 이내에 전군을 철수시킬 용의가 있다고 선언했다. 정치적 해결의

길이 열린 것이다. 최종기한이 4개월 뒤라면 하노이도 수락하는 지혜를 발휘할 만도 한데, 그들은 폭격이라는 압력하에서의 협상을 거부했던 전례를 따라 행동했다.

재선을 눈앞에 두었던 닉슨은 적의 강경한 태도에 격분해서, 동료에게 "빌어먹을 자식들, 이번에는 정말 매운맛이 무엇인지 깨닫도록 철저하게 폭격하겠어"라고 추태를 부렸다. 그런 짓을 하면 국내의 맹렬한 반대를 불러일으키고, 고생 끝에 간신히 협상을 끝 낸 SALT협정(미소 간의 전략무기제한협정)의 조인과 함께 2주일 후로 예정된 모스크바 정상회담을 소련이 취소할지도 모른다고 주변사람들이 충고했음에도 불구하고 닉슨은 '야만스러운 타격'의 후속편, 즉 해상봉쇄, 하이퐁항의 기뢰부설, B-52에 의한 24시간 폭격을 발표했다. 소련 선박과 다른 외국배의 피해에 대한 우려 때문에 항만봉쇄와 기뢰부설은 오랫동안 회피되었는데도 지금 와서 그것을 재개하면 국내의 시끄러운 비난을 불러일으키지 않을 도리가 없었다. 흥분상태에 빠진 백악관의 보좌관들은 이 결정이 '대통령을 성공으로 이끌든지 아니면 파멸시킬 것'이라고 생각하고, 홍수처럼 밀려드는 지지전보와 신문광고를 조작하느라 선거자금으로 8천만 달러 이상을 썼다. 여론이 대통령을 지지한다고 발표하기 위해서 전보와 신문광고를 동원했던 것이다. 그들은 이런 노력을 할 필요가 없었을지도 모른다. 신문과 사물을 분명하게 평가하는 반대파 인사들은 항만봉쇄를 비난했지만 여론은 별로 분노하지 않았고, 북베트남의 비타협적인 태도에 대한 미국의 단호한 행동을 오히려 높이 샀기 때문이었다.

"Remember now, you're under strict orders not to hit any dikes, hospitals, schools or other civilian targets!"

〈잘 기억하라고. 너희들은 수로, 병원, 다른 민간목표물을 때려서는 안 된단 말이야〉. 샌더스의 시사만화. 1972년 3월 12일

워터게이트 사건

얼마 후 뻔뻔스러운 행위를 폭로하는 또 하나의 사건이 백일하에 드러났다. 엘스버그를 습격할 만반의 준비를 한 두 우두머리 격 보일 러공(하워드 헌트와 고든 리디)과 관계가 있는 CREEP(대통령 재선위원회)의 운동원 다섯이 워터게이트의 사무실용 건물에 있는 민주당 전국위원회본부에서 파일을 뒤지고 전화에 도청장치를 하다가 체포되었다. 이 때 닉슨이 어떤 일을 했는가를 말해 주는 최종적인 사실은 다음 해에 이들 운동원의 재판과 어빈 상원의원의 특별조사위원회의 청문회가 열릴 때까지 세상에 알려지지 않았다. 재판과 청문회는 증거인멸, 협

독선과 아집의 역사

박, 거짓맹세, 입막음, 첩자행위, 사보타주, 연방권력을 이용한 '적'에 대한 도발, '더러운 속임수'로 민주당 후보의 선거운동을 오도하거나 파괴하기 위해서 돈으로 산 약 50명의 운동원을 사용하는 계획 등 엄청난 실상을 폭로했다. 공소장에는 가택침입, 수뢰, 위조, 거짓맹세, 절도, 공동모의, 법망 피하기 등이 기재되어 있었다. 이것들은 이윽고 대조직을 무너뜨려 폐허로 만든 녹음테이프처럼 모두 자신들의 손으로 만들어 낸 것이었다.

또다시 성격이 운명을 갈랐다. 베트남의 상황에 우롱 당했을 때 닉슨과 그가 모은 동료들의 성격은 닉슨 정권을 초조한 심리상태에 빠뜨렸고, 그것이 정부에 대한 신뢰를 갉아먹었다. 지배자의 불명예는 세계사에서 그다지 큰 사건이 되지 않지만, 정부의 불명예는 상처를 남긴다. 정부가 신뢰를 받지 못하면 제대로 기능하지 못하기 때문이다. 워싱턴은 교황직에 대한 경멸이 로마에 야기한 물리적인 약탈까지는 겪지 않았지만 그 벌은 무시할 수 없었다.

워터게이트 사건은 여전히 전모가 드러나지 않았지만, 베트남에서 벌어진 폭발적인 전투는 다양한 결과를 초래했다. 항만봉쇄가 연료와 탄약저장고의 파괴와 아울러 북베트남의 완강한 태도를 현저하게 누그러뜨렸다.

결과적으로 소련은 하노이의 요구보다 미국과의 긴장완화에 큰 관심이 있다는 사실이 드러났다. 그들은 모스크바에서 닉슨을 환영했고, 베트남의 친구들에게 타협하라고 충고했다. 중국도 분쟁이 가라앉기를 바랐다. 그들은 그 무렵에 닉슨과 키신저가 실현시킨 관계정상화에 감격했고, 이제는 미국과 소련을 대립하게 해서 어부지리를 차지하는 것에 관심이 있었다. 그 때문에 모택동은 민족해방전선의 지도자들이 중국을 방문했을 때 그때까지 그들의 필수조건이었던 추 정권

타도를 고집하지 말라고 권했다. "내가 했던 대로 하시오." 하고 그는 말했다. "나는 일찍이 필요하다면 장개석과도 협정을 맺었소." 모택동은 그들의 시대가 반드시 온다고 설득했고 민족해방전선도 동의했다.

파리협정

북베트남도 B-52의 공습에 시달렸기 때문에 정치적 조건을 양보할 용의를 밝혔다. 미국의 여론조사에서 민주당 후보의 부적절한 선거운동 때문에 당선이 힘들다는 증거를 포착하고, 하노이는 다음 4년 동안 닉슨이 정권을 잡을 것이라고 판단했다. 그래서 그들은 선거 전에 협상해야 유리한 조건을 얻을 수 있다는 결론을 내렸다. 협상이 재개되었고, 추 정권의 존속이라는 명분을 앞세워 미국이 발을 뺄 수 있도록 복잡한 타협과 협정이 힘들게 맺어졌다. 그 결과 10월 31일에 닉슨이 평화가 가까웠다라고 발표했지만 시기상조였다.

협정안은 14만 5천 명을 넘는 북베트남군의 남베트남 잔류를 허가했고, 민족해방전선을 임시혁명정부(PRG)라는 새로운 이름으로 바꾸어 앞으로 있을 정치적 해결의 당사자로 인정했다. 추 정권은 당연히 이 안에 있는 힘을 다하여 반대했다. 이 안을 받아들이면 자신의 붕괴를 묵인하는 꼴이었기 때문에 그의 태도는 이해가 갔다. 이 중대한 시기에 닉슨은 최고의 인기와 최고의 득표를 얻어 경이적인 재선을 이루었다. 머지않아 "나는 사기꾼이 아니다"라고 미국 국민에게 호소하는 처지가 되었던 대통령으로서는 기이한 승리였다. 압도적인 대승은 다양한 요인의 결과였다. 먼저 민주당 후보였던 맥거번 상원의원이 워낙 허약한데다 동요까지 보였다 자신은 하노이에게 '무릎을 꿇을' 용의가 있고, 한 가족당 1천 달러의 복지금을 줄 생각이라는, 초점이 빗나간 성명을 발표해서 유권자의 반감을 샀다. 두 번째는 예비선거에서 강력한 후보를 무너뜨린 '더러운 속임수'의 성공이었다. 세 번째로 마침내 평화가 찾아왔다는 국민의 안도를 들 수 있다. 마지막으로 장발, 히피, 마약, 기성가치를 암암리에 위협하는 과격파의 반체제문화에 대한 미국 중산층의 반감을 들 수 있었다.

유권자의 신뢰에 용기를 얻은 닉슨은 남북베트남에 대해서 평화를 실현하라고 유례없이 강한 압력을 가했다. 그는 추에게 보낸 편지에서 남쪽에 계속 주둔할 북베트남군의 존재에 위협을 느끼는 심정은 이해하지만, "만일 하노이가 협정의 조건을 지키지 않는다면 조속히 엄중한 보복조치를 취하겠다는 것을 완벽하게 보장한다"라고 약속했다.

그의 약속이 글자 그대로인 것은 의심할 여지가 없었다. 파리협정은 부근 해역에 있는 항공모함과 태국과 대만의 기지에서 발진하는 공군력을 철수시킨다고 약속하지 않았기 때문이다. 실제로 합동참모본부는 태국의 공군력을 활용해서 실시할 수 있는 보복행위의 청사진을 작성하라는 명령을 받았다. 또한 10억 달러 상당의 무기를 사이공으로 보내라는 명령도 받았다.

미국은 추가 완강한 태도를 계속 고집하면 그를 제쳐버리고 강화를 맺을지도 모른다고 위협했지만, 이 위협에도 그는 미동도 하지 않았다. 재개된 북쪽과의 비밀협상에서 키신저는 이미 합의를 보았던 조건에서 후퇴했다. 그는 시늉만으로라도 남쪽에서 북베트남군을 철수시키고 민족해방전선의 지위를 격하시키라고 요구한 뒤에 다른 변경안까지 덧붙이면서 군사적 압력을 다시 가하겠다고 위협했다.

하노이는 미국은 신뢰할 수 없다는 확신을 재확인하면서 어떤 조건도 양보하지 않겠다고 버텼다. 닉슨은 국민의 항의를 걱정할 필요가 없었기 때문에 맹공격으로 대응했다.

악명 높은 크리스마스 폭격으로 알려진 이 공격은, 미국의 전투행위 가운데 가장 처절했다. 12월의 열이틀 동안 미국이 베트남에 투하한 폭탄은 과거 3년 동안의 총량을 능가했다. 하노이와 하이퐁지역은 잿더미로 변했고 하노이의 공항, 공장, 발전소가 파괴되었다. 하노이도 강력하게 저항했다. 북베트남이 지대공미사일을 써서 강력한 집중공격을 퍼부은 결과, 미군은 중폭격기 15대(하노이측에 따르면 34대)를 잃고 95명에서 1백 명가량이 새롭게 전쟁포로로 잡히는 뼈아픈 희생을 치렀다.

크리스마스 폭격의 목적은 두 가지였다. 미국이 철수하는 데 필요한 기간 동안 사이공 정부를 존속시키기에 충분할 만큼 북베트남의 힘을 약화시키는 것이 하나였고, 다른 하나는 미국의 의지를 보여 추의 저항을 극복하고, 그래도 말을 듣지 않으면 그를 배제하고 협상을 진전시킬 구실을 마련하기 위해서였다. "우리는 추와 함께 마지막 1마일을 걸었다. 그 결과 우리는 해결에 다다랐다"라고 나중에 누군가가 말했다.

전쟁이 거의 끝났는데도 맹폭격을 가하자 국내외에서 미국의 평판이 나빠지고, 잔인한 미국의 이미지가 더욱 강해졌다. 민주당의 예비선거에서 개정된 규칙에 따라 선출된 초선의원들은 빠른 시일 안에 도전하겠다고 약속했다. 그것은 상하 양원의 민주당 간부회의가 1월 2일과 4일에 '즉각적인' 휴전과 전쟁포로의 석방, 그리고 미군의 안전한 철수만을 조건으로 인도차이나 각국에서의 군사행동을 위한 전비전액삭감안에 찬성표를 던졌을 때 눈에 보이는 형태로 드러났다.

오랫동안 경시했던 의회의 반항에 직면하고 존 J. 실리카 재판장의 법정에서 워터게이트사건이 폭로되자, 미국 정부는 하노이가 평화회담을 재개하면 폭격을 중지하겠다고 제안했다. 하노이는 동의했다. 필

'He's trying to save face.'

〈저 자식은 체면을 살리겠다고 저래요〉. 어스의 시사만화. 1972년

사적인 협상이 다시 시작되었다. 협정안이 작성되었고, 미국은 추에게 동의하지 않으면 경제·군사적 원조를 끊고 그를 배제하고 협정을 맺겠다고 최후통첩을 했다.

최종적인 협정에서는 북베트남과 미국이 그것 때문에 4년 동안이나 전쟁을 질질 끌었던 두 가지 조건, 즉 한편으로는 추 정권의 타도, 다른 한편으로는 북베트남의 남베트남에서의 철수가 모두 포기되었다.

임시혁명정부로 변모한 베트콩의 정치적 지위는 인정되었지만, 추의 심기를 고려해서 명시하지는 않았다. 비무장지대는 하노이가 오랫동안 제거하라고 요구한 것이었지만 남게 되었다. 그러나 제네바협정으로 거슬러 올라가서 '잠정적인 것이고 정치적, 또는 영토적 경계가 아니다'라고 확인했다. 베트남의 통일은, 당사자 간의 평화적 논의에 의해 "베트남의 재통일을 실현한다"라고 규정한 조항으로 암암리에 인정했다. 이로써 '국경선'을 넘은 '외적의 공격', 그토록 오랫동안 미국이 전쟁의 씨앗으로 삼았던 것이 역사의 쓰레기통 속으로 들어갔다.

추는 닉슨이 보낸 최후통첩의 마지막 순간까지 필사적으로 버텼지만 결국 양보했다. 1973년 1월 27일, 파리에서 조인된 조약은 서류상으로는 19년 전의 애매한 제네바협정과 똑같은 상황을 남겼다. 그러나 그때 이후 남북 양 지역에서 50만 명 이상의 사망자와 몇백만 명에 이르는 부상자, 화상을 입어 불구가 된 고아들, 토지를 잃은 농민, 불태워진 삼림, 폭탄으로 구덩이가 파인 황폐한 경작지, 증오로 갈가리 찢긴 사람들이 보태졌다. 남북베트남이 최종적인 합의에 도달하기란 사실상 불가능했고, 사람들은 빠른 시일 내에 무력항쟁이 일어날 것이라고 수근거렸다. 미국은 공산화되지 않은 남베트남의 존속을 위해서 인도차이나를 파괴하고 스스로를 배신했지만, 닉슨과 키신저를 빼고는 이 나라의 존속에 자신감을 가진 사람은 아무도 없었다. 두 사람은 필요하다면 상황을 지금 상태로 되돌릴 수 있다고 믿었다. 미국은 너덜너덜해진 '명예로운 강화'를 손에 쥐고 달아나기 위해서 베트남에 막간의 휴식을 남겼을 뿐이다.

미국 역사상 가장 길었던 베트남전쟁

누구나 다 알듯이 2년도 되지 않아 하노이는 사이공을 정복했다. 닉슨 대통령이 워터게이트 사건으로 파멸하고 마침내 의회가 예산삭감으로 미국의 재개입을 저지하기에 충분한 표를 모았을 때 북베트남이 최후의 공격을 가했다. 의기소침한 남베트남은 맹공격을 버려내지 못했다. 몇몇 부대는 치열하게 저항했지만 남베트남군은 모래 위

　　　　　　　　　독선과 아집의 역사 ───

에 지은 집과 같아서 붕괴하는 것은 당연했다. 공산주의자가 베트남 전역의 지배권을 확립했고 캄보디아도 똑같은 길을 걸었다. 베트남의 새로운 정치체제는 미국이 개입하지 않으면 이렇게 되리라고 생각했던 상황과 거의 같았다. 그러나 그것보다 훨씬 잔인한 복수심을 불러 눈뜨고 볼 수 없을 만큼 참혹했다는 점만이 달랐다. 승리를 거머쥐자마자 그토록 잔인한 폭정을 휘두를 대의를 위해서 30년 동안이나 결연하게 싸우다니, 어쩌면 최대의 독선을 저지른 것은 하노이였을지도 모른다.

미국이 저지른 두 가지 독선

미국의 재개입을 허용하지 않겠다는 의회의 결의는 키신저가 탄식했듯이 '민주주의적 정치과정의 붕괴'가 아니라 그 과정이 힘을 발휘한다는 것을 보여 주었다. 그것은 미국의 임무수행 의지가 약한 것을 드러낸 것이 아니라 명백히 국익에 반하고 국익에 피해를 끼치는 정책을 늦게나마 깨닫고, 그 정책을 종식시키기 위해서 정치책임을 지려고 하는 태도였다. 그러나 미국이 벌을 면하기에는 너무 늦고 말았다. 사상자는 어떤 목적에 도움이 된다고 믿어지는 동안에는 용납될 수 있지만, 이 경우처럼 4만 5천 명의 전사자와 30만 명의 부상자가 헛되게 희생을 치렀을 때는 도저히 용납될 수 없다. 거의 10년 동안 해마다 약 2백억 달러씩 이루어진 예산지출, 평상시의 군사예산과 합해 총 1천5백억 달러에 달한 예산지출은 그때 이후 국가의 경제를 심각하게 왜곡시켰다.

물리적인 결과보다 훨씬 중요한 것은 정부의 권한과 신뢰의 저하였다. 베트남 이후 몇 년 동안 의회입법은 항상 행정부의 갖가지 행위를 제한하는 방향으로 움직였다. 제한하지 않으면 행정부는 불규칙하고 비합법적인 행위를 하리라고 생각했기 때문이다. 국민들도 의혹을 떨쳐버리지 못했고, 많은 사람들은 백악관의 보좌관 가운데 한 사람인 고든 스트레이찬이 한 말이 자신들의 태도를 잘 대변한다고 느꼈다. 그는 어빈위원회에서 공직자를 지망하는 젊은이들에게 어떤 충고를 하고 싶으냐는 질문을 받고 "가까이 가지 마라"고 대답했다. 많은 사람들은 자국의 정당성에 대한 신뢰 대신에 냉소를 느꼈다. 베트남전쟁 이후, 누가 미국에 대해 외곬수의 신념을 갖고 있고, "지상에 마지막으로 남은 최상의 희망이다"라고 감히 말할 수 있겠는가. 미국이 베트남에서 잃은 것은 한마디로 말해서 덕이었다.

이러한 결과를 낳은 갖가지 독선은 끊임없는 과잉반응에서 비롯되었다. 즉 위기에 빠진 '국가의 안전보장', '지극히 중요한 이익', '약속'을 인위적으로 창출한 것이 무엇보다 문제였다. 이렇게 인위적으로 창출된 것들은 곧바로 독자적으로 움직여 창출자에게 주술을 걸었다. 이 과정에서 주요한 추진자의 역할을 한 것은 덜레스 국무장관이었다. 그는 제네바협정을 깨고, 미국을 한 지역의 수호자에서 다른 지역의 비정한 적대자로 설정함으로써 뒤에 이어진 수도 없이 골치 아픈 일들에 직면하게 했다. 외교정책에 관한 그의 열정은 동료와 후임자들에게 최면술을 걸어 그들로 하여금 '국가의 안전보장', '지극히 중요한 이익'을 후렴처럼 되풀이하게 했다. 그러나 그들은 진심으로 믿었다기보다는 오히려 냉전에 대한 상투적인 겉치레 말이나 의회에서 특별회계지출예산을 끌어내기 위한 공포전술로서 그렇게 되풀이했다. 1975년에 포드 대통령은 남베트남에 대한 원조에 찬성하지 않는 것은 동맹국으로서의 '신뢰'를 훼손시키는 행위이고, 남베트남은 "우리 국가의 안전보장에 필요불가결하다"라고 의회에서 말했다. 키신저는 두 달 후에 같은 주제를 되풀이했고, 기자회견을 가져 남베트남이 붕괴하면 '상당한 기간 동안 미국의 안전보장에 근본적인 위협'이 될 것이라고 말했다.

다양한 망령의 등장, 다시 말해서 도미노 쓰러뜨리기와 '폐허'의 환상, 태평양을 넘겨주고 샌프란시스코까지 후퇴해야 한다는 주장, 눈에 보이지 않는 COSVN과 같이 하찮은 용, 마지막으로 워터게이트류의 백악관의 편집증이 등장하는 배경에는 항상 과잉반응이 존재했다. 더욱 심각한 것은, 과잉반응의 결과 국익과 전혀 걸맞지 않은 엄청난 독선을 위해서 힘과 자원을 낭비했다는 사실이다. 이 문제에 관해서 얼마나 비이성적으로 행동했는가는 놀라 울 정도이다. 1971년에 리지웨이 장군이 말했듯이 '진정한 의미에서 지극히 중요한 미국의 이익은 존재하지 않았다는 것…… 그리고 군사노력에 그토록 많은 힘을 쏟은 것은 터무니없는 실책이라는 것을…… 깨닫는 데는 별로 큰 통찰력이 필요하지 않았기' 때문이었다.

두 번째 독선은 미국은 만능하다는 환상이고, 이것은 교황들이 가졌던 불사신의 환상과 사촌관계에 있다. 세 번째 독선은 아둔함과 '인지부조화'였고, 네 번째 독선은 '반성적인 사고'의 결여였다.

자국은 만능하다는 환상을 지녔기 때문에 미국의 정책입안자들은 특히 아시아에서 특정한 목표에 미국의 의지를 밀어붙이는 것은 당연하다고 생각했다. 이것은 독자적인 힘으로 나라를 쌓아올린 국민의 '해낼 수 있다'라는 아집과 제2차 세계대전에서 유래한 지나친 자신감과 대국의식에서 왔다. 이것은 풀브라이트 상원의원이 말한 '권력의 오만'이기는 하지만, 아테네와 나폴레옹을 패배시키고 20세기에는 독일과 일본의 패인이 된 치명적인 자만과는 조금 다르다. 오히려 다른 민족에게는 미국의 힘, 미국의 기술, 미국의 선의를 가지고 해결할 수 없는 문제와 갈등이 있다는 것을 이해하지 못한 데서 비롯되었다. '국가를 세워 준다'라는 발상은 환상 중에서도 가장 한심한 것이었다. 북미대륙의 식민자들은 플리마스 로크에서 밸레이 포지, 나아가 개척된 변경에 이르기까지 국가를 쌓아올렸다. 그런데도 다른 지역에서도 국가를 세울 수 있는 것은 그곳의 주민뿐이라는 사실을 배우지 못했다.

아둔함, 다시 말해서 '사실에서 배우지 못하는' 심리적 경향은 어디에서도 보이는 독선이지만, 베트남을 둘러싼 워싱턴 상층부의 상황만큼 두드러진 예는 지금까지 한 번도 없었다. 워싱턴이 저지른 가장 큰 잘못은 북베트남의 목적수행 의욕을 과소평가한 것이었다. 적의 동기는 미국의 계산 속에 빠져 있었고, 그 때문에 워싱턴은 민족주의적 열정과 독립에 대한 정열을 보이는 모든 증거를 무시했다. 일찍이 1945년에 하노이는 독립에 대한 정열을 "이제 그 누구의 힘으로 억누를 수 없다"라고 선언했다. 워싱턴은 이 나라를 정복하려면 50만 명의 병력이 필요하고, "그것으로도 성공하지 못할 수도 있다"라는 룩솔의 예언을 무시했다. 또한 근대무기로 무장한 프랑스군을 디엔비엔푸에서 무찌른 힘과 능력, 그리고 그 뒤에 이어진 모든 증거를 무시했다.

미국이 적의 완강한 의지와 능력을 고려에 넣지 않으려 한 것은 책임자들이 베트남의 역사, 전통, 국민성을 몰랐기 때문이라고 설명할 수 있다. 어떤 고위관리의 말에 따르면 '쓸만한 전문가'가 없었기 때문이라고 한다. 그러나 외국의 지배에 대한 장기간에 걸친 베트남인의 반항은 인도차이나를 다룬 어떤 역사책에서도 배울 수 있다. 베트남에서 공직생활을 한 프랑스 행정관과 주의 깊게 상담하면 미국인의 부족한 전문지식을 얼마든지 메울 수 있었을 것이다. 이 지역에 대한 미국인의 피상적인 지식조차 보고서를 작성할 때는 무시되기 일쑤였다. 무지가 아니라 증거를 신뢰하지 않는 태도, 보다 기본적으로는 아시아의 '4류 국'에는 재능이나 부동의 목적이 있을 수 없다는 사고방식이, 미국이라는 식민지에 대한 영국의 태도와 완전히 똑같이 결정적인 요인을 형성했다. 역사의 역설은 냉혹하다.

적에 대한 과소평가는 남베트남에 대한 과대평가와 짝을 이루었다. 남베트남은 미국이 제공하는 원조의 수익국이었고, 워싱턴의 시각에서는 어떤 비공산주의 국가도 '자유'국가와 동일했기 때문이다. 그래서 워싱턴은 남베트남 국민이 자유의 바람을 들이마실 의지와 에너지를 지녔고, '자유'를 위해서 싸울 각오가 되어 있다고 착각했다. 이상이 미국의 정책을 뒷받침하는 토대였고, 이것과 조화를 이루지 못하는 증거는 모두 배제되었다. 그런 증거를 배제 하지 않으면 이 정책이 모래 위에 지은 집이라는 사실이 분명하게 드러나기 때문이었다. 조화를 이루지 못하는 증거가 적, 또는 보호국에 대한 태도를 뒤흔드는 경우에는 우둔함의 원칙에 따라 그 태도는 경직되었다.

마지막 독선은 우리가 이루려는 일의 성격에 대해, 추구하는 목적과 효과의 관계에 대해, 그리고 동맹국과 미국이 입는 손실과 비교해서 예상되는 이익이 플러스인가 마이너스인가에 대해 반성적인 사고를 결여한 것이었다. 지배자가 이성적인 사고를 결여하는 것은 흔히 있는 일이다. 근대국가에서의 정치·관료적 행동을 잘 관찰하면 합리적인 예측은 아랑곳하지 않고 '지렛대의 사용'을 좋아하면서 지성의 작용을 억제하는 무언가가 있지 않은가 하는 의문이 일어난다. 이 현상은 앞으로도 더욱 진행될 것으로 보인다.

전쟁은 끝났다

가장 오래 끈 전쟁은 끝났다. 귀를 가진 사람에게는 2백 년을 사이에 둔 저쪽에서 국가의 자기배신을 요약한 채텀의 목소리가 아스라이 들릴지도 모른다. "시술과 지나친 자부심으로 인해, 또 한 그릇된 희망, 그릇된 긍지 때문에 더할 나위 없이 몽상적이고 실현할 수 없는 이익을 약속했다." 현대의 인물 가운데는 미시건주 출신의 의원 도널드 리글이 이것을 잘 요약했다. 그는 선거구에서 베트남에서 아들을 잃은 부부와 대화를 하다가 청년의 죽음을 정당화할 수 있는 어떤 말도 발견할 수 없다는 명확한 인식에 직면했다. "나는 베트남인들을 위해서, 국가를 위해서, 또는 누군가를 위해 애쓰다가 목숨을 잃었다고 도저히 말할 수 없었다."

독선과 아집의 역사 ──

에필로그

역사는 어제와 내일을 동시에 비추는 불빛이다

불이익이 명백해진 뒤에도 불이익을 추구하는 것이 불합리라면, 이성의 배척은 가장 중요한 아집과 독선의 특징이다. 스토아학파의 철학자들에 따르면 이성은 세상의 모든 일을 주관하는 '생각하는 불꽃'이고, 황제와 국가의 지배자는 '지상의 질서를 유지하도록 (임명된) 신적 이성을 가진 종복'이다. 당시에 이 이론은 마음을 어루만져 주는 역할을 했지만, 현재와 똑같이 '신적 이성'은 때때로 비합리적인 인간의 나약함, 즉 야심, 우려, 염관, 체면, 환상, 자기기만, 고정관념에 압도당했다. 인간의 사고구조는 전제에서 결론에 이르는 논리적 순서에 기초하기는 하지만 그것이 나약함과 정열에 저항할 수 있는 것은 아니다.

트로이인들이 아침에 눈을 떠서 그리스군이 사라지고 성벽 아래 기이하게 생긴 거대한 괴물만이 남아 있는 것을 발견했을 때, 합리적인 이성이 나서서 간계가 아닌지 의심하라고 그들에게 충고한 것은 분명하다. 합리적인 조치란 카푸스와 라오콘가 카산드라가 필사적으로 충고했듯이 적어도 적이 숨어 있지 않나 조사하는 것이었다. 이러한 대안은 존재했고, 언제라도 채택할 수 있는 상태에 있었는데도 포기하고 자멸하는 쪽을 택했던 것이다.

교황들의 경우, 아마 이성적으로 사고하는 데 익숙하지 못했을 것이다. 그들은 그 시대의 터무니없는 탐욕과 강탈욕과 끝 모르는 욕망 충족에 완전히 젖어 있었기 때문에 신도들의 요구에 대한 합리적인 대응 따위는 능력 밖의 일이었다고 해도 좋다. 합리적인 대응을 위해서는 다른 가치를 지닌 문화가 필요하다. 자기보존 본능을 작용해서 발밑까지 꾸역꾸역 밀려드는 홍수 같은 불만을 깨달았을 것이라고 생각할지도 모르지만, 교황직에 대한 그들의 생각은 현세적, 세속적이었고, 그들은 제후간의 전쟁과 개인적인 낭비와 세력의 과시에 너무나도 깊이 빠졌기 때문에 형체도 없는 불만에 경계심을 가질 수가 없었다. 교황들의 아둔함은 합리성을 결여했기 때문이라기보다는 요구되는 자신의 의무에서 완전히 멀어졌기 때문에 빚어졌다.

식민지 아메리카와 베트남에 대해서 말하면 채택된 일련의 조치는 지나친 선입관과 고정관념에 기초했고, 상식과 합리적인 추론과 설득력 있는 충고를 외면했기 때문에 독선으로서 자명한 특질을 갖고 있다.

정부의 시책에서 이성의 무력화는 중요하다. 그것은 손이 닿는 곳에 있는 모든 것, 즉 시민, 사회, 문명에 영향을 미치기 때문이다. 그것은 서구사상의 근저를 쌓은 그리스인도 깊은 관심을 보인 문제였다. 에우리피데스는 말년에 쓴 희곡에서 도덕적인 악과 독선이라는 이해하기 어려운 현상은 외부적인 이유로는 설명할 수 없다는 것을 인정했다. 남자든 여자든 그들의 존재의 일부로서 그것에 직면해야 한다

독선과 아집의 역사 ————

는 것이다. 그가 묘사한 메데이아는 자신이 '자신의 목적보다 강한' 정열에 지배당한다는 사실을 깨달았다. 플라톤은 거의 50년 후에 인간이 '성스러운 이성의 금줄'을 꽉 잡고 결코 놓치지 않기를 간절하게 바랐지만, 궁극적으로는 그도 인간들이 감정의 세계와 굳게 연결되어 꼭두각시인형처럼 욕망과 공포의 실에 매인 채 엉거주춤 춤춘다는 것을 인정했다. 플라톤은 욕망이 이성과 일치하지 않을 때 영혼이 병든다고 말했다. "또한 영혼이 영혼에 고유한 법인 지식과 인식과 이성에 반하는 경우, 나는 그것을 아집과 독선이라고 부른다."

통치에 관한 이야기를 하면, 플라톤은 현명한 지배자라면 자신이 가장 사랑하는 것(그것은 최상의 국익과 같다)을 최대한 키워낸다고 생각했다. 또한 플라톤은 지배자가 항상 바람직한 모습으로 살아간다는 보장이 없기 때문에, 장래의 국가수호자들은 확실한 법칙에 따라 행동할 수 있도록 감시받고 시험되어야 한다고 충고했다.

기독교의 출현과 함께 개인의 책임은 신과 악마가 지배하는 외부적이고 초자연적인 것으로 환원되었다. 이성은 18세기에 들어선 뒤에 잠시 동안 빛나는 옥좌에 복귀했지만, 그 이후 프로이트가 우리를 에우리피데스와 어두운 영혼이 지배하는 곳으로 되돌려 보냈다. 그곳은 지성의 지배가 미치지 않기 때문에 선량한 의도와 이성적인 의지로는 교정할 도리가 없다.

정치적 독선에 영향을 미치는 힘 가운데 가장 중요한 것은 권력에 대한 욕망이다. 타키투스는 이것을 가리켜 '모든 정열 가운데 가장 나쁜 것'이라고 불렀다. 그것은 타인에게 미치는 권력을 통해서만 충족되기 때문에, 권력을 휘두르기에 가장 좋은 분야는 정치이다. 돈도 일종의 권력을 제공하지만 가장 성공한 몇 사람만이 권력을 손에 넣을 수 있다. 게다가 통치권, 작위, 추기경직, 오토바이를 탄 경호원의 호위는 기대하기 힘들다. 다른 직업, 즉 스포츠, 과학, 지적 직업, 창조적 예술과 공연예술도 다양한 만족을 주지만, 권력에 접근할 기회는 제공하지 않는다. 그러한 직업은 출세주의자를 유혹하고 대중의 인기, 고급 승용차, 다양한 대가를 주지만, 이러한 것은 권력의 장식물이지 본질은 아니다. 정치가 항상 독선의 최고 영역인 까닭은 인간은 바로 정치를 통해서 타인에게 영향을 미치는 권력을 추구하기 때문이다. 다만 사욕으로 치닫다가 그 권력을 잃는 것이 다반사이기는 하다.

1930년대에 불법적인 기업의 심문을 맡을 상원 조사위원회의 의장이 필요했을 때, 평화운동의 지도자가 조지 노리스 상원의원의 의견을 물었다. 노리스는 나이를 너무 많이 먹었다는 이유로 자신의 이름을 지운 뒤에, 동료의 명부를 뒤지며 지나치게 나태한 자, 너무 우둔한 자, 육군과 너무 가까운 자, 정신적인 비겁자, 일에 너무 매달리는 자, 몸이 약한 자, 이익이 상반되는 자, 재선을 앞두고 있는 자의 이름을 차례로 지웠다. 이렇게 한 결과 제럴드 나이 상원의원의 이름만 남고 모두 지워지고 말았다. 노리스는 99명 가운데 혼자 남은 나이를 유능하고 자주적이고 이 업무를 맡을 만한 재능이 있다고 높이 평가했다.

아이젠하워 장군은 유럽의 안전보장을 유지하는 유일한 방법으로 유럽합중국을 만들기 위해서는 의욕이 있는 지도자가 필요하다는 말을 듣고 상황은 다르지만 앞의 예와 아주 비슷하게 의견을 밝혔다. 그는 유럽합중국의 창설은 불가능하다고 생각했다. 왜냐하면 '모두가 지나치게 소심하고 겁이 많고 나태하고 (개인적인) 야심이 너무 크기 때문'이라는 것이었다. 우리가 주목할 만한 것은 양쪽에 모두 나태가 들어갔다는 점이다.

아집과 독선에 빠지게 하는 보다 큰 유인은 과도한 권력이다. 플라톤은 공화국의 철인왕이라는 멋진 착상을 한 뒤에 그것에 의구심을 품기 시작했고, 법률이 유일한 안전장치라는 결론에 도달했다. 그는 배의 돛이 너무 큰 경우처럼 무엇인가에 지나치게 큰 권력을 주는 것은 위험하다고 생각했다. 중용을 망각하기 때문이다. 과도함은 한편으로는 무질서로, 다른 한편으로는 부정으로 통한다. 어떤 사람의 영혼도 독재권력의 유혹을 이기지 못하며, "그러한 상황 아래서 모든 질병 중에서 가장 나쁜 독선이라는 병에 빠지지 않을 도리가 없다. 그의 왕국은 밑에서부터 침식되고, 그의 모든 권력은 상실될 것이다"라고 플라톤은 말했다.

사실 그것이 르네상스시대의 교황 전원은 아니었다 하더라도 절반이 더듬은 운명이었다. 그리고 죽을 때까지는 그렇지 않았다 하더라도 루이 14세의 숙명이기도 했다. 또한 고도의 권력을 부여받은 미국의 대통령직을 생각하면 '나의 공군'이라고 말하는 버릇이 있었고 그지위에 의해 거짓말을 하고 국민을 속일 자격을 보장받았다고 생각한 린든 존슨, 그리고 더할 나위 없이 좋은 예로 리처드 닉슨이 걸었던 운명이기도 하다.

사고의 정체, 혹은 정지상태(지배자와 정책입안자들이 원래의 생각을 넘 놓고 유지하는 것)는 독선을 위한 비옥한 토양이다. 목테수마는 치명적이고 비극적인 예이다. 헨리 키신저를 예로 들면, 정부의 지도자들은 처음에 지녔던 확신을 뛰어넘는 방법을 배우지 못한다. 이러한 확신은 '그들이 관직에 있는 동안 소비하는 지적 자본이다.' 경험에서 배우는 것도 하나의 능력이지만 그것을 제대로 활용한 예는 한 번도 없다. 중화민국의 인기 없는 당을 지지했던 경험이 있는 미국은 왜 거기에서 교훈을 얻지 못하고 베트남에서 똑같은 잘못을 저질렀을까. 더구나 베트남에서 그토록 쓰라린 경험을 하고도 이란에서 다시 한 번 똑같은 경험을 한 까닭은 무엇일까.

또한 엘살바도르에서도 비슷한 잘못을 저지른 까닭은 무엇일까. "인간이 역사에서 배운다고 해도, 그것이 우리에게 어떤 교훈을 줄 수 있단 말인가!"라고 시무엘 콜리지(영국의 시인이자 비평가)는 탄식했다. "정열과 당파성이 우리의 눈을 멀게 한다. 따라서 경험이 주는 빛은 선미의 등이어서 우리의 등 뒤에 일렁이는 파도를 비출 뿐이다." 이미지는 아름답지만 그것이 전하는 내용은 우리를 당황하게 한다. 우리가 지나온 파도를 비추는 빛은, 우리 앞에 있는 파도의 성질을 추측하게 해주기 때문이다.

사고의 정체는 첫 단계에서 정치적 문제를 지배하는 원칙과 경계를 정한다. 두 번째 단계에서 부조화와 기능장애가 나타나기 시작하면 앞에서 말한 원칙이 경직된다. 이때는 지혜를 발휘하면 재검토와 재고와 진로의 변경이 가능하지만, 그런 경우는 퇴락한 뒤뜰에 굴러다니는 루비만큼이나 드물다. 원칙의 경직은 투자의 증가를 낳고, 이기심을 지킬 필요성으로 연결된다. 그러면 오류에 근거한 정책은 몇 배로 증폭되고 결코 뒷걸음치지 않는다. 투자액이 커지면 커질수록, 그리고 출자자의 이기심이 그 속에 섞이면 섞일수록 그만큼 벗어나기 어려워진다. 세 번째 단계에서 오류의 추구가 손해를 크게 늘려, 마침내는 트로이의 함락, 교황청에서의 이탈, 대서양 건너편에 있는 대영제국 영토의 상실, 베트남에서의 전형적인 굴욕을 부른다.

오류에 고집하는 것이 문제인 것이다. 정부의 담당자들은 마치 마법사 마린(아서왕 전설에 나오는 미술사)에게 걸려 한발 한발 마법을 따라 길을 걷듯이 그릇된 길을 걸어간다. 초기문학에는 인간의 일탈행위를 설명하는 마린이 많이 묘사되어 있지만, 선택의 자유는 분명히 존재한다. 우리가 트로이가 말하는 무의식을 새로운 마린으로 받아들이지 않는 한 그렇다. 역사가와 측근들이 존 F. 케네디에 대해서 말했듯이,

지배자는 나쁜, 또는 그릇된 결정을 '선택의 여지가 없었다'라는 이유로 정당화하려고 하지만, 두 가지 선택이 아무리 비슷하게 보여도 정책입안자에게 윤리적 용기가 있다면 국익에 반하는 진로를 바꾸거나 거기에서 벗어날 선택의 자유는 항상 존재한다. 정책입안자는 호메로스의 신들의 변덕으로 인해 이리저리 휘둘리는 숙명을 진 사람이 아니다. 그러나 오류를 인정하고 손실을 줄이고 진로를 바꾸는 것은 정치가가 싫어하는 선택이다.

국가의 우두머리가 오류를 인정하기란 불가능에 가깝다. 베트남 시대의 미국은 과감하게 철수를 결정할 만한 대통령이 없었기에 그토록 큰 불행을 겪었다. 여기에서 다시 한 번 버크에게로 돌아가 보자. "정치에서의 아량이 진정한 지혜가 되는 일은 드물지 않다. 위대한 제국과 좁은 마음은 조화를 이루지 못한다." 오류의 고집이 자국의 이익을 해치기 시작했을 때 그것을 인정하느냐 그렇지 못하느냐가 지혜의 갈림길이 된다. 군주는 항상 위대한 질문자가 되어야 하고, 그리고 자신이 물은 것에 대해서 끈질기게 진실을 듣는 사람이 되어야 하고, 누군가가 진실을 말하기를 주저하면 화를 내야 한다고 마키아벨리는 말했다. 정부가 필요로 하는 것은 위대한 질문자들이다.

예상과는 다른 조짐에서 실상을 추측하려고 하지 않는 태도에 대해서는 '우둔함'이라는 주제 아래 이 책에서 자세하게 설명했지만, 근대의 가장 비관주의적인 작품인 조지 오웰의 『1984년』에서는 저자가 '크라임 스톱'(범행중지라는 뜻)이라고 부른 것으로 인식된다. "크라임 스톱이란, 위험한 사상이 생기려고 하면 마치 본능에 따르듯이 그 입구에서 갑자기 중단시키는 능력이다. 그것은 유추를 하지 않고, 논리적 오류를 지각하지 않고, 더할 나위 없이 단순한 논의도 잘못 알아듣고…… 이단의 방향으로 흐를 듯한 일련의 사상에 진저리를 치고 혐오감을 갖는 능력을 포함한다. 요컨대 크라임 스톱이란 보호적인 우둔함을 가리킨다.”

문제는 한 국가가 정책을 입안할 때 보호적인 우둔함에서 몸을 지킬 수 있는가 없는가, 어떻게 해야 몸을 지킬 수 있는가 하는 것이고, 이번에는 거기에서 통치를 위한 교육은 가능한가라는 문제가 생긴다. 교육뿐 아니라 육성도 포함하는 플라톤의 계획은 한 번도 시도되지 못했다. 동양문화에서의 눈에 띄는 시도, 즉 중국에서 고관을 양성하던 시도도 크게 두드러진 성과를 낳지 못했다. 중국의 고관은 몇 년에 걸친 학문과 제자수업, 그리고 엄격한 일련의 시험을 통과해야 했지만, 성공한 사람으로서 부패와 무능을 면하지는 못했다. 그들도 종국에는 타락하고 무력해져서 서서히 사라져갔다.

또 한 가지 비슷한 제도는 외국인을 활용했다. 터키의 근위기병은 유명하지만, 이것은 궁전의 요리사에서 총리까지 모든 문관직을 차지했던 보다 큰 집단(카피 클라리, 즉 노예제도)의 군사부문이었다. 카피 클라리는 부모의 품에서 떨어져 지금까지 유례를 볼 수 없는 가장 완벽한 교육제도 속에서 터키인에 의해서 양성되고 공직에 취임하기 위해서 철저하게 교육된 기독교신자의 자식들로 구성되어 있었다. 이들은 법률적으로는 술탄의 노예이고, 회교도로 개종된 채 가족, 또는 사유재산을 갖는 것이 금지되었다.

그들은 가족과 재산이라는 마음을 산란하게 하는 것에서 해방되었기 때문에 진심으로 국가와 술탄에게 헌신할 수 있었다. 급여와 생활필수품은 완전하게 술탄에게 의존했다. 이렇게 해서 술탄은 일류행정관일 뿐 아니라 그의 절대왕제를 강력하게 지지하는 집단을 손에 넣었다. 이 제도는 뛰어난 효과를 발휘했지만 오스만제국이 서서히 타락하는 것을 구하지 못했다. 또한 마지막에는 제도 그 자체조차 구하

독선과 아집의 역사 ———

지 못했다. 시간이 지남에 따라 군사 부문이 점차 권력을 장악하고, 결혼금지령에 도전해서 세습권력을 쥐었다. 그리고 영구적이고 지배적인 일족의 지위를 확립하고, 최후에는 지배자에게 노골적으로 반란을 일으켜 권력을 빼앗으려고 했다. 그 결과, 그들은 살육되고 파멸했으며, 남은 노예제도도 맥없이 무너졌다. 그와 함께 대터키제국도 서서히 쇠퇴했다.

30년 전쟁이 17세기의 유럽을 짓밟은 뒤, 아직 브란덴부르크후국이었던 프러시아는 규율이 잡힌 군대와 잘 훈련된 문관에 뒷받침 된 강력한 국가를 만들기로 결심했다. 귀족들의 군부지배로 생긴 단점을 메우기 위해서 서민 가운데서 문관직을 뽑았는데, 이들은 정치이론, 법률과 법철학, 경제학, 역사, 형벌학, 법규를 포함하는 학습과정을 끝마쳐야 했다. 그들은 여러 단계의 시험과 공직견습시간을 마친 뒤에야 비로소 확실한 직책과 승진기회를 얻었다. 더 높은 문관직은 다른 부문이어서 중급직과 하급직에서 승진하는 길은 없었다.

프러시아의 제도는 대단히 효과적이었기 때문에, 이 나라는 1807년에 나폴레옹이 감행한 군사적 정복과 1848년의 혁명적 소요에서 살아남을 수 있었다. 그러나 그 무렵에는 중국의 고관제도가 그랬듯이 유연성을 잃었기 때문에 가장 진보적인 시민 가운데 많은 수가 미국으로 이주했다. 그렇다 해도 프러시아인의 활력은 1871년에 프러시아의 주도권 아래 독일의 각 주를 말끔하게 하나의 제국으로 통일하게 했다. 그러나 그 성공 자체에 멸망의 씨앗이 숨어 있었다. 성공이, 1914년에서 1918년에 걸쳐 이 나라를 파멸로 이끈 오만과 권력에 대한 갈망을 키웠기 때문이다.

영국은 정치적인 충격으로 인해 문제점에 관심을 쏟게 되었다. 아메리카의 상실도 프랑스혁명이라는 태풍도 영국의 정치제도를 흔들지 못했지만, 19세기 중반에 밑에서 올라오는 불만이 점차 드세졌을 때 유럽대륙에서 1848년에 일어난 혁명이 영향을 미치기 시작했다. 정부는 예상과 달리 반동적 공포상태로 몰고 가는 대신에 가상한 진취적 기상을 발휘해서 정치관행의 조사를 명령했다. 그러한 관행은 당시에 사실상 유산계급의 전유물이었다. 조사결과보고서가 제출되었는데, 이 보고서는 훈련과 특수기능에 기초해서 일시적인 논쟁과 정치적 열정을 배척하고 장기적인 전망을 유지할 수 있도록 고안한 영구적 문관직의 필요성을 역설했다. 강력한 저항이 있기는 했지만, 이 제도는 1870년에 도입되어 걸출한 공복들을 탄생시켰다. 그러나 동시에 버제스, 맥클린, 필비, 블런트(모두 1920~60년대에 활약한 KGB의 거물 스파이들)라는 부산물도 낳았다. 과거 1백 년 동안 영국 정부가 걸어온 역사를 살펴보면 문관직의 질이 아닌 다른 요소가 국가의 운명을 결정했음을 알 수 있다.

미국에서 문관직이 확립된 것은 그것을 뛰어난 제도로 만들기 위해서라기보다는 정실인사와 인기위주의 국고교부금에 대한 방벽을 만들기 위해서였다. 1937년에 한 대통령의 자문위원회는 이 제도가 불충분하다고 생각하고, '계속성의 보장과 오랜 경험을 통해 업무에 정통하고 충실하고 유능하고 고도의 훈련을 받은 일급 직원을 필요로 하는…… 진정한 전문적 업무'의 발전을 요청했다. 많은 노력에도 불구하고 약간의 발전을 이루었을 뿐 아직 목표가 달성되지 않았지만, 설사 목표가 달성되었다고 해도 그것은 선출된 공인과 고위관직, 다시 말해서 정부의 상층부에 영향을 미치지는 못했을 것이다.

미국의 선거과정은 선거자금 모금과 이미지 만들기 따위의 상업적인 기술에 집착하기 때문에 다리우스를 페르시아의 왕으로 만든 과정, 즉 자격과는 전혀 관계없는 선발과정으로 되돌아간 듯한 생각마

독선과 아집의 역사 ──────

저 든다. 헤로도투스의 기록에 따르면 다리우스와 여섯 명의 동료 음모가들은 기존 전제군주를 타도했을 때 어떤 정부를(한 사람이 지배하는 군주제인가, 아니면 가장 현명한 사람들에 의한 과두정치인가) 수립하면 좋을지 토의했다. 다리우스는 한 사람의 지배에 따라야 하고, '전국에서 진정으로 가장 뛰어난 사람'을 뽑아 최상의 정부를 만들어야 한다고 주장했다. 일동은 다리우스의 설득을 받아들였다. 그들은 다음 날 아침에 말을 타기로 동의했고, 해가 떴을 때 맨 앞에서 우는 말의 주인을 왕으로 섬기기로 결정했다. 지혜로운 마부가 꾀를 내서 늠름한 수말을 적당한 지점에 묶어 두었고, 다리우스가 탄 말이 제때에 운 덕택에 그는 왕에 가장 어울리는 인물로 선택되어 왕좌에 올랐다고 한다.

엉터리 선발과정 외의 여러 요소도 공적문제에 대한 '생각하는 불꽃'의 영향력을 억제하는 기능을 한다. 현대의 상황에서 활동하는 국가원수는 정부 내의 무수한 영역에서 들끓는 무수한 부하와 문제를 어느 것 하나도 제대로 이해할 수 없다. 또한 15분 단위로 이루어지는 모임약속과 30페이지의 상황설명에 짓눌려 '생각하는 불꽃'을 지필 겨를이 없다. 이런 상황은 보호적인 우둔함에 전장을 넘겨주는 결과가 된다. 그동안 관료제도는 어제 했던 일을 오늘 별 탈 없이 되풀이하면서 거대한 컴퓨터처럼 불가항력적으로 나아간다. 컴퓨터는 한번 틀린 정보를 쳐 넣으면 그것을 영구히 증폭시키기 때문이다.

무엇보다 미국에서는 포토맥병으로 알려진 고관직의 유혹이, 정부가 보다 나은 정책을 실시하는 것을 가로막는다. 관료는 승진을 꿈꾸고 고관은 권한의 영역을 넓히고 싶어 하며, 국회의원과 대통령은 재선을 꿈꾼다. 이렇듯 관직을 추구할 때의 기본원칙은 가능한 한 많은 사람을 기쁘게 하고, 상처받는 사람은 가능한 한 적게 하는 것이다. 현명한 정부라면 고관직에 앉은 사람들이 최상의 판단과 입수할 수 있는 최상의 지식, 거기에 최소한의 필요악에 대한 분별 있는 평가에 따라 정책을 세우고 실행하도록 요구한다. 그러나 재선이 눈앞에 닥치면 재선이 모든 것의 기준이 된다.

야심과 부패와 감정이 발휘하는 지배적인 힘을 생각할 때, 좀 더 현명한 정부를 바란다면 먼저 성격을 시험해야 할지도 모른다. 시험해야 하는 것은 도덕적인 용기이다. 몽테뉴는 이렇게 덧붙였다. '결의와 용기. 야심에 의해서 갈고 닦아진 용기가 아니라 지혜와 이성이 질서 잡힌 영혼 속에 심어준 용기' 릴리퍼토인(『걸리버 여행기』에 나오는 소인국의 사람들)은 공직에 취임하는 사람들을 뽑을 때 이러한 기분을 적용했다. "그들은 뛰어난 재능보다 훌륭한 품행을 중시한다"라고 걸리버는 보고했다. "왜냐하면 통치는 인간에게 필요한 일이기 때문에, 그들은…… 신은 결코 국사의 처리를 한 시대에 30명 이상은 좀처럼 태어나지 않는 발군의 천재만이 이해할 수 있는 복잡한 것으로 만들 의도가 없다고 생각하기 때문이다. 그들은 진리, 정의, 절도, 그리고 이것들과 비슷한 것은 모든 사람이 갖추고 있고, 따라서 경험과 선의에 뒷받침되고 이러한 덕을 실천할 수 있다면 특별한 학문을 필요로 하는 경우를 제외하고 어떤 사람도 국사를 돌볼 자격이 있다고 생각한다."

분명히 모든 사람이 이러한 덕을 갖추고 있을지도 모르지만, 현재의 제도 아래서는 돈과 무자비한 야심과 겨루어 투표상자에서 승리를 거두기는 아주 어렵다. 그렇다면 정부의 고관을 교육하기보다는 청렴한 인사를 잘 골라 대가를 주고 사이비는 배척하도록 유권자를 교육하는 것이 바람직할지도 모른다. 아마 보다 좋은 시대에는 보다 좋은 사람이 활약하고, 보다 현명한 정치는 고뇌하고 갈팡질팡하는 사회보다 오히려 동적인 사회의 자양분을 필요로 할 것이다.

만일 존 애덤스가 "정치는 여전히 3, 4천 년 전보다 나아진 것이 거

독선과 아집의 역사 ───

의 없다"라고 한 말이 옳다면 많은 개선을 기대하는 것이 무리일지도 모른다. 우리는 다만 영광과 쇠망, 위대한 노력과 어두운 그늘이 한데 어우러진 것을 봉합해서 3, 4천 년 동안 그랬듯이 얼버무리며 밀고 나가야 할지도 모른다.

독선과 아집의 역사

권력에 눈먼 통치자들은 한 나라를 어떻게 망치는가

초판 1쇄   2019년 9월 30일
초판 2쇄   2019년 10월 30일

지은이 바바라 터크먼
옮긴이 조민 · 조석현
펴낸곳 도서출판 자작나무
펴낸이 신영임

주소 (10857) 경기도 파주시 오금로 50번길 74, 201호
대표전화 031-947-5160
팩스 031-947-5198
이메일 chajaknamu@hanmail.net
등록번호 제 307-2007-48호
등록일자 2004년 5월 7일

ISBN 978-89-7676-916-9 03900

이 도서의 국립중앙도서관 출판예정도서목록(CIP)은 서지정보유통지원시스템 홈페이지
(http://seoji.nl.go.kr)와 국가자료공동목록시스템(http://www.nl.go.kr/kolisnet)에서
이용하실 수 있습니다. (CIP제어번호: CIP2019035328)